Pianist X

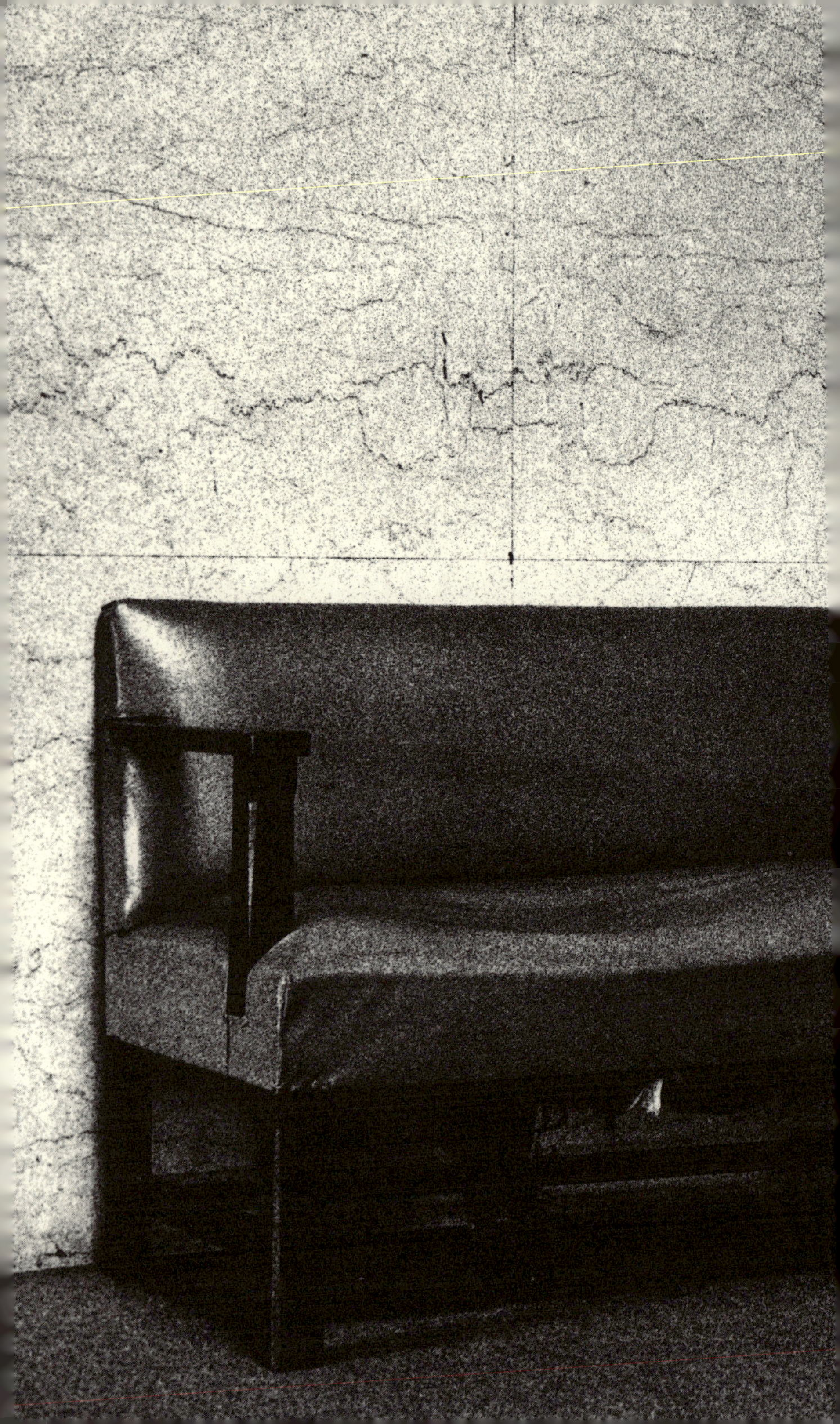

Kevin Bazzana

Pianist X
Die Lebensgeschichte eines exzentrischen Genies

Aus dem Englischen von Birgit Irgang

SCHOTT

Die Übersetzung des Buches wurde gefördert von The Canada Council for the Arts

The Canada Council for the Arts
Le Conseil des Arts du Canada

Bibliografische Information der Deutschen Bibliothek
Die Deutsche Bibliothek verzeichnet diese Publikation in der Deutschen Nationalbibliografie; detaillierte bibliografische Daten sind im Internet über http://dnb.d-nb.de abrufbar.

Bestellnummer ED 20226
ISBN 978-3-7957-0599-2

Die Originalausgabe ist erschienen unter dem Titel *Lost Genius. The Story of a Forgotten Musical Maverick* im Verlag McClelland & Stewart Ltd., Toronto

© 2007 by Kevin Bazzana

Rechte der deutschen Ausgabe:
© 2007 Schott Music GmbH & Co. KG, Mainz

www.schott-music.com

Alle Rechte vorbehalten
Nachdruck in jeder Form sowie die Wiedergabe durch Fernsehen, Rundfunk, Film, Bild- und Tonträger oder Benutzung für Vorträge, auch auszugsweise, nur mit Genehmigung des Verlags

Lektorat: Juliane Bergmeier
Umschlaggestaltung: Ingo Scheffler
Umschlagabbildung vorne: Ervin Nyiregyházi in Japan, 1982
(Fotograf: Yoshimasa Hatano)
Umschlagabbildung hinten: Ervin Nyiregyházi mit Mitte zwanzig
(Fotograf: Albert Witzel)
Satz und Layout: Digital Publishing K. Peteratzinger, Hünfelden
Druck und buchbinderische Verarbeitung: Clausen & Bosse, Leck

Printed in Germany · BSS 52414

Für Sharon, Sophie und Blossom – erneut

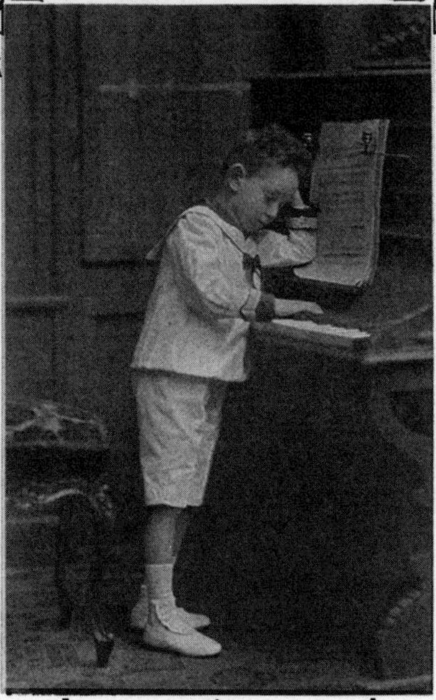

Inhalt

VORSPIEL:
Der seltsame Fall des Ervin Nyiregyházi ...9

I. Ein musikalisches Wunderkind,
1903–1920 ...23

II. Ein junger Liszt am Klavier,
1920–1928 ...97

III. Ein Glücksritter,
1928–1972 ...169

IV. Der Pianist, der aus der Kälte kam,
1972–1980 ...279

V. Ein bedeutsamer Gegenpol,
1980–1987 ...351

NACHSPIEL:
Nyiregyházis Vermächtnis ...379

Anmerkungen zu den Quellen und Danksagung ...389

Register ...419

Gegenüberliegende Seite:
Ervin Nyiregyházi mit Mitte zwanzig.
(Fotografie von Albert Witzel.
University of Southern California, im Namen der U.S.C.
Specialized Libraries and Archival Collections.)

VORSPIEL

DER SELTSAME FALL
DES ERVIN NYIREGYHÁZI

Eines Sonntagnachmittags, nicht lang nach dem Ende des Zweiten Weltkriegs, besuchte der Impresario Irwin Parnes in Los Angeles eine offene Veranstaltung im Hause einiger ungarischer Freunde. »Trotz der Gespräche konnte ich hören, wie jemand Klavier spielte«, erinnerte er sich. »Es war merkwürdig, doch von den vielen dort versammelten Menschen hörte nur eine Handvoll zu. Ich näherte mich dem Klavier und wurde von Minute zu Minute immer aufgeregter. Der Pianist spielte ›Der heilige Franziskus über die Wogen schreitend‹ von Liszt. Noch nie zuvor und auch niemals hinterher habe ich dieses Stück so gut gespielt gehört. Der Pianist war hervorragend. Meiner Meinung nach konnten weder Horowitz noch Hofmann oder Schnabel in ihrer Glanzzeit mit solch einer Inbrunst oder unerbittlichen Technik spielen wie dieser unbekannte Salonkünstler. Als das Werk zu Ende war, rief ich als Einziger ›Bravo‹ und stellte mich voller Begeisterung der Person vor, die ich für einen großartigen Künstler hielt: Ervin Nyiregyházi.«[1]

Der Pianist war Anfang vierzig und sah Not leidend aus. Parnes empfand sowohl Mitleid als auch Verwunderung. Er erkannte sogleich, dass es hier einen Fall gab, für den er sich einsetzen konnte. »Ich würde ihn wiederbeleben, von ihm reden machen. Ich würde die Welt dazu bringen, ihn zu hören und seine Meisterschaft anzuerkennen. Innerhalb eines Jahres könnte er astronomische Honorare bekommen. Ich krakelte meine Adresse auf eine

---

[1] Die richtige Aussprache lautet »*Nier*-edsch-ha-si«. Wenn Nyiregyházi seinen Nachnamen sprach, rollte er das »r« leicht, und die Silbe »ha« war etwas (und recht musikalisch) gedehnt; manchmal klang die zweite Silbe wie »etsch«. In einigen europäischen Quellen, wie etwa dem einzigen erhaltenen Brief von Nyiregyházis Mutter, wurde der Name mit einem »y« am Ende geschrieben. In Europa war die deutsche Schreibweise »Erwin« üblich (die Aussprache ist dieselbe), während in Amerika beide Schreibweisen verwendet wurden und manchmal auch »Irwin«, »Irvin« oder »Irving« zu lesen war. Nyiregyházi selbst schrieb sowohl »Ervin« als auch »Erwin« und verwendete manchmal die amerikanische Aussprache des letztgenannten Namens. Soweit erforderlich, habe ich den Nachnamen in Zitaten aus veröffentlichten sowie unveröffentlichten Quellen korrigiert, wenn die falsche Schreibweise nicht in irgendeiner Weise aufschlussreich war.

Papierserviette und steckte sie ihm zu. ›Sie dürfen Ihr Genie nicht mit so etwas verschwenden ...‹ Meine verächtliche Geste umfasste das große Haus unserer Gastgeberin mit seiner jüngst gepriesenen Akustik und dem inzwischen verspeisten Büffet. ›Kommen Sie morgen zu mir, damit wir Ihr nächstes Konzert planen können.‹« Nyiregyházi erschien jedoch nicht. Später erfuhr Parnes, dass er in einem schäbigen Hotel in der Main Street wohnte – wer ihn erreichen wollte, musste in der nahe gelegenen Bar eine Nachricht hinterlassen – und den Ruf hatte, »ziemlich verrückt« zu sein.

Parnes begann, Geschichten über Nyiregyházis erstaunliche Musikalität und Exzentrizität zu sammeln. So hatte er beispielsweise ein großes Konzert abgesagt, weil ein Barkeeper ihn an jenem Nachmittag ein paar Minuten hatte warten lassen; beleidigt hatte er beschlossen, dass er in einer solchen Stadt nicht spielen könne. Zu einer Dinnerparty soll er mit einer Zahnbürste in der Tasche erschienen sein, und er ging angeblich erst, als man ihn hinauswarf. Er war sieben Mal verheiratet gewesen und suchte sich seine Frauen unter seinen Fans hinter der Bühne aus. Einmal verschwand er hinter den Kulissen, als er eine seiner Ex-Frauen im Publikum erblickte. Alle diese Geschichten waren erfunden, doch die Wahrheit über Nyiregyházi war nicht weniger seltsam: Er war *tatsächlich* so temperamentvoll und launenhaft, und bis zu seinem Lebensende hatte er *zehn* Mal geheiratet.

Einige Monate später, Anfang 1946, als Parnes bereits aufgegeben hatte, Nyiregyházi ausfindig machen zu wollen, stand dieser plötzlich vor seiner Tür. Parnes war erstaunt, wie anders er sich im Vergleich zu anderen Künstlern verhielt, die stets darauf bedacht waren, sich selbst zu vermarkten. Seit über zwanzig Jahren hatte er keine richtige Karriere verfolgt, sondern (wie Parnes gehört hatte) Angst vor Publikum entwickelt. Er gab nur dann Konzerte, wenn der Hunger ihn dazu zwang. Wenn es doch nur eine Möglichkeit gäbe, seine Kunst dem Publikum zu präsentieren, ohne *sich selbst* präsentieren zu müssen, sinnierte Nyiregyházi. Da hatte Parnes eine ausgefallene Idee: Nyiregyházi sollte als Mr. X angekündigt werden und ein Konzert geben, bei dem er eine schwarzseidene

Henkersmaske tragen würde, um seine Identität zu verbergen. Er willigte ein.

Am 5. März schrieb Parnes an seinen neuen Klienten: »Man spricht bereits in der ganzen Stadt über das ›Mr. X‹-Konzert – und ich habe noch nicht einmal richtig angefangen, die Werbetrommel zu rühren. Da der Konzerttermin nun näher rückt, wird es gewiss eine Verlockung für Sie sein, Ihre Freunde dazu einzuladen. Doch lassen Sie mich bitte noch einmal betonen, wie *ungemein wichtig* es ist, dass diese ganze Angelegenheit *unter uns* bleibt.« Parnes, den ein Experte der Kulturgeschichte in Los Angeles als »exzentrisch-dilettantischen Unternehmer« mit einem »gemischten Ruf« beschreibt, erwies sich als versierter (und nahezu schamloser) Publizist. »Die Zeitungen griffen den Einfall bereitwillig auf«, schrieb er in seinen Memoiren. »Jeden Tag veröffentliche ich einen weiteren Hinweis, den sie abdruckten. Mr. X war Solist beim Boston Symphony Orchestra, beim Wiener Sinfonie-Orchester und beim London Symphony Orchestra gewesen. Seine Aufnahmen hatten sich millionenfach verkauft. Acht Mal war er mit dem Los Angeles Philharmonic Orchestra aufgetreten. In der Kritik der *New York Times* war er als bedeutendster lebender Liszt-Interpret gefeiert worden.« (Nur der Hinweis auf das Bostoner Orchester stimmte.) Parnes wusste, dass die Referenzen des Unbekannten Skepsis hervorrufen würden, bezeichnete ihn dennoch als »Sensation dreier Kontinente« und klebte die Konzertanzeige an alle Laternenpfähle. Er kündigte ein anspruchsvolles Programm mit Musik aus dem neunzehnten und zwanzigsten Jahrhundert an. Seine Werbung ergänzte er durch den Satz »Garantiert große Kunst: Bei Unzufriedenheit Geld zurück.« Die Eintrittskarten verkauften sich gut, und die Spekulationen über die Identität von Mr. X nahmen zu: Vielleicht war er ein Gefangener aus San Quentin, ein aus der Nervenheilanstalt Entflohener, ein Angehöriger einer feindlichen Nation, ein Schauspieler, der mit Play-back auftrat …?

Das Konzert fand am 13. Mai im Wilshire Ebell Theater in Gegenwart der Polizei statt, da Parnes behauptete, ein anonymer Anrufer habe damit gedroht, das Gebäude in die Luft zu sprengen. Nyiregyházi bot ein Programm, das »deutlich mehr war als

Hausmannskost«, wie eine Zeitung schrieb: Schumanns *Carnaval*, Beethovens Sonate op. 101, »Der heilige Franziskus über die Wogen schreitend«, *Consolation* Nr. 3 und der *Mephisto-Walzer* Nr. 1 von Liszt, Schönbergs *Klavierstück* op. 11/Nr. 2, Debussys »Clair de lune«, Schostakowitschs Präludium in Ges-Dur sowie »Polichinelle« von Rachmaninow. Zur festgelegten Zeit sahen die Zuschauer im ausverkauften Saal, wie ein blaues Licht anging, das die Tasten auf der ansonsten dunklen Bühne anstrahlte, auf der Nyiregyházi mit seiner Maske bereits am Klavier saß. »Er spielte wundervoll«, schrieb Parnes. »Es war, als habe unter dieser dunklen, anonymen Maske ein lebenslanger Kampf gegen seinen eigenen Geist geendet. Er konnte sich als freier Mann ans Klavier setzen, leicht und meisterlich spielen und nur das Gefühl des unmittelbar gegenwärtigen Augenblicks zum Ausdruck bringen.« Hinter der Bühne war sich Parnes seines Triumphs sicher.

Gegen Ende des Konzerts, als Nyiregyházi zwischen zwei Stücken kurz von der Bühne ging, um sich das Gesicht abzuwischen, erkannte ein cleverer Reporter ihn und rief seinen Namen. »Mr. X eilte ans Klavier zurück wie ein in die Enge getriebenes Tier«, schrieb Parnes. »In seiner Verzweiflung schien er förmlich über die Klaviatur zu springen. Er schlug heftig auf die Tasten ein, als wolle er der widerstrebenden Mechanik einen idealen, unrealisierbaren Klang entlocken, den er in sich hörte. In jeder Note steckte die schiere Wut. Das Publikum war durch die Atmosphäre dieses verhängnisvollen inneren Kampfes beunruhigt und rutschte unbehaglich auf den Sitzen hin und her. Er war ungestüm, brillant und schrecklich.« Der örtliche Vertreter der Klavierfirma Baldwin wollte das Konzert abbrechen, da er um sein Instrument fürchtete, doch Parnes »tätschelte beruhigend seinen Arm. Was war schon die Zerstörung eines Klaviers im Vergleich zur Wiedergeburt eines Genies?«

Die Identität von Mr. X war sicherlich kein allzu großes Geheimnis – zumindest unter Freunden der Klaviermusik –, denn Nyiregyházi war über zwanzig Jahre lang immer wieder sporadisch in Los Angeles aufgetreten und unterschied sich deutlich von allen anderen Pianisten der Stadt. Seine große, hagere Gestalt und seine Fähigkeit, auf dem Klavier wahre Gewitterstürme zu erzeugen, waren wohlbekannt. Bestimmt erkannten viele Zuhörer den Künstler, den die Musikkritikerin Isabel Morse Jones in der *Los Angeles Times* als »dünnen Mann mittlerer Größe mit ungewöhnlich langen Fingern aus Stahl« beschrieb. Jones fragte sich selbst, ob Mr. X Nyiregyházi sei – und sie war nicht die Einzige. Frederick Marvin, damals ein junger Pianist und Lehrer, erinnert sich noch heute an das Konzert, bei dem er schon nach den ersten Tönen ausrief: »Das ist Nyiregyházi!« (Er erzählt, dass Nyiregyházi schon in der ersten Hälfte der Vorstellung so kraftvoll spielte, dass ein oder zwei Saiten rissen und in der Pause ein neues Klavier für ihn gebracht werden musste.) Ein anderer Pianist, Raymond Lewenthal, der Nyiregyházis Karriere in den frühen 1940er Jahren verfolgt hatte, erinnerte sich 1978 in einem Essay, dass »als der Pianist in seiner Maskierung auf die Bühne kam, den ersten Akkord seines Programms spielte und mit einem Schlag das Klavier in die Knie zwang, jeder im Publikum ›Nyiregyházi‹ rief.«

Auf jeden Fall gab es donnernden Beifall, niemand verlangte sein Geld zurück, und Parnes wurde mit Angeboten für den maskierten Pianisten geradezu überschüttet – von einem Imbiss am Sunset Strip und einem Hollywood-Studio, für eine Tournee im mittleren Westen und einen Konzertabend in der Carnegie Hall. Obwohl die ortsansässigen Kritiker fasziniert waren, waren nicht alle Rezensionen positiv: Jones schrieb von »seelenloser Technik«, und R. Vernon Steele verglich im *Pacific Coast Musician* die »lächerliche« Veranstaltung mit einem Boxkampf: »Wir [haben] noch nie einen Mann gesehen, der das Klavier so hart angeschlagen hat, und auch niemals jemanden gehört, der so unangenehme Töne produziert hätte.« Trotzdem war Parnes zuversichtlich, dass sich hier eine großartige neue Karriere abzeichnete. Doch der neurotische und unsichere Pianist, den sowohl ein Erfolg als auch ein Scheitern gleichermaßen einschüchterten, hatte nach dem Konzert das Weite gesucht und blieb unauffindbar. Parnes durchkämmte das ganze Armenviertel auf der Suche nach ihm. Schließlich versuchte er, einen anderen Pianisten zu finden, der die Maske tragen und Nyiregyházis Engagements erfüllen sollte; doch jeder, den er fragte, lehnte das Angebot ab. Er sah Nyiregyházi niemals wieder.[2]

In späteren Jahren sprach Nyiregyházi über das Mr. X-Konzert mit Bedauern, entschuldigte sich jedoch nicht für sein Verhalten. »Ich hätte das nicht tun sollen, aber ich habe es trotzdem getan«, sagte er einem zukünftigen Biografen weniger als ein Jahr vor seinem Tod. Damals war er in einer finanziell misslichen Lage gewesen, wie so oft. (In einem Brief aus dem Jahr 1977 klagte er: »Für dieses unselige Ereignis bekam ich nur fünfundsiebzig Dollar.«) Unter seinen Papieren befindet sich eine Notiz, die anscheinend Jahre nach dem Konzert aufgeschrieben worden war: »Mr. X ist nicht zu verspotten. In diesem Fall wäre ›bemitleiden‹ das passendere Wort.« Diese Anekdote ist ebenso skurril wie traurig und außerdem typisch für Nyiregyházi – sie ist lediglich eine der seltsameren Seiten einer äußerst merkwürdigen Geschichte.

Parnes war weder die erste noch die letzte Person, die Nyiregyházi bewegte – durch sein phänomenales Talent, seine verlorene Karriere und sein bedauernswertes Privatleben, seine Passivität, Zerbrechlichkeit und Hilflosigkeit – und die sich genötigt fühlte, den Retter zu spielen. Doch alle Rettungsversuche waren zum Scheitern verurteilt. Nyiregyházis Persönlichkeit und Kunst waren mit dem Musikbusiness einfach nicht vereinbar. Deshalb musste man immer damit rechnen, dass er die Flucht ergriff und alle Aktivitäten zur Wiederbelebung seiner Karriere sabotierte, denn er schätzte nichts mehr als seine Freiheit. Wie all die anderen auch musste Parnes feststellen, dass er sich einen stolzen Einzelgänger aufgebürdet hatte, der nicht gewillt war, seine kommerziellen Möglichkeiten auszuschöpfen, wenn er auf diese Weise seine künstlerischen Ideale gefährden oder seine zahlreichen

---

[2] Jahre später erhielt Parnes einen Anruf von einer Frau, die in einem heruntergekommenen Viertel einen wunderbaren Pianisten in einer Bar hatte spielen hören – offensichtlich Nyiregyházi – und meinte, Parnes sollte versuchen, dessen Karriere wiederzubeleben. »Ich legte den Telefonhörer langsam auf«, schrieb er. »Ich hatte das Lied der Sirenen schon einmal vernommen, und die Immunität dagegen sollte mein Leben lang anhalten.«

Dämonen entfesseln würde – und das war bei fast jeder Gelegenheit der Fall. Um gerecht zu sein, muss man jedoch anmerken, dass Nyiregyházis Geschichte nicht bloß die eines selbstzerstörerischen Temperaments ist; er hatte in seinem Leben auch einfach sehr viel Pech. Doch ganz gleich, ob man die Verantwortung mehr bei ihm selbst oder beim Schicksal sucht, es bleibt doch auf jeden Fall die enorme Kluft zwischen seinem Potential und dem, was er tatsächlich erreichte – neben einem schlechten Ruf, der es verdient, korrigiert zu werden.

Als es 1996 aufgrund des Films *Shine* zu großem Rummel um den australischen Pianisten David Helfgott kam, wurde viel über diesen bedeutenden, gefallenen und wiederentdeckten Musiker gesprochen. Je größer das Talent ist, desto bedauernswerter ist die Vergessenheit und umso interessanter seine Neuentdeckung. Allerdings war Helfgott nichts weiter als ein vielversprechender Klavierstudent, als er an einer psychischen Störung erkrankte. Im vorliegenden Fall ist es nicht nötig, um einer guten Story willen zu übertreiben. Ervin Nyiregyházi war *tatsächlich* ein gefallenes Genie; seine Begabung war *wirklich* ebenso großartig wie sein Leben und seine Persönlichkeit seltsam waren. Selbst lange nach dem frühen Scheitern seiner Karriere waren sachkundige Zuhörer, die das Glück hatten, ihn spielen zu hören, überwältigt von seinem Können.

Einer von ihnen war kein Geringerer als der Komponist Arnold Schönberg. Am 1. Dezember 1935, kurze Zeit nach seiner Emigration nach Amerika, wohnte Schönberg in Pacific Palisades einer Soirée im Hause seines Freundes Rolf Hoffmann bei, um Nyiregyházi spielen zu hören. Hoffmann war Professor für deutsche Literatur an der University of California at Los Angeles und hatte – auf Drängen zweier Freunde (der Pianisten Maurice Zam und John Crown) – am Abend zuvor Nyiregyházis Konzert in einer dortigen ungarischen Kirche besucht. Voller Staunen bestand er darauf, Schönberg diesen Pianisten vorzustellen. Nyiregyházi spielte einige derselben Stücke bei Hoffmann, und Schönberg – ebenfalls beeindruckt – lobte ihn gestelzt, aber voller Überzeugung: »Ich habe noch nie eine Person mit so viel Genie gehört wie Sie.«

Am nächsten Tag schrieb Schönberg an Otto Klemperer, den Leiter des Los Angeles Philharmonic Orchestra, der sich gerade in New York aufhielt. Sein Brief begann und endete mit Neuigkeiten und Scherzen, ansonsten ging es jedoch hauptsächlich um Nyiregyházi:

> Ich habe gestern bei Dr. Hoffmann einen Pianisten gehört, der mir etwas ganz ausserordentliches zu sein scheint. Ich bin sehr widerstrebend hingegangen, denn die Beschreibung des Dr. Hoffmann und auch Maurice Zams hat mich sehr misstrauisch gemacht. Aber ich muss sagen, dass ich einen solchen Pianisten noch nie gehört habe. [...] Vor Allem er spielt nicht den Stil, den Sie und ich anstreben. Und ich glaube, so wie ich ihn nicht danach beurteilt habe, so werden auch Sie, wenn Sie ihn hören, von allem Prinzipiellen absehen müssen und es wahrscheinlich eben so tun, wie ich. Das wäre kein Massstab für ihn. Was er spielt ist ausschliesslich *Ausdruck* im älteren Sinn. Aber eine solche Kraft des Ausdrucks habe ich noch niemals gehört. Sie werden mit seinen Tempis ebensowenig einverstanden sein, wie ich. Sie werden auch finden, dass er durch scharfe Kontraste öfters die Form zu verlieren scheint? Scheint: denn überraschenderweise wird es dann, auf seine Art, dennoch wieder Form, hat Sinn und Mass. Was er auf dem Klavier an Klang hervorbringt ist unerhört. Ich wenigstens habe es noch nie gehört. Es erscheinen ganz unglaubliche und neue Klänge, die er selbst scheinbar gar nicht weiss, wie er sie hervorbringt (obwohl er eine Intelligenz zu sein scheint und nicht bloss ein weicher »Träumer«.) Und eine solche Tonfülle, ohne jemals roh zu werden, ist mir auch noch nie begegnet. Mir und wahrscheinlich auch Ihnen, viel zu viel. Aber als ganzes von unglaublicher Neuheit und Ueberzeugungskraft. Und vor Allem, er ist er alt [sic], hat also noch mehrere Entwicklungsstadien von sich, von welchen, nach seinen Grundlagen das Höchste zu erwarten ist. Und deshalb glaube ich es wäre nötig, ihm die Gelegenheit zu geben, wieder im Konzertleben zu erscheinen. Ich bin überzeugt, dass er grossen Erfolg haben wird. Und Zam und Crown, die ganz begeistert sind und jedenfalls unsere Begegnung eingefädelt haben, nennen ihn ebenfalls einen zweiten Liszt. Ich würde ihn, wenn ich zu reden hätte, selbst sofort engagieren. [...]

Aber haben Sie nicht noch eine Gelegenheit, ihn unterzubringen? Er möchte am liebsten Tschaikowsky oder Brahms spielen.

Ich würde mich sehr freuen, wenn es mir gelungen wäre Ihnen meinen Eindruck von dem Mann überzeigend zu schildern. Ich glaube, wenn Sie sich damit befreunden können, dass er nicht unseren Vorstellungen von Stil entspricht, und sich vorstellen, welche unerhörte Entwicklungsmöglichkeit er hat und wenn Sie, wovon ich noch nicht gesprochen habe, seine unerhörte Technik kennen lernen, so werden Sie das Richtige tun. Technik: man staunt, was und wie er es spielt: man hat nie das Gefühl, dass das schwierig ist, dass das Technik ist, sondern es ist in der Tat nur eine Willenskraft, die eine Vorstellung über alle Schwierigkeiten hinweg zu realisieren vermag. Sie sehen ich werde nahezu poetisch.

Schönberg wusste, dass Nyiregyházi ein Wunderkind gewesen war und dass der amerikanische Kritiker James Huneker ihn als »einen neuen Liszt« bezeichnet hatte – »und das scheint wahr zu sein; falls Liszt so gut war«. Klemperer nahm die Empfehlung ernst, da Schönberg nicht nur ein großartiger Musiker, sondern auch ein verschrobener Bilderstürmer war, der niemanden leichtfertig lobte.

Und so kam es, dass Nyiregyházi im Januar erneut bei Hoffmann spielte – diesmal für Klemperer. Das Ergebnis war weniger erfreulich. Die Auszüge aus Liszts Oratorium *Christus*, die Nyiregyházi in seinem eigenen improvisierten Arrangement spielte, gefielen Klemperer nicht, und nach Skrjabins Sonate Nr. 5, deren angemessenen Vortrag Nyiregyházi mit »einem kosmischen Aufruhr« verglich und die der Pianist bekanntermaßen mit packender Energie spielte, blieb der Dirigent still sitzen. Als Klemperer sagte, er könne einen Interpreten erst dann beurteilen, wenn er Beethoven gespielt habe, trug Nyiregyházi die Sonate op. 111 vor; doch auch *diese* mochte Klemperer nicht. Schließlich spielte Nyiregyházi Chopins berühmte b-Moll-Sonate in seiner eigenen Version: Unzufrieden mit Chopins seltsamem, schwachem Finale ersetzte er dieses durch das gewichtigere und dramatischere Finale von Chopins h-Moll-Sonate, das er um einen Halbton nach unten transponierte. Schönberg, der ebenfalls anwesend und voll des Lobes war, hielt das Ersatzfinale für genial; doch Klemperer, der (wie Nyiregyházi sehr wohl wusste) auf Respekt gegenüber der Partitur des Komponisten bestand, war empört – umso mehr, als Nyiregyházi zu seiner Rechtfertigung lediglich anmerkte, dass ihm das Stück so besser gefalle. Klemperer schloss daraus, dass dies kein »ehrlicher« Musiker sein könne, und Nyiregyházi hörte nie wieder etwas von ihm.

Der Brief ist jedoch noch erhalten, und er hat wegen der Bedeutung des Schreibers und dessen Objektivität als Zeuge ein besonderes Gewicht. (Wir erinnern uns: Es handelte sich um den Bericht über einen Interpreten, den Schönberg sich nicht ganz freiwillig angehört hatte und dessen Stil nicht mit seinem eigenen übereinstimmte.) Jenen Brief sollte man also im Hinterkopf behalten. Wenn diese Geschichte sich manchmal wie ein Melodram, eine schwarze Komödie oder eine Mythologisierung liest, zeigt jenes Schreiben, dass es sich um einen Musiker handelt, der selbst an einem Tiefpunkt seiner Karriere bedeutend genug war, Arnold Schönberg zutiefst zu beeindrucken.

Der Historiker John Lukacs hat über den »nationalen Charakterfehler« der Ungarn geschrieben, den »große ungarische Dichter und Denker oft kritisiert haben: strahlender, kurzzeitiger Erfolg auf Kosten von Besonnenheit und Weitsicht. Sie bezeichneten dies als ›Strohfeuer-Natur‹, da Stroh hell, aber schnell brennt, so dass nur ein Häufchen schwarzer Asche zurückbleibt.« In Nyiregyházis Fall brannte das Stroh strahlend und schnell, und das zweimal: zu Beginn und am Ende seines Lebens. Als Wunderkind genoss er eine bisweilen sensationelle internationale Karriere und hatte Zugang zu den höchsten künstlerischen und gesellschaftlichen Kreisen – zunächst in seiner Heimatstadt Budapest, später in anderen europäischen Hauptstädten und schließlich in Amerika. (Dies ist übrigens das zweite Buch, das über ihn geschrieben wurde. Das erste, von dem Psychologen Géza Révész, erschien 1916, als Nyiregyházi dreizehn Jahre alt war.) Doch kurz nachdem er erwachsen geworden war, scheiterte seine Karriere. Mitte der 1920er Jahre hatte er kein Geld und keine Bleibe mehr und lebte von vereinzelten musikalischen Jobs. Fast ein halbes Jahrhundert lang stand er nur selten im Rampenlicht und geriet anschließend immer wieder in Vergessenheit. (Er komponierte jedoch in der Zwischenzeit Hunderte von Werken in einer herausfordernd altmodischen Art.) Im Verlaufe der Jahrzehnte wurde sein Leben immer chaotischer und ruheloser – wegen seines kindlichen Seelenzustands, aufgrund der Unbeständigkeit eines Lebens in Armut, weil eine behütete Erziehung ihn nicht auf das häusliche oder professionelle Leben vorbereitet hatte, weil er eine zerstörerische Vorliebe für Alkohol und Sex entwickelte. Häufig sah er seinen Verfall als eine Auszeichnung an und schrieb ihn seiner Weigerung zu, die Kunst zu kommerzialisieren. 1972, im Alter von neunundsechzig Jahren, wurde er zufällig in Kalifornien wiederentdeckt. Später stand er mehrere Jahre lang im Zentrum aufgeregter, internationaler Aufmerksamkeit (und Kontroversen). Als er 1987 starb, war er wieder vergessen. Und er ist es noch heute.

In gewisser Hinsicht waren die einzelnen Strohfeuer zu seinen Lebzeiten ebenso schädlich für seinen Ruf wie das halbe Jahrhundert in Vergessenheit. Die Karriere während seiner Kindheit wird meistens als warnendes Beispiel angeführt: Er war der klassische Fall eines gescheiterten Wunderkindes, erdrückt von großen Erwartungen und als Erwachsener nicht in der Lage, die künstlerische Verheißung zu erfüllen. Seine Wiederentdeckung in den siebziger Jahren führte zwar zur aufrichtigen Wertschätzung seiner Begabung und brachte ein Werk hervor, das der Nachwelt einen Eindruck seiner Kunst vermittelt, trug jedoch eindeutig den Stempel einer kurzlebigen Modeerscheinung. Heute erinnert man sich an ihn als gescheitertes Wunderkind oder als gealterte Neuentdeckung, und viele Menschen (wie beispielsweise Klemperer) fragen sich, ob er wirklich ein »ehrlicher« Musiker hätte sein können.

Als Mann konnte er überdies sowohl anziehend als auch abstoßend sein, und er war immer schwierig. Einmal nannte er sich selbst »einen Fortissimo-Bastard«, und in der Tat lebte er – im Guten wie im Schlechten – stets ein Fortissimo-Leben. Er war überempfindlich und durchlebte jede Emotion intensiv. »Ich bin einigermaßen Herr meiner Leidenschaften«, schrieb er 1929 an eine ehemalige Geliebte, »jedoch hin- und hergerissen durch meine Wünsche, Erwartungen, Konflikte, Erinnerungen, die alle die Melodie des Lebens auf den Saiten meines Herzens spielen.« Er war ein Mann, für den Empfindsamkeit und Schwulst keine Schimpfwörter waren, weder im Leben noch in der Kunst; das Chaos in seinem Leben war ein Nebenprodukt seiner ungestümen Persönlichkeit. Er ließ sich in keine Kategorien einordnen, lehnte konventionelle Vorstellungen von Moral und Sexualität, gutem Geschmack und Verantwortung ab und steckte voller Widersprüche. »Manchmal ist er ein himmlischer Heiliger, manchmal ein wunderbarer alter Großvater und manchmal ein mieses Schwein«, sagte ein Bekannter einmal. Ein anderer nannte ihn »ein Wörterbuch der Adjektive«. Viele Menschen verehrten Nyiregyházi sehr, doch Personen, die ihm besonders nahestanden, enttäuschte und belastete er immer wieder. Er war ein idealistischer Philosoph, der sich für die erhabensten ideellen Ziele einsetzte, forderte aber auch die Befriedigung seiner niedrigsten Triebe. Den Großteil seines Lebens verbrachte er in Armut und Anonymität, hielt sich jedoch aufgrund seines Genies, seines Talents und seiner Seele stets für einen Aristokraten. Von seiner Bedeutung als Pianist und Komponist war er überzeugt, und dennoch war er so unsicher, dass ihn auch leise Kritik oder ein minimaler Angriff auf seine Würde aus der Bahn werfen konnten. Es gab ebenso viele Menschen, die ihn bedauernswert und schrecklich fanden, wie andere, die ihn für großmütig und edel hielten. Auf die Rückseite eines Scheckhefts, das sich unter seinen Papieren fand, hatte Nyiregyházi gekritzelt: »Ich bin ein verkommener Hurensohn von einem Pianisten, doch Gott *spricht* durch mich.«

Es ist kaum verwunderlich, dass die Nachwelt nicht wusste, was sie mit diesem Mann und seiner Kunst anfangen sollte, und deshalb ist (fast) gar nichts passiert. Zugegebenermaßen sind nur frustrierend flüchtige Eindrücke von Nyiregyházis Kunst zur Blütezeit seiner Karriere erhalten. Und so kann man nur ein Gesamtbild erschaffen, indem man aus einem Durcheinander zweifelhafter Quellen alle noch so geringen Hinweise verwendet. Daraus entsteht das Porträt eines der bedeutendsten und eigenwilligsten Pianisten des zwanzigsten Jahrhunderts sowie etwas weniger Erhabenes, aber nicht weniger Interessantes: das Bild eines der außergewöhnlichsten Charaktere mit einem der eigentümlichsten Lebensläufe in der Musikgeschichte.

Gegenüberliegende Seite:
Ervin im Alter von etwa zehn Jahren.
(Nachdruck des Titelbilds von The Psychology of a Musical Prodigy, *der 1925 erschienenen englischen Ausgabe von Géza Révész' Buch.)*

TEIL EINS

EIN MUSIKALISCHES WUNDERKIND

1903–1920

1
Die Anfänge in Budapest

Nyiregyházi wusste wenig über die Vorfahren seines Vaters und noch weniger über die seiner Mutter. Die gesamte Familiengeschichte ist nur bruchstückhaft dokumentiert. Beide Teile der Familie waren jüdischen Ursprungs. Unter den Ahnen seiner Großmutter väterlicherseits (Mädchenname Esther Rottenberg) gab es einige bedeutende Rabbis, die aus nordungarischen Städten wie Sátoraljaújhely and Sajószentpéter sowie aus Deutschland kamen; die Rottenbergs glaubten sogar, dass sie von dem deutschen Rabbi und Dichter Meir ben Baruch (dem »Maharam von Rothenburg«) abstammten, der im dreizehnten Jahrhundert gelebt hatte – einer legendären Autorität des Mittelalters, was den Talmud betraf. Nyiregyházis Urgroßvater mütterlicherseits war ein gewisser Rabbi Mandl, der annahm, dass die Familie seiner Mutter ursprünglich Mandel geheißen hatte und nicht aus Ungarn stammte, sondern möglicherweise ebenfalls aus Deutschland.

Die Familie Nyiregyházi trug früher den Namen Fried (wahrscheinlich vom deutschen »Friede« abgeleitet), doch Nyiregyházi wusste nicht, wann dieser geändert worden war. Während des neunzehnten und frühen zwanzigsten Jahrhunderts nahmen immer mehr Juden in Ungarn statt des Deutschen oder Jiddischen die ungarische Sprache an und legten sich ungarische Nachnamen zu. Häufig leiteten sie ihren Namen von ihrer Heimatstadt ab – das »i« am Ende solcher Namen entspricht dem Suffix »-er« (beispielsweise in »Berliner«) –, und das scheint auch bei Nyiregyházi der Fall gewesen zu sein. Laut seinem Cousin Henry Fried[1] verließ die Familie eines Tages Budapest, um dem Antisemitismus zu entkommen – möglicherweise auf Anraten der Regierung. Sie ließ sich in der Stadt Nyíregyháza im nordöstlichsten Komitat des

---

[1] Fried war der Sohn von Nyiregyházis Onkel Arnold, der Anfang des zwanzigsten Jahrhunderts nach Philadelphia übersiedelte und wieder seinen ursprünglichen Nachnamen annahm.

heutigen Ungarn nieder. Vermutlich zog die Familie einige Male um. Nyiregyházis Vater Ignácz wurde 1875 in der Stadt Mezölaborc (heute Medzilaborce im Nordosten der Slowakei) in den Karpaten geboren.

Im März 1902 heiratete Ignácz Nyiregyházi Mária Borsodi, die 1885 in Budapest zur Welt gekommen war. Ervin wurde am Abend des 19. Januar 1903 in der bescheidenen Wohnung in der Vörösmarty Straße 79 im (sechsten) Bezirk Theresienstadt geboren, der auf der jüngeren, dichter besiedelten und lebendigeren Pest-Seite der Stadt östlich der Donau liegt. Der Bezirk war einer der bevölkerungsreichsten in Budapest – ein wahres Meer aus dicht an dicht gedrängten Häusern; hier wohnten hauptsächlich Kleinbürger und die Oberschicht der Industriearbeiter. Etwa ein Drittel der Menschen waren Juden, die teilweise in recht armen Verhältnissen lebten. Als Nyiregyházi ein kleiner Junge war, lebten mehrere Mitglieder der großen Familie in seiner Wohnung: Rabbi Mandls Witwe, die er »Lenke ómama« (»Oma Lenke«) nannte; ihre älteste, verwitwete Tochter – Ervins Großmutter – Szidónia Borsodi; und sein Onkel Márton Borsodi, der Ungarn verließ, als Ervin fünf Jahre alt war, und sich schließlich in Los Angeles niederließ. Die Nyiregyházis waren einst sehr arm gewesen, gehörten jedoch inzwischen zur gebildeten Mittelschicht. In der Verwandtschaft gab es einen Schneider, einen Apotheker, einen Juwelier und Uhrenhändler, den Verleger einer konservativen Zeitung, einen Regierungsbeamten, einen Tabakwarenhändler, den Besitzer einer Wurstfabrik und einen Diamantenmillionär in Johannesburg.

Als Ervin geboren wurde, war seine Familie nicht mehr besonders religiös, aß nicht koscher und scheint am öffentlichen jüdischen Leben kaum teilgenommen zu haben. Die Familienmitglieder lebten jedoch offen als Juden in einem größtenteils jüdischen Umfeld, verstanden sich gut mit den örtlichen Rabbis und besuchten (wenn auch unregelmäßig) den Dohány Templom der Mittelschicht – die größte Synagoge der Welt und die Hauptsynagoge der israelitischen Gemeinde in Pest, eine neologische Gemeinde, die sich der Tradition verbunden fühlte, aber auch Zugeständnisse an den Modernismus machte. Ervins Vater sowie sein Großvater, Vilmos Nyiregyházi, sangen im Chor der Synagoge; Henry Fried zufolge war Vilmos dort wahrscheinlich einst Kantor gewesen. Ervin war beschnitten, lernte Hebräisch und feierte seine Bar-Mizwa. Doch obwohl er stets eine Neigung zu Philosophie und spirituellen Dingen hatte, zeigte er für gewöhnlich keine religiösen Gefühle und hatte keine Meinung zu Themen wie Reinkarnation oder paranormale Ereignisse. Allerdings konnte er recht widersprüchlich sein. Seiner letzten Frau sagte er: »Ich glaube an Gott, doch nicht an die Dogmen der Kirche.« Und er glaubte, dass eine undefinierte »höhere Macht« der Ursprung seiner musikalischen Begabung und Inspiration sei.

Das halbe Jahrhundert, das dem Ende des Ersten Weltkriegs vorausging, war ein goldenes Zeitalter für Ungarns Juden. Der Ausgleich von 1867, durch den die österreichisch-ungarische Monarchie entstand, brachte den Juden Freiheiten und garantierte ihnen die bürgerliche und rechtliche Gleichstellung. In der aufgeheizten, nationalistischen Atmosphäre, die im neunzehnten Jahrhundert in Ungarn herrschte, begrüßte man die Einbürgerung Hunderttausender Juden, da sie das Gewicht der ungarischen Reichshälfte vergrößerte. Man freute sich, dass die Juden sich leicht der ungarischen Kultur anpassten, Ungarisch lernten und die nationalen Gewohnheiten übernahmen, äußerst patriotisch eingestellt waren und eine starke emotionale Bindung an das Land hatten. Damals waren Juden so integriert und angepasst wie nirgends sonst in Europa, und das *recepció* [Rezeptionsgesetz] aus dem Jahr 1895 sorgte für die Anerkennung des Judentums als gleichberechtigte Religion. Nyiregyházi wurde also in eine Zeit hineingeboren, die der Anthropologe und Historiker Raphael Patai folgendermaßen beschreibt: »Dies war die einzige Periode in der tausendjährigen Geschichte der ungarischen Juden, in der *rechtlich* kein Unterschied zwischen der jüdischen und der nichtjüdischen Bevölkerung des Landes gemacht wurde.«

Vor allem in Budapest gab es einen großen jüdischen Bevölkerungsanteil. Die Stadt zog Juden aus ganz Europa an. 1910 lebten rund zweihunderttausend Juden hier – das war fast ein Viertel der Gesamtbevölkerung. (In ganz Ungarn lebten insgesamt nur rund fünf Prozent Juden.) Sie trugen überproportional zum öffentlichen Leben in der Stadt bei. Unter den Wahlberechtigten und den besser bezahlten Arbeitnehmern (vor allem in den akademischen Berufen) waren sie überrepräsentiert. Die Präsenz der Juden im kulturellen und intellektuellen Leben, im Finanz- und Handelsbereich, in Politik und Regierung sowie in den Wissenschaften und vielen anderen Gebieten war auffallend und für die Entstehung des modernen Budapest grundlegend. In Nyiregyházis Heimatstadt herrschte zur Zeit seiner Geburt ein relatives Gleichgewicht, so dass eine friedliche Koexistenz möglich war und ein Jude Karriere machen konnte.

Der Antisemitismus war jedoch trotzdem nicht verschwunden. Es gab immer Menschen, die sich über den Einfluss und die Macht der Juden ärgerten und selbst bei gut angepassten und schon lange eingebürgerten Juden die »ungarische Gesinnung« in Frage stellten – hauptsächlich in der manchmal »Judapest« genannten Stadt. Obwohl der Antisemitismus in Budapest (und Ungarn) traditionell nicht so stark ausgeprägt war wie in anderen Gegenden Europas, hinterließ er dennoch bei Ervin einen tiefen Eindruck, zumal er ein ungewöhnlich empfindsames Kind war. Als er ein Junge war, erzählte er, »wurde ich auf Budapests Straßen angespuckt, weil ich Jude war.« Im Alter von fünfzehn Jahren wurde er bei einer Prüfung an einer staatlichen Schule vom Rest der Klasse getrennt, und der Lehrer rief ihn unter Angabe seines Namens, des Alters und der Religion auf – »israelitisch«. Als Ervin im Klassenraum nach vorne ging, spuckten andere Jungen auf den Boden, ohne dafür zurechtgewiesen zu werden. Teilweise schrieb er seine Schüchternheit und Befangenheit als Erwachsener solchen Erlebnissen zu. Er lernte, dass es ihm selten zum Vorteil gereichte, wenn er zugab, Jude zu sein; deshalb wussten davon lediglich seine Ehefrauen und enge Freunde – und selbst die nicht alle. Häufig behauptete er, wie die meisten Ungarn Katholik zu sein; sogar einem zukünftigen Biografen erzählte er dies in seinen letzten Lebensjahren. Trotzdem schämte er sich nicht zwangsläufig dafür, Jude zu sein. Schon als Kind vertrat er die Auffassung, dass diese Tatsache einfach zu seinem Leben gehörte und weder

Postkarte der Königlich-ungarischen Oper (ganz rechts) und der Andrássy Avenue, wie sie in Nyiregyházis ersten Lebensjahren aussahen. *(Archiv, Opernhaus Budapest.)*

zu Stolz noch zu Scham Anlass gab. Seine Vorsicht und Verschwiegenheit in Bezug auf dieses Thema in der Öffentlichkeit war eine Art Selbstschutz, der aus frühen, schmerzlichen Erfahrungen mit dem Antisemitismus resultierte.

Auf keiner Seite der Familie gab es eine lange musikalische Tradition. Ervins Vater und Großvater sangen jedoch als Tenöre im Chor der Königlich-ungarischen Oper, während seine Mutter eine Laien-Pianistin war, die seiner Meinung nach »sehr gut spielte«. Das Interesse seiner Eltern an Musik bot eine gute Grundlage für sein außergewöhnliches Talent. Er war noch nicht einmal ein Jahr alt, als sein Vater Zeuge wurde, wie Ervin versuchte, Gesang nachzuahmen – für Kleinkinder in diesem Alter normalerweise unmöglich. Bevor er zwei wurde, konnte er bereits eine Melodie, die man ihm vorsang, wiedergeben, obwohl er noch kaum sprach – das besserte sich erst nach seinem zweiten Geburtstag. Er war noch keine drei Jahre alt, als sein Vater bemerkte, dass der Junge ein absolutes Gehör hatte: Er konnte auf dem Klavier jede Note finden, die ihm vorgesungen wurde, und gesungene Melodien auf einer Mundharmonika nachspielen. Im Alter von drei Jahren begann er, Melodien, die er gehört hatte, auf dem Klavier zu spielen. Schon bald improvisierte er seine eigenen Lieder, manchmal mit Begleitung. Nach einer einzigen Sitzung im Mai 1906 kannte er die Grundlagen der Notation. Sein Vater hatte ihm die Handlung von *Madama Butterfly* erzählt – Puccini hielt sich anlässlich eines Festivals mit seinen Opern in der Stadt auf; unter anderem wurde die ungarische Uraufführung dieses Werks gespielt. Obwohl Ervin noch keine Opernmusik gehört hatte, inspirierte ihn das, sich vor sein neues Spielzeugklavier auf den Boden zu setzen, wie er sich erinnerte im »Kleid eines kleinen Mädchens«, und eine Melodie zu erfinden. Sein Vater zeigte ihm, wie er sie aufschreiben konnte, und er nannte sie *Madama Butterfly*. Das war das erste Stück, das er seiner Erinnerung nach komponiert hatte. Und er war schon schlau genug, eine pentatonische Tonleiter zu nutzen, damit seine Melodie »orientalisch« wirkte.

Ein so großes Naturtalent konnte nicht verborgen bleiben. So kam es, dass Ervin 1907 im Alter von vier Jahren zur Nationalen königlich-ungarischen Musikakademie gebracht wurde, wo er zwei Professoren einige seiner eigenen Stücke vorspielte. Im selben Jahr erhielt er sporadisch Unterricht im Klavierspielen und Notenlesen. Sein erster Klavierlehrer war der ehrwürdige István Thomán, der von Franz Liszt unterrichtet worden war und den Béla Bartók, einer seiner Schüler, »den großen Lehrer von Generationen ungarischer Pianisten« nannte. Bartók erinnerte sich an Thomán als aufopferungsvollen, selbstlosen Lehrer, der dem musikalischen und intellektuellen Wachstum seiner Studenten ein »liebevolles Interesse« entgegenbrachte und »seinen Schülern als Beschützer und guter, väterlicher Freund zur Seite stand«, auch außerhalb des Klassenzimmers; seiner Meinung nach gehörte er »zu der seltenen Sorte Pädagogen, die niemals die Individualität ihrer Schüler unterdrückt«. Ervin fühlte sich Thomán eng verbunden und wurde durch ihn inspiriert, hatte allerdings aus unbekannten Gründen nur kurze Zeit bei ihm Unterricht. Im Alter von fünf Jahren wurde er an der Akademie als Schüler von Arnold Székely angemeldet, der selbst einer von Thománs ehemaligen Schülern war. Er unterrichtete Ervin, bis die Familie im Januar 1914 Ungarn verließ.[2] Dem Jahrbuch der Akademie sind seine beeindruckenden Fortschritte zu entnehmen. Obgleich Ervin noch sehr jung für solche Studien war, arbeitete er dennoch beständig, war deutlich besser als das normale Niveau seiner Klasse und bekam selbst dann hervorragende Noten, wenn er die Abschlussprüfungen für Schüler ablegte, die ein oder zwei Jahre weiter waren als er.

Er fand sich auf dem Klavier instinktiv zurecht, und seine Entwicklung war faszinierend, obwohl er nach eigenen Angaben in seinem ganzen Leben nie mehr als drei Stunden am Tag übte. Als er sechs Jahre alt war, umfasste sein großes Repertoire Sonaten von Haydn und Mozart, Beethovens Sonate *Pathétique*, Schumanns *Kinderszenen* und *Papillons*, Griegs *Lyrische Stücke* sowie kurze Werke von Chopin, Mendelssohn und Liszt. Wie die frühesten Fotografien zeigen, hatte er schon als Kind ungewöhnlich lange Finger. Seine pianistische Entwicklung war jedoch immer der körperlich-seelischen voraus. Im Alter von sechs und sieben Jahren wuchs er beträchtlich, und in derselben Zeit verlangsamten sich vorübergehend seine musikalischen Fortschritte. Doch danach widmete er sich dem Klavier ernsthafter und systematischer, wodurch er beeindruckende Ergebnisse erzielte. Als er acht oder neun Jahre alt war, beherrschte er einen Großteil des Standard-Repertoires, einschließlich Bachs *Wohltemperierten Klaviers*, Beethovens größter Sonaten aus der frühen und mittleren Schaffensperiode sowie vieler virtuoser romantischer Werke – Schumanns *Carnaval* und *Humoreske*, Chopins Balladen und Liszts *Ungarische Rhapsodien*. Am 25. November 1911 spielte er in der Akademie Haydns D-Dur-Konzert mit einer langen, selbst komponierten, harmonisch gewagten Kadenz. Er war erst neun, als er sich an die

---

[2] Nyiregyházi erinnerte sich, dass er bei Thomán Unterricht hatte, bis er sechs oder sieben Jahre alt war. Möglicherweise sah er Thomán auch noch eine Zeitlang, nachdem er an der Akademie angemeldet worden war. (Er erhielt bei Thomán, der seine Arbeit an der Akademie 1906 beendet hatte, Privatunterricht.)

großen romantischen Konzerte – beispielsweise von Grieg und Tschaikowsky – wagte. Am 20. Dezember 1912 – Ervin war noch nicht einmal zehn Jahre alt – spielte er bei einem der öffentlichen Konzerte der Akademie das Schumann-Konzert. Einer der größten Erfolge seiner Kindheit war eine Aufführung von Beethovens Klavierkonzert »Emperor«. »Das Publikum war wie gebannt angesichts der meisterlichen Leichtigkeit, mit der der Junge spielte«, schrieb der Psychologe Géza Révész. »Sie waren überwältigt von seiner außergewöhnlichen Vollendung, der Klangfülle und der genialen Schönheit seiner Interpretation.« Er war schon damals ein eigensinniger, unabhängiger Musiker und nicht zu schüchtern, seine Lehrer herauszufordern.

»Es verging eine geraume Zeit, bevor er begann, Harmonielehre zu studieren. Der theoretische Musikunterricht wurde jedoch wegen äußerer Gründe nach nur fünfzehn Sitzungen abgebrochen und erst ein Jahr später wieder aufgenommen«, schrieb Révész. Dieser äußere Grund war vermutlich Ervins Mutter, die meinte, dass sein erster Theorielehrer, Albert Siklós, zu nachsichtig war, so dass sie den Unterricht beendete. (»Wir kamen zu gut miteinander aus«, erinnerte sich Nyiregyházi. »Ich behandelte ihn wie einen Freund.«) 1912 ließ Mária ihren Sohn von Leó Weiner unterrichten, einem bekannten Komponisten, der an der Akademie Theoriestunden gab. In den folgenden zwei Jahren lernte Ervin bei Weiner Harmonielehre, Kontrapunkt, Formenlehre und Orchestrierung. Sein Lehrer war voll des Lobes. In Kontrapunkt machte er nur wenige Fortschritte – er war bereits ein engagierter Romantiker, der sich mit »abstrakter« Musik wie Bachs Fugen nicht wohlfühlte. Doch seine Auffassungsgabe hinsichtlich der musikalischen Formen beeindruckte seinen Lehrer, und er kannte bereits die meisten Orchesterwerke des neunzehnten Jahrhunderts, auf denen die Unterrichtsstunden basierten. Nach allem, was man hört, war Weiner ein außergewöhnlicher und beliebter Lehrer, ein inspirierender Berater und Mentor für Generationen ungarischer Musiker – auch wenn Ervin nicht gut mit ihm auskam. Er ermunterte Ervin nicht zu komponieren, wie Siklós es getan hatte. Von seinen Theorielehrern sagte er später: »Sie haben mir nichts beigebracht, was ich nicht schon wusste.«

Seine künstlerische Entwicklung wurde durch das blühende Kulturleben der Stadt begünstigt. Als er geboren wurde, erlebte Budapest eine Blütezeit: die jüngste der großen Metropolen Europas, eine schöne, lebendige, wohlhabende, moderne Stadt. (John Lukacs bezeichnete das Jahr 1900 als Budapests »Mittagsstunde«.) In den letzten fünfundzwanzig Jahren des neunzehnten Jahrhunderts hatte Budapest aufgrund eines dynamischen Wirtschaftswachstums einen Bauboom erlebt; es waren unter anderem große öffentliche Bauwerke entstanden, und die Bevölkerung hatte sich nahezu verdreifacht, so dass zur Jahrhundertwende rund siebenhundertfünfzigtausend Menschen hier lebten. Budapest war zu dieser Zeit die am schnellsten wachsende Stadt in Europa. Während des Ersten Weltkriegs hatte sie fast eine Million Einwohner. Einst war Budapest durch seine Sprache und Kultur isoliert gewesen, doch nun hatte es sich zur kosmopolitischen, wahrhaft europäischen Stadt entwickelt, die nicht mehr als exotisch oder »orientalisch« galt. Das künstlerische und intellektuelle Leben, die Kaffeehaus- und Clubkultur sowie das Nachtleben waren innerhalb einer Generation explodiert. Die gebildete Mittel- und Oberschicht erreichte kulturelle Errungenschaften in den Bereichen Musik, Malerei, Theater, Film, Literatur und Journalismus. Nyiregyházi gehörte der ersten Generation bemerkenswerter Ungarn an (unter ihnen überproportional viele Juden), die auch außerhalb Ungarns bekannt wurden.

Oper und Operette, Orchester, Kammermusikensembles, Pianisten – alles florierte um die Jahrhundertwende in Budapest. Einige der bedeutendsten zeitgenössischen Musiker Europas reisten hierher, und Ervin hörte viele von ihnen. Sein Vater und Großvater nahmen ihn zum ersten Mal zur Arbeit in die Oper mit, als er fünf Jahre alt war. Dann kam er regelmäßig zu den Proben und Aufführungen des Ensembles. Als er etwa sieben Jahre alt war, wurde er einmal gebeten, in Vertretung den Ambosschor aus *Der Troubadour* zu dirigieren, da der Dirigent zum Telefon gerufen wurde. Die Königliche Oper hatte damals ein breites, internatio-

Porträts von Nyiregyházis Großvater (links) und Vater, die noch immer an einer Wand des Budapester Opernhauses hängen, in einem früheren Raucherkorridor für das Orchester. (Archiv, Opernhaus Budapest.)

nales Repertoire und einen hervorragenden Ruf. Ervin fühlte sich durch die Leidenschaft und den Gefühlsüberschwang der Opern angezogen. Manchmal war er so überwältigt, dass es ihm schwer fiel, seine Begeisterung oder seinen Unglauben zu zügeln. Als er sieben war, nahm sein Vater ihn zu einer Probe für *Elektra* mit, doch er musste hinausgebracht werden, da er begann, nach der Polizei zu rufen – auf der Bühne wurden Menschen ermordet! Etwa zur selben Zeit sah er seinen Vater in *Lohengrin* auf der Bühne und rief: »Das da drüben ist Papa, der dünnste Mann in der Menge!« Selbst im hohen Alter deckte sich sein persönliches Opernrepertoire noch mit dem Programm der Königlichen Oper, wodurch der entscheidende Einfluss dieser Kindheitserlebnisse offenbar wird.

Ervins Wissensdurst erstreckte sich auch auf Bereiche jenseits der Musik. Wie viele talentierte Kinder begann er früh mit dem Lesen, und es wurde eine seiner großen Leidenschaften. Bereits in jungen Jahren verschlang er gewichtige Klassiker: Dante, Dostojewski, Goethe, Heine, Schiller, Shakespeare, Shelley, die alten Griechen sowie ungarische Autoren. Er liebte aber auch Krimis und Jules Verne, der – seiner eigenen Aussage zufolge – einen großen Einfluss auf ihn hatte. Er lernte Deutsch, da seine Familie, wie die meisten gebildeten Ungarn, zweisprachig war. (Allerdings hatte bei den meisten Ungarn im späten neunzehnten Jahrhundert das Ungarische Deutsch als erste Sprache abgelöst. Dennoch blieb das Deutsche für jene unerlässlich, die Zugang zur großen Welt der europäischen Kultur suchten.) Durch seine Mutter erhielt Ervin außerdem bruchstückhafte Kenntnisse anderer Sprachen, denn sie sprach Französisch und konnte gut genug Englisch, um Dickens und Wilde lesen zu können. Darüber hinaus interessierte er sich auch für andere Themen – Philosophie, Geschichte sowie Geografie – und war ganz verrückt nach Schach. Schon im Alter von sechs Jahren zeigte sich sein Talent für dieses Spiel, und einige sachkundige Spieler hielten ihn für begabt. (Er konnte sogar mit verbundenen Augen spielen.) Er erinnerte sich, dass seine Stärke eher die Verteidigung als der Angriff war – eine eindeutige Metapher für seine Persönlichkeit: Sein ganzes Leben lang war er passiv, vorsichtig und verabscheute die Konfrontation. Er las Bücher über Schach und verfolgte internationale Turniere. In den frühen Jugendjahren war er so vom Schach besessen, dass er sogar darüber nachdachte, dem Spiel mehr Zeit zu widmen als der Musik – bis seine Mutter ihm sein Schachbrett und die Bücher wegnahm. »Ich war sehr wütend«, sagte er. Danach erzählte er seiner Mutter regelmäßig, dass er draußen Sport treiben wolle, schlich sich dann aber davon, um ein Schachspiel aufzutreiben.

Am Abend des 16. Dezember 1910 wurde Ervins einziges Geschwisterkind geboren. Ignácz wollte seinen Sohn (nach Wagner) Richard nennen, doch Mária setzte sich durch und gab ihm den Namen Alfred, der weniger verbreitet war und ihr stilvoller zu sein schien. Auch Alfred war musikalisch begabt und hatte ein gutes Gedächtnis; Ervin war von seinem natürlichen Verständnis für Musik beeindruckt. Eigentlich wollte Alfred Klavier spielen lernen, doch da es in der Familie bereits einen Pianisten gab, brachte seine Mutter ihn dazu, Geigenstunden zu nehmen. (Als Ervin etwa neun Jahre alt war, lernte auch er etwa sechs Monate lang Geige, doch sein Lehrer brach den Unterricht ab, da er für dieses Instrument keine Begabung hatte.) Mária glaubte, ihr jüngerer Sohn habe das Potential, ein guter Musiker zu werden, so dass Alfred die Geigenstunden noch eine Weile fortsetzte; ein Freund aus seiner Jugend- und frühen Erwachsenenzeit erinnerte sich, mit ihm zusammen Kammermusik gespielt zu haben. Auf jeden Fall liebte Ervin seinen Bruder über alles und war ihm gegenüber weder eifersüchtig noch herablassend. Wie die meisten Wunderkinder war er sich seiner Stellung sicher.

2
Unter dem Mikroskop

Ervin Nyiregyházi gehört dank Géza Révész zu den am besten dokumentierten musikalischen Wunderkindern der Geschichte. Révész verbrachte mehr als vier Jahre damit, ihn eingehend zu beobachten. Der 1878 in Siófok geborene Révész studierte in Göttingen und Berlin Psychologie und schloss sein Studium 1905 ab. Zu der Zeit, als er sich mit Ervin beschäftigte, arbeitete er als Dozent an der Budapester Universität. Der Autor schrieb unter anderem Artikel und Bücher über die Schnittstellen von Psychologie, Gehör und Musik. Außerdem interessierte Révész sich für musikalische Begabung und Musikpsychologie, und er war ein Vertreter der experimentellen Psychologie – ein Symptom eines Zeitalters, in dem man glaubte, dass die Wissenschaft psychologische Phänomene erklären könne. Er wies zurück, was er als die übliche anekdotische Behandlung des Themas »Wunderkinder« ansah, und machte es sich zur damals radikal neuen Aufgabe, die Talente seiner Versuchsperson zu messen – nicht nur, um das einzelne Wunderkind umfassend zu verstehen, sondern auch, um Rückschlüsse auf die Wurzeln und die Entwicklung künstlerischer Begabung oder sogar künstlerischer Kreativität ziehen zu können.

Im Januar 1910 begann Révész damit, an Ervin systematische Versuche durchzuführen, obwohl er schon früher auf den Jungen aufmerksam geworden war und Tests mit ihm gemacht hatte. Seine Studien an Ervin setzte er bis Januar 1914 fort. Nyiregyházi erinnerte sich, den Psychologen mehrmals pro Woche gesehen zu haben, außer während der Sommermonate oder wenn er nicht in der Stadt war. Meistens dauerten die Besuche einige Stunden und fanden vormittags statt, entweder in der Wohnung seiner Familie oder manchmal auch bei Révész zu Hause. Révész unterhielt sich mit Ervin, beobachtete ihn beim Spielen und Komponieren und entwickelte Tests, um seine Begabungen messen zu können. Ervin schenkte diesen Sitzungen keine besondere Beachtung, sondern betrachtete sie als Ventil für seine Kreativität und als Gelegenheiten, mit einem intelligenten, gelehrten Mann, der ihn ernst nahm, über Dinge zu sprechen, die ihm wichtig waren. Révész verwendete die neuen Intelligenztests, die unter anderem der französische Psychologe Alfred Binet entwickelt hatte. Dabei stellte er fest, dass Ervins allgemeine Intelligenz seinem Alter zwei oder drei Jahre voraus war, wenn er auch meinte, dass diese Tests »seinen Scharfsinn, jene Qualität, die in seiner Intelligenz besonders bemerkenswert ist«, nicht nachweisen konnten. Die Lehrer des Jungen berichteten dem Psychologen, dass »es im Allgemeinen ausreichte, ihm etwas einmal zu zeigen oder zu erklären; danach hatte er es nicht nur begriffen, sondern derart verstanden, dass er es anwenden konnte, wenn sich die Gelegenheit bot.« Révész zögerte nicht, Ervin mit dem berühmtesten aller musikalischen Wunderkinder zu vergleichen: Mozart.

Ervin hatte ein außergewöhnlich feines absolutes Gehör. Er konnte Töne ohne Zögern oder Unsicherheit benennen – unabhängig von deren Höhe, Klangfarbe oder der Instrumentierung. Der Junge war in der Lage, große Intervalle, dissonante Akkorde und Toncluster in allen Tonlagen mit erstaunlicher Präzision zu analysieren, selbst wenn die Akkorde aus einem halben Dutzend oder mehr Tönen bestanden. Er konnte hervorragend vom Blatt spielen, bisweilen fehlerfrei. »Professionelle Musiker, die mit ihm Kammermusik spielten, waren überrascht von seinem Gefühl für die Musik, von seiner Genauigkeit und dem künstlerischen Verständnis, das er beim Vom-Blatt-Spielen an den Tag legte«, berichtete Révész. Ervin konnte Partituren von Sinfonien aus dem neunzehnten Jahrhundert vom Blatt lesen. »Es war genau so, als läse ich ein Buch«, sagte er. Er war meist problemlos in der Lage, von einer Tonart in eine andere zu transponieren. Im Alter von zehn Jahren konnte er Werke von Bach sowie Sonaten von Haydn und Beethoven vom Blatt transponieren. Schon mit vier Jahren improvisierte er sehr fantasievoll und mit Gefühl in verschiedenen Stilrichtungen. (Zu den Aufführungen in seiner Kindheit gehörten oft auch Improvisationen über Melodien, die sich die Zuhörer wünschten.) Auch sein Gedächtnis war hervorragend. Im Alter von sechs oder sieben Jahren konnte er ein umfangreiches Stück lernen, indem er es einige Male durchspielte; so lernte er das Konzert von Schumann in rund zehn Tagen auswendig, obgleich er es nicht öfter als einmal pro Tag spielte. Außerdem war Ervin in der Lage, aus dem Gedächtnis Musik zu spielen oder aufzuschreiben, die er nie selbst gespielt, sondern nur gelesen hatte. (Révész sah, wie er Musik studierte, indem er die Partituren las, dabei summte und seine Finger auf einem Tisch bewegte.) Und er vergaß nichts. Als er ein Jugendlicher war, hatte er ein umfassendes Repertoire im Kopf – Klaviermusik, Kammermusik, Sinfonien, Opern; und als er schon über achtzig Jahre alt war, behauptete er, mindestens dreitausend Kompositionen auswendig zu kennen.

Für Révész war seine Kreativität »der schlüssigste Beweis für seine musikalische Begabung«. Er bemerkte, dass Ervin bereits mit acht eine herausragende Technik hatte und die Möglichkeiten des Klaviers souverän beherrschte. Er spielte mit einem »außergewöhnlichen musikalischen Sinn« und präsentierte Interpretationen, die »nicht einem Kind, sondern einem Künstler mit tiefem Verständnis« entsprachen. Diese Meinung war allgemein verbreitet. Leó Weiner stellte einmal erstaunt fest, dass der Junge Beethovens »Waldsteinsonate« besser spielte als Busoni. Nyiregyházi erinnerte sich, dass er dieses Stück im Rahmen eines privaten Konzerts gespielt hatte, als er etwa sieben Jahre alt gewesen war; dem Ende seines Vortrags war überwältigte Stille gefolgt, bevor im Publikum »Genie!« gerufen wurde.

Selbst bei Wunderkindern und großen Komponisten zeigt sich das Kompositionstalent nur sehr selten bereits in der frühesten Jugend. Doch noch bevor Ervin Unterricht in Komposition oder Theorie erhalten hatte, besaß er »ein tadelloses und authentisches Vermögen, Gedanken und Gefühlen Ausdruck zu verleihen«, wie Révész bemerkte. Nach seinem ersten Versuch auf dem Spielzeugklavier setzte Ervin das Komponieren fort. Er wachte um sechs Uhr morgens auf, und während der Rest der Familie noch schlief, schlich er sich ins Wohnzimmer, um am Esstisch zu komponieren. In seinem Schlafzimmer stand ein Klavier, und manchmal improvisierte er darauf oder entwarf Ideen. Ervin konnte aber auch nur im Kopf komponieren, wobei er hin und wieder seine Finger auf dem Tisch bewegte. Nach dem Mittagessen, wenn die anderen Familienmitglieder sich ausruhten, komponierte er weiter. Schon bald hatte er eine beeindruckende Menge an Stücken angesammelt. Als er fünf Jahre alt war, gehörten zu seinen Kompositionen unter anderem eine Barkarole, ein »Tanz der Elfen« und ein programmmusikalisches Stück mit dem Titel *Zum Tod eines kleinen Vogels*. Im Laufe der nächsten sechs Jahre schrieb er zahlreiche Stücke in typischen romantischen Formen (Ballade, Fantasie, Nocturne, Scherzo, Serenade, Sonate, Variation) sowie stimmungsvolle Werke mit Titeln wie *Sehnsucht, Frühlingslied, Ein orientalischer Traum, Klagende Klänge* und *Das Leben eines Schmetterlings*. Einige dieser Kompositionen hatten sich aus Improvisationen über Geschichten seines Vaters oder Filmszenen entwickelt. Er nahm auch einige sehr ambitionierte Werke in Angriff – Orchesterstücke mit hochtrabenden Titeln wie *Das Leben eines Helden* und *Die Verkündung der zehn Gebote auf dem Berg Sinai*, eine (unvollendete) Sinfonie über Napoleon und ein Oratorium über den Tod Moses.

Natürlich war diese Musik abgeleitet und beeinflusst von ehrbaren Vorbildern wie Beethoven, Chopin und den österreichisch-deutschen Romantikern. Révész schrieb jedoch dazu, »Ervins Kompositionen verraten seine ungarische Herkunft niemals«; nur selten griffen sie beispielsweise auf Volkslieder zurück.[3] Und sie waren »fast völlig frei vom Einfluss bekannter zeitgenössischer Komponisten«, da er mit dem Großteil der modernen Musik wenig anfangen konnte. Auch als Nyiregyházi erwachsen war, umfasste

---

[3] Nyiregyházi erhielt an der Akademie einen konservativen Unterricht. Aufgrund der seit langem vorherrschenden Vorliebe für die deutsch-österreichische Musik konnte sich die revolutionäre Musik junger Komponisten wie Bartók und Zoltán Kodály dort nur langsam durchsetzen; diese versuchten, auf der Grundlage der ungarischen Volksmusik einen neuen Stil zu kreieren. Nyiregyházi kannte die einheimischen ungarischen Wurzeln nicht anders als die meisten Europäer: als Zuflüsse zum österreichisch-deutschen Hauptstrom. Neben diesem Hauptstrom interessierte er sich nicht nur für die Musik aus Ungarn, sondern auch für die aus Italien, Frankreich, Russland, Norwegen und Spanien.

Der Beginn einer Serenade, die Ervin mit sechs Jahren komponierte (nicht – wie angegeben – mit sieben) und in seiner Kindheit häufig im Rahmen von Konzerten spielte. Obwohl das Stück, gelinde gesagt, einfach ist (nur dreiunddreißig Takte lang und äußerst banal), bestand Nyiregyházi bis zu seinem Lebensende darauf, dass es ein »Meisterwerk« sei. *(Nachdruck aus* The Psychology of a Musical Prodigy, *der 1925 erschienenen englischen Ausgabe von Géza Révész' Buch. International Ervin Nyiregyházi Foundation.)*

sein Repertoire der Musik des zwanzigsten Jahrhunderts außer Debussy, Bartók, Granados, Rachmaninow, Schönberg, Strauss und wenigen anderen Komponisten nicht viel mehr als die neuen Werke seiner Kindheit.[4] Auf jeden Fall war die Musik, die er als Kind schrieb, nicht mit jener der bedeutendsten komponierenden Wunderkinder vergleichbar, doch er schrieb einige durchaus fantasievolle, individuelle und ausdrucksstarke Werke. Außerdem erforschte er eine große Bandbreite an Genres, Stilrichtungen und Stimmungen, wofür er von den Erwachsenen viel Lob erntete.

Révész bewunderte nicht nur Ervins Talent, sondern auch seine erwachsene Ernsthaftigkeit, seine unstillbare Neugier, seinen Fleiß, seine Konzentrationsfähigkeit und Willensstärke sowie seine Zielgerichtetheit. Darüber hinaus hatte der Junge ein atemberaubendes Selbstbewusstsein. Révész bemerkte, wie Ervin während der Tests »voller Überlegenheit lächelte«. »Als ich sechs war«, erzählte Nyiregyházi, »hielt ich mich für bedeutender als Beethoven.« Wie viele Wunderkinder wirkte Ervin im Gespräch wie eine beeindruckende und häufig amüsante Mischung aus Kind und Erwachsenem. In einer förmlichen und anspruchsvollen Sprache präsentierte er reife Erkenntnisse und Erfahrung. Révész hielt Ervins Vorträge gewissenhaft fest und notierte auch seine Einschätzung verschiedener Komponisten:

> Bach ist die Wurzel der Musik. Er stellt die Krönung der Musik dar, jedoch nicht den emotionalen Höhepunkt. In seinen Werken ist nur die *Musik* perfekt, nicht die emotionale Idee.

> Mozart war empfindsamer und unbeschwerter als Beethoven, aber musikalisch und bei der Stimmführung weniger raffiniert. Beethoven schrieb ernstere Musik als Mozart, da er vermutlich viel mehr Sorgen und Bitterkeit erleben musste als Mozart; und aus die-

---

[4] Er hielt Verdi, Puccini und Grieg für seine »Zeitgenossen«, da sich deren Lebensdaten kurzzeitig mit seinen eigenen überschnitten. Als Erwachsener kannte er nur wenige Werke lebender Komponisten, und er mochte sie alle nicht. In den 1980er Jahren nannte er Krzysztof Penderecki einen »Angeber«, dessen Musik »klingt wie der Zusammenstoß zweier Straßenbahnen«, und bezeichnete Witold Lutosławskis Musik als »Mist«.

sem Grund sprechen Beethovens Melodien das Herz stärker an als Mozarts.

Wagner war ein Meister der polyphonen Stimmführung und ein schwungvoller Komponist. Ich kann nicht behaupten, dass er immer *schöne* Harmonien geschaffen hat, doch sie klangen stets *voll* und sonor.

Bizet hat sehr ernste Melodien geschrieben, aber damit meine ich nicht, dass seine Melodien schwermütig oder zu ernst sind, sondern dass sie gut komponiert und sorgfältig durchdacht sind. Von Schumann könnte man dasselbe sagen, doch während seine Melodien angenehm ernsthaft sind und einen verträumten Charakter haben, sind Bizets Melodien eher dramatisch.

Révész war von alledem zutiefst beeindruckt:

> Der Grad der Sicherheit, mit der er seine Einschätzungen zu schwierigen Fragen vorbrachte, und die tiefen Wahrheiten in seinen Äußerungen waren nahezu unglaublich. Er analysierte sein eigenes Innenleben in der Art eines geschulten Psychologen, und er sprach klar und logisch über seine Beobachtungen hinsichtlich seiner eigenen Person. Und was die meisten Menschen noch mehr verwundern wird: Er drückte sich mit großer Vorsicht und in bemerkenswert bedeutungsvoller Sprache aus. Er fragte mich oft, ob das, was er mir erzählte, »in das Buch« kommen werde, denn in diesem Falle »möchte ich mich korrekt ausdrücken, und Sie müssen mir große Aufmerksamkeit schenken; denn ein einziges falsch gewähltes Wort kann die ganze Bedeutung verändern«. Darüber hinaus war es typisch für ihn, gelegentlich eifrig nach dem richtigen Begriff zu suchen und seine Worte im Zweifelsfall mit ausdrucksstarken Gesten zu untermalen. Im Endeffekt konnte er immer alles eindeutig klarmachen, wiederholte manchmal, was er gesagt hatte, und fragte dann, ob man ihn richtig verstanden hatte.

(Eine übertriebene Präzision beim Sprechen und Schreiben war für Nyiregyházi während seines gesamten Lebens charakteristisch. In Interviews und Briefen, sogar bei zwanglosen Unterhaltungen sprach er ab und zu sehr langatmig und redundant, um sicherzugehen, dass uneingeschränkt verständlich wurde, was er meinte.)

Die oben zitierten Kommentare wurden zwar voller Überzeugung geäußert, stellen aber lediglich ein Sammelsurium erhaben formulierter Banalitäten und nachgeplapperter Ideen dar, die für originell gehalten wurden. Natürlich basierten Ervins Meinungen nicht auf einem großen Erfahrungsschatz. Es ist aber trotzdem erstaunlich, mit welcher Selbstsicherheit ein so kleines Kind seine Gedanken ordnen, entwickeln und zum Ausdruck bringen konnte. Folglich war es richtig, dass Révész festhielt, inwiefern Ervin bestehende Ideen mit eigenen Gedanken verknüpfte und seine häufig beeindruckenden Bewertungen darlegte. Seine Kommentare zeigen einen bedächtigen Denker mit einer bemerkenswerten Auffassungsgabe für die Welt der Musik, der bereits seine persönliche Ästhetik schuf, in der alles seinen Platz hatte, und entschlossen war, auch bei Widerstand sich selbst treu zu bleiben. Schon damals – und sein ganzes Leben lang – bestand er darauf, dass die »emotionale Idee« eines Stücks bei ihm oberste Priorität hatte, weshalb er ungern über die technischen Aspekte von Musik diskutierte. Als er schon über siebzig war, sprach er mit einem Freund über Bachs Fugen und sagte: »Musik, die nur Musik ausdrückt, ist eine leere Hülse.«

Gelegentlich konnte Ervin der Versuchung zu prahlen nicht widerstehen. Als er im Alter von fünf Jahren zum Zahnarzt ging und gebeten wurde, seine Zunge rauszustrecken und »A« zu sagen, antwortete er: »Was Sie gesagt haben, war nicht ›A‹, sondern ›F‹.« Er war erst sechs, als er eines Abends in der Oper »La donna è mobile« hörte und lautstark erklärte, dass der Tenor »nichts tauge«, während seine Mutter verzweifelt versuchte, ihn zum Schweigen zu bringen. Einmal zeigte er seine Abneigung gegen die Schule, indem er Leó Weiner einen altklugen Streich spielte. Er trug ein wenig bekanntes Konzert von Mozart vor und behauptete, es handele sich um seine eigene Komposition; wie erwartet, lehnte Weiner das Stück ab. Eine Woche später spielte er etwas Eigenes und behauptete, es sei ein wenig bekanntes Stück von Mozart; wie erwartet, lobte Weiner die Komposition. Als Ervin seinen

Schwindel aufdeckte, erschrak sein Lehrer – und sein Vater freute sich, dass der Sohn in der Lage war, einen solchen Mann hinters Licht zu führen. Allerdings meinte er: »Lass das nicht die Mama wissen.«

Erwin Nyiregyházi: psychologische Analyse eines musikalisch hervorragenden Kindes wurde 1916 in Leipzig veröffentlicht. Es ist das einzige Buch, das sich in einer eingehenden, wissenschaftlichen Studie einem einzelnen Wunderkind widmet, ist noch immer erhältlich und wird nach wie vor zitiert. Die verwendeten wissenschaftlichen Methoden, Analysen und gelegentlichen Mutmaßungen wurden später von einigen Psychologen ebenso in Frage gestellt wie der Anspruch des Buches, umfassende Rückschlüsse auf Wunderkinder, künstlerische Entwicklung und Kreativität im Allgemeinen zu ermöglichen. Dennoch ist dieses Buch noch immer eine Art Klassiker in der Literatur über begabte Kinder und Musikpsychologie. Doch Nyiregyházi glaubte, dass Révész seine Persönlichkeit in ihrem Wesen nicht erfasst hatte und dass das Buch lediglich seine Talente, nicht aber seine Ideen enthülle. »Ich habe ihm nie gesagt, was ich wirklich fühlte«, sagte er. »Meine wahren Gefühle hat er nie erahnt.« Seiner letzten Ehefrau gegenüber war er offener: »Das war nicht ich. Révész' Buch ist eine Fälschung.«

3
Die Entwicklung des Wunderkindes

Ervin stand im Zentrum des Nyiregyházi-Haushalts, nachdem sein musikalisches Talent entdeckt worden war. Seine Eltern erlaubten ihm, sich auf seine musikalische und intellektuelle Entwicklung zu konzentrieren. Anscheinend machten sie sich keine Gedanken darüber, welche Folgen es haben könnte, dass sie ihn verzogen und ihm eine normale Kindheit vorenthielten. Es wurde nicht von ihm erwartet, dass er spielte, im Haushalt half, sich selbst anzog oder sein Essen selbst zerschnitt. Für den Rest der Familie bestand das Frühstück aus Brötchen und Butter, doch selbst wenn das Geld knapp war, bekam Ervin weich gekochte Eier, warmes Getreide mit Sahne und Brötchen mit Marmelade; als zweites Frühstück gab es für ihn ein Steak oder Kalbfleisch mit Kartoffeln. Er wurde von der öffentlichen Schule freigestellt und erhielt zu Hause mehrmals pro Woche Privatunterricht in nichtmusikalischen Fächern. In die Schule ging er nur, um an den Prüfungen am Jahresende teilzunehmen. Ervin bedauerte es nach eigener Aussage nicht, den normalen Unterricht zu verpassen; und man kann sich leicht vorstellen, welche Qualen er dort erlitten hätte. Er hatte nur wenige Freunde. Durch seine Talente und Interessen war er isoliert, und sein introvertiertes Wesen, seine Schüchternheit und Ernsthaftigkeit führten zu einer weiteren Abschottung; er hatte wenig von der normalen Unbeschwertheit der Jugend. Andere Jungen ärgerten ihn. Wie bei vielen männlichen Wunderkindern waren auch bei ihm die »weiblichen« Züge (wie beispielsweise Empfindsamkeit) stärker ausgeprägt als die »männlichen« Züge (wie das Bedürfnis, die Muskeln spielen zu lassen). Zu allem Überfluss ließ seine Mutter ihn das Haar lang tragen; in einem 1918 erschienenen Artikel wird überdies die »mädchenhafte Reinheit« seiner Augen erwähnt. Die Situation wurde außerdem durch den Antisemitismus verschärft: Viele jüdische Jungen in Budapest wurden aus diesem Grund zu Hause unterrichtet.

Selbst unter anderen Musikern und Wunderkindern fühlte Ervin sich unbehaglich. Sein großes Talent löste bei seinen Konkurrenten Neid aus. Er erinnerte sich, dass einer seiner Kollegen in der Akademie – Jenö Blau, ein Geiger, der ein paar Jahre älter war als er – ihn in einem Anfall von Eifersucht die Treppe hinunter stieß und trotz Verweisen erst mit seinen Attacken aufhörte, als Ervin eines Tages zu ihm sagte: »Willst du auf diese Weise zeigen, dass du ein guter Jude bist?« Rund zwanzig Jahre später traf Nyiregyházi seinen früheren Peiniger in New York auf einer Party wieder; Blau »wurde puterrot«, als Nyiregyházi ihn arglos mit seinem Namen begrüßte. Blau hatte psychische Probleme mit seinen ungarischen, jüdischen Wurzeln und war inzwischen in Amerika unter einem neuen Namen ein bekannter Dirigent geworden: Eugene Ormandy.

Ervins Vater war »die Hauptstütze in seinem Leben«, wie Révész schrieb. »Wir sind es seinem Andenken schuldig, festzuhalten, dass er dem Jungen eine ruhige und ungestörte Zeit zum Üben sichern wollte. Im Gegensatz zu vielen Vätern von ›Wunderkindern‹ war er weit davon entfernt, das Talent seines Sohnes auszunutzen, um die Lebensgrundlage für die gesamte Familie zu sichern. Im Gegenteil: Er tat alles, was in seiner Macht stand, um ihn dabei zu unterstützen, dass er nicht nur ein guter, sondern auch ein gut ausgebildeter Künstler wurde.« Darüber hinaus hatte Ignácz ein »tieferes Verständnis von musikalischen Angelegenheiten als man es normalerweise bei Chorsängern erwarten würde. Ervins Mutter hatte ebenfalls ein bemerkenswertes musikalisches Talent und scheint eine noch bessere Musikerin gewesen zu sein als sein Vater; andererseits hatte dieser offensichtlich einen stärkeren inneren Bezug zur Musik als seine Frau.« Nyiregyházi schätzte diesen Unterschied. Er erzählte, sein Vater habe ihn dazu bringen wollen, dass er seinen eigenen Neigungen nachging, die Musik spielte, die ihm am besten gefiel, und sein Potential als Künstler ausschöpfte. Ervins Erinnerungen an seinen Vater waren liebevoll. Seiner Meinung nach verstand sein Vater ihn wirklich, und mit seinen musikalischen Vorlieben konnte er sich identifizieren.

Márias Umgang mit Musik war praktischer, am Nutzen orientiert und zynisch. »Mein Vater hatte eine deutliche Vorliebe für dramatische, intensive, leidenschaftliche Musik, die größtenteils von namhaften Opernkomponisten stammte«, erinnerte sich Nyiregyházi. »Meine Mutter mochte lieber Beethoven, Mozart, auch Bach – also Musik, die eher ihrem Ziel und Bestreben entsprach, aus mir einen Konzertpianisten zu machen und mich auf eine Konzertkarriere vorzubereiten.« Mária sah in ihrem Sohn einen Mozart, den sie instrumentalisieren konnte, um die finanzielle Situation der Familie zu verbessern und ihren gesellschaftlichen Status zu heben. Der unvermeidbare Konflikt mit Ervins aufkeimendem Idealismus löste bei ihm eine tiefe Verbitterung aus. Schon als Fünfjähriger sagte er: »Meine Mutter hasst mich. Sie hat gesagt: ›Dieser Junge wird es niemals zu Geld bringen. Er mag Puccini.‹« Sie versuchte, ihn davon abzubringen, die Opern- und Orchestermusik zu spielen, die er liebte, denn »Du kannst Liebe nicht zu Geld machen.« Doch Ervin betrachtete Musik bereits als Berufung, Mission und Lebensweg, nicht als ein Geschäft, auch wenn das mit einer Karriere nicht vereinbar war.

Seine Mutter behielt die Oberhand; sie war der stärkere Elternteil. Ihre Bedürfnisse und Wünsche dominierten den Haushalt. Ignácz war reflektierter und unbekümmerter, obwohl er auch eine Vorliebe für Dramatisches hatte. (»Nichts war für meinen Vater zu wild.«) Mária war herrisch, kritisch, streitlustig, narzisstisch und hatte einige typisch zwanghafte Charakterzüge: Sie war präzise und pünktlich und erwartete Perfektion von den Menschen in ihrer Umgebung. »Mein Vater war regelrecht ein Sklave meiner Mutter«, sagte Nyiregyházi. Sie war es, die sich um die musikalische Ausbildung des Jungen kümmerte. Nachdem Ignácz morgens in die Oper gegangen war, überwachte sie, wie ihr Sohn übte. Sie ließ ihn Bach und Etüden von Czerny spielen, eintönige Läufe und andere Übungen. Außerdem wählte sie sein Repertoire aus. Ignácz ermunterte ihn zum Komponieren, Mária tolerierte es lediglich. Während Ignácz mit ihm am Klavier saß und ihm Geschichten erzählte, wobei er improvisierte, kommandierte Mária im Hintergrund herum und beklagte die Zeitverschwendung. (Die meisten von Ervins Lehrern neigten dazu, die Ansichten seiner Mutter zu bekräftigen.) Da sie beabsichtigte, aus dem Jungen einen professionellen Pianisten zu machen, blieb für Vergnügungen wenig Raum. Klavier spielen wurde Ervins Aufgabe, und er ärgerte sich darüber. Mária untergrub seine gedankliche Unabhängigkeit und den Sinn für Selbstbestimmung (beide typisch für Wunderkinder) und erteilte ihm damit unbeabsichtigt eine Lektion, die schwerwiegende Auswirkungen auf sein späteres Leben haben sollte: Seine *wirklichen* musikalischen und geistigen Überzeugungen musste er sorgfältig hüten und geheim halten, da sie mit einer musikalischen Karriere nicht vereinbar waren. Zu Hause musste er kämpfen und einiges über sich ergehen lassen, um auch Zeit für die Art Musik zu haben, die er bevorzugte. Als er fünf oder sechs Jahre alt war, zog er sich einmal in einen dunklen Raum zurück und streckte seiner Mutter und seinen Lehrern die Zunge heraus. »Ich hasste sie«, sagte er.

In der Öffentlichkeit vermarktete Mária ihren Sohn als Wunderkind, doch privat kritisierte sie ihn ständig. Sie machte sich über Lehrer lustig, die ihn verwöhnten. Was er Weiners »liebevolles Wesen« nannte, ärgerte sie wie zuvor Siklós' Nachgiebigkeit, da sie der Ansicht war, ihr Sohn brauche strenge Disziplin, und Lob würde ihm zu Kopfe steigen. Ihrer Meinung nach konnte Weiner kein guter Lehrer sein, wenn er an Ervin nichts zu kritisieren fand; und Kritiker, die sein Spiel lobten, verstanden offensichtlich nichts von Musik. Mária behauptete, sie tue das zum Wohle ihres Sohnes, doch es besteht wenig Zweifel, dass sie auf ihn eifersüchtig war und versuchte, ihn vom Sockel zu stoßen. Vermutlich wollte sie durch ihn ihre eigenen gescheiterten künstlerischen Ambitionen verwirklichen und nahm ihm gleichzeitig übel, dass er die Möglichkeit dazu hatte. Auf jeden Fall war er augenscheinlich der Schlüssel zu Ruhm und Vermögen für seine Familie. Deshalb war es Mária wichtig, nicht die Kontrolle über dieses Gut zu verlieren.

Leider war Ervins Persönlichkeit nicht so angelegt, dass Konflikte ihn anregten. Er brauchte sanfte Ermutigung und Respekt. Die Kritik seiner Mutter inspirierte ihn nicht, sondern verletzte und veränderte ihn. Als sehr kleiner Junge war er spontan und brachte sogar Fremden gegenüber ungehemmt seine Zuneigung zum Ausdruck. Er erzählte Révész: »Ich mag es nicht, traurige Dinge zu komponieren, denn ich mag die Traurigkeit nicht. Ich liebe nur die Lebensfreude.« Bei diesen Worten breitete er die Arme aus, »als ob er die ganze Schönheit der Natur umarmen wollte«. Révész fuhr fort: »Ervin war in jeder Hinsicht ein Kind – ein cleverer, fröhlicher, freundlicher und entzückender Junge. Nachdem er die erste Scheu überwunden hatte, was immer recht schnell ging, wurde er freundlich, selbstsicher und liebenswert. Er verzauberte jeden, mit dem er eine gewisse Zeit verbrachte ... Er spielte wie Kinder eben spielen, mochte jungenhafte Unternehmungen und genoss sie sehr.«

Durch seine Mutter wurde dieser Teil seiner Persönlichkeit zerstört. »Mein Vater lobte mich, meine Mutter kritisierte herum. Mein Vater mochte es, wenn ich aus mir herausging, während meine Mutter wollte, dass ich zurückhaltend und anständig war.« Als er zehn Jahre alt wurde, war der Großteil seines kindlichen Wesens zerstört. Der jugendliche Ervin wurde introvertiert, schrecklich schüchtern, neurotisch und zutiefst melancholisch, leicht verletzbar, etwas paranoid und anfällig für Lampenfieber. Außerdem spürte er tief in seinem Inneren Wut und Verbitterung, die gelegentlich durch Trotz hervorbrachen. Dieser Zorn existierte sein ganzes Leben über in ihm. (Wie wir noch sehen werden, ist in seinen späteren Kompositionen keine »Lebensfreude« mehr zu finden.) Er kam zu der Überzeugung, dass seine Mutter ihn – wenn überhaupt – nur für das liebte, was er erreichen konnte, und nicht für das, was er war. Er hoffte nicht mehr auf Fürsorge, so sehr er sie sich auch wünschte. Als Erwachsener war er infolgedessen äußerst unsicher. Da er nie die unverfälschte, bedingungslose Liebe einer Mutter gespürt hatte, war er zu rückhaltlosem Vertrauen nicht in der Lage und neigte dazu, selbst seine engsten Beziehungen zu sabotieren.

Obwohl Mária der dominante Elternteil war, hatte auch Ignácz seine Fehler. »Mein Vater erzählte mir wunderbare Geschichten«, sagte Nyiregyházi, »doch er schlug mich, weil ich mit meinen

Händen so ungeschickt war.« Ervin schien unfähig zu sein, etwas anderes zu tun, als Klavier zu spielen. Es fiel ihm schwer, sein Hemd oder seine Hose zuzuknöpfen, die Schuhe zuzubinden, eine Briefmarke auf einen Brief zu kleben oder einen Umschlag zu öffnen, wenn er ihn nicht mit den Zähnen aufreißen sollte.[5] Sein Vater versohlte ihm wegen seiner Ungeschicklichkeit und Hilflosigkeit den Hintern oder gab ihm eine Ohrfeige. Ab und zu wurde Ignácz cholerisch. Ervin bekam mit, wie sein Vater seine Großmutter Szidónia als »ungebildeten Scheißhaufen« beschimpfte und das von ihr gekochte Essen auf den Boden schleuderte. Als er acht oder neun Jahre alt war, erlebte er einen »Alptraum«, in dessen Folge er sich »wünschte, ich könnte mein Gedächtnis auslöschen«: Sein Vater schlug Szidónia. In einem Augenblick der Offenheit gestand er sich ein, dass sein Vater zwar besser sei als seine Mutter, aber dennoch nicht »gut genug«.

Nyiregyházi neigte immer dazu, die Dinge schwarz-weiß zu sehen, wie er ja auch seine Eltern in die Kategorien »gut« und »schlecht« einteilte. Dabei übertrieb er die Güte seines Vaters und vergab ihm seine Fehler, während er seine Mutter zu stark dämonisierte. Er lebte in einer Umgebung, die sein musikalisches Wachstum förderte. Und wäre Ervin eines jener Wunderkinder gewesen, die sich leidenschaftlich der eigenen Musikkarriere verschreiben, hätte er seine Mutter wohl als weniger unterdrückend und dominant wahrgenommen. Seinen eigenen Erinnerungen nach zu urteilen überwachte sie seine künstlerische Entwicklung

---

[5] Nyiregyházi blieb auch als Erwachsener körperlich unbeholfen. Seine gelegentlichen Versuche zu kochen scheiterten beispielsweise schon daran, ein Ei aufzuschlagen oder eine Kartoffel zu schälen. Er kämpfte mit Zuckerpackungen, Butterstücken und Arzneimittelflaschen; selbst das Öffnen einer Tür konnte mühselig sein, und er fuhr niemals in seinem Leben Auto. Baden, Rasieren und Anziehen waren schwierig. Eines Morgens im Jahr 1980 bemerkte seine Frau, dass er fünfundvierzig Minuten gebraucht hatte, um sein Hemd zuzuknöpfen. Diese Ungeschicklichkeit war Nyiregyházi äußerst unangenehm, und er versuchte, sie selbst vor ihm nahestehenden Personen zu verbergen. Allerdings ist solche Unbeholfenheit unter musikalischen Genies recht verbreitet. Wenn er nicht gerade am Klavier saß, war auch Mozart ungeschickt.

nicht annähernd so tyrannisch wie andere Eltern – man muss sich nicht allzu sehr in die Literatur über hochbegabte Kinder vertiefen, um das zu erkennen. Nyiregyházi hielt fest, dass seine Mutter ihn niemals schlug, sondern ihm nur manchmal einen Klaps auf den Po gab; und wenn sein Vater ihn schlug, setzte sie sich für ihren Sohn ein. Doch der Junge war so sensibel, dass die Fehler seiner Mutter ausreichten, um fatale Folgen für ihn zu haben. Er nahm sich selbst als emotional vernachlässigt wahr, hatte mit den widerstreitenden Gefühlen der Pubertät zu kämpfen und schien aus Selbstschutz die Schuld an all seinen Ängsten seiner Mutter zuzuschieben. So machte er sie zur Gegnerin von allem, was ihm wichtig war. Im Holocaust kam sie ums Leben; einmal, als er betrunken war, hörte man ihn sagen, dass Hitler ein großer Mann war, weil er seine Mutter getötet hatte.

Die Beziehung zu seiner Mutter hatte gravierende Auswirkungen auf Ervins Persönlichkeit. Bei ihm waren Prahlerei und Narzissmus, die in der Pubertät typisch sind, stark ausgeprägt; sie dienten als eine Art Panzer gegen seine Ängste, schützten ihn jedoch nicht vor seiner lähmenden Furcht vor Kritik und den Erwartungen anderer. Es war, als habe er die Nörgeleien seiner Mutter verinnerlicht. Darüber hinaus hatte er große Angst davor, von denen, die er liebte, verlassen zu werden. Der ausgeprägte Stolz, der ihn an seine künstlerische und intellektuelle Überlegenheit glauben ließ, kämpfte in seinem Inneren mit einer tiefen Verunsicherung. Vermutlich war das Lob, das er als Kind erhielt, teilweise nur höflich gemeint – oder waren Europas führende Musiker *wirklich* der Meinung, dass seine Kompositionen sich mit denen Beethovens und Brahms' messen konnten, wie sie manchmal sagten? Jedenfalls nahm er die Anerkennung aus seiner Kindheit immer ernst. Bis ans Ende seines Lebens hatte er ein unstillbares Verlangen nach Bestätigung – selbst nach der kriecherischsten Schmeichelei. Er war der Ansicht, dass ihm Anerkennung gebühre, und brauchte immer wieder eine Rückversicherung seines Werts. Er gewöhnte sich an, passiv und hilflos auf Konflikte zu reagieren, und zog sich lieber zurück beziehungsweise wich ihnen aus, statt sich ihnen zu stellen. (»Welche Hindernisse mir auch in den Weg gelegt wurden, ich habe immer einfach aufgegeben«, sagte er selbst.) Nachdem er unter der Dominanz seiner Mutter gelitten hatte, bestand er hartnäckig auf seinen persönlichen Freiräumen. Schnell nahm er jede Einschränkung seiner Freiheit wahr und wehrte sich dagegen, so dass es unweigerlich zu Problemen mit Managern, Freunden und Geliebten kam. Er biss immer wieder die Hand, die ihn fütterte. Selbst wenn er die wohlmeinende Liebe und professionelle Hilfe bekam, nach denen er sich sehnte, konnte er nicht damit umgehen, bei jemandem in der Schuld zu stehen, da dies für ihn gleichbedeutend mit der Kontrolle durch eine andere Person war. Aus diesem Grunde verteidigte er seine Unabhängigkeit – manchmal mit verheerenden Folgen. Er war entschlossen, sich niemals wieder so beherrschen zu lassen, wie er von seiner Mutter beherrscht worden war, und sabotierte deshalb sein Privatleben und seine Karriere immer wieder.[6]

Ervins Eltern boten ihm eine kulturell und intellektuell anregende Umgebung – doch zu einem hohen Preis. Aus psychologischer Sicht blieb er unterentwickelt, und in einigen grundlegenden Bereichen wurde er nie erwachsen. Er bewahrte sich eine kindliche Unschuld, nahm die meisten Dinge äußerst ernst und hatte seine oftmals starken und widerstreitenden Gefühle nur selten unter Kontrolle. In der Tat war der seltsame Verlauf seiner Geschichte als Erwachsener eine beinahe vorhersagbare Folge der psychologischen Bürden aus seiner Kindheit.

---

[6] Von den neun Diagnosekriterien für eine Borderline-Persönlichkeitsstörung, die in der vierten Ausgabe der Publikation *Diagnostic and Statistical Manual of Mental Disorders* der American Psychiatric Association aufgelistet werden, treffen zumindest sieben auf Nyiregyházi zu: Verlassensängste; intensive, aber instabile persönliche Beziehungen, die von Liebe- und Hassextremen gekennzeichnet sind; impulsives, selbstzerstörerisches Verhalten (Trinken, Sex); Stimmungsschwankungen; chronisches Gefühl der Leere; unangemessener oder unkontrollierbarer Zorn; Anfälle von Paranoia oder Abgrenzung. Der Ausgabe IV des *DSM* zufolge genügen für eine Diagnose fünf der neun Kriterien.

Nachdem das vierjährige Wunderkind einmal der Musikwelt präsentiert worden war, begannen seine Eltern eifrig, ihn vorzuführen wie einen jungen Mozart. Schnell verbreitete sich die Nachricht von seinem Talent. Sein erstes öffentliches Konzert gab er im Alter von sechs Jahren im Oktober 1909 in Fiume (heute Rijeka an der kroatischen Küste).[7] Im selben Jahr wurden einige seiner eigenen Kompositionen erstmals veröffentlicht: Franz Bárd & Bruder, ein Unternehmen aus Budapest, Wien und Leipzig, brachte drei Stücke unter einem französischen Sammeltitel heraus – *Compositions d'Ervin Nyiregyházi: Wiegenlied, Plaudernde Frauen* und *Hochzeitsmarsch*, op. 1–3. Die Musik ist zwar naiv, langweilig und stellenweise unbeholfen – der Marsch ist besonders blass –, jedoch nicht fantasielos. (Opus 2 war durch Ignácz' Beschwerde inspiriert worden, in seinem Haus lebten zu viele Frauen.) Ervin komponierte alle drei Stücke im Januar 1909, also in dem Monat seines sechsten Geburtstags. Und auch wenn sie schlicht sind, weisen sie dennoch auf ein beeindruckendes musikalisches Talent hin.

In diesen ersten Jahren seiner Karriere spielte Ervin regelmäßig für die örtliche Musikelite und für Besucher, zu denen einige der berühmtesten Musiker der Welt zählten. Alle sprachen schon bald von seinem Genie. Selbst in den Sommerferien wurde er zur Schau gestellt: So traf er den achtzigjährigen Komponisten Karl Goldmark, spielte mit Zoltán Kodály vierhändig Orchestermusik und setzte sich selbstsicher mit dem Pianisten Eugen d'Albert über die Interpretation einer Beethoven-Sonate auseinander. Häufig besuchte er das Musikgeschäft des Verlegers Rózsavölgyi, in dem er kostenlose oder verbilligte Partituren erhalten konnte. Ein ortsansässiger Klavierbauer schenkte Ervin sogar ein Instrument, als er gerade erst fünf Jahre alt war. Für Franz Lehár, der in der Stadt

---

[7] Nyiregyházis Erinnerung an das Programm zu diesem Anlass war nicht einheitlich. Die Werke, die er in verschiedenen Interviews nannte, schließen eine der einfacheren C-Dur-Sonaten von Haydn mit ein, Beethovens Sonate in G-Dur op. 49/Nr. 1 sowie den ersten Satz der Sonate in A-Dur op. 2/Nr. 2, kurze Stücke von Mendelssohn, Chopin und Schumann, die *Lyrischen Stücke* von Grieg sowie seinen eigenen *Trauermarsch* für Cello und Klavier (gemeinsam mit einem anderen Schüler von Thomán aufgeführt).

war, um seine neuste Operette zu dirigieren, spielte er auf dessen Wunsch einige seiner eigenen Stücke und Musik aus der neuen Operette, die er bei Proben seines Vaters gehört hatte. Als der erstaunte Lehár den Jungen ein Genie nannte, fiel Ervin ihm um den Hals und gab ihm einen Kuss. Er traf auch Puccini, und nachdem er nach den Wünschen des Komponisten gespielt hatte, präsentierte er seine eigenen Arrangements von Auszügen aus verschiedenen Puccini-Opern; von einigen behauptete er sogar, sie komplett auswendig zu kennen. Das Vorspiel dauerte über eine Stunde, und nachdem Puccini gehört hatte, wie der Junge Musik aus *Madama Butterfly* vortrug, lobte er ihn in gebrochenem Deutsch und sagte: »Du hast es im *vagabondo*-Stil gespielt.« »Ja«, antwortete Ervin, obwohl er keine Ahnung hatte, was Puccini meinte.[8]

Schon bald war er eine feste Größe in der Budapester Gesellschaft. Als er zwischen vier und zehn Jahre alt war, spielte er oft in Privatwohnungen und machte häufig die Zeitungen auf sich aufmerksam. Er trat vor Industriellen und anderen Mitgliedern der aristokratischen Grundbesitzer und des niederen Adels auf, vor einigen der reichsten Geschäftsleute des Landes sowie vor bedeutenden zeitgenössischen Staatsmännern. Zu seinen Bewunderern zählten manche der ehrwürdigsten und einflussreichsten ungarischen Familien: Andrássy, Apponyi, Batthyány, Kánitz, Károlyi, Kohner, Lánczy, Tisza, Zichy. Ervin spielte für Beamte aller Regierungsebenen, für die wohlhabendsten und mächtigsten Rabbis, für Akademiker und Intellektuelle. (Mediziner und Zahnärzte behandelten ihn beispielsweise kostenlos, wenn er dafür bei ihnen Privatkonzerte gab.) Eine Zeitlang besuchte er mit seinem Vater zusammen regelmäßig Ignácz Goldziher – einen Universitätsprofessor, der ein Wegbereiter der modernen Arabisch-Studien und Islamforschung war (und außerdem selbst ein ehemaliges Wunderkind) – sowie dessen Sohn Károly, einen Mathematikprofessor.

---

[8] Nyiregyházi erinnerte sich, Puccini im Alter von sechs Jahren 1909 getroffen zu haben und Lehár wenig später. Allen verfügbaren Informationen über die Aufenthaltsorte dieser Komponisten zufolge scheint es allerdings wahrscheinlicher zu sein, dass das Treffen mit Lehár 1910 stattfand und das mit Puccini 1912.

Die Goldzihers überreichten Ervin Geld und kleine Geschenke (eine Karte von Afrika, ein Foto von Liszt, ein Blatt von Chopins Grab). Der ältere der beiden Männer übernahm vermutlich auch die Rolle eines Mentors: 1984 komponierte Nyiregyházi ein Werk mit dem Titel *In Memoriam Dr. Ignaz Goldziher (Weiser Berater)*. Um 1912 traf Ervin den legendären General Artúr Görgey, der zu diesem Zeitpunkt schon Anfang neunzig war und einer der letzten Überlebenden der ungarischen Revolution von 1848/49. Ervins Vater hatte dem General per Brief vom Interesse seines Sohnes an der Revolution berichtet, da dieser von einem Bilderbuch über das Thema ganz begeistert gewesen war. Infolgedessen hatte Görgey den Jungen eingeladen, für ihn zu spielen. Ganz spontan improvisierte Ervin über ein bekanntes Rekrutierungslied für die Revolution – »Kossuth Lajos azt izente« [»Lajos Kossuth schickte diese Nachricht«]. Der alte Mann schluchzte, so dass Ervin ihn umarmte, ihm einen Kuss gab und sagte: »Weine nicht, Onkel Artúr.« Auch außerhalb Ungarns standen Nyiregyházi die Türen offen. Schon mit sechs oder sieben Jahren musizierte er für die gesellschaftliche und musikalische Elite Wiens.

Ervin feierte über alle religiösen und gesellschaftlichen Grenzen hinweg Erfolge. Dennoch bestanden seine engsten Beziehungen zu anderen Juden, die sich unter den Akademikern und Geschäftsleuten hervortaten, mit denen Ervin zusammenkam. Durch Goldziher traf er den reichen Bankier Géza Kovács und seine Frau Jozsa, die ihn anderen bedeutenden ungarischen Juden vorstellten – wie etwa um 1912 dem Industriellen und Waffenfabrikanten Manfréd Weisz, einem der reichsten Männer Europas und geadelten Mitglied einer politisch einflussreichen Familie mit guten Beziehungen. Ervin nannte Kovács und Weisz »Onkel« und hatte die Gewohnheit, sie vertraut auf den Hals zu küssen. Er besuchte und unterhielt beide Familien regelmäßig und entwickelte ein besonders enges Verhältnis zu den Kovács, denen er sich fast wie ein Sohn verbunden fühlte.

Ervins Eltern hatten nun Zugang zu den höchsten gesellschaftlichen Kreisen. »Ich war wie eine Visitenkarte«, sagte Nyiregyházi. Und es ging um mehr als um seinen Ruhm: Seine Eltern kamen von Privatkonzerten in der Regel mit Geld in der Tasche nach Hause. Einige dieser neuen Freunde, insbesondere Kovács und Weisz, wurden zu regelmäßigen Einnahmequellen. Das Geld war immer für Ervins musikalische Ausbildung bestimmt, obgleich er sich erinnerte, dass keiner seiner Lehrer jemals ein Honorar von ihm verlangte. Stattdessen wurde das Geld dazu verwendet, den gesellschaftlichen Status seiner Familie zu heben. Budapest war eine klassenbewusste Stadt; und Mária, die sich des relativ niedrigen sozialen Standes der Familie schmerzlich bewusst war, legte viel Wert auf deren gesellschaftlichen Aufstieg. (Nyiregyházi erinnerte sich, dass sie Révész bat, nicht zu schreiben, dass ihr Mann nur im Chor der Königlichen Oper sang.) Auf jeden Fall war sie entschlossen, deutlich über ihrem eigentlichen Status zu leben. Dass sie Privatlehrer und (nach der Geburt von Ervins Bruder Alfred) eine Amme sowie ein Dienstmädchen engagierte, diente auch zur Demonstration ihres Standes: Zu jener Zeit waren Bedienstete, die mit im Haushalt lebten, in der Wohngegend der Nyiregyházis selten. Mária war etwas über 1,60 m groß, ein wenig füllig und hatte dunkelblondes Haar – hübsch, wie Nyiregyházi sich erinnerte, aber nicht schön oder erotisch anziehend. Vielleicht war sie wegen ihres Äußeren unsicher, denn sie entwickelte eine Leidenschaft für teuren Schmuck. Und für ihren Mann wurde es fast zu einer Manie, für sie Juwelen zu kaufen.[9] Immer wenn sie neuen Schmuck bekommen hatte, lud sie unter irgendeinem Vorwand Gäste in ihre Wohnung ein, um ihn vorzu-

---

[9] Eine Karikatur von Ignácz im Archiv der Budapester Oper zeigt ihn hausierend mit einer Kiste voller Armbanduhren, was eventuell darauf hindeuten könnte, dass er nebenbei mit Schmuck handelte. Die gereimte Bildunterschrift lautete: »Auf der ganzen, weiten Welt wirst du niemanden anderen finden, der wie unser Ignácz Nyiregyházi ist: unser ›Náczi-Kind‹. Er ist ein Ehrenabsolvent der Hochme Universität, hausiert mit Schmuck, Ringen und spielt mit *vigécz*.« Das jiddische Wort *hochme* bedeutet »Weisheit«, kann aber auch Raffinesse oder Betrügerei heißen (ähnlich wie das englische »wise guy«). Der ungarische Begriff *vigécz* ist eine Verfremdung des deutschen »Wie geht's?«. Die Schlussfolgerung hieraus könnte sein, dass Ignácz ein einnehmendes, aber nicht ganz ehrliches Wesen und den Charme eines Händlers hatte – vielleicht auch den Ruf eines Schwindlers.

führen; sie liebte es, ihn vor Frauen zu tragen, die wussten, wie viel ihr Mann verdiente, und sich neidisch fragten, wie er sich das leisten konnte. Solch neureiches Verhalten war Ervin unangenehm und forderte zu Kommentaren heraus. Als Ignácz seinen eigenen Telefonanschluss bekam, bezeichneten seine Mitsänger aus dem Chor ihn als »den Millionär«.

Auch der ausgedehnte Urlaub, den die Nyiregyházis jeden Sommer genossen, gehörte zu ihrem gesellschaftlichen Aufstieg. Sie wählten jedes Mal entfernte Ferienorte in den Bergen oder am Meer, die bei den Ungarn der Mittel- und Oberschicht besonders beliebt waren: Je weiter entfernt das Urlaubsziel war, desto höher war sein Status. Da Ervins Gesundheitszustand offenbar etwas labil war, diente dieser auch als Vorwand für Ferien. »Ich hatte eine schwache Lunge«, sagte er. Seiner Erinnerung zufolge litt er während seiner Kindheit häufiger unter Lungenentzündung, rektalen Schmerzen und einer möglicherweise angeborenen Schwäche der Beine. Außerdem war er im Alter von drei bis fünf Jahren blutarm – ein Grund für seine gute Ernährung und die zeitweilige Behandlung mit Lebertran. Weder seine Ärzte noch seine Eltern wussten, ob Gebirgs- oder Seeluft besser für ihn war, so dass der Familienurlaub häufig beides mit einschloss. Wenn Bergluft angesagt war, fuhren die Nyiregyházis an den Plattensee, der rund achtzig Kilometer südwestlich von Budapest liegt, beziehungsweise nach Spital am Semmering, eine kleine Stadt etwa achtzig Kilometer südwestlich von Wien. Entschied man sich für Meeresluft, ging es an die Adriaküste, in Städte wie Crikvenica, Fiume, Triest und Abbazia (heute Opatija in Kroatien). Ervins Eltern nutzten seine Gesundheit als Vorwand, um bei wohlhabenden Bewunderern um Geld für solche Urlaube zu bitten. Manchmal stellten sie in ihrem Ferienort seine Talente für Kost und Logis zur Verfügung.

Márias Wunsch nach Wohlstand und Status war die am stärksten treibende Kraft hinter Ervins Karriere als konzertierendes Wunderkind, doch Ignácz trug eine Mitschuld. In der Regel begleitete er den Jungen alleine und war nicht zurückhaltend, wenn es darum ging, Geld einzusammeln. Und vielleicht lebte auch er als Chorsänger seine geheimen Karrierewünsche durch seinen Sohn aus. Darüber hinaus genoss er sexuelle Affären mit einigen von Ervins Gönnerinnen. Nyiregyházi erinnerte sich, dass er im Alter von etwa sechs oder sieben Jahren miterlebte, wie die junge Witwe eines reichen Bankiers namens Vasadi – eine große Frau mit einem »großen Hinterteil« – ganz hingerissen war von seinem Vater. Sie gingen an mehreren Nachmittagen pro Woche zu ihr; ein Dienstmädchen kümmerte sich um ihn, indem es ihm beispielsweise heiße Schokolade servierte, während das Paar gemeinsam in ein anderes Zimmer verschwand. Später tauchte sein Vater dann wieder auf, wirkte »schwach« und erhielt manchmal von Frau Vasadi Geld. Ende 1910 gingen sie dann nicht mehr zu ihr, und als er von seinen Eltern den Grund dafür erfahren wollte, antworteten diese stets, er solle den jeweils anderen Elternteil fragen. Irgendwann begann Ignácz eine Affäre mit Jozsa Kovács. Einmal kamen die beiden innerhalb weniger Minuten nacheinander aus einem Zimmer, beide erhitzt, und boten Ervin dieselbe Erklärung: »Ich habe nur ein wenig geschlafen.« (Rund zwanzig Jahre später erzählte Jozsa Nyiregyházi: »Deine Mutter hat deinen Vater nie zufriedengestellt«, und Nyiregyházi behauptete einmal, dass sein Vater seiner Mutter Schmuck mitbringen musste, damit sie mit ihm ins Bett ging.) Ignácz scheint häufig untreu gewesen zu sein und betrog Mária manchmal mit Frauen, die er an der Königlichen Oper traf. Er war groß (gut 1,80 m) und dünn, bekam langsam eine Glatze, war aber attraktiv, hatte einen sorgfältig gepflegten Schnurrbart und wirkte durch seine Kleidung wie ein Dandy – kurz: ein Magnet für Frauen.

Ervin verstand das Verhalten seiner Eltern nicht ganz, wusste jedoch genug, um zynisch auf ihre Heuchelei zu reagieren. Als er sechs oder sieben Jahre alt war, wurde ihm durch die Untreue seines Vaters und die Bemühungen seiner Mutter um gesellschaftlichen Aufstieg sowie die Unterschiede zwischen den Klassen bewusst, »dass die Architektur des gesellschaftlichen Lebens auf unechten Werten basiert«, wie er sagte. Die Aufmerksamkeit, die er erhielt, schmeichelte seinem Ego, erzeugte jedoch auch Unsicherheit und sorgte dafür, dass er sich fragte, ob er lediglich als eine Art Haustier mit künstlerischen Fähigkeiten geschätzt wurde. Nachdem seine Familie 1914 die Stadt verlassen hatte, erfuhr er, dass das kinderlose Ehepaar Kovács andere Wunderkinder förderte. Daraufhin hätte er gerne gewusst, ob er bloß eine Art Leihkind gewesen war, das notfalls ersetzt werden konnte. Und natürlich fühlte er sich immer wie ein Mittel zum Zweck für seine Eltern. Er hatte den Eindruck, dass seine Mutter ihre Juwelen mehr schätzte als ihn; und er musste feststellen, dass sein Vater stets von Frauen umschwärmt wurde, wenn er spielte. (»Auf *mich* hätten sie achten sollen.«) Sein Erfolg brachte ihm Vorteile, aber auch Angst und ein Gefühl der Isolation. Und es war auch nicht hilfreich, dass seine Eltern nicht die Last erleichterten, die sein Talent mit sich brachte, sondern hauptverantwortlich für den Druck waren, dem er sich ausgesetzt fühlte.

Etwa Anfang 1911 unterschrieben drei Grafen aus dem Bekanntenkreis der Familie – Andrássy, Apponyi und Károly – einen Brief an Graf Albert Mensdorff-Pouilly-Dietrichstein, den österreichisch-ungarischen Botschafter in London. In ihrem Schreiben empfahlen sie, Ervin vor dem englischen Adel auftreten zu lassen. Die Reise wurde organisiert, und Mária begann, ihre strenge Kontrolle über die Übungen ihres Sohnes zu verschärfen. Ervin kam um den 20. Mai mit seinen Eltern in London an. Innerhalb von zwei Wochen gab er mindestens ein halbes Dutzend Privatkonzerte vor hochrangigen Mitgliedern der britischen Aristokratie. (Die gesellschaftliche Saison befand sich gerade auf ihrem Höhepunkt. George V. sollte am 22. Juni gekrönt werden.) An diesen Empfängen nahm Ervin ausschließlich in Begleitung seines Vaters teil, da Márias anmaßendes Wesen eine einschüchternde Wirkung auf den Jungen hatte und Ignácz es für wahrscheinlich hielt, dass sie die Familie in Verlegenheit bringen würde. »Niemand wollte sie um sich haben«, erinnerte Nyiregyházi sich. Sie spielte nicht Karten oder andere Spiele, war im Gegensatz zu Ignácz in Gesellschaft weder charmant noch angenehm und deshalb damit einverstanden, nicht zu riskieren, dass der Erfolg ihres Sohnes gefährdet wurde.

Ervin trat zum ersten Mal in der österreichisch-ungarischen Botschaft auf, und Graf Mensdorff war so beeindruckt, dass er den Jungen vor dem Zaren spielen lassen wollte. (Dieser Plan wurde jedoch nicht in die Tat umgesetzt.) Später spielte Ervin zu Hause bei Lady Léonie Leslie, der Herzogin von Rutland, vor einem der Rothschilds sowie vor Prinz Arthur, dem Herzog von Connaught und Strathearn (einem der Söhne von Königin Victoria). Er trat auch bei Premierminister H. H. Asquith zu Hause auf und trug unter anderem zusammen mit Asquiths Sohn Anthony (der ein bekannter Filmregisseur wurde) Duette vor; später wohnte Ervin zusammen mit Anthony einer Militärparade bei, die vor den Krönungsfeierlichkeiten stattfand. Außerdem traf er ausländische Würdenträger, wie etwa Arthur Nikisch, den Dirigenten der Berliner Philharmoniker und des Gewandhausorchesters Leipzig. Er spielte für Nikisch die sinfonische Dichtung *The Sea*, und dieser war voll des Lobes. Weniger positiv verlief ein Besuch bei dem Musikkritiker der *Times*. Er prüfte Ervin, indem er ihm die soeben veröffentlichte Partitur von Strauss' *Rosenkavalier* vorlegte; und obwohl Nyiregyházi sich erinnerte, dass er damit recht gut zurechtkam, gelangte der Kritiker zu der Überzeugung, dass seine Talente überbewertet wurden – ein hartes Urteil über einen Achtjährigen, der die tückischste zeitgenössische Opernmusik vom Blatt spielte.

Ervins Aufenthalt in London gipfelte am Nachmittag des 2. Juni in einer Hofsondervorstellung im Buckingham Palace vor einem kleinen Publikum, zu dem Queen Mary, der Prinz von Wales (der zukünftige König Edward VIII. und Herzog von Windsor, damals knapp siebzehn Jahre alt), Prinzessin Mary und Prinz John zählten. In einem Artikel schrieb die *Daily Mail* am folgenden Tag unter der Überschrift »Musikalisches Wunderkind« über »ein zerbrechlich wirkendes, blasses Kind, das eher jünger wirkt als seine acht Jahre«; darüber hinaus wurde berichtet, dass die königliche Familie »an der Aufführung größtes Interesse zeigte und den Jungen aufforderte, einige zusätzliche Stücke zu spielen, nachdem sie eine Fuge von Bach, Rachmaninows bekanntes Präludium [in cis-Moll], Mozarts [Lied] ›Das Veilchen‹ und Chopins Walzer in

Ervin mit seinem Vater (rechts) und einem ortsansässigen Manager vor dem Buckingham Palace direkt vor seiner Sondervorstellung bei Hofe am 2. Juni 1911. Die Fotografie erschien in einer Londoner Zeitung. (Musical America Archives.)

e-Moll gehört hatte.« Nyiregyházi erinnerte sich, dass er Variationen über *God Save the King* und seine eigene Komposition *Der Schlangenbeschwörer* gespielt hatte. Die Königin, mit der er sich auf Deutsch unterhielt, fand die Aufführung »sehr schön«, und der Prinz von Wales, der nach dem *Schlangenbeschwörer* »heftig applaudierte«, vermerkte in seinem Tagebuch, dass Ervin »erstaunlich gut spielte. Lady May [eine der Kammerfrauen der Königin] pfiff eine englische Melodie, die er noch nie zuvor gehört hatte, und er komponierte dann ein Thema damit«, improvisierte also darüber. Auch der Musikkritiker der *Daily Mail* prüfte den Jungen und nannte ihn ein »kleines Genie« mit »erstaunlicher Begabung«. Ervin »war äußerst erfreut über die hohen Ehren, die ihm zuteil wurden«, und über seine Leistungen wurde auch in Budapest berichtet.

Die Nyiregyházis reisten eine Woche später aus London ab. Ervin hatte einen außerordentlichen musikalischen und gesellschaftlichen Erfolg gehabt – und seine Familie reich gemacht. Der *Daily Mail* gegenüber hatte Ignácz behauptet, »er habe nicht die Mittel, um seinen Sohn unterrichten zu lassen, und aus diesem Grund sei er nach England gekommen«, und er hatte hinzugefügt, dass Ervin, der immer dünn war, unterernährt sei. Dieser Schwindel zeigte die gewünschte Wirkung: Mitfühlende Gönner gaben Geld. Prinz Arthur (der in jenem Herbst nach Kanada fuhr, um dort als Generalgouverneur vereidigt zu werden) blieb über viele Jahre hinweg sein Förderer. Mária hatte ihren Sohn darauf trainiert, Damen zu küssen und ihnen Komplimente über ihren Schmuck zu machen, damit sie Juwelen geschenkt bekam – und tatsächlich erhielt er auf diese Weise zahlreiche Schmuckstücke, selbst wenn er voller Unschuld gestand, dass er das nicht von sich aus tat. Das Geld wurde sofort verwendet. Die Familie verbrachte ihre Sommerferien an der Adria und zog wenig später in eine modernere Wohnung in einem besseren Stadtteil von Budapest, weiter im Südosten (Népszínház Straße 22) in Josephstadt (Achter Bezirk). Nun besaß Ervin einen Flügel – ein Geschenk des Wiener Klavierbauers Ludwig Bösendorfer, für den er jüngst gespielt hatte.

Kurz vor seinem elften Geburtstag spielte er den ersten Satz aus Tschaikowskys Klavierkonzert mit einem Orchester aus jungen Musikern der örtlichen Musikschule. Bei derselben Veranstaltung gab er sein Debüt als Dirigent mit einem Satz aus einer Tschaikowsky-Sinfonie. Der Direktor der Schule sagte zu Ervins Eltern: »Ihr Sohn wird einer der größten Dirigenten werden. Er dirigiert noch besser als er spielt«, obgleich Ervin anscheinend nie wieder als Dirigent auftrat. Er würde schon gerne dirigieren, sagte er einst, doch seine musikalischen Ideen erforderten ein Orchester aus Übermenschen, die alle seinen Geschmack teilen müssten; die Möglichkeit, dass hundert Musiker ihm entgegentreten würden, die alle ihre eigenen Vorstellungen hatten, machte ihm Angst. Das Klavier hatte zwar Grenzen, doch es wehrte sich nicht.

Das Wunderkind wurde durch die Verlockungen des Wohlstands verführt. In verschwenderisch eingerichteten Häusern wie denen der Familien Kovács oder Weisz wurde Ervin in luxuriösen Räumen empfangen und mit Kaviar oder Hummer bewirtet, den Diener mit weißen Handschuhen servierten. (Eine kindliche Verwunderung über solchen Reichtum war selbst in Interviews noch zu bemerken, die er als alter Mann gab.) Seine Gastgeber belohnten ihn gerne mit üppigen Leckereien, und er entwickelte eine Vorliebe für Erdbeeren mit Schlagsahne, Kuchen, Schokolade und Nüsse. Auch im Urlaub wurde er verwöhnt. In Spital am Semmering nahmen die Kovács ihn einige Male im Sommer in ihrer Kutsche mit zu ihrem nahe gelegenen, schickeren Ferienort. Überall traf er intellektuelle, gebildete Menschen, die ihn mit Respekt behandelten und ihn ernst nahmen; ihre Akzeptanz verstärkte das positive Bild, das er von sich selbst hatte. Da er stets im Zentrum des Familienlebens gestanden hatte, war bei ihm ein Anspruchsdenken entstanden, das für viele Wunderkinder typisch ist. Doch die Erfahrungen in der feinen Gesellschaft beeindruckten ihn so sehr, dass er begann, sich mit jenen zu identifizieren, die ihn bewunderten; deshalb betrachtete er *sich selbst* bald als Adeligen oder zumindest als Person, der es aufgrund ihrer Talente zustand, wie ein Adeliger behandelt zu werden.

Das Leben zu Hause empfand er zunehmend als frustrierend. Er beneidete die Kovács um die modernen sanitären Anlagen in ihrem Haus. (Allerdings war es selbst in Budapests Mittelschicht üblich, öffentliche Bäder aufzusuchen.) Erst in der neuen Wohnung in der Népszínház Straße hatten die Nyiregyházis ihre eigene Badewanne. Ervin entwickelte eine ausgeprägte Scheu und Überempfindlichkeit bezüglich Badezimmern und insbesondere Toiletten. Sein Leben lang war er stets besorgt um seine Intimsphäre im Badezimmer. Immer verlangte er in Wohnungen und Hotels ein eigenes Bad mit Toilette. Das war für ihn eine Frage des Status, aber auch der persönlichen Würde. Nyiregyházi erinnerte sich an einen Vorfall, der sich ereignete, als er etwa sieben Jahre alt war: Er ging mit seiner Mutter, seiner Großmutter und seiner Urgroßmutter in Budapest die Andrássy Avenue entlang, die breiteste Prachtstraße in Budapest. Sie waren aus einem Café gekommen, und Oma Lenke – damals Anfang achtzig – blieb auf der Straße stehen, um unter ihrem Kleid zu pinkeln. Ein Polizist wurde herbeigerufen, und der Vorfall fand sogar in der örtlichen Tageszeitung Erwähnung, wobei Ervin – das stadtbekannte Wunderkind – genannt wurde. Dadurch fühlte er sich äußerst erniedrigt.

»Ich wuchs aus meiner Familie heraus«, sagte er. »Ich war die einzige kultivierte Person in meiner Familie.« Im Hause der Nyiregyházis gab es kaum gehobene Unterhaltungen, und die gemeinsamen Mahlzeiten waren nicht elegant. Ervin schämte sich für das Verhalten seiner Familie, das er für ungehobelt und bäuerisch hielt; auch das laute, kleinliche Gezänk (häufig um Geld) war ihm peinlich. Er sagte, zu Hause sei das Essen einfach gewesen; die Familie habe die Speisen am Tisch herumgereicht und in gemeinsame Schüsseln getunkt. Die Butter war rationiert wie ein teures Luxusgut. Als er etwa acht Jahre alt war, verwöhnte Oma Lenke ihn, indem sie ihm ein Buttermesser kaufte. Damit löste sie allerdings eine unangenehme Auseinandersetzung aus ...

IGNÁCZ: Bist du Millionär?
ERVIN: Nein, aber ich möchte wie einer leben.
IGNÁCZ: Das [Buttermesser] ist Gästen vorbehalten. Wir verwenden es, wenn Graf Tisza kommt. Denkst du etwa, du bist genauso gut wie Graf Tisza?
ERVIN: Ja.

Da bekam er eine Ohrfeige.[10]
Wenn es darum ging, ihre eigenen Ansprüche herunterzuschrauben, waren seine Eltern nicht so schnell. Ervin nahm ihnen übel, dass sie ungeniert und sogar heuchlerisch die Früchte seiner Berühmtheit ernteten. »Wo auch immer ich hinging: Ich wurde besser behandelt als zu Hause«, sagte er. Gelegentlich beklagte er sich bei Lehrern oder Freunden der Familie über das Verhalten seiner Eltern, was wiederum seine Mutter in Wut versetzte. Sie warf ihm vor, keinen Respekt vor seiner Familie zu haben – was in gewisser Weise auch stimmte. Géza Kovács »behandelte mich vornehmer als mein eigener Vater.«

»Als ich etwa fünf war, bemerkte ich, dass ich in einer Welt voller Fremder lebte«, erinnerte sich Nyiregyházi. Selbst bei seinem geliebten Vater konnte er nicht ganz und wahrhaftig er selbst sein. Trotz seines großen öffentlichen Erfolgs erlebte er die frühen Jahre seiner Berühmtheit als »seelische Qual« und als »einen absoluten Alptraum«, zumal seine Bewunderer aus der gesellschaftlichen Oberschicht Wünsche weckten, die seine Familie enttäuschte. Er beschloss, vornehme Wege einzuschlagen und am intellektuellen Leben teilzunehmen, um seiner Geringschätzung für die Umgangsformen seiner Familie Ausdruck zu verleihen. Als er älter wurde, verstärkte sich dieser Entschluss ebenso wie die Bitterkeit gegenüber seiner Familie. Obgleich er als Erwachsener

---

[10] Nyiregyházi hat dieses Anspruchsdenken niemals abgelegt. 1978 erzählte er einem Interviewer im Fernsehen, dass er eine Frau brauche, »die mir die Butter auf die *richtige* Art und Weise gibt, so wie sie auch Präsident Carter serviert wird: mit einem *Buttermesser*. Ich möchte ein Buttermesser – *das ist unumgänglich*. Wenn eine Frau mir kein Buttermesser gibt – lassen wir uns am nächsten Tag scheiden ... Wie arm ich auch sein mag, ich bin ein Aristokrat.«

berufliches Scheitern und schreckliche Armut erlebte, hielt er sich dennoch stets für jemanden, dessen Talent, Intellekt und Ideale ihn mit jenen Brahmanen gleichsetzten, durch deren Fenster er als Kind hatte blicken dürfen.

4
Nach Berlin, zu Liszt – und zurück

Am Morgen des 8. Januar 1914 war Ervin zu Hause und übte, als sein Vater plötzlich anfing zu zittern, sich immer kränker fühlte und nach einem Arzt rief. Mária war nicht daheim, so dass Szidónia und Oma Lenke den Jungen schnell zu den Kovács schickten, wo er ängstliches Flüstern hörte. Seinen Vater sah er niemals wieder.[11] Am 12. Januar starb Ignácz Nyiregyházi im Alter von achtunddreißig Jahren an einer Lungenentzündung. Diese Nachricht wurde vor Ervin geheim gehalten. Seine Mutter erzählte ihm, der Vater sei in einem Sanatorium. Erst im Juni sagte sie ihm beim Urlaub in Spital am Semmering, dass sein Vater tot war. Der Junge war am Boden zerstört und konnte nicht aufhören zu weinen. Es musste ein Arzt herbeigerufen werden, der ihm ein Beruhigungsmittel gab. Die Auswirkungen auf den Elfjährigen waren verheerend. Trotz seiner Fehler hatte Ervin seinen Vater verehrt. Nachdem er gestorben war, fehlte nun das Gegengewicht zu seiner Mutter, die zu seinem unerbittlichen Feind geworden war. Ignácz' Tod trug sicher zu den Verlassensängsten bei, mit denen Nyiregyházi sein ganzes Leben lang zu kämpfen hatte, und war ein Grund dafür, dass er dazu neigte, ihn auf Kosten seiner Mutter zu idealisieren. Dass sie ihm vom Tod des Vaters erst so viel später erzählte, intensivierte nur seine Bitterkeit ihr gegenüber.

Ervin war schon fast ein Jugendlicher, lebte jedoch noch immer unter der Kontrolle seiner Mutter. Sie bevormundete ihn zu Hause und in der Öffentlichkeit und versuchte, ihn möglichst jung aussehen zu lassen, um seinen Status als Wunderkind zu erhalten. Auch als er rund fünfzehn Jahre alt war, zwang sie ihn dazu, kurze Hosen und langes Haar zu tragen, auch wenn andere Jungen ihn deshalb verspotteten, ihn an den Haaren zogen und

---

[11] Nyiregyházi erinnerte sich, dass die letzten Worte, die sein Vater an ihn richtete, die Bitte waren: »Verzeih mir, dass ich dich geschlagen habe.«

mit einem Mädchen verglichen. Dennoch erinnerte er sich, »ein kleiner Junge mit einem sehr starken Willen« gewesen zu sein. Mit zunehmendem Alter, als auch sein künstlerisches Ego stärker wurde und sein öffentlicher Erfolg wuchs, wurde er trotziger. Doch er hatte kaum wirkliche Macht, sondern war vollkommen von seiner Mutter abhängig und musste ihr gehorchen. Allerdings suchte er auch nach Gelegenheiten für kleine Rebellionen. Sie wollte, dass er Leute beeindruckte, indem er erzählte, dass er gerne Goethe und Shakespeare lese – was er tatsächlich gerne tat; doch da seine Mutter ihn darum bat, weigerte er sich und nannte lieber Sir Arthur Conan Doyle als seinen Lieblingsschriftsteller. Da tobte sie: »Nun werden wir Geld verlieren!«

Im November 1913, zwei Monate vor Ignácz' Tod, waren die Nyiregyházis nach Berlin gefahren. Die Reise war von Bekannten mit guten Beziehungen organisiert worden, um das Wunderkind in der musikalischen Hauptstadt Mitteleuropas zu präsentieren und einen neuen Klavierlehrer zu finden. Ervin gab dort eine Reihe von Privatkonzerten, unter anderem in der österreichisch-ungarischen Botschaft und bei einer älteren Frau, die bei Clara Schumann Unterricht gehabt hatte, sowie vor dem Leiter der Klavierabteilung der örtlichen Musikakademie. Zum Tee spielte er im Hause einer Dame der Gesellschaft unter anderem eine Etüde von Serge Bortkiewicz – und der Komponist war zufällig anwesend, ohne dass Ervin das gewusst hätte. Bortkiewicz lobte die Darbietung einschließlich der Änderungen, die der Junge an der Partitur vorgenommen hatte. Einige Tage später spielte Ervin in Bortkiewicz' Haus dessen soeben veröffentlichtes Klavierkonzert Nr. 2 vom Blatt, so dass der beeindruckte Komponist ihn als »den zweiten Franz Liszt« bezeichnete. Außerdem gab der Junge ein Konzert im Salon eines berühmten Musikförderers. Im begeisterten Publikum saßen auch der Komponist Engelbert Humperdinck, die Dirigenten Arthur Nikisch, Max Fiedler und Siegfried Ochs sowie niemand Geringerer als Richard Strauss. Dem *Berliner Börsen-Courier* zufolge war Liszt im Körper eines Zehnjährigen wiederauferstanden.

Es gab genug Pianisten, die ganz versessen darauf waren, Ervin als Schüler zu haben. Seine Eltern entschieden sich schließlich für den Ungarn Ernö Dohnányi, der zutiefst beeindruckt anbot, ihn kostenlos zu unterrichten.

Kurz nach Ignácz' Tod zogen Mária, Ervin, Alfred und Szidónia nach Berlin. (Oma Lenke blieb zurück und starb wenig später. Ervins geliebter Großvater Vilmos Nyiregyházi, der sich 1911 von der Opernbühne zurückgezogen hatte, blieb ebenfalls in Budapest; er starb 1919.) Die Familie wurde finanziell von Manfréd Weisz unterstützt und – spätestens seit dem Ausbruch des Kriegs im August 1914 – auch von Prinz Arthur. Die Nyiregyházis bezogen eine Wohnung in der Neuen Winterfeldtstraße 20 im hübschen Stadtviertel Schöneberg. Und Ervin nahm seinen Unterricht bei Ernö Dohnányi auf.[12]

Dohnányi war 1877 in Pozsony (heute Bratislava) geboren worden und selbst ein Wunderkind mit erstaunlicher Begabung gewesen. Er war ein äußerst vielseitiger Musiker und als Pianist, Komponist, Dirigent, Lehrer und Intendant tätig. Er zählte zu den bedeutendsten Personen im Musikleben Ungarns, unterrichtete eine ganze Generation ungarischer Musiker und engagierte sich sehr für die Verbesserung des musikalischen Rufs seines Heimatlandes. Der Schüler von István Thomán gab sein professionelles Debüt 1897 in Berlin. Diese Stadt, in der er sich »Ernst von« nannte, wurde zu seiner Wahlheimat. 1905 begann er, an der Akademie zu unterrichten. Er nahm nur die talentiertesten und interessantesten Schüler an. (Als Ervin nach Berlin zog, war Mischa Levitzki sein Starschüler.) Unterricht war Dohnányi zufolge »die Ausschöpfung der Möglichkeiten, die in einem Schüler schlummern, mit dem Ziel, ihn schließlich in die Lage zu

---

[12] Die Londoner *Daily Mail* berichtete am 3. Juni 1911, dass »ein Stipendium am Berliner Konservatorium durch Vermittlung von Herrn Nikisch gesichert wurde«, obgleich kein anderer Hinweis dafür spricht, dass die Familie schon damals darüber nachdachte, nach Berlin zu ziehen. Auf jeden Fall war Ervin nie an der Berliner Akademie eingeschrieben; er war Privatschüler und erhielt seinen Unterricht bei Dohnányi zu Hause.

versetzen, auf eigenen Füßen zu stehen.« Er war »frei von jeder Methode« und wünschte sich das auch von seinen Schülern, da er glaubte, dass »jeder Student als Individuum behandelt werden sollte«. Dohnányi war ruhig, zurückhaltend, gebildet und traf sich gerne auch außerhalb des Unterrichts mit seinen Schülern. »Seine Schüler waren mit ihm verbunden, als seien sie seine Kinder«, schrieb seine dritte Frau, Ilona; und die meisten – unter ihnen auch Ervin – wurden Freunde.

Dohnányis Einfluss auf Ervin war eher geistiger als pianistischer Art. Im Alter von elf Jahren war der Junge bereits auf einem professionellen Stand, und es gab tatsächlich nichts, was er nicht spielen konnte. Dennoch entwickelten sich seine Technik und seine Musikalität während seiner Jugend weiter. Als er 1920 in einem Interview zu Tonleitern und anderen technischen Übungen befragt wurde, sagte er: »So etwas spiele ich nicht, und ich habe es auch nie getan. Dohnányi hat niemals über solche Dinge gesprochen und sie auch nicht eingefordert.« Dohnányi muss gespürt haben, dass Ervin diesem Stadium bereits entwachsen war. (»Nyiregyházi?«, sagte er einst. »Der konnte alles auf dem Klavier.«) Sein Schwerpunkt lag auf der Interpretation. Meist führte er seine Schüler in die *espressivo*-Richtung – und das fasst Nyiregyházis Vortragsweise in einem einzigen Wort zusammen. Bei ihm war Dohnányi gelegentlich dazu bereit, eine Stunde ausfallen zu lassen und stattdessen beispielsweise über Verdi oder Wagner zu plaudern, was Ervin immer gerne tat. Es gab aber auch einige Konflikte. Obwohl Dohnányi ein großes Repertoire hatte, war sein Geschmack konservativer als der seines Schülers. So wollte er Ervin etwa Bachs Chromatische Fantasie und Fuge in einer unbearbeiteten Fassung spielen lassen, während Ervin – dem die historische Authentizität nicht am Herzen lag – lieber »die Ausgaben von Bülow und Busoni miteinander kombinieren und noch etwas Nyiregyházi hinzugeben wollte«. Dennoch hatte die Tatsache, dass Dohnányi selbst gern klassische und frühromantische Musik spielte, einen großen Einfluss auf seinen Schüler. Insbesondere bei Mozart und Schubert war er Nyiregyházi zufolge unübertroffen. Auch als Komponisten bewunderte er seinen Lehrer.

In Berlin studierte Ervin darüber hinaus Musiktheorie bei verschiedenen bedeutenden Komponisten-Dirigenten: Fiedler, Ochs und Emil Nikolaus von Reznicek. Fiedler war sein Hauptlehrer in den Fächern Harmonielehre, Kontrapunkt und Formenlehre. Nach wie vor komponierte Ervin viel, und Fiedler ermutigte ihn gerne, da er ihn für einen tatsächlich meisterlichen Komponisten hielt. Einige seiner Werke lobte er als fast eines Schumanns, Mendelssohns oder Brahms' würdig. (Natürlich pflichtete Ervin ihm bei.) Der Junge wurde an mehreren Vormittagen pro Woche auch in nicht-musikalischen Fächern unterrichtet – Deutsch, Französisch, Literatur, Geschichte, Geografie, Mathematik – und war ein eifriger Schüler. Außerdem lernte er Fechten, spielte Fußball und Tennis, wenn auch nicht besonders gut. (Er spielte mit Mädchen Fußball, da er die Grobheit der Jungenmannschaften hasste.) Und er spielte nach wie vor Schach.

Berlin war an sich schon eine Schule, da Ervin regelmäßig einigen der bedeutendsten zeitgenössischen Musikern vorgestellt wurde, wie etwa d'Albert, Backhaus, Friedman, Godowsky, Lhévinne, Rosenthal und Schnabel. Busoni hielt er für den größten von allen, denn er liebte seine monumentale, ernste und »wunderbar harte« Spielweise. Außerdem erlebte er die wichtigsten Dirigenten (Nikisch, Weingartner) mit einem breiten Repertoire an neuen Stücken und Standardwerken. Zu hören, wie Richard Strauss Beethovens Neunte Sinfonie oder die Uraufführung seiner eigenen *Alpensinfonie* beziehungsweise Konzerte mit Busoni am Klavier dirigierte – das waren großartige Erfahrungen für den jungen Musiker.[13]

Ervin trat häufig in Berlin auf. Er spielte in der französischen Botschaft, für den Komponisten Max Reger, für Albert Einstein, in einem Konzert mit der großen Sopranistin Lilli Lehmann und – allen Vorurteilen der Kriegszeiten zum Trotz – in einem reinen Tschaikowsky-Programm für General Hindenburg, der gnädi-

---

[13] Er sah Nikisch eine Aufführung von Mahlers *Das Lied von der Erde* dirigieren, bei der antisemitisches Gejohle laut wurde – das war nicht der einzige Hinweis darauf, dass seine Karriere in Berlin Schaden nehmen könnte, wenn er nicht geheim hielt, dass er Jude war.

gerweise zugestand, dass diese Musik universal sei. Der Pianist Moriz Rosenthal, ein ehemaliger Schüler von Liszt, nannte den Jungen ein Genie und lobte seine Kompositionen; er unterbrach sogar eines von Ervins Konzerten mit einem »Bravo!«-Ruf an einer besonders gut gelungenen Stelle. Sigmund von Hausegger, den Nyiregyházi für den bedeutendsten Dirigenten hielt, den er jemals erlebt hatte, pries den Jungen ebenfalls als Pianisten und Komponisten. Einer der ortsansässigen Kritiker erzählte Fiedler, er sei »eines der größten Genies, das ich je gehört habe«, und fragte sich, wie ein Zwölfjähriger nur solch ein tiefes Musikverständnis haben könne. Lediglich ein einziger Musiker aus der Region, der Pianist Emil von Sauer, schien gegen Ervins Genie immun zu sein. Mária wollte, dass ihr Sohn von Sauer unterrichtet wurde, der selbst ein ehemaliger Liszt-Schüler war. Doch beim Vorspiel verpatzte Ervin (aus Trotz?) die einfache Aufgabe, eine Tonleiter mit der linken Hand zu spielen. Sauer lehnte ihn ab, und Mária war sehr enttäuscht.

Ervin gab auch öffentliche Konzerte. Am 14. Oktober 1915 spielte er mit den Berliner Philharmonikern unter der Leitung von Fiedler Beethovens Klavierkonzert Nr. 3. Kritiker staunten über seine Technik und den Klang seines Spiels, sein Temperament und Einfühlungsvermögen. Einer bezeichnete die Aufführung als eine der außergewöhnlichsten dieses Werks, die er jemals gehört hatte; ein anderer verglich ihn mit dem russischen Pianisten Anton Rubinstein; und ein dritter war entzückt von seiner ungewöhnlich langsamen, poetischen Interpretation des *Largo*. »›Auf den habt Acht‹ darf man mit allem Nachdruck in die musikalische Welt hinausrufen«, schrieb Otto Leßmann in der *Allgemeinen Musikzeitung*. »Dieser Knabe bringt die viel mißbrauchte und stark in Mißkredit gekommene Bezeichnung ›Wunderkind‹ wieder zu Ehren, denn in ihm steckt schon jetzt ein Meister, der einmal von sich reden machen wird.«

Im Berlin der Kriegszeit wurde Ervin eine kleine Berühmtheit. Mindestens zwei Psychologen beschäftigten sich mit ihm und bestätigten Géza Révész' Erkenntnisse. Allerdings war der Junge nicht das einzige Wunderkind in der Stadt. Der chilenische Pianist Claudio Arrau, ebenfalls 1903 geboren, kam 1913 nach Berlin und gab dort im Dezember 1914 sein erstes Konzert. Die Presse erfand eine Rivalität zwischen den beiden Jungen, obgleich der einzige richtige Streit zwischen ihren Müttern stattfand.[14] Ervin und Arrau trafen sich in Berlin nur ein einziges Mal in einem schicken Schuhgeschäft. Sie nickten sich kurz zu – und das war's.

Das für Nyiregyházi seiner eigenen Meinung nach bedeutsamste musikalische Erlebnis seines Lebens hatte er ebenfalls in Berlin: seine Entdeckung – oder genauer: seine erste wirkliche Würdigung – der Musik von Franz Liszt. Von diesem Zeitpunkt an waren Liszts Werke und Ideen die Grundlage, auf der seine Ästhetik aufbaute. Als kleines Kind kannte er bereits Liszts Ruf als hervorragender Pianist, hörte manche seiner Werke und hatte einige seiner bekannteren Klavierstücke in seinem Repertoire. Ervins Vater hatte Liszt ebenso bewundert wie einige seiner frühen Lehrer (Thomán, Siklós). Der Junge hatte das große Festival besucht, das 1911 zu Ehren von Liszts hundertstem Geburtstag in Budapest veranstaltet worden war. Aber vor seinem zwölften Geburtstag war er kein großer Bewunderer oder Fürsprecher dieses Komponisten. Liszt »erreichte« ihn nicht.

Das ist kaum verwunderlich. Obwohl Liszt als Pianist berühmt war, hatte er als Komponist in den meisten Ländern keinen besonderen Ruf – selbst in seiner Heimat Ungarn nicht. Die Kontroverse, für die er zu Lebzeiten gesorgt hatte, endete nach seinem Tod 1886 ebenso wenig wie die lautstarke Parteinahme jener, die ihn verehrten oder gering schätzten. Liszt strebte als Komponist stets nach Neuem und Originellem. Seine verwegen experimentelle, vielseitige, äußerst persönliche, kompromisslose Musik provozierte extreme Reaktionen, und viele hielten ihn für einen Scharlatan. Die meisten Vorurteile gegen ihn waren jedoch außermusikalischer Natur. Es herrschte eine weit verbreitete Empörung über

---

[14] Nyiregyházis Eltern, insbesondere seine Mutter, reagierten auf konkurrierende Wunderkinder stets eifersüchtig. Als einmal ein junger, russischer Pianist in Budapest recht erfolgreich war, äußerte Mária die Hoffnung, er möge an Diphtherie erkranken.

sein ausgelassenes Liebesleben, über die Zirkusatmosphäre bei seinen frühen Konzerttourneen und über die (angebliche) Heuchelei seiner religiösen Nebenbeschäftigung. Außerdem wurde ihm (fälschlicherweise) auch vorgeworfen, er sei Antisemit; einmal sah Ervin jüdische Professoren unter Protest die Akademie verlassen, weil ein Student Liszt spielte.

Als Nyiregyházi jung war, erlebte er selten, dass Liszts Größe und Originalität als Komponist oder sein befruchtender Einfluss auf spätere Musikergenerationen anerkannt wurden. Stattdessen traf er in Bezug auf Liszt auf heftige Zurückweisung und sogar Hass – bei Révész, Kovács und Weisz, bei den meisten kultivierten Aristokraten, für die er spielte, sowie bei Lehrern in Budapest und Berlin. Bis Mai 1915 nahm er in dieser Hinsicht nicht selbst Stellung. Doch dann begegnete er in Berlin dem jungen ungarischen Geiger Ferenc Vecsey, der sich über Ervins Unwissenheit in Bezug auf Liszt wunderte und seinen Kollegen überzeugte, die große Klaviersonate in h-Moll einzustudieren. »Es war die tiefste, beeindruckendste Erfahrung meines ganzen Lebens«, erzählte Nyiregyházi mehr als sechzig Jahre später. Liszt zu entdecken, »war, wie eine neue Welt zu entdecken«. In den folgenden Tagen verschlang er ganze Bände mit Liszts Werken, vergaß zu essen und zu schlafen und fiel oft »fantasierend und fiebrig« vom Klavierstuhl. Er besuchte Aufführungen von Liszts Musik und las dessen literarische Werke. Er war zu einem Wandel bereit. Ervin verachtete bereits den Snobismus, der auf der Vormachtstellung des österreichisch-deutschen Kanons »absoluter« Musik in altehrwürdigen klassischen Formen beharrte. Schon lange bevor er Liszt richtig kennen gelernt hatte, gehörten Schumann, Grieg, Puccini und Verdi zu seinen Lieblingskomponisten. Die Entdeckung Liszts verstärkte in gewissem Sinne Ervins bereits bestehende tiefe romantische Sensibilität und machte ihn in seinen Jugendjahren empfänglicher für andere damals als radikal geltende Komponisten: Berlioz, Bruckner, Busoni, Debussy, Mahler, Skrjabin, Strauss.

Dohnányi und Fiedler versuchten, zu Ervins eigenem Wohl seine neue Obsession zu bremsen, obgleich Dohnányi selbst oft Werke von Liszt aufführte. Darunter befanden sich auch einige

Stücke, die für Nyiregyházi eine besondere Bedeutung bekamen, wie die Sonate und die *Légendes*. Dohnányi erlaubte Ervin, größere Werke wie das Konzert in Es-Dur, die h-Moll-Ballade und die *Ungarische Rhapsodie* Nr. 13 einzustudieren. Doch »damals war Dohnányi gegen Liszt« und verspottete die meisten seiner kühneren Werke als formlos. »Obwohl er ein sehr freundlicher, sehr großzügiger Mann war, dessen Unterricht sehr inspirierend wirkte, war unsere Beziehung wegen Liszt angespannt«, sagte Nyiregyházi. »Ich durfte meine Studien von Hummel, Dussek, Czerny, Beethoven und Bach nicht vernachlässigen; er ließ mich das gesamte *Wohltemperierte Klavier* lernen, so dass ich jeden Teil daraus transponieren konnte. Es war, als säße ich im Gefängnis – Alcatraz –, denn ich wollte ausschließlich Liszt.«[15] So studierte er Liszt heimlich und auf Kosten seines Unterrichts. Wann immer es möglich war, setzte er bedeutende Werke von Liszt auf seine Konzertprogramme. Privat war er genauso zufrieden damit, seine eigenen Arrangements der sinfonischen Stücke und Chorwerke zu spielen.

Ervin forderte Liszts Kritiker offen heraus – insbesondere jene, welche die Substanz seiner Musik für vulgär, abgedroschen, exhibitionistisch oder zügellos hielten. Er hörte in Liszts Musik »lyrische und dramatische Intensität« sowie einen »Akzent auf dem Grandiosen und Herrschaftlichen«. Der Junge bewunderte die Raffinesse, die nackte Emotionalität und die gesteigerte Rhetorik; für ihn war Liszt nicht bombastisch, sondern eher hintergründig, erhaben und prächtig mit einem »Hang zum Transzendentalen«. Liszts Musik reicht vom eindeutigen Kitsch bis hin zum Religiösen, vom Prahlerischen zum Asketischen. Doch für Nyiregyházi machte diese Bandbreite einen Teil ihrer Größe aus – sie war ein Beweis für die tiefen Gefühle und den breiten Erfahrungshintergrund des Komponisten, für seine Individualität und kreative Fantasie. Er glaubte, die Musik von Liszt enthalte mehr *Leben* als die jedes anderen Komponisten. Letzten Endes

---

[15] 1981 komponierte er ein bewegtes Klavierstück mit dem aussagekräftigen Titel *Individual Rebellion Against Scholastic Coercion (1915): Nyiregyházi Versus Dohnányi-Hummel*.

war es Liszts »spiritueller Gehalt« und sein »Idealismus«, die Ervin bewunderte. Er setzte sich über die gängige Meinung hinweg und bestand darauf, dass Liszt eine bedeutende ethische Persönlichkeit war, welche »die Rebellion gegen die Oberflächlichkeit in der Musik personifizierte«. Der Junge war bewegt von Liszts erhabener Lebensauffassung und seinen tiefen philosophischen Überzeugungen. Sogar sein Agnostizismus unterlag der Bewunderung für Liszts tief empfundenen katholischen Glauben: »Wenn Liszt an Gott glaubt, tue ich es auch!«

Die Musik für Orchester und Chor beeindruckte ihn sogar noch stärker als die meisten Klavierwerke: Es war nicht der virtuose Liszt, der ihn fesselte, sondern der erhabene Liszt, der nicht am Klavier und vor der Öffentlichkeit verborgen arbeitete. (Über Liszts Oratorium *Die Legende der Heiligen Elisabeth* schrieb er einst: »Das ist nicht Musik, das ist die Stimme Gottes.«) Sein Liszt-Repertoire war in Bezug auf die Paradestücke, die der Komponist für seine eigenen frühen Konzerte geschrieben hatte, relativ klein. Nyiregyházi bevorzugte einige esoterische Spätwerke, die auch heute noch relativ unbekannt sind. Nie bezeichnete er Liszts Musik als weitschweifig oder formlos; er war eher der Meinung, dass Liszt neue Formen geschaffen hatte, um neue und sehr persönliche Gedanken ausdrücken zu können, so dass die Form dem Inhalt untergeordnet wurde. Liszt definierte Musik als »das verkörperte und verständliche Wesen des Gefühls«, als »reine Flammen der Emotion«. Liszts Kompositionen stellten für Nyiregyházi ein Ideal dar, denn er legte immer besonderen Wert darauf, die »emotionalen Ideen« in der Musik direkt auszudrücken, und ihm war die Intuition wichtiger als der Verstand, der spontane Ausdruck wichtiger als konventionelle Formen. Von Liszt lernte er, dass es das Vorrecht eines kreativen Genies ist, seine Kunst in seiner eigenen Art neu zu erschaffen – eine durch und durch romantische Einstellung, die tief greifende Auswirkungen auf sein Spiel und seine Kompositionen haben sollte, wie wir noch sehen werden.

Der Zwölfjährige war bald der Ansicht, dass es keinen bedeutenderen Komponisten als Liszt gebe, und wurde ein eigensinniger Verfechter dieser unmodernen Sache. Als der Junge ihm von seiner Wandlung berichtete, sagte Max Fiedler zu seiner Mutter: »Die Zeit Ihres Sohnes in Berlin ist vorbei.« Und Mária fürchtete einen Einbruch an den Kartenvorverkaufsstellen. Doch Ervin war nicht abgeschreckt. Wo immer er auch war, fragte er die Menschen nach ihrer Meinung über Liszt, setzte sich furchtlos für seine neue Sache ein, stellte die Vorlieben deutlich älterer Musiker in Frage und verachtete »Liszts *klägliche* Gegner« ebenso wie die selbsternannten Lisztianer (einschließlich einiger früherer Schüler), deren Verteidigung des Komponisten ihm halbherzig erschien. Ervin versuchte, Menschen zu bekehren, indem er manchmal provokant vor Zuhörern Liszt spielte, die diesen nicht mochten – wie beispielsweise vor den konservativen Mitgliedern der Familie Mendelssohn. Und er freute sich, als er erkannte, dass einige der älteren Musiker, denen er begegnete – Reger, Schnabel –, nicht solche Liszt-Hasser waren, wie ihr Ruf vermuten ließ.

Nachdem er die Tiefgründigkeit in Liszts Musik entdeckt hatte, konnte er auch die emotionale, intellektuelle und spirituelle Tiefe in anderer Musik schätzen, die wie die Kompositionen von Liszt weitgehend als zweitklassig angesehen wurde. Er begann zum Beispiel die Ernsthaftigkeit bei Grieg zu hören (den viele für einen reinen Dilettanten hielten). Wo die meisten bei Tschaikowsky nur Sentimentalität wahrnahmen, bemerkte er nun »die ungeheure Tiefe der Tragödie und der herzzerreißenden Sorge«. Ervin entwickelte eine Vorliebe für ernste, schwere, grüblerische Musik, und sein Stil am Klavier wurde lisztischer: Er liebte nun tiefe Klänge sowie langsame Tempi und begann, neue Ausdruckstiefen auszuloten, ohne sich darum zu kümmern, was gemeinhin als bombastisch oder sentimental galt. So behauptete er, dass Liszt missverstanden werde und einen schlechten Ruf habe, weil seine Musik meistens schlecht gespielt werde; deren emotionalen und spirituellen Gehalt vollständig zu offenbaren, wurde zu einem seiner Ziele.

»Liszt kennt keine Regeln, keine Form, kein Dogma; er erschafft alles für sich selbst«, schrieb einer seiner Zeitgenossen. Ervin sah in dieser Eigenständigkeit das entscheidende Argument für Freiheit, Individualität und Selbstverwirklichung – im Leben wie in der Musik. Liszt war für ihn ein Held: stolz, unabhängig, selbstgenügsam, gleichgültig gegenüber Anerkennung und trotzig angesichts von Kritik. Vielleicht war er für ihn auch ein psychologischer Ersatz für seinen verstorbenen Vater – zumindest ließe der Zeitpunkt seiner Wandlung dies vermuten. Für einen empfindsamen, hin- und hergerissenen Jugendlichen war er ein großes Vorbild. Liszt glaubte: »Adelig zu werden ist viel mehr als adelig geboren zu sein«, und stützte damit Ervins aristokratisches Selbstbild. Voller Dankbarkeit verzieh er Liszt einfach alles. Er kam sogar zu der Überzeugung, dass Genies wie Liszt – und er selbst – ein Anrecht auf besondere Privilegien hatten und dass sie über den normalen Gesetzen standen, da die Erfüllung ihrer Ambitionen die Gesellschaft deutlich verbessere. Durch Liszt sah er sich selbst als eine von Dostojewskis »außergewöhnlichen« Personen, als einen der »Menschen, denen alles erlaubt ist«.

Einige Menschen versicherten ihm, dass er Liszt entwachsen werde, doch wenn sich überhaupt etwas änderte, dann wuchs er eher immer weiter in Liszt *hinein*. Je mehr Angst, Feindseligkeit und Misserfolge er erlebte, desto stärker nahm er Zuflucht zum lisztischen Idealismus und zu seiner Ästhetik.

Ernö Dohnányi (links) und Frederic Lamond, Ervins Klavierlehrer in Berlin.
(Links: Fotografie von Herman Mishkin.)

Im Dezember 1915 kehrte Ernö Dohnányi nach Budapest zurück, und Ervin erhielt einen neuen, nicht weniger renommierten Lehrer: Frederic Lamond. Dieser war 1868 in Glasgow geboren worden und zählte einige der engagiertesten und leidenschaftlichsten Romantiker zu seinen Mentoren: Hans von Bülow, Tschaikowsky, Anton Rubinstein und Liszt, dessen Meisterkurse er besucht hatte. 1904 war er nach Berlin gezogen und befand sich noch immer auf dem Höhepunkt einer herausragenden internationalen Konzert- und Lehrkarriere, als Ervin sein Schüler wurde. Lamond war ein begabter Komponist sowie ein kultivierter Musiker mit breit gefächerten Interessen und Sympathien (er hatte Orgel, Violine und Oboe studiert). Sein Repertoire reichte von Byrd und Bach bis Skrjabin und Fauré, und es gelang ihm, die Streitereien über die Musik des späten neunzehnten Jahrhunderts zu überwinden: Er sah keinen Widerspruch darin, Liszt, Wagner sowie die anderen Anhänger der »Musik der Zukunft« zu bewundern und zugleich ein Verfechter Bachs, des »akademischen« Brahms und insbesondere Beethovens zu sein – er galt noch vor Schnabel als der bedeutendste Vertreter seiner Musik. (Er sah sogar aus wie Beethoven!) Sein Klavierstil war frei, dynamisch, deklamatorisch, rhythmisch flexibel, mit einem kraftvollen Klang und anhaltendem Legato. Sein Spiel prägten Dramatik und Energie sowie weite Bögen; kühne Gesten waren ihm wichtiger als präzise ausgearbeitete Details. Lamond hielt stets an einer »poetischen Vision« des Stücks fest, auch wenn er durch seinen Stil in späteren Lebensjahren unmodern war. (Er starb 1948.)

Bei seinem Vorspiel im März 1916 präsentierte Ervin Schumanns Sonate in g-Moll. Lamond erklärte beeindruckt, dass er seit Liszt ein solches Klavierspiel nicht mehr gehört habe – zumindest behauptete Nyiregyházi das. Für seine erste Stunde bat Ervin um Hausaufgaben. Sein neuer Lehrer gab ihm Beethovens Sonaten op. 101 und 111 auf, die er beide auswendig spielen können sollte. Als der Dreizehnjährige dann spielte, kicherte Lamond gelegentlich vor Verwunderung. Auch er stellte fest, dass sein neuer Schüler eine vollendete Technik hatte, und konzentrierte sich deshalb auf weiterführende Dinge. Die Beziehung zwischen den beiden glich weniger der eines Lehrers zu seinem Schüler als vielmehr der zweier gleichberechtigter Personen, meinte Nyiregyházi. Er studierte bei Lamond Beethoven und Brahms, aber auch Liszt. Dohnányi hatte Liszt *toleriert*, während Lamond ihn *liebte*, wie er sagte. Viele jener Liszt-Werke, die Lamond besonders schätzte, gehörten sein Leben lang zu Nyiregyházis Lieblingsstücken: die Konzerte, die *Légendes*, »Mazeppa«, die Ballade in h-Moll, das »Sonetto 104 del Petrarca« und die Dante-Sonate. (Lamond stellte ihm auch Werke vor, die nicht für Klavier geschrieben waren, wie die Dante-Sinfonie.) Ervin war bereits ein Pianist vom lisztischen Schlag. Lamond war erstaunt über seine Interpretation der Sonate in h-Moll und wies ihn darauf hin, dass die langsamen Tempi, die er für dieses Stück gewählt hatte, exakt denen entsprachen, für die Liszt selbst sich entschieden hatte. Eine Dauer zwischen fünfundzwanzig und dreißig Minuten ist für die Liszt-Sonate typisch; nur relativ wenige Pianisten überschreiten diese Dreißig-Minuten-Marke. Nyiregyházi erinnerte sich, dass er – auch schon als Jugendlicher – gewöhnlich rund achtunddreißig Minuten und gelegentlich sogar *vierzig* Minuten brauchte. Offensichtlich hatte er immer eine Neigung zu langsamen Tempi. Für ihn ging Intensität Hand in Hand mit Breite. Als Zwölfjähriger habe er Beethovens »Appassionata« in sechsunddreißig Minuten gespielt, sagte er – das sind mindestens zehn Minuten mehr als bei einer durchschnittlichen Aufführung.

Nyiregyházi erinnerte sich, dass Lamond »streng« war. Doch ihre Unterrichtsstunden waren produktiv und hinterließen einen tiefen Eindruck, obwohl sie nur wenige Monate andauerten. »Keiner meiner Lehrer brachte mir irgendetwas bei, was ich nicht schon intuitiv gewusst hätte«, sagte Nyiregyházi einmal. »Doch Dohnányi und Lamond haben mich inspiriert.« Lamond mochte den Jungen, und Nyiregyházi erinnerte sich dankbar an die väterliche Zuneigung, die dieser ihm entgegenbrachte: »Er behandelte mich mit der Zärtlichkeit, die er auch einem zweijährigen Jungen zeigen würde, und mit dem Respekt, mit dem er einem Riesen begegnen würde« – genau danach sehnte er sich.

Im Juni 1916 verließen die Nyiregyházis Berlin. Sie verbrachten den Sommer in Österreich und kehrten dann nach Budapest zurück. Ervins Mutter wollte, dass er dort wieder seinen Unterricht bei Dohnányi aufnahm. (Obgleich Dohnányi sowohl die ungarische als auch die deutsche Staatsbürgerschaft hatte, war er in keinem der beiden Länder einberufen worden und hatte eine Stelle als Professor an der Akademie angenommen.) Ab Anfang des Jahres 1917 erhielt Ervin wieder Privatstunden bei Dohnányi und Leó Weiner. Außerdem wurde er in anderen Fächern unterrichtet, die üblicherweise auf dem Lehrplan eines humanistischen Gymnasiums standen: Ungarisch, Deutsch, Latein, Geschichte, Geografie, Mathematik, Botanik, Zoologie.[16] Ervin wurde weiterhin bedeutenden Musikern vorgeführt. Darüber hinaus schrieb er Artikel und Kritiken für eine örtliche Musikzeitschrift. Da er noch kaum in der Pubertät war, war er noch nicht zu alt, um das Wunderkind zu spielen – zumal die Veröffentlichung von Géza Révész' Buch 1916 ihn noch berühmter gemacht hatte.

Seit dem Umzug nach Berlin war er immer häufiger öffentlich aufgetreten. Mária hatte vermutlich Interesse daran, das finanziell ergiebige Potential seiner Jugend so lange wie möglich zu nutzen. Als Jugendlicher spielte er überall in Mitteleuropa Konzertabende, Kammermusik und Konzerte. Eine Zeitlang betreute ihn Hermann Wolff, einer der mächtigsten Agenten Europas. Während des Kriegs wurde er einmal von der türkischen Regierung eingeladen, im Rahmen der Bemühungen des Roten Kreuzes um Linderung der Kriegsnot ein privates Benefizkonzert in Konstantinopel zu geben. Bei diesem Anlass spielte er vor einem erlesenen Publikum in der österreichisch-ungarischen Botschaft.

Ervin wurde der Respekt entgegengebracht, mit dem man auch einem Erwachsenen begegnet wäre, und er erhielt meist begeisterte, manchmal staunende Kritiken für seine Technik und seinen Klang sowie für sein umfangreiches Repertoire, die Tiefe,

---

[16] Im Juni 1918 machte Ervin seinen Schulabschluss mit größtenteils hervorragenden Noten (außer in den biologischen Fächern, da er diese hasste). Allerdings war er der Ansicht, niemals das Pendant eines amerikanischen Schulabschlusses erworben zu haben.

Originalität und Erfahrung, die seinem Alter weit voraus waren. Die Wertschätzung war selten auf die Verwunderung über seine Frühreife oder sein Potential beschränkt: Er gehörte bereits zu den zeitgenössischen Titanen des Klavierspiels. Abende mit mehreren Konzerten wurden zu einer seiner Spezialitäten und waren angesichts seiner Jugend und offensichtlichen körperlichen Zerbrechlichkeit besonders beeindruckend. In Berlin spielte er Schumanns Konzert und Liszts *Ungarische Fantasie* am selben Abend; und bei seinem ersten Auftritt mit Orchester in Budapest am 12. Dezember 1916 präsentierte er ein erstaunlich ehrgeiziges Programm, das aus den gleichen Werken von Schumann und Liszt und noch dazu Beethovens c-Moll-Konzert bestand. (Zu diesem Zeitpunkt war er noch nicht einmal vierzehn.) »Da hast du wirklich was geschafft«, war Dohnányis typisch lakonischer Kommentar zu diesem Konzert, das Nyiregyházi als »einen ziemlich glorreichen Erfolg« in Erinnerung hatte. Damals hatte er Grippe und hohes Fieber, hielt seine Krankheit jedoch geheim, um das Konzert nicht absagen zu müssen. Tatsächlich war er während des gesamten Winteranfangs 1916/17 krank, hatte unter anderem eine Lungenentzündung und verbrachte einige Zeit in einem Sanatorium im Norden der heutigen Slowakei.

Am 19. Oktober 1917 gab er einen großen Konzertabend in Budapest, bei dem er unter anderem seine eigene rhapsodische, einsätzige Grande Sonate héroïque spielte. Béla Bartók, der im Zuschauerraum saß, meinte, sie habe »dramatische Kraft«, sei jedoch mit einer Dauer von fast einer Stunde zu lang – eine angemessene Einschätzung. Die Kritiken waren schlecht – »verrückter Hund« war ein Ausdruck, der Nyiregyházi im Gedächtnis blieb. Außerdem wurden ihm Unverfrorenheit und Anmaßung vorgeworfen, da er seine eigene Sonate zwischen Beethovens »Waldsteinsonate« und der Sonate in h-Moll von Chopin aufs Programm gesetzt hatte. (Seine Mutter bezeichnete das Ereignis als »schwarzen Freitag«.) Ervin setzte seine Konzertreisen durch Europa fort. Am 27. Oktober trat er in Wien zusammen mit dem Tonkünstlerorchester in einer weiteren Veranstaltung mit drei Konzerten auf und erntete Erstaunen mit Beethovens Viertem Klavierkonzert, dem Konzert von Schumann und der *Ungarischen Fantasie*. In Berlin traf er erneut mit Claudio Arrau zusammen, der inzwischen in der örtlichen Presse hoch gelobt wurde. Anfang Januar des folgenden Jahres gaben beide Wunderkinder Konzerte, und die Kritiker konnten es nicht lassen, sie gegeneinander auszuspielen.[17] Die *Allgemeine Musikzeitung* sah einen Vorteil auf Ervins Seite und nannte ihn einen »Pianisten erlesenster Art« mit »Ohr und Seele für feinste und auffälligste Wirkungen«, ein »Phänomen«, das einem »nur einmal in fünfundzwanzig Jahren« begegnet.

Ervin war nun in seinen mittleren Jugendjahren. Ihm winkte eine hervorragende Karriere als Erwachsener. Allerdings stand er noch immer unter der Fuchtel seiner Mutter, und ihre Beziehung zueinander verschlechterte sich weiter. Mit jedem Entwicklungsschritt in seinem musikalischen, intellektuellen und spirituellen Leben wurden ihm ihre Dominanz und ihr stark ausgeprägter Geschäftssinn mehr verhasst. (Im Jahr 1917 spielte er gemeinsam mit verschiedenen Künstlern für ein Mitglied der österreichisch-ungarischen kaiserlichen Familie bei einem Benefizkonzert des ungarischen Roten Kreuzes und schämte sich, als seine Mutter darauf bestand, dass er eine Gage erhalten müsse.) Sie fürchtete (zu Recht), dass seine Fixierung auf Liszt seinem Erfolg bei den Kritikern und beim Publikum schaden könnte. »Ich habe dir gleich gesagt, dass du keinen Liszt spielen sollst«, pflegte sie nach einer schlechten Rezension zu sagen. »Wir werden pleitegehen.« Sie zwang ihn, Musik vorzutragen, die beliebt war und mit der er brillieren konnte. So verlangte sie von ihm, Chopins »Minutenwalzer« in weniger als einer Minute zu spielen, damit niemand meinen könne, er habe nicht die erforderliche Technik. (Er behauptete, dieses Stück einmal als Zugabe in neunundfünfzig Sekunden gespielt zu haben.) »Wenn ich nach einem Konzert eine positive und eine negative Kritik bekam, meinte meine Mutter

---

[17] Nyiregyházi war voll des Lobes für seinen angeblichen Rivalen und bewunderte ihn als Verteidiger von Liszt. Die beiden trafen sich in den frühen 1920er Jahren mehrfach in New York und unterhielten – wie Nyiregyházi sich erinnerte – eine »feine Freundschaft«, die nicht durch Eifersucht beeinträchtigt wurde.

stets, der Kritiker, der die schlechte Rezension geschrieben habe, verstünde mehr von Musik«, erinnerte Nyiregyházi sich. »Sie wollte nicht, dass ich eingebildet wurde.« Allerdings prahlte sie selbst gerne mit seinen Kritiken. Häufig stritten sich die beiden, und Ervin lief von ihr fort, wann immer er ein wenig Geld hatte. Doch da er nicht in der Lage war, sich selbst zu versorgen, kam er immer wieder zu ihr zurück.

Seine Mutter hatte ihn in eine klassische Zwickmühle gebracht. Einerseits verlangte sie von ihm, sich wie ein Erwachsener (ein professioneller Virtuose) zu benehmen, als er noch ein Kind war, und andererseits sollte er ein Kind – ein vermarktbares Wunderkind – bleiben, obgleich er allmählich erwachsen wurde. Infolgedessen entwickelte er zwangsläufig gewaltige Ängste, und sein emotionales Wachstum war gehemmt. Ervins Melancholie und Bitterkeit nahmen ebenso zu wie seine Vereinsamung. Er sagte einmal, dass er sich als Jugendlicher nur dann mit Menschen seines Alters verstand, wenn sie »äußerst außergewöhnlich« waren. Die normalen Turbulenzen der Pubertät wurden durch seine Intelligenz und Empfindsamkeit sowie durch das Verhalten der Mutter noch verstärkt, die versuchte, ihn klein zu halten und zu kontrollieren. Noch immer ließ sie ihn keine langen Hosen tragen, obwohl das Jungen in der Regel ab einem Alter von vierzehn oder fünfzehn Jahren taten. Offensichtlich hatte sie Angst davor, dass ihr Sohn erwachsen werden könnte, und war kategorisch sittenstreng, wenn es um seine Sexualität ging. Sexuell war er ein Spätentwickler; er wurde erst aktiv, als er schon über zwanzig war, obgleich der Rest seiner Familie weniger prüde war. Oma Lenke »sprach ständig über Männerpenisse«, erinnerte er sich. Seine Großtante Berta Borsodi diskutierte gerne über Oralsex, und ihr Sohn György, der nur wenige Jahre älter war als Ervin, brüstete sich mit seinen weiblichen Eroberungen. Ervins Vater liebte Zweideutigkeiten und erzählte dumme, schlüpfrige Witze – über Mädchen, die »Flöte spielten« und Ähnliches. Doch Mária mochte es noch nicht einmal, wenn Ignácz auch nur leicht anzügliche Opernarien sang. Sie versuchte, ihren Sohn von jeglichem Wissen über Sex abzuschirmen, hielt ihn von Büchern fern, die ihn die Tatsachen des Lebens lehren könnten, und verbot anderen, mit ihm darüber zu sprechen. Trotzdem erlebte er sexuelle Anspielungen und Situationen schon während seiner Kindheit. Ervin und sein Bruder schliefen im selben Zimmer wie ihre Eltern: Wenigstens ein paar Mal sah er, wie diese miteinander Sex hatten, und hörte seine Mutter stöhnen. Und natürlich wurde er auch Zeuge der Untreue seines Vaters. Er war von solchen Erfahrungen fasziniert, manchmal aufgewühlt, aber auch verwirrt. Wenn er Fragen über Sexualität stellte, erhielt er von seiner Mutter (oder seinem Vater, der entsprechend instruiert worden war) die Antwort: »Davon erzähle ich dir später.« Er behauptete, schon sehr früh »eine stark ausgeprägte Libido« gehabt zu haben; doch während seiner Kindheit und Jugend war er Mädchen gegenüber schüchtern und nahm sie als Angst einflößendes Rätsel wahr. Als er im Alter von etwa zwölf Jahren seine erste Erektion bekam, verstand er nicht, was passierte. Weltgewandtere Jungen verlachten ihn aufgrund seiner Unwissenheit.

Offenbar war er schon als Junge das Objekt sexueller Annäherungen. Er erinnerte sich an Flirts und sexuelle Berührungen von älteren Mädchen. Als er zehn war, nahm ihn eine Jugendliche in der Pause eines seiner Konzerte beiseite; sie sagte zu ihm, dass er »romantischer« fühlen müsse, wenn er Schumann spielte, und fasste ihm in die Hose. Als er seinem Vater davon erzählte, versicherte Ignácz ihm lediglich: »In ein oder zwei Jahren wirst du der größte Stecher sein, der jemals gelebt hat.« Möglicherweise war Ervin auch sexuell missbraucht worden. Seine letzte Frau vermutete, dass Jozsa Kovács, die seine Genitalien »kleine Rosenknospe« nannte, ihn unsittlich berührt hatte. Eventuell hatte auch Ervins Mutter ihren Sohn missbraucht. Er erinnerte sich, dass sie ihm nach dem Tod seines Vaters den Penis »massierte«. Was wirklich passierte und in welchem Ausmaß, ist nicht klar. Er selbst sagte, dass dies nach ihrer Rückkehr nach Budapest nicht mehr vorkam. Doch wenn es sich wirklich um sexuellen Missbrauch handelte, konnte dieser seine Probleme mit Vertrauen und intimen Beziehungen in späteren Jahren nur verschlimmern. Ervin erinnerte sich darüber hinaus, dass seine Mutter einmal eine ihrer Aussagen bekräftigen wollte, indem sie seinen Penis mit den Worten packte: »Wenn die Mädchen das festhalten, lassen sie es nie wieder los« – und Ervin zu einer Erektion brachte. Da wundert es kaum, dass er mit sexuellen Ängsten und Unsicherheit erwachsen wurde.

Nach seiner Rückkehr nach Budapest verliebte Ervin sich zum ersten Mal – in ein serbisch-ungarisches Mädchen namens Zdenka Ticharich. Sie war ein Jahr älter als er, ebenfalls Pianistin sowie Komponistin und liebte Liszt. Da ihre beiden Mütter in Konkurrenz zueinander standen, erinnerte diese Liebe an die Geschichte von Romeo und Julia. Im November 1917 erschien in einer Wiener Tageszeitung ein Artikel über die beiden Wunderkinder. Auf Ervins Kosten wurde ihr Spiel gelobt, doch das kümmerte ihn nicht, denn er war ja verliebt. Sie spielten füreinander, machten sich feurige Liebeserklärungen und hielten Händchen. Als sie einmal zusammen in einem Kino saßen, griff sie ihm zwischen die Beine. Zdenka erregte ihn, doch weiter ging ihre Beziehung nicht, und er ließ sie schließlich einschlafen. Er schämte sich, dass er so wenig über Sex wusste. Erst 1918, kurz nach seinem fünfzehnten Geburtstag, erfuhr er auf sein Drängen hin von einem Privatlehrer, dass nicht der Storch die Kinder brachte und dass Frauen keinen Penis haben. (Er hatte seine Mutter nie nackt gesehen.) Zuerst konnte er gar nicht glauben, dass Goethe, Napoleon und Liszt durch Geschlechtsverkehr entstanden waren, denn »Pinkeln ist schmutzig« – wie er es formulierte. Als er seiner Mutter erzählte, was er gelernt hatte, begann sie zu schreien, dementierte alles und sagte ihm das Ende seiner Karriere voraus.

5
Das Wunderkind auf Tournee

Im September 1918 beendete Ervin seine Studien, um eine Vollzeitkarriere als Konzertpianist zu beginnen. Anfang Oktober trat er bei drei »Klavierabenden« in Kopenhagen auf. Nach seinem ersten Konzert nannte eine örtliche Tageszeitung ihn »einen der tiefgründigsten Geister der Musikgeschichte«. Und nach seinem dritten Auftritt wurde er von Nina Grieg – Edvard Griegs Witwe, die im Publikum gesessen hatte – zu Drinks eingeladen. Während Ervin an einem Chartreuse nippte, lobte Frau Grieg das »intensive Gefühl« seiner Darbietung der g-Moll-Ballade ihres Mannes. Ihrer Meinung nach hatte er das Werk genau so gespielt, wie Grieg es gespielt haben *wollte*. Einer der Höhepunkte seiner Kindheitskarriere waren der 20. und 21. Oktober, als er zusammen mit den Berliner Philharmonikern unter der Leitung von Arthur Nikisch Liszts A-Dur-Konzert aufführte. Ervin bewunderte Nikischs »sehr romantischen« und »sehr individualistischen« Stil, obgleich es einiger Überzeugungsarbeit bedurfte, bis der große Meister sich auf seine Tempi einließ (»*So* langsam?« – »Ja!«).[18] Nikisch hatte darum gebeten, dass der Fünfzehnjährige würdevoll lange Hosen tragen dürfe, doch Ervins Mutter blieb unnachgiebig. »Nein, mein Herr. Sonst denkt mein Junge, er sei erwachsen«, sagte sie. »Er käme dann auf Ideen mit Mädchen.« Auf jeden Fall schwärmte die Presse von ihm als einem schon sehr »reifen« Künstler, der »nicht viele Rivalen zu scheuen hat«.

Ervin gab auch am 24. Oktober ein Konzert in Berlin. Anfang November erhielt er ein Telegramm mit einer Einladung, nach Kristiania (heute Oslo) zu kommen, um Rachmaninow zu vertreten, der kurzfristig in die Vereinigten Staaten gereist war. (Eine solche Einladung sagt viel über die Reputation des Jungen in Eu-

---

[18] Den Tagebuchaufzeichnungen seines Schülers August Göllerich zufolge plädierte Liszt für ein ungewöhnlich langsames Tempo zu Beginn dieses Konzerts.

ropa aus.) Am 23. und 24. November spielte er dementsprechend das Tschaikowsky-Konzert mit dem Orchester des norwegischen Nationaltheaters. Bei der zweiten Vorstellung waren sogar der König und die Königin anwesend. Die beiden Konzerte wurden zu einem Triumph. Einer der Kritiker bezweifelte, dass Rachmaninow das Werk ebenso gut hätte spielen können; ein anderer verkündete die Ankunft eines neuen Liszt: Dieser Satz entwickelte sich zu einem Klischee, das in Bezug auf Nyiregyházi immer wieder zu hören war.

Er erinnerte sich an sein Debüt in Norwegen als »eine der denkwürdigsten Erfahrungen meines Lebens«, denn bei den Proben entdeckte er den gewaltigen Klang und das donnernde Fortissimo, für die er berühmt werden sollte. »Als ich diese ersten Akkorde in Des-Dur spielte, war ich selbst überrascht, und der Dirigent fiel fast vom Podest«, erinnerte er sich sechzig Jahre später. »Es war eine Sensation.« In der Öffentlichkeit sagte er lediglich, dass er eine Kraftquelle tief in seinem Inneren angezapft habe, doch im Privaten wurde er in den 1970er Jahren einem Freund gegenüber deutlicher: Er legte seine Hände an die Leiste und sagte, *dort* sei seine Kraft entsprungen. Sein ganzes Leben lang bestand er darauf, dass eine enge Verbindung zwischen seinem Gefühlsleben – einschließlich seiner Libido – und seinem musikalischen Können bestehe. Es überrascht nicht, dass er neue Reserven pianistischer Kraft entdeckt haben soll, als er begann, starke sexuelle Bedürfnisse zu fühlen, ohne sie bereits auszuleben.

Ervin mit fünfzehn. Porträt, das für seine Werbeanzeigen zur Zeit seiner Konzertreisen durch Skandinavien verwendet wurde, 1918–20. *(Fotografie von Irén Werner.)*

Am 27. November gab er ein Konzert in Kristiania. Anschließend beschlossen seine Mutter und er, in diese Stadt zu ziehen. (Er lernte sogar ganz annehmbar Norwegisch.) Das neutrale Norwegen scheint verlockend gewesen zu sein. In den letzten Jahren des Ersten Weltkriegs brachen die ungarische Gesellschaft und Wirtschaft zusammen, und Budapest wurde besetzt. In Kristiania gab es einige Unzufriedenheit und Entbehrungen, doch die Stadt war noch immer ein Mekka für Ausländer, die vor dem Krieg fliehen wollten. Ervin und seine Mutter wohnten als Gäste bei Freunden vor Ort und lebten von seinen Einkünften sowie reichen Gönnern in ihrer Heimat. Durch den politischen Einfluss von Manfréd Weisz und einiger norwegischer Freunde erhielten – während des kurzlebigen kommunistischen Regimes von Béla Kun mit seinen größtenteils geschlossenen Grenzen – auch Ervins Bruder und seine Großmutter im Sommer 1919 die Erlaubnis, Ungarn zu verlassen und nach Norwegen zu reisen.

Ervin trat häufig in Skandinavien auf. In Kristiania war er innerhalb eines Zeitraums von nur einem Monat im Februar und März 1919 mindestens fünfmal zu hören. Von Januar bis April 1920 spielte er ebenfalls etwa ein halbes Dutzend Mal. Der König und die Königin befanden sich regelmäßig im Publikum. In Stockholm trat er von Januar 1919 bis Januar 1920 mindestens achtmal auf – davon viermal bei der Orchestergesellschaft. (In einem Interview erinnerte sich Nyiregyházi 1980, dass er im Dezember 1919 Busonis monumentales Klavierkonzert gespielt hatte; für dieses Konzert sind allerdings keine Belege gefunden worden.) Mindestens einmal fuhr er auch nach Kopenhagen (im Herbst 1919). Außerdem trat er in kleineren norwegischen und schwedischen Städten auf: Bergen, Drammen, Gävle, Göteborg, Lund, Malmö, Norrköping, Uppsala. In anderen Ländern und Städten spielte er ebenfalls – hauptsächlich in Berlin. In jenem Herbst unternahm er auch eine dreiwöchige Konzertreise durch die Niederlande. Nach einer Aufführung von Liszts Konzert in A-Dur in Den Haag beschrieb ein Rezensent ihn als »einen kleinen, unerschrockenen und wagemutigen David« mit der Virtuosität, »viele Goliaths der Technik« zu erlegen.

Er gehörte schon bald zum festen Inventar des skandinavischen Musiklebens und beeindruckte ortsansässige und zu Besuch kommende Musiker und Würdenträger. Unter seinen Kollegen weckte er manchmal Eifersucht. Er wurde ein Freund und Verfechter norwegischer Komponisten, wie Halfdan Cleve, Gerhard Schjelderup und Christian Sinding. Irwin Parnes hielt eine Anekdote des skandinavischen Impresarios Helmer Enwall über Ervins erstes Konzert in Stockholm fest. Enwall zufolge betrat er mit Ervin eines Tages nach dem Mittagessen ein Musikgeschäft in der Innenstadt. Der Ladenbesitzer präsentierte ihnen ein anspruchsvolles, neues Klavierwerk von Bartók, dessen Noten erst am selben Morgen mit der Post gekommen waren. Während die Männer plauderten, warf Ervin einen Blick in die Partitur und legte sie dann zurück auf die Ladentheke. Enwall erzählte, dass der Junge am selben Abend dieses Stück als Zugabe spielte – aus dem Gedächtnis.

Die skandinavischen Konzerte zeigen, dass Ervin in seinen mittleren Jugendjahren bereits ein riesiges Repertoire hatte, das mit musikalischen Meilensteinen gespickt war. Er gab gerne Mammutprogramme, die zwei Stunden oder länger dauerten und ernste, schwierige Musik umfassten. Sein Repertoire als Erwachsener war schon zu diesem Zeitpunkt praktisch festgelegt. Er spielte nur ausgewählte vorromantische Stücke: Bachs Chromatische Fantasie und Fuge sowie Bachbearbeitungen von Liszt und Busoni, ein wenig Scarlatti und Gluck, Mozarts Fantasie in c-Moll und das Rondo in a-Moll. Musik des neunzehnten Jahrhunderts lag ihm besonders am Herzen: die großen Sonaten von Beethoven, Weber, Schumann, Chopin, Brahms und Tschaikowsky, Schuberts »Wanderer-Fantasie« (in der Bearbeitung von Liszt), Schumanns *Carnaval* und *Sinfonische Etüden*, die *Händel-Variationen* von Brahms, eine schier unendliche Anzahl an Werken von Chopin und Liszt, kleinere Stücke von Brahms, Debussy, Grieg, Mendelssohn, Rachmaninow, Saint-Saëns, Schubert, Skrjabin, Sibelius und einigen eher unbekannteren Komponisten (Leschetizky, Rubinstein, Rummel, Sinding). Er spielte Liszts h-Moll-Sonate und Dante-Sonate in verschiedenen Konzerten, aber auch einige von Liszts prachtvolleren, bekannteren Arrangements und Paraphrasen, um seiner

Mutter und seinen Managern einen Gefallen zu tun. Auch die großen romantischen Konzerte sowie gelegentlich manche seiner eigenen Kompositionen standen auf dem Programm.

Einige seiner überzeugendsten Konzerte habe er in Skandinavien gegeben, sagte er kurz vor seinem Tod. Seine skandinavischen Rezensionen – einige der besten seiner Karriere – berichteten von zahlreichen Zuschauern in häufig ausverkauften Häusern, die wie gebannt zuhörten und dann in begeisterten Applaus ausbrachen; die Kritiker nannten ihn (wieder einmal) »einen neuen Liszt« und sogar »den größten aller Pianisten«. Exemplarisch sei hier ein Artikel aus Stockholm herausgegriffen:

> Wenn man zunächst die dünne Gestalt des Jungen sieht, kann man sich nur fragen, wie er es schaffen will, körperlich anstrengende Stücke zu spielen. Doch nachdem er den ersten Akkord angeschlagen hat, sind diese Bedenken sofort zerstreut. Von diesem Augenblick an ist er ein reifer Mann, dessen voluminöser und fester Ton für sein Alter überraschend ist. Außer diesem tief verwurzelten Klang bemerkt man auch sein brillantes Passagenspiel und seine Oktaven, die so kräftig waren, dass man sie selbst dann noch über dem Orchester hören konnte, wenn dieses im Forte spielte. Darüber hinaus fällt sein elastisches Stakkato auf (man muss lange suchen, um ein vergleichbar bewegliches Handgelenk zu finden), die sachliche und erhabene Formgebung, das leidenschaftliche Temperament und der poetische Ausdruck sowie seine schlichte und bescheidene Bühnenpräsenz. Nur ein einziger negativer Punkt könnte angemerkt werden: der etwas übermäßige Einsatz des Pedals. Doch das ist eine reine Spitzfindigkeit, wenn man die Pluspunkte bedenkt. Seine Interpretation des Tschaikowsky-Konzerts in b-Moll kann zu Recht als Meisterwerk bezeichnet werden.

Nicht *jeder* war der Ansicht, dass dieser Junge reif genug war, um beispielsweise Beethovens Spätwerke zu spielen, und gelegentlich gab es auch Kommentare in Richtung »alles Technik und kein Gefühl«. Meistens versetzte Ervin seine Zuhörer jedoch in Erstaunen.

In seinen Jugendjahren komponierte er produktiv. 1920 verwendete er seine Einkünfte, um die Veröffentlichung einiger seiner Werke finanziell zu bezuschussen, die größtenteils im vorangegangenen Jahr in Skandinavien entstanden waren. Er hatte versucht, den ehrwürdigen Berliner Verleger Schlesinger für mehrere Klavierstücke zu gewinnen, bekam jedoch zur Antwort, dass sie zu altmodisch seien. (Liszts Einfluss stand nun deutlich im Zentrum seiner Musik.) Deshalb zahlte er dafür, dass die Werke in Leipzig gesetzt und gedruckt wurden.[19] Sein ganzes Leben lang hatte er eine sehr hohe Meinung von diesen Stücken, obwohl sie konventionelle, romantische Machwerke sind. Darunter befinden sich lyrische Stücke mit Titeln wie *Dolcissimo*, *Chanson passionnée* oder *Valse mélancolique* – Kompositionen voll echten Gefühls, Porträts verschiedener Gemütszustände, doch mit einer wenig ausgeklügelten Durchführung der Ideen. Die Musik wirkt eher improvisiert als kalkuliert. Die *Grande Sonate héroïque* ist ambitionierter, erfordert großes Können und präsentiert donnernde Klangkaskaden – Ervin hatte seine Leidenschaft für lisztisches Getöse entdeckt; allerdings ist das Werk langatmig. Ein Kritiker bezeichnete es 1917 als repetitiv, unreif, unoriginell und eintönig. Mindestens zwei Kompositionen waren für Orchester gedacht, obgleich sie für Klavier veröffentlicht wurden: *Mephisto triumphiert!* und *Triumf!* Beide weisen lisztische Klaviertechniken auf und spiegeln eine lisztische Faszination für das Makabre und Diabolische wider. In all diesen Stücken imitierte Ervin Liszt insofern schamlos, als er konventionelle Formen verschmähte und Liszts harmonische Sprache und Vorliebe für grandiose, melodramatische Gesten sowie voluminöse Klänge übernahm, die häufig in starker Besetzung in tiefen Lagen erklangen und manchmal Blechblas- und Perkussionsinstrumente nachahmten.

In Skandinavien nahmen die Spannungen zwischen Ervin und seiner Mutter zu. Sie wollte ihn abhängig und ausbeutbar halten, während er verzweifelt nach Unabhängigkeit strebte. Je mehr sie

---

[19] Von diesen Stücken habe ich nur von den sechs hier genannten die Noten gesehen. Von einem siebten, der strahlenden, lisztischen *Mephisto-Fantasie*, lag mir lediglich ein Manuskript vor, das Nyiregyházi im Alter aus dem Gedächtnis niedergeschrieben hatte. Er behauptete, 1917 eine viersätzige Sinfonie in b-Moll komponiert und instrumentiert zu haben, die allerdings nicht veröffentlicht wurde und anscheinend verloren ging.

ihm Liszt verbat, beispielsweise, desto mehr wollte er ihn spielen. Auch Mädchen waren ein Streitpunkt. Ervin übte mit seinem grüblerischen, finsteren und guten Aussehen eine große Anziehungskraft auf das andere Geschlecht aus. Der Komponist Halfdan Cleve, der vielleicht eine Art Ersatzvater hätte werden können, hatte vier Töchter. Ervin verliebte sich in die Älteste, Astrid, die ein Jahr jünger war als er. Doch es war ihre Schwester Signy, die ihn sich schnappte – eine gute Pianistin und ein besonders hübsches, stärker sexuell aufreizendes und weniger sentimental romantisches Mädchen. Wenn Ervin spielte, hatte das manchmal eine Rattenfänger-Wirkung auf Frauen. In Stockholm bemerkte ein Kritiker, dass im Publikum »Frauen definitiv in der Überzahl« waren; und ein anderer stellte fest, dass Ervin, wie Liszt, die Frauen mit seinem singenden Ton verführen konnte. (Eine Rezension, in der 1918 ein Konzert im ungarischen Szeged besprochen wurde, sprach von seiner Anziehungskraft und seiner Kontrolle über das Publikum.) Ervin erinnerte sich an mehrere Konzerte in seinen mittleren Jugendjahren, bei denen er im Publikum ein hübsches Mädchen erblickte, sich einbildete, in es verliebt zu sein, und sein Spiel auf es ausrichtete. Trotzig erzählte er seiner Mutter von solchen Vorkommnissen – woraufhin wütende Streits ausbrachen. Mária meinte, Mädchen würden ihn ruinieren.

Diese Probleme erreichten im November 1919 einen Höhepunkt, als Mutter und Sohn in Berlin auf der Straße eine ihrer zahlreichen Auseinandersetzungen ausfochten. Ervin hatte ein Engagement, Rachmaninows Klavierkonzert Nr. 2 am 5. Januar in Kristiania zu spielen. Doch nun erklärte er, dass er das Konzert absagen werde, falls sie ihn zwinge, in kurzen Hosen zu spielen, und nie wieder auftreten werde, wenn er nicht alleine leben dürfe. Mária zerbrach vor Wut einen Regenschirm auf seinem Kopf; doch vielleicht sah selbst sie in diesem Moment die Hoffnungslosigkeit ihrer Versuche ein, ihn weiterhin als Wunderkind auszugeben – er war inzwischen fast siebzehn Jahre alt.[20] (Im

---

[20] In einem Interview aus dem Jahr 1978 erinnerte Nyiregyházi sich an einen Vorfall, der sich Anfang der 1920er Jahre ereignet hatte, als nach einem Konzert erstmals ihm und nicht seiner Mutter sein Honorar übergeben

Frühjahr 1920 begann er, sich zu rasieren.) Im April kehrte Mária mit dem neunjährigen Alfred und Szidónia nach Berlin zurück, obwohl sie sich später schließlich wieder in Budapest niederließ. Bevor sie Ervin alleine ließ, beschloss sie endlich, ihn aufzuklären. Ihrem Sohn zufolge sagte sie Dinge wie: »Ein Mann macht Kinder, womit er pisst.« »Deine Ehefrau ist die erste Frau, die dich zum Höhepunkt bringen sollte.« »Wenn du masturbierst, wirst du sterben.« Vielleicht verstand sie das unter Erziehung.

Ervin verbrachte das Frühjahr und den Sommer in Kristiania mit zwei unverheirateten Schwestern, die mit dem Komponisten Schjelderup verwandt waren. Er lebte von den Honoraren, die er für Konzerte und Klavierstunden bekam, sowie von finanzieller Unterstützung, die er noch immer von Gönnern aus seiner Heimat erhielt. »Ich war damals ganz berauscht von der Vorstellung, mein eigener Herr zu sein«, erinnerte er sich. Eine der ersten Handlungen als freier, junger Mann bestand darin, sich einen Spazierstock zu kaufen. Aus irgendeinem Grund stellte die Rolle des charmanten Kavaliers für ihn die Freiheit dar.

Ervins Mutter hatte spätestens 1915 bereits ein Auge auf die Vereinigten Staaten geworfen, als Ervin nach seinem Orchesterdebüt in Berlin für einen amerikanischen Impresario gespielt hatte, der auf der Suche nach neuen Talenten war. Er bot ihm eine Konzertreise mit dreißig Auftritten und einem Honorar von jeweils hundert Dollar, doch Mária forderte eine deutlich höhere Summe – fünf- oder zehnmal so viel.[21] Das entsprach dem Honorar, das damals der bekannte polnische Pianist Paderewski bekam, und der überraschte Impresario antwortete: »Wollen Sie den ganzen Ozean?« Amerikas Eintritt in den Krieg machte eine Überseefahrt

wurde (sie hatte die Garderobe verlassen). Er steckte das Geld ein und lief zum nächsten Bahnhof. Möglicherweise beschleunigte dieses Ereignis ihre reale und endgültige Trennung.

[21] Einem noch erhaltenen Vertrag kann man entnehmen, dass Ervin für die Aufführung von Konzerten bei zwei Veranstaltungen in Stockholm im Januar 1920 das relativ bescheidene Honorar von 1.000 schwedischen Kronen erhielt – das entspricht etwas mehr als 15.000 Kronen heute (rund 1.700 Euro).

dann jedoch ohnehin unwahrscheinlich. Doch das Thema kam 1920 wieder auf, als der skandinavische Markt anscheinend von Ervin gesättigt war. (Ein Kritiker aus Göteborg berichtete, dass im Januar in letzter Minute ein kleinerer Saal für ihn gebucht wurde, da es nicht genug Zuschauer gab, um den ursprünglich vorgesehenen Saal zu füllen.)

Wieder nach Hause zurückzukehren, war keine attraktive Option. Der Zusammenbruch des österreichisch-ungarischen Reichs im Krieg hatte Ungarn verwüstet. Ausländische Mächte marschierten in das Land ein, die gesellschaftliche Ordnung existierte nicht mehr, die Wirtschaft war nahezu bankrott, die Lebensmittel wurden ebenso knapp wie Kleidung, Benzin und Rohstoffe, und in der Mittelschicht breitete sich Armut aus. Budapest war eine der durch den Krieg am stärksten beschädigten Städte. Hier gab es viel Elend, Kriminalität und Chaos. Das ganze Land war politisch erschüttert. In weniger als einem Jahr kam es zu drei radikalen Regierungswechseln, die schließlich im Herbst 1919 in eine konterrevolutionäre Führung mündeten, die von der neu formierten ungarischen Nationalarmee unterstützt wurde. Durch den Vertrag von Trianon, der am 4. Juni 1920 in Versailles unterzeichnet wurde, büßte Ungarn ungefähr sechzig Prozent seiner Bevölkerung ein und verlor etwa siebzig Prozent seines Gebiets an die Nachbarländer.

Für ungarische Juden war das eine schreckliche Zeit. Im Verhältnis zwischen Juden und Nichtjuden, das eine Generation lang unter Kontrolle gewesen war, kam es nach dem Krieg zu zahlreichen Zerwürfnissen. Es entwickelte sich die schlimmste Antisemitismuswelle der ungarischen Geschichte. Juden wurden zu Sündenböcken für gesellschaftliche und wirtschaftliche Probleme gemacht. Und da während Béla Kuns kommunistischen Regimes besonders viele Juden in Ungarn gelebt hatten, weitete sich die anschließende antikommunistische Wut auf die Juden im Allgemeinen aus. Die konterrevolutionäre Regierung löste einen bösartigen »weißen Terror« skrupelloser Judenverfolgung im ganzen Land aus. Der umfassende jüdische Einfluss in den Künsten und Wissenschaften wurde nicht länger toleriert und bewundert.

Neue Gesetze erlegten den Juden zum ersten Mal in Jahrzehnten Beschränkungen auf. Ungarn wurde international berüchtigt als Brutstätte des Antisemitismus, der auch unter Musikern weit verbreitet war. Nach dem Krieg hatte die Musikszene es schwer, und in den meisten Gegenden war sie richtiggehend gelähmt. Es gab jedoch eine große Ausnahme: Dohnányi erhielt das klassische Konzertleben in Budapest quasi im Alleingang aufrecht.

Für den siebzehnjährigen Nyiregyházi kam Budapest nicht in Frage, Skandinavien war komplett abgegrast, und Berlin – nun, dort lebte im Augenblick seine Mutter. Amerika muss ihm wie der logische nächste Schritt vorgekommen sein. Viele europäische Musiker hielten die USA nach dem Krieg für eine Art El Dorado, einen sicheren Hafen, in dem das Geld reichlich floss. Und so schloss Ervin sich den Tausenden von Ungarn an – viele von ihnen Prominente, zahlreiche Juden –, die nach dem Krieg ihr Land verließen. Im Sommer 1920 organisierte Mária durch eine Verwandte in Amerika einen Vertrag mit einer New Yorker Konzertagentur und leitete die erforderlichen rechtlichen Schritte ein, um Ervin für volljährig zu erklären. Jeder sagte ihm eine glanzvolle Karriere voraus, und er hatte allen Grund, sowohl auf einen größeren professionellen Erfolg als auch auf persönliche Erfüllung zu hoffen – nun, da er unabhängig war. Stattdessen war die Übersiedlung nach Amerika »der Anfang vom Ende«, wie er einem Freund über ein halbes Jahrhundert später erzählte.

Gegenüberliegende Seite:
Nyiregyházi auf Ellis Island,
bei seiner ersten Ankunft in Amerika am 11. Oktober 1920.
(Fotografie von der Keystone Photo Co. Musical America Archives.)

TEIL ZWEI

EIN JUNGER LISZT AM KLAVIER

1920–1928

6
Ein König in New York

Am 11. Oktober 1920 kam Nyiregyházi an Bord des dänischen Schiffes *United States* auf Ellis Island an. Er wurde von Carl von Laurenz abgeholt, der sich im Auftrag des Wolfsohn Musical Bureau – eines der bedeutendsten Konzertmanagementunternehmen in New York – um ihn kümmern sollte. Sein Drei-Jahres-Vertrag verpflichtete ihn zu zwanzig Konzerten pro Saison mit jeweils 200 Dollar Gage. Außerdem hatte Wolfsohn 1.500 Dollar im Voraus bezahlt. Von Laurenz zufolge war es das erste Mal, dass Wolfsohn einem Künstler ohne Vorspiel einen Vorschuss geboten hatte; tatsächlich war der verstorbene Gründer der Agentur, Henry A. Wolfsohn, bekannt dafür, von neuen Kunden sogar Geld zu verlangen, um die Werbeausgaben zu decken. Nyiregyházi war um ein Vorspiel gebeten worden, hatte aber voller Stolz abgelehnt.

Eine beachtliche öffentliche Aufmerksamkeit ging der Ankunft des Wunderkinds voraus. Auf Ellis Island warteten Fotografen auf ihn, und vor allem die Frauen drehten die Köpfe nach ihm um, als er das Schiff verließ. »Das ist gut«, sagte von Laurenz. »Frauen regieren dieses Land. Sie mögen dich. Du wirst ein Erfolg sein.« Von Laurenz vereinfachte den Nachnamen mit Rücksicht auf amerikanische Zungen zu »Nyredghazi«, doch er sorgte trotzdem immer wieder für Verwirrung. Nyiregyházi zog in das Hotel Grenoble, das bis Herbst 1924 sein Zuhause bleiben sollte. Am Abend des 18. Oktobers gab er in der Carnegie Hall sein erstes Konzert auf amerikanischem Boden.

Er lockte ein kleines, aber erwartungsvolles Publikum an. Unter den Zuschauern befand sich »die Aristokratie der pianistischen Welt, die auf die Ankunft des Jugendlichen wartete, von dem solch bemerkenswerte Geschichten erzählt worden waren«, schrieb Harriette Brower in ihrem schmeichelhaften Porträt »Nyredghazi: A Young Liszt of the Pianoforte«, das am 11. Dezember in *Musical*

America erschien. Jeder war von seiner Jugend, seiner exotischen Erscheinung und seinem Auftreten beeindruckt. Er war groß und schlank und bestand »größtenteils aus Armen und Beinen«, wie ein Kritiker es beschrieb. Nyiregyházi wog nur 57 Kilo, hatte aber seine volle Erwachsenengröße von 1,80 m noch nicht erreicht. Seine Handgelenke, Finger und Hände waren, wie Brower bemerkte, »zart wie bei einem jungen Mädchen«; und seine schlanken Finger waren so lang, dass er auf der Klaviatur eine Duodezime greifen konnte. Er hatte ein langes, ovales, jungenhaftes Gesicht. Ein Kritiker schrieb, seine Gesichtsfarbe war »so weiß, dass es schien, er sei noch nie an der frischen Luft gewesen«. Sein teilnahmsloser, melancholischer Ausdruck wirkte auf gewisse Weise geheimnisvoll und rührend; nur selten huschte ein »leichtes, schüchternes Lächeln« über sein Gesicht. Seine herabhängende, schwarze Mähne wurde durch einen Mittelscheitel geteilt und war so altmodisch, dass er »wie aus einem uralten Foto entsprungen« (und für Polizisten verdächtig) wirkte. Immer wieder wurde seine Ähnlichkeit mit dem jungen Liszt beschworen. Sein kraftvolles Klavierspiel und seine Leidenschaft für Liszts Musik heizten immer wieder die Reden über einen »neuen Liszt« an.

Auf der Bühne war er unbeholfen und bedachte das Publikum lediglich mit steifen Verbeugungen. Ein Kritiker schrieb, dass er »zum Klavier geht, ohne etwas wahrzunehmen«; ein anderer bemerkte, dass »er sich vor Publikum offensichtlich ausgesprochen

Nyiregyházi im Alter von siebzehn Jahren, mit lisztischem langem Haar, das während seiner ersten Saison in New York (1920–21) für so viel Gesprächsstoff sorgte. *(University of Southern California, im Namen der U.S.C. Specialized Libraries and Archival Collections.)*

unwohl fühlt«; und ein dritter hielt sein Verhalten für »lächerlich und einstudiert«. Er bestand darauf, sich auf der Bühne würdevoll zu benehmen – unter anderem auch, um sein Lampenfieber zu verbergen, unter dem er sehr litt. Doch sobald er spielte, schien er seine Umgebung nicht mehr wahrzunehmen und versank ganz in der Musik. »Am Klavier sieht er selten auf seine Hände oder die Tasten, sondern starrt die nächstgelegene Lampe an«, schrieb ein Kritiker nach seinem Debüt. Er spielte aufrecht sitzend, ohne extravagante Bewegungen, und präsentierte die virtuoseste Musik anscheinend völlig ohne Anstrengung. Die Wirkung war unheimlich, fast dämonisch.

Sein umfangreiches Debütprogramm bestand aus einigen seiner Lieblingsstücke: die Toccata in d-Moll von Bach-Busoni, Schuberts »Wanderer-Fantasie«, die Sonate Nr. 4 sowie das *Poème satanique* von Skrjabin (dessen Musik, die als schwer verdaulich galt, er kürzlich entdeckt hatte), Chopins Barkarole, das »Notturno« aus Griegs *Lyrischen Stücken* op. 54, Leschetizkys »Étude héroïque« sowie *Sonetto 104 del Petrarca* und *Mephisto-Walzer* Nr. 1 von Liszt – großzügig durch Zugaben ergänzt.[1] Nach dem Konzert wurde er in einen Nachtclub gebracht, wo er Jazz hörte und »Ginger Ale« (illegal gebrannten Whiskey) trank. Dort blieb Nyiregyházi bis in die frühen Morgenstunden, um dann die ersten Kritiken lesen zu können.

Im *Evening Journal* wurde er als »der siebzehnjährige Paderewski«, »die Sensation der neuen Saison« und – weniger geschickt – als »kolossal interessanter Pianist« bezeichnet. Doch viele der Rezensionen, vor allem jene der älteren Journalisten, waren mit kritischen Anmerkungen versehen, wie er sie in dieser Weise in Europa selten zu lesen bekommen hatte. Der Presserummel vor

---

[1] Nyiregyházi hielt das amerikanische Publikum für weniger intellektuell und weniger spirituell veranlagt als die Europäer. In Bezug auf Liszt stützte er sich in größerem Maße als zuvor auf Paradestücke, zumindest in seinen ersten Saisons. »Ich wollte Liszts große Werke nicht der Lächerlichkeit preisgeben«, sagte er. In New York war er einst empört, als er wahrnahm, dass sich Zuschauer gelangweilt räusperten, während Rachmaninow die Sonate in h-Moll spielte.

dem Konzert hatte ebenfalls negative Auswirkungen: Einige Zuhörer schienen entschlossen zu sein, sich von diesem Wunderkind nicht zu sehr beeindrucken zu lassen. Der Übervater der örtlichen Kritikerszene, der ehrwürdige Henry E. Krehbiel vom *Tribune*, war ein vornehmer und gebildeter Rezensent deutscher Abstammung mit konservativem Geschmack. Großes Tamtam mochte er nicht, und er konnte bissig oder sarkastisch werden, wenn man ihn provozierte. Stolz verteidigte er die Musikkultur der neuen Welt gegen die angebliche Überlegenheit Europas. Nachdem er eingestanden hatte, dass das Phänomen Nyiregyházi sein kritisches Gleichgewicht durcheinandergebracht hatte, schrieb er:

> Letzte Nacht wurden wir in die Carnegie Hall gebeten, um ein Genie zu hören ...
> Was wir hörten, war ein Pianist mit wunderbaren technischen Fähigkeiten und unzweifelhaftem Talent für den gewählten Beruf, doch so besessen von Individualismus, dass dessen Zurschaustellung häufig, eigentlich generell, unserem Genuss seiner Musik im Wege stand ...
> [Nyiregyházi] ist bei plötzlichen Tempowechseln zu nachgiebig und erschafft einen Tempo- und Klangrausch wie bei der Musik der Zigeuner aus seinem Heimatland, die von ihrer Rasse her ebenso wenig Ungarn sind wie er selbst ...
> Schon lange haben wir dergleichen nicht mehr gehört.

Andere Kritiker fanden das, was sie hörten, beeindruckend, aber eigensinnig:

> Er hat eine hervorragende Technik, kräftige Arme und Finger, eine bemerkenswerte Fingerfertigkeit, ein feines Gespür für den Klang des Klaviers und ist in dieser Hinsicht nicht einzigartig unter den Pianisten. Seine Interpretation einiger der bekanntesten Kompositionen für Klavier ist häufig sprunghaft und irreführend.
> (Richard Aldrich, *New York Times*)

So jung wie er ist, hatte er das Pech, dass über ihn bereits ein Buch geschrieben worden ist, wodurch er offensichtlich eine falsche Vorstellung von seiner Bedeutung gewonnen hat. Dadurch fühlte er sich gedrängt, anders als andere Pianisten sein zu müssen, um so den Eindruck zu vermitteln, er sei etwas Besonderes, wenn nicht gar ein Genie. Originalität ist eine große Sache, doch wenn das Streben danach zu einer willkürlichen Missachtung der offenkundigen Intentionen großer Komponisten führt, ist sie nicht zu empfehlen.

(H. T. Finck, *Evening Post*)

Er kann toben, er kann flüstern und er kann auch die Tasten umwerben, um ihnen einen singenden Ton von hinreißender Schönheit zu entlocken. Zweifellos war er nervös. Es schien, als habe das gesamte Programm zu viele rhythmische und dynamische Exzentrizitäten enthalten; er verlor bei der Hervorhebung von an sich unwichtigen Details zu oft die große Linie aus dem Blick, konnte auf diese Weise jedoch seine technischen Fähigkeiten als Pianist unter Beweis stellen.

(*Musical Courier*)

… ein launenhaftes Wunderkind, ein in gewisser Weise wildes, unverantwortliches Talent, das in seinen besten Momenten einem Genie nahekommt. Wenn der junge Nyredghazi künstlerisch gelenkt und die verrückten Impulse seines Talents gezügelt werden könnten, wäre es möglich, dass er sich zu einer leistungsfähigen Persönlichkeit entwickelt. Gegenwärtig ist er alles Mögliche, nur kein Interpret mit musikalischer Legitimation.

(H. F. P., *Musical America*)

Der junge Nyiregyházi verfügte bereits über technische und klangliche Ressourcen, die so beeindruckend waren, dass sie ihn aus der Masse heraushoben. *Musical America* schrieb: »Nyiregyházi hat etwas unglaublich Gigantisches an sich – selbst in diesen Zeiten der Superpianisten.« Sein Umgang mit dem Klavier war orchestral, und er erstaunte die Zuhörer durch »seine beeindruckende Kraft, mit der er beginnt, auf einen Fortissimo-Höhepunkt zuzusteuern, wo die meisten Polterer heute bereits am Ende angelangt sind.« Ein Rezensent schrieb, dass er »unbarmherzig und wild über die Klaviatur herfiel«, und selbst ein Bewunderer sprach von »dieser besonders harten Brillanz, die Nyiregyházi eigen ist.«[2] All dies

---

[2] Schon 1915 fand ein Kritiker bei seinem Konzertdebüt in Berlin seinen Ton in lauten Passagen »irgendwie hart«. Nyiregyházi sagte, er bevorzuge Klaviere, die einen »strahlenden« und »überschwänglichen« Klang haben.

lässt an den prometheischen jungen Liszt denken, den Kritiker mit einem Eroberer verglichen, der rittlings auf dem zerschmetterten Rumpf besiegter Klaviere sitzt und die Zuschauer mit diesem Angriff verzaubert und beeindruckt. Ein älterer Kritiker, William James Henderson von der *Sun*, bemerkte allerdings interessanterweise, dass Nyiregyházi auch »durch seine hervorragenden Pianissimos Bewunderung und Staunen hervorrief«.

Sein Umgang mit dem Ausdruck – seine Vorliebe für lebendige Farben, ausgeprägte Kontraste und extreme Emotionen – entsprach nicht dem zeitgenössischen Geschmack. Progressive Komponisten, Dirigenten und Interpreten wandten sich damals mehr und mehr vom empfundenen Gefühlsübermaß der Romantik ab. Seine ganze Art zu spielen gehörte einer vergangenen Zeit an. »In seinem Spiel fehlten besonders Leichtigkeit und Spontaneität«, schrieb ein Kritiker, doch Nyiregyházi strebte diese gar nicht an. Er suchte nach wagnerianischer Schwere, Bedächtigkeit, Masse. Er liebte eine massive, große Klangfülle in tiefen Lagen und Klänge, die aus einer großen, verborgenen Quelle hervorzudringen schienen. Was Kritiker als einen übermäßigen Einsatz des Pedals bezeichneten, war sein Bemühen, auf der Suche nach Gewicht und Ausdruck die Übergänge zu verwischen. Rhythmisch war sein Spiel flexibel (»er stellte übertriebene Verzögerungen Geschwindigkeitsausbrüchen gegenüber«, wie ein Rezensent schrieb) – in dieser Hinsicht folgte er Wagner, der »Taktschläger« verachtet und ausdrucksstarke Tempowechsel nicht als Übertreibung oder Sentimentalität, sondern als »ein positives Lebensprinzip all unserer Musik« angesehen hatte.[3] Nyiregyházis frevelhafteste Eigenart war jedoch, dass er bei seinen Interpretationen äußerst subjektiv mit den Kompositionen umging; er war bereit, die Partituren selbst beliebter Repertoirestücke zu verfälschen und seinem eigenen Temperament und seinen eigenen Vorstellungen anzupassen.

---

[3] Bei den Dirigenten liebte Nyiregyházi die romantische Subjektivität von Willem Mengelberg und Wilhelm Furtwängler sowie die langsamen Tempi des letzteren. »Beide ließen die Musik hervorsprudeln«, sagte er lobend, aber »Furtwängler tat es noch mehr.«

Ein solcher Stil, der vielleicht bei einem älteren Künstler aus einer anderen Zeit verzeihlich gewesen wäre, wurde bei Nyiregyházi größtenteils als Unreife oder Maßlosigkeit empfunden. Die Entstehung der amerikanischen klassischen Musikkultur um die Mitte des neunzehnten Jahrhunderts hatte emigrierten Deutschen und Musikern, die größtenteils in Deutschland ausgebildet worden waren beziehungsweise in dieser Tradition standen, viel zu verdanken; in den 1920er Jahren war der typisch deutsche Geschmack bei Komponisten, Interpreten, Kritikern und beim Publikum noch immer tief verwurzelt. Viele assoziierten Nyiregyházis heißblütigen Stil mit seiner Nationalität – daher die herablassenden, klischeehaften Äußerungen über sein »ungarisches« oder »zigeunerisches« Temperament, über »das Feuer, die Wildheit, die impulsiv aufflammende Leidenschaft, die ungezähmte Natur eines fahrenden Volkes, das durch die Lande zieht und unter freiem Himmel lebt«. Es war nicht allgemein bekannt, dass er Jude war.[4]

Viele Kritiker nahmen eine abwartende Haltung ein, das Publikum jedoch nicht. Nyiregyházi löste eine solche Begeisterung aus, dass in Windeseile zwei weitere Soloauftritte in der Carnegie Hall sowie ein Orchesterauftritt an Nachmittagen des Wochenendes anberaumt wurden, um die große Nachfrage zu befriedigen. Am 30. Oktober und am 7. November präsentierte er umfangreiche neue Programme[5] – und die Zuschauer waren wiederum vollkom-

[4] Auf den Passagierlisten der Schiffe, mit denen er 1920, 1923 und 1924 auf Ellis Island ankam, war seine Volkszugehörigkeit mit »Deutschland, Magyar«, »Ungarisch, Magyar« und »Ungarn, Deutsch« angegeben. In den 1930er Jahren reiste er eigenen Angaben zufolge mit einem ungarischen Pass, in dem seine Religionszugehörigkeit mit »katholisch« verzeichnet war; vermutlich war das auch 1920 schon der Fall.

[5] Zum Programm vom 30. Oktober zählte auch Saint-Saëns' Toccata. Nach dem Konzert erhielt Nyiregyházi einen Brief von einem ortsansässigen Agenten eines französischen Verlegers, der eine Gebühr in Höhe von 10 Dollar für die Aufführung des urheberrechtlich geschützten Stücks verlangte. Mit der typischen Verachtung für Autoritäten (»Zur Hölle mit dem Verleger!«) schickte er seine Zahlung direkt an »M. Camille Saint-Saëns, Paris, le grand compositeur«. Saint-Saëns erhielt den Scheck und löste ihn auch ein.

men enthusiastisch: Nach und sogar *während* der beiden Konzerte wurde er bedrängt, viele Zugaben zu spielen. Inzwischen hörten die Kritiker zunehmend nicht nur den Polterer mit »Feuer- und Flammen-Fingern«, sondern einen Pianisten, der auch zu »schmelzender Zartheit« fähig war. Ein Rezensent schrieb in *Musical America*: »Seit de Pachmann hat der Autor niemals einen solchen Chopin gehört, und einiges hat selbst de Pachmann nie so gespielt: eine unbestimmte, feenhafte Qualität, männlich und zugleich *dekadent*, eine Atmosphäre, die an Edgar Allen Poe erinnert und ohne die vieles von Chopin wie Czerny klingt.« Das war ein außergewöhnliches Lob, denn der russische Pianist Vladimir de Pachmann, der damals über siebzig und noch aktiv war, galt weithin als der bedeutendste und vielleicht auch authentischste zeitgenössische Chopin-Interpret; er war für sein flüsterndes Pianissimo, einen ungewöhnlich feinen, zarten Klang und seine verführerischen Farben bekannt.

Am 11. November trat Nyiregyházi erstmals außerhalb von New York auf: In letzter Minute sprang er für einen indisponierten Konzertbariton in Dayton, Ohio, ein. Selbst im mittleren Westen wurde berichtet, dass »die studierten Musiker gegen die vielen Freiheiten protestierten, die Nyredghazi sich im Umgang mit den Partituren nahm«, doch das Konzert war ein großer Erfolg. (In diesem Herbst fanden noch einige weitere Konzerte außerhalb von New York statt: in Louisiana, Tennessee und South Carolina.) Am 21. November musizierte er erstmals mit einem amerikanischen Orchester – auf dem Programm stand das Tschaikowsky-Konzert mit dem New York Symphony Orchestra. Das Klavier habe manchmal das Orchester überschwemmt, so wurde berichtet, und Nyiregyházi wurde derart bejubelt, dass er sieben Vorhänge bekam. Ein Kritiker schrieb: »Herrn Nyredghazis Missachtung der akzeptierten Tempi, die bei seinen Konzerten festzustellen ist, behinderte den Dirigenten René Pollain in seinen Versuchen, das Orchester und den Pianisten zusammenzuhalten.« Dennoch galt dieser Abend als eines der bemerkenswertesten Debüts der vergangenen Jahre.

Über die Kontroverse, die Nyiregyházi auslöste, wurde sogar ein Artikel in *Musical America* veröffentlicht. Er »hat eine bemerkenswerte Aufregung hervorgerufen«, hieß es zu Beginn des Textes. »Die Meinungen über seine genaue Position scheinen auseinanderzugehen. Ein Musiker, der ihn hörte, erzählte mir, dass er der lauteste Pianist sei, den er je erlebt habe, und dass es schien, als sei die Carnegie Hall zu klein für ihn. Ein anderer meinte, dass er zweifellos ein Genie sei, doch im Rohzustand. Und ein dritter war der Ansicht, er sei ein irrer Typ, der ihn an Leo Ornstein auf Abwegen erinnere. Ein vierter Musiker ließ mich wiederum wissen, er denke, Nyiregyházi sei ohne Zweifel ein sehr großes Talent, und wenn nicht ein Genie, dann doch unglaublich nah dran.« Ein anderer Rezensent schrieb in jenem Dezember in *Musician*: »Wenige Pianisten, die in den letzten Jahren nach New York gekommen sind, haben den Kritikern so viel zum Nachdenken aufgegeben.« – und bei einem bilderstürmerischen Siebzehnjährigen auf seiner ersten USA-Tournee in einer Stadt, in der es zahllose großartige Pianisten gab, hatte das schon etwas zu bedeuten.

Er wurde eine lokale Berühmtheit. Natürlich war es nicht nur seine Begabung, sondern auch seine Persönlichkeit, die ihn zum Traum aller Publizisten machte. Seine Bedeutung lässt sich an einem Artikel von Prosper Buranelli ablesen, der am 5. Dezember im *World Magazine* erschien. Abgesehen von einigen biografischen Ungenauigkeiten, die möglicherweise von Laurenz absichtlich verbreitet hatte, verdient er, hier in voller Länge zitiert zu werden:

NICHTS ALS EIN KLAVIER-WUNDERKIND
Nyredghazi hat intensiv geübt, seit er zwei Jahre alt ist.
Nun, mit achtzehn, ist er ein wahrer Tastenheld,
doch ansonsten hilflos.

Ich habe den kompetentesten und zugleich inkompetentesten Mann in New York entdeckt. Ervin Nyredghazi ist ein Klavier spielendes Wunderkind, das erst vor kurzem nach New York gekommen ist. Hat er die Hände auf den Tasten, ist er die Verkörperung meisterlichen Könnens. In jeder anderen Hinsicht ist er vollkommen inkompetent. Er weiß nicht, wie man sich die Schuhe zubindet. Er kann seinen Kragen nicht befestigen. Um seine Halstücher zu knoten, braucht er ein ganzes Heer von Assistenten. Er kann sein Essen nicht zerschneiden. Suppe ist für ihn eine furchtbare Angelegenheit. Und er hat eine Reihe von Launen und Exzentrizitäten, die selbst andere Musiker beeindrucken – obwohl ihnen Launen und Exzentrizitäten wahrlich nicht fremd sind.

Ervin ist ein großer, sehniger Jugendlicher mit dunklem Teint und dicken, schwarzen Haaren, die dringend geschnitten werden müssten. Sein Gesicht ist lang, oben schmal, an den Wangen voll und hat einen melancholischen Ausdruck. Er setzte sich in seinem in einem Wohnviertel gelegenen Hotelapartment ans Klavier, voller Kraft, Selbstvertrauen und Stolz, und hämmerte Liszts »Mephisto-Walzer«, wobei er seine Technik und wasserfallartige Oktaven zur Schau stellte. Er stand vom Klavier auf und sank teilnahmslos in einen Lehnstuhl, fühlte sich unbehaglich: der Inbegriff niedergeschlagener, apologetischer Untauglichkeit. Sein Mentor sah ihn mit einer Mischung aus Bewunderung und Verachtung an.

»Sehen Sie ihn sich an. Wozu ist er gut? Zu nichts, außer zum Klavier Spielen«, sagte der Mentor scherzhaft. Er kümmert sich um Nyredghazi, während dieser in Amerika ist. Er ist ein Amerikaner, heißt von Laurenz, ist selbst Pianist und ein kompetenter Bursche, der eine Wanderung durch die Wildnis anführen könnte.

»Als ich ihn vom Schiff abholte«, erzählte er, »sah ich, dass ich einiges zu tun haben würde. Beim Abendessen hatte er an jenem Abend ein Schweinekotelett auf seinem Teller. Er nahm das Messer und blickte abwechselnd darauf und dann wieder auf das Kotelett. Er begann, vorsichtig hineinzustechen, als fürchte er, es könne vom Teller springen und ihn beißen. Ich fragte ihn, was los sei. Er antwortete würdevoll, dass seine Mutter immer sein Essen für ihn geschnitten habe. Und nun muss ich bei den Mahlzeiten immer neben ihm sitzen und sein Essen für ihn zerschneiden.

Am nächsten Morgen ging ich in sein Zimmer. Er versuchte gerade, sich die Schuhe zuzubinden. Doch er konnte es nicht. Seine Mutter hatte ihm immer die Schnürsenkel gebunden. Jetzt tue ich es. Er erdrosselte sich fast, als er versuchte, seinen Kragen zuzumachen. Und dann sah es aus, als wolle er sich mit der Krawatte erhängen. Ich gewann den Eindruck, dass er genauso hilflos ist, wie ein zweijähriges Kind.

Er ist so schwach, dass er kaum den Deckel des Klaviers hochklappen kann – doch sehen Sie sich diese Hände und Unterarme an.«

Die Hände des jungen Pianisten waren ungewöhnlich lang. Die Muskeln traten deutlich unter der Haut hervor. Der Unterarm war kräftig und sehr muskulös, während der Oberarm mager und nicht entwickelt war.

Nyredghazis Fall wurde damit erklärt, dass seine Spezialisierung extrem forciert worden war – er war ein Wunderkind, das sich ungesund entwickelt hatte ... Außer Klavier zu spielen hatte er buchstäblich überhaupt nichts gelernt.

»Am nächsten Tag widmete er sich einem neuen, großen Konzert«, erzählte von Laurenz, »und konnte es nach einmal spielen auswendig. Doch ich denke, es wird mir nie gelingen, ihm beizubringen, wie man Manschettenknöpfe an seinen Hemdsärmeln befestigt.«

Nyredghazi traut sich nicht, Englisch zu sprechen, doch er versteht das meiste, was gesagt wird. Er saß zusammengekauert auf seinem Stuhl und hörte den Späßen zu, die über ihn gemacht wurden. Eine Bemerkung quittierte er mit einem zweifelnden Lächeln, eine andere nahm er mit ernstem Gesicht auf, zu einer dritten nickte er nachdenklich mit dem Kopf.

»Sehen Sie nur den Flaum in seinem Gesicht«, fuhr von Laurenz fort. »Er sieht aus wie Federn. Vor seinem ersten Konzert sagte ich zu ihm, ich würde ihn rasieren lassen. ›Nein, nein!‹, sagte er. Er wollte kein Messer in die Nähe seines Gesichts kommen lassen. Ich sagte ihm, dass ich ihn nicht mit einem Messer, sondern mit einem Rasiermesser rasieren lassen würde. Er antwortete clever, dass gemäß den geltenden Definitionen und den Prinzipien der Mechanik auch ein Rasiermesser ein Messer sei. Dann meinte ich, ich würde mich seinem Gesicht mit einem Rasierapparat nähern. Doch auch dazu war er zu klug und antwortete, er wisse, dass in dem Rasierapparat eine Klinge sei. Du kannst ihn nicht für dumm verkaufen. Da fragte ich ihn, wie zum Teufel er den Flaum in seinem Gesicht loswerden würde. Na, was meinen Sie? Er hat eine Pferdeschermaschine.«

Von Laurenz holte eine alte Kiste hervor und nahm eine antiquierte Schere heraus – eine einfache Friseurschere.

»Die setzt er an sein Gesicht, zieht die Hälfte der Haare heraus und lässt die andere Hälfte stehen. Ich brachte ihn zu einem Friseur, und nachdem er sich allen Versuchen mit einem Rasiermesser widersetzt hatte, bestach ich den Friseur, ihn mit der Schere zu rasieren. Es dauerte eine ganze Stunde.

Er hat einen alten, schäbigen, hinterwäldlerischen, weichen Hut. Er will keinen neuen kaufen. Hüte sind in Amerika zu teuer. Doch vor kurzem sah er eine Blechkiste [ein Auto], auf dessen Preisschild 700 oder 800 Dollar stand. Er sagte, er werde es kaufen. Das hatte er sich in den Kopf gesetzt.

Er weiß genau, was er will. Ich fragte ihn, ob er meine, dass er jemals lernen würde, einen Ford zu fahren. Er verneinte, doch er werde einen Chauffeur engagieren. Da sagte ich ihm, dass er einem Chauffeur pro Woche 15 Dollar zahlen müsse. Er meinte, das würde er bezahlen. Ich gab ihm zu bedenken, dass er keinen anständigen Chauffeur dazu bringen könne, einen Ford zu fahren. Das verwirrte ihn. Und dann setzte ich hinzu, dass er, wenn er sich einen Ford und einen Chauffeur leisten würde, auch einen neuen Hut kaufen müsse. Da ließ er die Idee mit dem Ford fallen.

Er langweilt sich ständig, doch er geht gern spazieren. Ich stellte ihm ein hübsches Mädchen vor, eine Freundin von mir. Ich bat sie, ihn zu einem Spaziergang einzuladen. Sie tat es. Doch an jenem Tag ging er nicht spazieren. Er hat noch nicht einmal gelernt, wie er am besten mit dem Mädchen reden sollte.«

Es wurde viel und derb gespottet. Der junge Musiker hörte verlegen und belustigt zu. Doch dann hatte er schließlich genug davon. Er ging zum Klavier und begann Skrjabins »Poème satanique«. Er spielte mit Feuer und Fantasie, mit beeindruckender Technik und tiefem Verständnis für die Ironie und das Diabolische der Musik. Dort saß ein Meister. Sein Gesicht spiegelte den Stolz eines Fachmanns seiner Kunst, der weiß, dass er allen Anwesenden Respekt abnötigt.

Carl von Laurenz und das Wolfsohn Musical Bureau waren begeistert von der öffentlichen Aufmerksamkeit, die Nyiregyházi erregte, doch der Star selbst war nicht zufrieden. Es störte ihn, wie er in der Presse dargestellt wurde.[6] Seine Würde und Ernsthaftigkeit sowie sein Idealismus waren nicht leicht mit der Profitgier und dem Tamtam zu vereinbaren, die lange Zeit die klassische Musikkultur in Amerika geprägt hatten; er war nicht der erste Musiker, der aus Europa herüberkam und sich in den USA unwohl und wie ein Konsumgut fühlte. Er mochte den »Wagemut und die Hartnäckigkeit« der Amerikaner, aber nicht ihren Provinzialismus und ihren Geschäftssinn; und er hasste den Rummel, der in der Konsumkultur der 1920er Jahre erforderlich war, um einen Namen beim Publikum präsent zu halten.

Nyiregyházis Management teilte seinen Idealismus nicht. (Henry A. Wolfsohn hatte einst Richard Strauss überredet, während der Geschäftszeiten in Wanamakers Kaufhaus zu dirigieren.) Es stellte sich heraus, dass es schwer war, mit diesem Künstler zu streiten: Er war temperamentvoll, Autorität gegenüber generell ablehnend eingestellt und begegnete seinem Manager mit demselben Trotz wie früher seiner Mutter. Von Laurenz bestand darauf, dass Nyiregyházi für sein drittes Konzert in der Carnegie Hall statt des Werkes, das dieser selbst spielen wollte – die »Sérénade« aus Borodins *Petite Suite* –, Anton Rubinsteins Barkarole in g-Moll ins Programm mit aufnahm. Das gedruckte Programm wurde entsprechend geändert, doch am Konzertabend spielte Nyiregyházi einfach trotzdem Borodins Komposition. Kaum jemand im Publikum bemerkte den Unterschied, auch nicht von Laurenz, doch es war typisch, dass Nyiregyházi selbst seinen Schwindel aufdecken musste. Außerdem war von Laurenz empört, dass unter den sechs oder sieben Zugaben, die Nyiregyházi regelmäßig spielte, Nummern waren wie »Smiles«, »Dardanella« oder *Stars and Stripes*

---

[6] Jahre später sagte Nyiregyházi über den Buranelli-Artikel: »Sie haben diese Dinge stark übertrieben, und dann war ich als Schwachkopf bekannt.« Er gab zu, dass die Geschichte mit dem Schweinekotelett stimmte, schob die Schuld aber einer Phobie zu. Er gestand ein, dass er schon immer eine krankhafte Angst vor Messern gehabt habe, da er als kleines Kind in einem Film eine Szene gesehen habe, in der jemand mit einem Messer getötet worden war. Deshalb sei er ungeschickt im Umgang mit Besteck und aß während seines ganzen Lebens größtenteils mit den Händen.

Forever.[7] »Wie kannst du es wagen, in der Carnegie Hall Jazz zu spielen?«, polterte er. Doch Nyiregyházi ließ nicht mit sich reden: Er bemerkte, dass bekannte Lieder Mädchen in Verzückung versetzten und Frauen zum Weinen brachten.

Entscheidender war ihre Auseinandersetzung über Klavierwalzen, die damals ein sehr großes Geschäft darstellten: Ende des Ersten Weltkriegs überstieg die Produktion von automatischen Klavieren die normaler Klaviere. Automatische Klaviere waren eine wahre »musikalische Epidemie«, wie sich der Pianist Arthur Rubinstein in seinen Memoiren *My Many Years* erinnerte. »Plötzlich sprachen die Musiker in New York von nichts anderem mehr. Am stärksten interessiert waren natürlich Pianisten; damit konnte man eine Menge Geld verdienen.« Nyiregyházis Vertrag sah vor, dass er Walzen für die American Piano Company herstellte – ein 1908 entstandenes Konglomerat, das schließlich viele Klavierfirmen (einschließlich Mason & Hamlin) unter seinem Dach versammelte. (Wolfsohn hatte eine Vereinbarung mit Mason & Hamlin, auf deren Instrumenten Nyiregyházi während seiner ersten Saison spielte.) Der amerikanische Ampico-Mechanismus für automatische Klaviere kam 1915 auf den Markt und hatte großen kommerziellen Erfolg, der in den frühen 1920er Jahren seinen Höhepunkt erreichte. Nyiregyházi lehnte es jedoch ab, Walzen anzufertigen, und wollte dafür auch keine Erklärung abgeben. Jahre später gab er zu, dass er sich weigerte, Walzen – oder Aufnahmen – zu produzieren, da er nicht wollte, dass die Leute falsche Töne entdeckten; allerdings war die Klavierwalze ironischerweise damals die einzige Aufnahmetechnologie, mit der es möglich war, kleine Fehler zu korrigieren.

Im Dezember 1920 gelangte von Laurenz zu der Überzeugung, dass die Uneinsichtigkeit dieses Wunderkinds seine Rentabilität überwog. Er war der Ansicht, dass Nyiregyházi seinen Vertrag verletze, und löste ihn auf, obwohl das einen finanziellen Verlust für ihn bedeutete. Infolgedessen büßte Nyiregyházi einige wichtige

---

[7] Wenige Jahre später improvisierte er in einem Konzert als Zugabe eine Art mini-sinfonische Dichtung, die »Dixie« und »Yankee Doodle« mit einbezog.

Engagements in großen Städten an der Ostküste sowie einen Auftritt mit dem Chicago Symphony Orchestra ein. Von Laurenz sagte wütend zu ihm: »Nun kannst du Blut spucken.« Niemand Geringerer als Rachmaninow bot ihm an, seine Rückreise nach Europa zu bezahlen,[8] und wären die Bedingungen für einen ungarischen Juden dort einladender gewesen, hätte er gut daran getan, das Angebot anzunehmen. Seine 1.500 Dollar Vorschuss waren schon innerhalb weniger Monate aufgebraucht. Einen Teil des Geldes schickte er seiner Mutter, einen anderen verwendete er auf die Bezuschussung der Veröffentlichung seiner Kompositionen in Leipzig. Viel Geld gab er auch für Feinschmeckermahlzeiten aus, eine Vorliebe, die er als verwöhntes Kind entwickelt hatte. Zur Jahreswende 1920/21 war er pleite.

Um der Armut zu entgehen, wandte er sich an New Yorks ungarische Gemeinde. Seinen Retter fand er in Gestalt eines Ungarn mittleren Alters namens Imre Szopory, der sich »Baron Szopory« nannte und eine schillernde Persönlichkeit war. Der kleine, weißhaarige Mann war verarmt, hatte aber gute Manieren und Kontakte in allen Gesellschaftsschichten (offenbar war er auch ein wenig als Schwarzbrenner aktiv). Nyiregyházi war nicht überrascht, als er erfuhr, dass er den Titel »Baron« bevorzugte, weil »die Mädchen das mochten«. Gegen eine Beteiligung stellte Szopory seinen Landsmann reichen Ungarn vor, bei denen er für ein paar Dollar Privatkonzerte spielen konnte. Im Januar gab er mindestens ein öffentliches Konzert in einem ungarischen Saal – da war er bereits so arm, dass er die 100 Dollar Miete zuvor leihen musste. Szopory überredete auch die ungarische Botschaft in Washington, Nyiregyházi Geld zu schicken; doch als es ankam, verlangte er mehr als den vereinbarten Anteil, und als Nyiregyházi ablehnte, schlug

[8] Rachmaninow hatte alle drei Konzertabende in der Carnegie Hall besucht und – wie man Nyiregyházi berichtete – erklärt, dass er sich auf das Spiel des Jungen keinen Reim machen könne; er fand es interessant, aber problematisch. Nyiregyházi las daraus ab, dass er sich jenseits der Begriffe gut und schlecht befand – ein Kompliment also. Er bewunderte Rachmaninow sowohl als Musiker als auch als Mensch. Allerdings trafen sich die beiden anscheinend nur ein einziges Mal, und zwar in New York, um sich hinter der Bühne die Hände zu schütteln.

er ihn mit einem Stock und nannte ihn »einen gottverdammten Juden«. Trotzdem erinnerte sich Nyiregyházi voller Zuneigung an ihn. »Er war ein Betrugskünstler« – und ein Schnorrer und einer, der sein Wort nicht hielt –, »doch er hatte ein Herz.«

Der gesellschaftlich unbeholfene Nyiregyházi war nun auf sich alleine gestellt. Dass er das Englische nur mittelmäßig beherrschte, schränkte ihn zusätzlich ein. (Mit von Laurenz hatte er Deutsch sprechen können.) Im Frühjahr 1921 kaufte er sich eine Ausgabe von Oscar Wildes Roman *Das Bildnis des Dorian Gray* sowie ein englisch-deutsches Wörterbuch; und nachdem er sich eine Woche in diese beiden Bücher vertieft hatte, beherrschte er die Sprache. (Theaterstücke und Filme halfen ebenfalls dabei.) Er entwickelte schließlich ein seltsames, präzises und förmliches Englisch, das für manche Ohren hochtrabend klang, aber zu seinem aristokratischen Selbstbild passte. Für ihn waren klares Sprechen und Schreiben eine Frage der Würde und des Einfühlungsvermögens gegenüber der Person, an die er sich wandte. Eine schlechte Grammatik oder Umgangssprache konnte er nicht ausstehen (»They're full of prunes!«).

Als er Wilde las, fand er nicht nur eine neue Sprache, sondern auch einen neuen Helden. Wilde »wurde für mich ein Gott – wie Liszt«. Er bewunderte seinen »messerscharfen Verstand«, seine Verehrung der Schönheit, seine Satire, seinen Geist. Doch er schaute auch hinter die strahlende Fassade des Schriftstellers; er sah erhabene Gefühle, Vornehmheit, Raffinesse und Spiritualität; er entdeckte einen letzten Endes pessimistischen Künstler, der sich nicht scheute, die »dunkle Seite« des Lebens zu enthüllen. Mehr noch: Nyiregyházi hielt den Autor der *Ballade vom Zuchthaus zu Reading* für einen Märtyrer der individuellen Freiheit, der von einer tyrannischen Gesellschaft erdrückt worden war. Von Wilde wie von Liszt lernte er, dass »wahre Größe im Widerstand gegenüber den Regeln der Welt liegt«. Er las Wildes Theaterstücke, Gedichte und Essays, doch insbesondere *Dorian Gray* wurde für ihn zu einem Maßstab; der kunstvolle Stil und die starken Kontraste des Werks zogen ihn an. In Wildes Verteidigung der Bedeutung von Kunst, in der Art, wie er seine ganze Persönlichkeit in die Kunst einbrachte, in seinem Zelebrieren der Amoral und des Hedonismus ohne Schuldgefühle sowie der jugendlich-verrückten Leidenschaft und der Gier nach Erfahrungen und Empfindungen – in all dem entdeckte der junge Nyiregyházi seine eigenen romantischen Sehnsüchte wieder. Kurz nachdem er den Roman gelesen hatte, begann er mit der Komposition einer darauf basierenden sinfonischen Dichtung in einer Fassung für Klavier. Als das Werk 1947 fertig war, umfasste es rund zweihundert Seiten und dauerte zwei Stunden (oder länger). (Er selbst sagte, das Buch habe man schneller gelesen.) »Die Mordszene, das ist *wirklich* was!«, erzählte er einem Freund mit einem bedrohlichen Knurren und einem zwinkernden Auge.

7
Unter neuer Führung

Private Konzerte, ungarische Freunde, Wohltätigkeit und Oscar Wilde halfen Nyiregyházi, die Zeit bis März 1921 zu überbrücken. Dann fand er einen neuen Manager: Robert E. Johnston, dessen Büro mit der Anschrift Broadway 1451 in der Nähe des Times Square lag. Arthur Rubinstein, ein anderer Kunde, zitierte ihn mit den Worten: »Ich falle eher tot um, als dass ich einen Vorschuss zahle.« Johnston war jedoch so begeistert, Nyiregyházi unter Vertrag nehmen zu können, dass er ihm vorab 200 Dollar anbot. Sogleich nahm er einige Änderungen vor. Er organisierte eine Kooperation mit Knabe, einer anderen Abteilung der American Piano Company. Nyiregyházi sollte jedes Mal 50 Dollar erhalten, wenn er auf einem Flügel von Knabe spielte; Knabe würde im Gegenzug seine Konzerte bewerben und in seinem Hotel ein Klavier zum Üben aufstellen; außerdem sollte Nyiregyházi zulassen, dass von einem Ghostwriter verfasste Werbetexte unter seinem Namen veröffentlicht wurden.[9] Der nächste Punkt betraf sein langes Haar. Der Reiz des Neuen war hier verflogen, Kritiker bemerkten es negativ, und er wurde deswegen nicht nur auf der Straße gehänselt – er erinnerte sich, dass bei seinem Konzert in Dayton ein Junge in der ersten Reihe rief: »Mama, er sieht wie ein Mädchen aus!« Deshalb bekam er einen damals modernen Haarschnitt verpasst; und er war so berühmt, dass sogar in der Presse über seine neue Frisur berichtet wurde. Johnston war nicht zurückhaltend und pries ihn als »die herausragende Sensation des Jahres«. In einer seiner Anzeigen verkündete er: »Ein neuer Stern

---

[9] Ein Beispiel: »Die Perfektion jenes erhabenen Instruments war stets offenbar. Der Ton war sehr breit und sehr schön, und die Tasten reagierten augenblicklich. Der Knabe trug sehr zu meinem Erfolg bei.« Obwohl das Unternehmen Knabe ihn zuvorkommend behandelte, reichte die Qualität der Klaviere von »hervorragend« bis »überhaupt nicht gut«, wie er in privatem Rahmen äußerte.

ist plötzlich am Pianistenhimmel aufgegangen – ein Name, der in der großen Tradition von Liszt, Rubinstein und Paderewski steht. Der Name ist nicht leicht zu buchstabieren oder zu schreiben, doch er ist die Mühe wert. Dieser Name lautet Nyiregyházi.« (Bei Johnston bestand Nyiregyházi darauf, dass sein Nachname nun korrekt geschrieben wurde.)

Am 1. und 23. Oktober war er wiederum in der Carnegie Hall zu hören – und der zweite dieser beiden Auftritte sollte zugleich auch sein letzter dort sein (er war gerade erst achtzehn Jahre alt). Nach wie vor zog er ein großes, ihn bewunderndes Publikum an. Nach jedem Konzertabschnitt musste er Zugaben spielen, und am Ende stürmten die Fans auf die Bühne, so dass man die Lichter ausmachen musste, um sie dazu zu bewegen, nach Hause zu gehen. Einige Rezensenten behaupteten, er habe sich die Kritik des vergangenen Jahres zu Herzen genommen. Einer schrieb, dass Nyiregyházi nun »mit der Einstellung, einige Launen seines Klavierspiels zu regulieren und zu verändern« auftrete. Zuvor hatte er »wie ein von seiner Genialität gequälter Fanatiker gespielt, wobei der Fanatiker das Genie überwog und das Genie sich seiner eigenen Identität nicht bewusst zu sein schien. Heute haben Überzeugung oder eine zurückhaltendere Einstellung seine Spielweise nachweislich gezügelt und verbessert und eine Besonnenheit herbeigeführt, die ihm zuvor fremd gewesen ist.« Man war der Ansicht, dass er nun ein weniger »exaltierter« und »bedächtigerer« Interpret sei. Er konnte nicht gewinnen.[10]

Während seiner ersten Saison unter Johnston hatte er einige wichtige Auftritte. Am 4. Dezember war er an einem »ungarischen Programm« mit dem Detroit Symphony Orchestra beteiligt (das am 12. Dezember in Ann Arbor wiederholt wurde). Am

---

[10] In einem Interview bestritt er 1978, seinen Stil überhaupt verändert zu haben. »Sie warfen mir meine Ausschweifungen vor und wünschten sich eine gemäßigtere Herangehensweise. Dann hörten sie selbst, was sie hören wollten, und lobten sich dafür, dass sie es hörten. Aber ich habe nicht anders gespielt.« Er meinte, er habe eventuell seine Programme ein wenig verändert – das sei alles gewesen. Doch die Einstimmigkeit der Kritiker im Oktober 1921 ist bemerkenswert und durchaus erstaunlich – zumal die durchwachsenen Rezensionen im Jahr 1920 ihn in der Tat geärgert hatten.

Nyiregyházi während seiner zweiten Saison in New York, 1921–22, nun mit dem kurzen Haar, das sein neuer Manager, R. E. Johnston, verlangte. *(Fotografie von Herman Mishkin. University of Southern California, im Namen der U.S.C. Specialized Libraries and Archival Collections.)*

26. März 1922 erhielt er für ein Konzert mit Orchesterstücken und Opernarien an der Metropolitan Opera eine besonders gute Presse. Im Mai trat er beim jährlich stattfindenden Festival in Spartanburg, South Carolina, auf. (Bei allen drei Anlässen spielte er das Es-Dur-Konzert von Liszt.) Im Wesentlichen konnte Johnston jedoch die Dynamik der sensationellen ersten Saison nicht beibehalten. Weder in New York noch außerhalb war es ihm möglich, die prestigeträchtigsten Engagements zu bekommen. Konzerte in kleineren Städten waren seine Spezialität. Seine Kontakte waren vor allem in New England hilfreich (insbesondere in New Jersey). So musste Nyiregyházi manchmal mehrfach hintereinan-

der in Städten wie Bath, Elizabeth, Jersey City, Madison, Meridian, Morristown, Mt. Vernon, Newark, Paterson, Point Pleasant oder Waterbury auftreten. Eine Musikzeitschrift verkündete im Herbst 1922, dass er »New York für eine Tournee aus zwanzig Konzerten verlassen hat, die ihn bis zu den Ferien beschäftigen wird. Er wird in Memphis, Nashville, Wooster, Milwaukee, Dayton, Greencastle, Indianapolis, Columbus, Cleveland, Hartford, Bristol, Montreal, Quebec, Syracuse, Chatham und Boston spielen sowie Konzerte an der Pazifikküste geben.« Johnston ließ ihn im Frauenclub in Bridgeport auftreten, in einer Privatwohnung in Plainfield und an einer Highschool in der Bronx. Als ein enttäuschter Rubinstein sich über eine ähnliche Liste von Konzerten von geringer Bedeutung beschwerte, antwortete Johnston ihm: »Es gibt zu viele gottverdammte Pianisten in dieser Stadt, und die Manager verlangen nach Hofmann und Rachmaninow. Hier zählt nur der Kassenerfolg.«

In Wahrheit hatte Johnston an Pianisten relativ wenig Interesse; er vertrat vor allem Sänger, und ihnen galt sein Hauptaugenmerk. Einer Anzeige zufolge, die er im Herbst 1921 veröffentlichte, vertrat er lediglich zwei Pianisten (Nyiregyházi und Rubinstein) sowie eine Handvoll Geiger, aber eine ganze Reihe von Sängern, wie zum Beispiel Titta Ruffo (»der weltbeste Bariton«) und die lyrische Sopranistin Anna Fitziu. (Die meisten Sänger der Metropolitan Opera wurden bei ihrer Konzerttätigkeit von Johnston vertreten.) Er bemühte sich um Nyiregyházis Karriere nicht so, wie er es bei seinen Sängern tat. Nyiregyházi war häufig gezwungen, als »Co-Musiker« bei Konzertabenden aufzutreten, die größtenteils Sänger bestritten – Johnston spezialisierte sich auf solche gemischten Programme.[11] Sein erstes von Johnston organisiertes Konzert fand am 23. März 1921 statt und war wenig verheißungsvoll: eine gemischte Veranstaltung in Trenton, New Jersey, mit einer Altistin und einem Gesangsverein. Es folgten zahlreiche weitere Konzerte, bei denen er als einer von mehreren Künstlern

---

[11] Ein Co-Musiker war kein Begleiter, sondern ein Solist, der in einem Konzert, in dessen Mittelpunkt ein anderer Interpret mit seinem eigenen Begleiter stand, einige Stücke spielte.

auftrat – häufig mit Fitziu oder Ruffo,[12] aber auch mit dem Tenor Benjamino Gigli und dem Bariton Giuseppe De Luca. Nyiregyházi, Fitziu und Ruffo verbrachten den Großteil des Herbstes auf Tournee in Connecticut und New Jersey, aber auch in so abgelegenen Gegenden wie Denver und Kansas City.

Johnston organisierte auch »The Biltmore Friday Morning Musicales«, alle zwei Wochen stattfindende Matineen (in der Regel acht pro Saison), die im Hotel Biltmore in der Madison Avenue aufgeführt wurden. Bei diesen Veranstaltungen traten mehrere Künstler in verschiedenen Programmen mit ernster und leichter Musik auf (häufig gab es auch ein Mittagessen); sie waren damals bei der New Yorker Gesellschaft sehr beliebt – zumal sie reichen Frauen die Gelegenheit boten, sich vom Einkaufen auszuruhen. Neben seinen eigenen Künstlern verpflichtete Johnston einige bedeutende Sänger und Instrumentalisten für diese Veranstaltungen (Geraldine Farrar, Percy Grainger, Wanda Landowska, Jacques Thibaud). Nyiregyházi, der einmal pro Saison auftrat, teilte sich die Programme mit Sängern wie Ruffo und Rosa Ponselle. Andere Hotels organisierten ähnliche Darbietungen, bei denen Nyiregyházi ebenfalls manchmal spielte. Außerdem war er bei der Beethoven Association und anderen Musikgesellschaften New Yorks zu hören.

Er wurde fast immer begeistert aufgenommen, und in vielen Städten wollte der Impresario ihn sofort erneut engagieren. Als Co-Musiker erhielt er in der Regel dieselbe Bezahlung wie die Sänger und wurde häufig von den Kritikern besonders hervorgehoben. Selbst wenn ein Künstler von Ruffos Format auf dem Programm stand, konnte es sein, dass Nyiregyházi sogar bei einem hauptsächlich italienischen Publikum den größten Applaus erntete. (Er erinnerte sich an eine Schlagzeile: »Ungarischer Pianist

---

[12] Nyiregyházi hatte 1912 als Kind in Budapest für Ruffo gespielt. Ruffo bewunderte ihn sehr und war nett zu ihm. Als die beiden 1921 ihre Zusammenarbeit begannen, wollte Ruffo, dass Nyiregyházi für ihn eine Oper über den Prometheus-Mythos komponierte. Nyiregyházi fing mit der Ouvertüre an, hatte aber nicht die rechte Inspiration und ließ das Projekt schließlich fallen.

triumphiert. Ruffo ebenfalls gut.«) Dennoch sagte er über seine Arbeit als Co-Musiker und Mitwirkung bei dem, was Rubinstein als »verdammte« Hotelauftritte bezeichnete: »Das reichte aus, um jeden Ruf zu ruinieren. Das Publikum dachte sich: ›Oh Gott! Er ist kein echter Star, wenn er keine Solokonzerte gibt.‹« Kurz gesagt, Johnstons Engagements schadeten seinem Renommee.

Vor allem in New York erhielt Nyiregyházi eher mittelmäßige Kritiken; anderswo wurde er mit den Superlativen bedacht, die er aus Europa gewöhnt war. Einige seiner größten amerikanischen Triumphe feierte er in Boston, der mit New York konkurrierenden und musikalisch kultivierteren Stadt. Am 14. und 15. Oktober 1921 fand dort sein sensationelles Debüt mit dem Boston Symphony Orchestra statt, bei dem er Liszts A-Dur-Konzert spielte. Nach dem ersten Konzert wurde er Presseberichten zufolge noch fünf Mal auf die Bühne zurückgeholt, und die Zuschauer waren begeistert. Das Konzert wurde am 20. Oktober in der Harvard University wiederholt, um die große öffentliche Nachfrage zu befriedigen. Die Rezensenten waren überwältigt. Olin Downes von der *Post* machte Nyiregyházi nach der ersten Aufführung in seinem Hotel ausfindig und bat ihn um ein Gespräch. Und obwohl der Journalist dafür bekannt war, dass er eine Aversion gegen übermäßig subjektive oder »sentimentale« Interpretationen hatte, die von der Partitur abwichen, war er von dem Achtzehnjährigen zutiefst beeindruckt:

> Hr. Nyiregyházi (gesprochen, wie es geschrieben wird!) verfügt nicht nur über die physischen Ressourcen, um das Konzert zu spielen, sondern über etwas noch Selteneres: einen so schönen, singenden Ton und eine so erhabene, poetische Auffassung der Passagen, die eine solche Herangehensweise erforderten, wie kein anderer Pianist, den der Verfasser dieser Zeilen jemals gehört hat ...
> Sein Rhythmus war niemals falsch, so launenhaft die Rhythmuswechsel auch erscheinen mochten. Das Orchester ruhte darauf, und [der Dirigent] Hr. [Pierre] Monteux ging darin auf. Seine Auslegung des Aufbaus dieses rhapsodischen, virtuosen Stückes war derart einfühlsam und klar, dass eine so noch nie gehörte einheitliche

Wirkung resultierte. Seine Technik muss nicht weiter besprochen werden. Ihm scheint eine unerschöpfliche Quelle zur Verfügung zu stehen. Zum krönenden Abschluss sei gesagt, dass die Interpretation ganz Poesie, Fantasie und temperamentvolle Jugend war.

Wie anderswo auch, waren die Kritiker in Boston von Nyiregyházis Frühreife und Virtuosität beeindruckt; doch nun war nicht mehr die Rede von Unreife. Tatsächlich verteidigte der Rezensent von *Transcript* sogar Nyiregyházis Kühnheit und fügte hinzu: »Es gibt zu viel Zurückhaltung, Vorsicht und Unterdrückung unter den jungen Pianisten heutzutage.« Er wurde dafür gelobt, dass er die Erhabenheit, Poesie und Melancholie unter der schillernden Oberfläche des Konzerts enthüllt habe; seine »Jugend und Individualität«, die »groß angelegte und rhapsodische« Interpretationsweise, seine »bardischen Bögen und sein Getöse« wurden – insbesondere bei Liszt – als selten und schätzenswert angesehen. Er trat nochmals am 27. November 1922 mit dem Boston Symphony Orchestra auf, und das Konzert wurde groß angekündigt. Dieses Mal spielte er in Hartford (Connecticut), wiederum das A-Dur-Konzert von Liszt. Doch obwohl Johnston ganzseitige Anzeigen in Branchenpublikationen schaltete und die Kritiken aus Boston ausführlich zitierte, konnte er für Nyiregyházi in dieser Stadt 1922 und 1923 lediglich Konzertabende als Co-Musiker zusammen mit einem Sänger organisieren.

Am Neujahrstag des Jahres 1922 hörte Nyiregyházi in Boston den polnischen Pianisten und Staatsmann Ignacy Jan Paderewski zum ersten Mal, und dies war ein prägendes Erlebnis. Paderewski befand sich gerade auf einer triumphalen Comeback-Tournee durch die Vereinigten Staaten, nachdem er sich fünf Jahre lang von Konzertsälen ferngehalten hatte. Kurze Zeit später hörte Nyiregyházi ihn auch in New York und war von Paderewskis Kraft (und seinem wilden Fortissimo) ebenso überwältigt wie von seinem prächtigen, opernhaften Klang, den langsamen Tempi, der rhythmischen Freiheit und den selbstbewussten Änderungen der Partitur. Paderewskis legendäre technische Mängel störten ihn nicht im Geringsten. Er bewunderte »den romantischen Geist, die

Hingabe, das Temperament«, die Monumentalität und Erhabenheit seiner Konzeption, die ungefilterte Emotionalität – die *Seele*. Bei der *Ungarischen Rhapsodie* Nr. 2 von Liszt habe Paderewski ihm »eine neue Vorstellung von der immensen Leidenschaft, dem inneren Feuer und der Hingabe der Zigeuner« vermittelt; und er meinte: »Ich glaube nicht, dass Liszt es besser spielen konnte.«[13]

1923 feierte Nyiregyházi in Kalifornien sogar noch größere Erfolge. Vor Ort wurde er von Merle Armitage vertreten, einem vielseitigen Menschen, der nach verschiedenen anderen Tätigkeiten den Weg ins Konzertgeschäft gefunden hatte; der Bariton John Charles Thomas nannte ihn »den merkwürdigsten Manager, der jemals als Impresario die Bühne betreten hat«. Obwohl er einen erlesenen Literatur- und Kunstgeschmack hatte, war er ein gewitzter, einfallsreicher Manager, der auch gerne mal öffentliche Aufmerksamkeit erregte. Nachdem er Fotos von Nyiregyházi mit langen Haaren gesehen hatte, war er bestürzt, ihn nun mit weniger berichtenswertem kurzem Haar aus dem Zug steigen zu sehen. »Es musste etwas geschehen«, erinnerte er sich in seiner Denkschrift *Accent on America*. Mit Hilfe freundlicher Journalisten »erfanden wir also eine Geschichte, wie das Leben sie hätte schreiben können und die im Kern stimmt. ›Was tut ein Wunderkind, wenn es das erste Mal ohne seine Mutter auf sich allein gestellt ist?‹, fragten wir in unserer Geschichte. ›Na, es lässt sich natürlich die Haare schneiden, um wie ein Mann auszusehen.‹ Kaum war Nyiregyházi dem Einflussbereich seiner Mutter entkommen, hatte er an Bord des *20th Century Limited* einen Friseur aufgesucht, um seine jugendlichen Locken abschneiden zu lassen, noch bevor der Zug Albany erreichte! Wir fotografierten Nyiregyházi noch einmal, und alle

---

[13] »Seltsam«, sagte er, »die beiden größten Liszt-Interpreten – Paderewski und Busoni – haben nicht bei Liszt studiert.« Er hielt sie für treuere Lisztianer als Liszts eigene Schüler. Mit der ihm eigenen Bescheidenheit sagte Nyiregyházi, dass die Pianisten, deren Aufnahmen Liszts Stil (und dem Stil von Liszts großem Zeitgenossen Anton Rubinstein, mit dem Nyiregyházi häufig verglichen wurde) am nächsten kämen, Paderewski, dann Busoni und schließlich er selbst seien.

Zeitungen brachten die Geschichte mit ›vorher und nachher‹-Bildern. Dieser Trick war noch wirkungsvoller als wir gehofft hatten und größtenteils dafür verantwortlich, dass wir ein ausverkauftes Haus hatten.«

Auf Nyiregyházis für den 8. Januar geplantes Konzert in Los Angeles folgte wegen der großen Nachfrage ein weiteres. Außerdem trat er in mehreren nahe gelegenen Städten auf. Die Rezensenten vor Ort bedachten ihn mit Superlativen. Die *Times* bezeichnete ihn als »die musikalische Sensation von der Küste«, obwohl – wie der *Examiner* extra betonte – »Los Angeles nicht dazu neigt, von seinen musikalischen Besuchern zu schwärmen.« Zugegebenermaßen bezogen sich die Kritiken hauptsächlich auf seine athletische Gewandtheit am Klavier, auf seine Jugend und Zartheit; der *Evening Express* berichtete über eine »jungenhafte Bescheidenheit, ruhigen Stil und ein anmutiges Naturell«, das ihn zu »einer der liebenswertesten Persönlichkeiten auf der Konzertbühne« mache. Auf dieser Tournee ergab sich auch Nyiregyházis erster Kontakt mit Hollywood. Er wurde zusammen mit dem Stummfilmkomiker Harold Lloyd fotografiert, der ihn zu sich in die Hal Roach Studios in Culver City eingeladen hatte, wo er später den Film *Why Worry?* drehte. Dort war er auf einer von Lloyd veranstalteten Party mit zahllosen Stars anwesend und spielte Klavier, während die Gäste tanzten. (Ein Kolumnist der örtlichen Presse berichtete, er habe ihn auf einer weiteren Privatveranstaltung Jazz spielen hören.) Frank Lloyd Wright besuchte eins von Nyiregyházis Konzerten, und anschließend trafen sich die beiden und sprachen über Philosophie.

Am 30. Januar schrieb Armitage einen Brief an R. E. Johnston, den dieser für seine Werbung verwendete:

Ich würde gerne an jeden Konzertmanager Amerikas schreiben und von Ervin Nyiregyházi erzählen, denn jeder örtliche Manager sucht genau das, was dieser junge Mann hat.

Nyiregyházi gab unter unserer Leitung sechs Konzerte in Südkalifornien – jedes, einschließlich der im Philharmonic Auditorium in Los Angeles, vor ausverkauftem Haus.

Allein der Bericht der Tatsachen klingt schon ungewöhnlich genug, denn ich habe noch nie eine solche Begeisterung bei einem Konzertabend mit Klaviermusik erlebt. Bei seinem ersten Konzert spielte er fünfzig Minuten lang Zugaben, und bei seinem zweiten Auftritt wurden von den dreitausend Zuschauern, die den Burschen wie einen Fußballhelden feierten, sogar zweiundfünfzig Minuten Zugaben gefordert. Die Kritiken in den Zeitungen waren durchgehend sensationell – das muss man einfach so sagen.

Nyiregyházi ist so bescheiden, dass es fast wehtut; [er] weiß, wie wertvoll die Zusammenarbeit mit dem örtlichen Manager ist. Das wurde deutlich, denn während seines Aufenthalts in Los Angeles wurde er mit teuren Sportwagen, Filmstars und Prominenten fotografiert und stand im Zentrum eines Dutzends Empfänge und ähnlicher Veranstaltungen.

Sie können allen Managern vor Ort versichern, dass ein Klavierabend mit Nyiregyházi rund zwei Stunden Spannung bedeutet.

8
Reproduktionen

Nyiregyházi war nun soweit, sich hinsichtlich der Ampico-Klavierwalzen zu einigen; die Erinnerung an die Armut, in der er nach seiner Auseinandersetzung mit dem Wolfsohn Musical Bureau gelebt hatte, war in seinem Gedächtnis noch frisch. Für die American Piano Company stellte er noch immer eine rentable Einnahmequelle dar. Tatsächlich staunten die Angestellten über sein Talent und die Geschichten, die sich um ihn rankten. Sie gaben ihm den Spitznamen »Nearer-My-God-To-Thee«. Der Popmusik-Pianist Adam Carroll, ein erfolgreicher Ampico-Künstler, verband einige seltsame Vorstellungen mit dem »wild aussehenden« Jungen. »Ich erinnere mich, dass Nyiregyházi auf einem Baum geboren wurde. Während der Schwangerschaft wurde seiner Mutter erzählt, dass sie einen Messias gebären werde; deshalb kletterte sie auf einen Baum und lebte dort … Einer unserer Talentsucher wollte ihn aufspüren, fragte jemanden in einer Bar in Budapest, ob sie etwas über den Jungen wüssten, der auf einem Baum lebt und nicht sprechen kann, sondern ausschließlich Musik spielt. So haben wir ihn gefunden.« Wann auch immer Carroll sich diese absurde Geschichte ausgedacht haben mag, sie sagt doch viel aus über die Art von Gerüchten, zu denen Nyiregyházi inspirierte. Wie dem auch sei: Für das Unternehmen war er ein bedeutender Pianist; Carroll für seinen Teil war der Ansicht, dass er hinsichtlich seiner Technik »Horowitz beschäme«. Dennoch bekam er nur ein niedriges Honorar: 50 Dollar pro Walze (25 Prozent davon erhielt R. E. Johnston) und keine Tantiemen. (Die größten Pianisten bekamen Hunderte Dollars.)

Schließlich wurden zwölf Nyiregyházi-Walzen veröffentlicht. Allerdings hätte die erste, die er kurz nach seinem Vertragsschluss mit Johnston aufnahm, beinahe seine Karriere bei Ampico beendet:

Sinding: »Prélude« in As-Dur, op. 34/Nr. 1 (veröffentlicht im November 1921; ursprüngliche Katalognummer 111011K, später 60131H).

Mehrere Pianisten beschwerten sich bei dem Unternehmen über diese Walze und wiesen darauf hin, dass Nyiregyházis Interpretation häufig von Sindings Partitur abwich. Und so war es in der Tat: Er improvisierte frei über Sindings Ideen, spielte bedenkenlos mit Arpeggios und anderen Figurationen sowie mit Begleitstimmen. Das Unternehmen war so besorgt, dass seine Marktfähigkeit darunter leiden könnte, dass Nyiregyházi den Direktoren vorspielen musste, bevor er neue Walzen herstellen durfte; vermutlich musste er auch versprechen, sich in Zukunft zusammenzureißen. Im Sommer 1922 spielte er pflichtschuldig den Direktoren vor, was diese hören wollten. Kurz hintereinander nahm er vier weitere Rollen auf, und ein Jahr später folgten seine ersten Walzen mit Musik von Liszt:

> Tschaikowsky, arrangiert von Percy Grainger: Konzertparaphrase über den Blumenwalzer aus *Der Nussknacker* (Januar 1923; 61613H).
> Leschetizky: »Étude héroïque«, op. 48/Nr. 3 (August 1923; 62281H).
> Kowalski: *Salut à Pesth (Marche hongroise)*, op. 13 (November 1923; 62543H).
> Brahms: Rhapsodie in b-Moll, op. 79/Nr. 1 (Januar 1924; 62703H).
> Liszt: Ballade Nr. 1 in Des-Dur (Juni 1924; 63253H).
> Liszt: »Mazeppa«, Nr. 4 aus den *Transcendental Études* (November 1924; 63703H).

Anfang 1925 nahm er an einem einzigen Tag drei weitere Rollen auf:

> Glasunow, arrangiert von Wladimir Stcherbatcheff: *La danse de Salomée*, op. 90/Nr. 2 (April 1925; 64283H).
> Cleve: Ballade in Es-Dur, op. 8 (Juni 1925; 64603H).
> Granados: »Quejas o la maja y el ruiseñor« [»Klagen oder das Mädchen und die Nachtigall«], aus *Goyescas* (September 1925; 64953H).

Seine letzten beiden veröffentlichten Walzen wurden wahrscheinlich 1926 produziert:[14]

Grieg: *Lyrische Stücke*: »Notturno«, op. 54/Nr. 4 (September 1926; 66523H).

Blanchet: »Au jardin du vieux serail (Adrinople)« [»Im Garten des alten Serail (Adrianopel)«], aus *Turquie*, op. 18/Nr. 3 (Mai 1927; 67583H).

Das Ampico-Klavier hatte einen elektrisch angetriebenen, pneumatischen Mechanismus, der in einem Schubfach unter der Klaviatur eingebaut war. So entstand ein »Reproduktionsklavier«, das raffinierter konstruiert war als die gewöhnlichen automatischen Klaviere, die mit dem Fuß angetrieben wurden. Das Instrument sollte perforierte Papierrollen abspielen, die nicht nur die vom Pianisten bei der Herstellung der Vorlage gespielten Noten automatisch wiedergaben, sondern auch seinen Ausdruck – also die »Seele« des Interpreten, wie die Journalisten gerne schrieben. Ampicos Bezeichnung dafür lautete »wiederholendes Klavier«: Das Ziel bestand darin, eine bestimmte Aufführung auf dem Klavier des jeweiligen Besitzers so exakt wiederzugeben, wie die Technologie es erlaubte.

Das Reproduktionsklavier war ein großer Erfolg. Der Januar-Katalog des Jahres 1923 von Ampico war der erste, in dem Nyiregyházi erschien. Er hatte dreihundert Seiten und listete 188 klassische Künstler auf – ein »Who's who?« der großen zeitgenössischen Pianisten und Komponisten. Wie von anderen Ampico-Künstlern wurde auch von Nyiregyházi verlangt, dass er von Journalisten verfasste Referenzen unterschrieb[15] und im Rahmen von

---

[14] Anfang 1926 nahm er vier weitere Walzen mit Werken von Liszt auf, doch aus unerfindlichen Gründen wurden diese nie veröffentlicht, und auch die Stammkopie fand man nicht.

[15] Ein Beispiel: »Um mein Klavierspiel für kommende Generationen lebendig zu erhalten, wünsche ich mir natürlich, dass mein Spiel so originalgetreu wie möglich wiedergegeben würde. Ich überzeugte mich davon, dass nur Ampico-Walzen dazu in der Lage waren. Und aus diesem Grund nehme ich exklusiv für Ampico auf.«

Nyiregyházi mit dem Stummfilmkomiker Harold Lloyd in Culver City im Januar oder Februar 1923, während seiner ersten Tournee durch Südkalifornien. Lloyd hat Nyiregyházis soeben veröffentlichte Ampico-Klavierwalze des Blumenwalzers aus Tschaikowskys *Der Nussknacker* bei sich. *(Nachdruck von Joel Moran, aus der Screenland-Ausgabe vom April 1923.)*

Konzerten Vorführungen erlaubt, mit denen die Zuhörer davon überzeugt werden sollten, dass man keinen Unterschied zwischen der Walze und der Realität erkennen könne. (Ein Pianist spielte dabei ein Instrument, das mit einem Ampico-Mechanismus ausgestattet war, und setzte an einigen Stellen aus, damit seine Walze mit demselben Stück fortfahren konnte, so dass im Idealfall keine Unterbrechung im Musikfluss entstand.) Wie viele seiner Kollegen fand Nyiregyházi solche Veranstaltungen erniedrigend und kam zu der Überzeugung, dass das Unternehmen stärker am Profit als an der Musik interessiert sei.

Eine Ampico-Walze war ebenso sehr eine Konstruktion wie eine Aufnahme. Während seiner Zusammenarbeit mit Ampico nahm Nyiregyházi sein Spiel meist mit dem unternehmenseigenen Modell A-System auf, das Töne, Tempi und einfachen Pedaleinsatz aufzeichnete; Ausdrucksnuancen wie Dynamik oder ein halb beziehungsweise zu einem Viertel getretenes Pedal musste jedoch ein Bearbeiter der Vorlage hinzufügen. Manchmal machte sich der Bearbeiter dafür Notizen in den Noten, während der Pianist spielte, doch oft genug verließ er sich auf seine Erinnerung an das Spiel, Vermutungen oder seine eigene musikalische Initiative, wenn er der Walze Ausdruck hinzufügte. Eine Vorführung konnte auch »verbessert« werden: Es war möglich, falsche Töne zu korrigieren, den Ton weicher zu gestalten, einen ungenauen Rhythmus oder unklare Strukturen zu präzisieren. Manche Effekte konnten allerdings nur mit technischen Tricks nachgeahmt werden. In der Regel wurde der Künstler dabei hinzugezogen, um sicherzustellen, dass das Endprodukt seine Interpretation wiedergab; doch eine Walze konnte auch ebenso sehr der Vorstellung des Bearbeiters wie der des Pianisten entsprechen. Selbst wenn eine Rolle vom Künstler autorisiert wurde, war sie weniger eine getreue Reproduktion einer bestimmten Aufführung, als eine idealisierte Darbietung dessen, wie der Künstler (oder Bearbeiter) sich die Interpretation klanglich vorstellte. Nyiregyházi spielte im Ampico-Studio eine Auswahl selten häufiger als einmal und wurde in die Bearbeitung seiner Rollen nicht mit einbezogen. Er war bestürzt, wie groß die Einschränkungen des Systems waren. Es konnte beispielsweise sein vulkanisches Fortissimo nicht wiedergeben, und es war bekannt, dass die Bearbeiter extrem laute Stellen gerne abmilderten und an die Akustik in Wohnzimmern anpassten.

Nyiregyházis Bewertung der eigenen Rollen war uneinheitlich und hing davon ab, mit wem er darüber sprach. Einige Bekannte erinnerten sich, dass er seine Walzen lobte, als er hörte, wie sie von einem tadellos restaurierten Mechanismus abgespielt wurden; andere berichteten, dass er *alle* seine Rollen als »nicht repräsentativ für mein Spiel« ablehnte. Die etwas gemäßigtere Ansicht, die er in privaten Interviews mit seiner letzten Frau äußerte, ist vermutlich glaubwürdiger: Nahezu durchgängig bezeichnete er die Sinding- und Cleve-Walzen als annehmbare Reproduktionen seines Spiels, während die Tschaikowsky- und Glasunow-Rollen gut bis hervorragend seien und die Granados-Walze die beste von allen. Doch keine fing seiner Meinung nach den besonderen Ton und die »Leidenschaft« seines Spiels so getreu ein wie eine Aufnahme.

Dennoch vermitteln die Walzen einen Eindruck von seiner Art zu spielen. Vor allem bestätigen sie zeitgenössische Berichte über die atemberaubende Leichtigkeit, mit der er die Möglichkeiten des Klaviers beherrschte. (Der Pianist Moriz Rosenthal lobte ihn, seine Rolle von »Mazeppa« sei »hervorragend« – und er hatte noch gehört, wie Liszt persönlich das Stück gespielt hatte.) Selbst wenn man die Einschränkungen berücksichtigt, die ihm nach der Sinding-Episode auferlegt worden waren, enthüllen die Walzen noch immer seine Impulsivität, seinen fließenden Umgang mit Rhythmus und Struktur (häufig ließ er seine Hände fast unmerklich asynchron spielen), sein inbrünstig melodisches Spiel, seine Vorliebe für die Herausarbeitung des Kontrapunkts und schließlich seine kühne Betonung expressiver Nuancen.

Als sich die Aufnahmetechnologien für den Rundfunk und Schallplatten in den 1920er Jahren verbesserten, verlor das Reproduktionsklavier an Popularität. Durch den Börsenkrach im Jahr 1929 wurde der gesamte Wirtschaftszweig schließlich stark in Mitleidenschaft gezogen. Ampico produzierte seine letzten Rollen 1941. Nyiregyházis Walzen waren beliebt genug, so dass sie sich viele Jahre lang verkauften und bei einigen Liebhabern hoch im Kurs standen. Dem letzten Ampico-Katalog von 1940 zufolge waren alle zwölf Rollen noch erhältlich – zu diesem Zeitpunkt war Nyiregyházi selbst jedoch größtenteils in Vergessenheit geraten.

9
Niedergang und Fall

Etwa um die Zeit seines Erfolgs in Kalifornien erreichte Nyiregyházis Popularität ihren Höhepunkt. Sein erstes Konzert in New York nach über einem Jahr am 27. Februar 1923 war eine triumphale Rückkehr. Ein großes, aufgeschlossenes Publikum füllte die Aeolian Hall, und die Kritiken waren voll des Lobes und sogar ehrfürchtig. »Wenn man sich den uneingeschränkten Gebrauch von Superlativen erlaubte, würden die Adjektive im zur Verfügung stehenden Raum Amok laufen«, schrieb der Komponist Deems Taylor in der *World*. »Ganz gewiss erklang in dieser Saison keine gigantischere und umwerfendere Klavierinterpretation als die von Herrn Nyiregyházi beim Eröffnungsstück, der Fantasie und Fuge von [Bach-]Liszt.« Sein Spiel wurde immer besser. Er war gerade zwanzig geworden, und selbst die New Yorker Rezensenten hörten nun eine interpretatorische Klugheit, die seiner Technik in nichts nachstand. So schrieb der Kritiker des *Musical Courier*:

> Was die Technik, die reine Mechanik anbelangt, hat er offenbar eine überirdische Klasse erreicht. Eine weitere Entwicklung in diesem Bereich erscheint unmöglich. Welche technischen Schwierigkeiten die Musik auch bereithalten mag, er bewältigt sie mit vollkommener Leichtigkeit und einer Vielfalt an Nuancen, mit der er jedes Ausdrucksdetail hervorheben kann. Das ist schon bemerkenswert genug, doch im Grunde genommen haben viele Pianisten die Technik beherrscht und sonst nichts. Aber Nyiregyházi hat auch alles andere. Bis hin zu den feinsten Feinheiten des Stakkatos, des Legatos, des Rubatos, der klanglichen Ausgewogenheit, des geschmackvollen und musikalischen Einsatzes der Pedale scheint er von einem tief verwurzelten Instinkt geleitet zu sein, der ihn dazu bringt, zur rechten Zeit das Richtige zu tun. Dieser Instinkt erhebt sein Spiel in die Klasse der besten Künstler und sogar der vollkommensten in ihrer Kunst. Es gibt in der Tat seltene Augenblicke, in denen sein jugendlicher Überschwang und Enthusiasmus ihn mit sich fort-

zureißen scheinen, doch dadurch wird sein Spiel nur noch bezaubernder, spontaner und anziehender ... Ohne zu zögern kann man sagen, dass Nyiregyházi ein großer Pianist ist.

Trotzdem wurde das Konzert nur in einigen der größeren Zeitungen wie der *Times* oberflächlich erwähnt. Das war ein schlechtes Zeichen und bewies, dass das gleichgültige Management von R. E. Johnston seinen Ruf untergrub. Am 19. April berichtete der *Musical Courier* unter der Überschrift »Nyiregyházi ist gefragt«: »Tag für Tag wird der außergewöhnliche, junge Pianist Ervin Nyiregyházi in jeder Hinsicht immer beliebter. Als Beweis muss man nur einen Blick auf die Liste seiner Engagements im April werfen: Philadelphia am 2. April, Brooklyn am 4., Albany am 6., Boston am 8., Dover am 11., Plainfield am 13., Wilmington am 16., Baltimore am 17., Reading am 19. und New York am 21. April.« Doch viele dieser Auftritte hatte er als Co-Musiker. Bei einer Veranstaltung mit zwei Sängern in Atlantic City am 26. April war es der örtlichen Presse zufolge allerdings Nyiregyházi, der die Zuschauer von den Sitzen riss, mitten im Stück Applaus bekam und viele Zugaben spielen musste. Doch wer interessierte sich für eine solche zweitrangige Aufführung in Atlantic City?

Nyiregyházi in New York, 8. März 1923 – auf dem Gipfel seines Ruhmes und an der Schwelle zum Niedergang. (Fotografie von the Bain News Service. University of Southern California, im Namen der U.S.C. Specialized Libraries and Archival Collections.)

Nyiregyházis Mutter, sein Bruder und seine Großmutter lebten noch in Berlin. Er hatte Kontakt zu ihnen und schickte Geld, wenn er konnte. Johnston bewegte ihn oft dazu, seiner Mutter zu schreiben, und schrieb sogar selbst in seinem Namen an sie – schöne Briefe, wie sich Nyiregyházi erinnerte. Er war gespannt darauf, seine Familie und alte Freunde wieder zu sehen, und wollte von seinen amerikanischen Erfolgen in Europa profitieren. Den Großteil des Sommers verbrachte er 1921 und 1922 in einem Ferienort in den Catskill Mountains, doch im folgenden Sommer wollte er nach Europa fahren. Ende Mai kam er mit nur zwei Dollar in der Tasche in Berlin an und musste sofort seine Mutter um Hilfe bitten (Johnston schickte ihm ebenfalls eine monatliche Unterstützung). Am 3. Mai hatte der *Musical Courier* angekündigt, dass Nyiregyházi nach einigen weiteren Konzerten im Bundesstaat New York eine Tournee durch Deutschland, Ungarn, Norwegen, Frankreich und Italien plane. Doch er trat schließlich nur in Kristiania auf, wo er im September ein Konzert mit Orchester spielte und zwei Soloabende gab. Das Publikum war begeistert, während die Kritiken nun gemischt und die Veranstaltungen nicht gut besucht waren. In Europa begann man bereits, ihn zu vergessen. Als das Buch von Géza Révész 1925 auf Englisch unter dem Titel *The Psychology of a Musical Prodigy* erschien, schrieb ein Rezensent der *Musical Times* in London: »Doch was und wer ist E. N. heute? Angeblich setzte er seine Karriere als Pianist in den Vereinigten Staaten fort, und er ist zweiundzwanzig Jahre alt. Wenn er ein zweiter Mozart wäre, hätten wir hier in Europa seinen Namen vermutlich schon früher gehört. Er mag in den USA erfolgreich sein, aber soweit es das musikalische Europa betrifft, ist er unbekannt.«

Im Oktober, als Nyiregyházi wieder in die Vereinigten Staaten zurückgekehrt war, nahm er am jährlichen Maine Music Festival teil und war dort nach allem, was man hörte, ein Phänomen, dem nichts in der Geschichte dieses Festivals gleichkam. Die Zuhörer saßen buchstäblich auf der Stuhlkante, applaudierten begeistert und stampften mit den Füßen. Seine besondere Vorliebe für Liszts Es-Dur-Konzert beschwor Vergleiche mit Liszts eigenem Spiel herauf. Nach einem Konzert am 6. Oktober schrieb ein Kritiker der *Bangor Daily News*: »Nyiregyházi hat keine Konkurrenz. Die anderen sind Pianisten. Er ist ein Zauberer – ein Gott, der der Maschine Fähigkeiten verliehen hat, die sie zuvor nicht besaß, ein Rattenfänger von Hameln, der die staunenden Massen mit seiner wunderbaren Kunst anzieht.« Er machte einen Abstecher nach Montreal, um dort am 11. Oktober zusammen mit einem Bariton ein Konzert zu geben – und in diesem Fall wurde nun der *Sänger* als Co-Musiker bezeichnet. Seine Kühnheit (insbesondere bei Liszt und Skrjabin) ließ jedermann staunen, und das ihn bewundernde Publikum verlangte über eine Stunde lang nach Zugaben. Der Rezensent des *Montreal Daily Star* lobte schließlich das *Klavier* dafür, dass es den Ansturm überlebt hatte. Aufgrund der großen Nachfrage trat er in derselben Saison (zusammen mit einem Sänger) noch zweimal in Montreal auf – am 2. Dezember und am 13. April –, jeweils mit umfangreichen Programmen und zahlreichen Zugaben, so dass am Ende manche Zuhörer ziemlich erschöpft waren.

In New York hatte er die angenehme Aufgabe, als Juror bei einem Schönheitswettbewerb unter Aufsicht von Rudolph Valentino aufzutreten; dieser war anscheinend der Meinung, dass seine aus hundert Personen bestehende Jury »ohne den Namen Nyiregyházi unvollständig« sei. (Er war der jüngste Juror.) Damals war Valentino wegen Vertragsstreitigkeiten nicht auf der Kinoleinwand zu sehen, und um seine Rechnungen bezahlen zu können, unternahm er persönlich zusammen mit seiner Frau eine Tour als Werbung für eine Serie von Kosmetikprodukten. 1923 reisten sie durch Dutzende nordamerikanischer Städte, in denen Valentino häufig von der Beauty Foundation of America organisierte Vorausscheidungen leitete. Die regionalen Gewinner aus achtundachtzig Städten versammelten sich schließlich am 28. November zu einem großen Schönheitswettbewerb im Madison Square Garden.

Im Januar 1924 kehrte Nyiregyházi nach Kalifornien zurück, um weitere Konzerte in Los Angeles und in einem halben Dutzend Städten der Umgebung zu spielen. Während seines Aufenthalts dort feierte er seinen einundzwanzigsten Geburtstag.

Sensationelle Erfolge wie die in Maine, Montreal und Kalifornien wurden noch immer von musikalischer Fronarbeit überwogen. Als er aus Kalifornien zurückkam, musste sich Nyiregyházi wieder mit neuen mittelmäßigen Engagements zufriedengeben: Konzertabende auf Long Island und in Sandusky (Ohio), eine Freimaurer-Versammlung in Kansas City, ein Konzert der Rubinstein Society im Hotel Waldorf Astoria und im Mai eine Tournee mit acht Aufführungen in Neu-England. Er hätte eigentlich ein Star sein sollen. Während seiner ersten Saisons in Amerika waren qualifizierte Kritiker auf der Grundlage einiger weniger Auftritte bereit gewesen, ihn als »eine Leitfigur unter den neuen Pianisten« zu beschreiben, dem man mit einer gewissen Sicherheit »eine ungewöhnlich glänzende Zukunft voraussagen« könne. Doch nun, im Frühjahr 1924, nachdem er größtenteils belanglose, schlecht beworbene und nur gelegentlich rezensierte Engagements gehabt hatte, verzweifelte er allmählich.

Schon bald nach der Unterzeichnung des Vertrags mit Johnston bemerkte Nyiregyházi, dass er einen Fehler gemacht hatte. Johnston war ein ehemaliger Verkäufer und keine vertrauenerweckende Person. Arthur Rubinstein beschrieb ihn folgendermaßen: »Er war breitschulterig und hatte das Gesicht eines Alkoholikers – große, traurige Augen, eine große Nase von unbestimmter Farbe, glatt rasiert und grau-blonde Haare. Er muss über sechzig gewesen sein.« Johnston hatte ein Holzbein, das er auch gerne mal abnahm, um zu schockieren oder zu unterhalten. Außerdem fehlten ihm Finger, und er trug ein eigenwilliges Toupet. Dem Pianisten André Benoist zufolge hatte er eine »kreischende Sopranstimme« und »sehr offensichtlich künstliche Zähne, die beim Sprechen klapperten«. Rubinstein erzählte, er sei unhöflich und streitlustig gewesen, habe mit einem breiten New Yorker Akzent gesprochen (»This boy's got poisonality, I tell ya«) und eine Vorliebe für eine derbe, mit Flüchen durchsetzte Sprache gehabt – wie ein Schauspieler aus einem alten Boxerfilm. Johnston nannte sich »R. E.« und scheint sich selbst für einen Mann von Welt gehalten zu haben. Rubinstein erinnerte sich an ihn als »einen Vollblut-Iren«, der in New Yorks irischer Gemeinde und bei der

Polizei wohlbekannt war. Die Biltmore's Bar diente ihm als ein zweites Büro, und er war offenkundig ein lauter, verlotterter Säufer. Rubinstein schrieb, dass man vom Biltmore aus »den guten, betrunkenen R. E. öfter in seine Wohnung bringen musste, als dass er es alleine schaffte«; und er war überrascht, als er ihn einmal nüchtern antraf.

Nyiregyházi hasste Johnstons derben Charakter, sein Spießbürgertum und sein Kommerzdenken ebenso wie seine Verwendung würdeloser, umgangssprachlicher Ausdrücke wie »What's the diff?«. Er fühlte sich von Johnston erniedrigt, da dieser ihn eher wie ein Kind als wie einen reifen Künstler behandelte – und das erinnerte ihn an seine Mutter. Er war gezwungen, reißerische Musik auf einem einfachen Klavier zu spielen, um Johnstons Sekretärinnen zu unterhalten, und entwickelte nach einer Weile eine Scheu davor, in das Büro zu gehen. Außerdem mischte Johnston sich in Nyiregyházis Repertoire ein. Er bevorzugte virtuose Paradestücke mit kommerzieller Anziehungskraft und belächelte beispielsweise Brahms als einen »Bierkomponisten«; Nyiregyházi musste sich bis zu einem gewissen Grad fügen. (»Ich lasse mich unterdrücken. Das ist meine Natur.«) Wenn er nicht unter Johnstons Fuchtel stand, erweiterte er sein Repertoire. Seinen Konzertabend am 7. Januar 1924 in Los Angeles eröffnete er beispielsweise mit seinem Arrangement von Tschaikowskys Francesca da Rimini, einer »sinfonischen Fantasie« nach Dantes »Inferno«; und bei seiner Vorstellung am 19. Januar spielte er als erstes Skrjabins Fünfte Sonate, ein für die damaligen Verhältnisse radikal modernes Stück.

Hinzu kam, dass er sich finanziell übervorteilt fühlte. Nachdem Rubinstein seinen Vertrag mit Johnston unterschrieben hatte, war er von mehreren Freunden gewarnt worden, dass »er nicht gerade für Ehrlichkeit im Umgang mit Künstlern« bekannt und »manchmal unzuverlässig« sei; und Benoist erkannte zwar Johnstons »Herz aus Gold« an, bemerkte aber auch, dass er in geschäftlichen Angelegenheiten »der skrupelloseste Schurke überhaupt« sei und »seine eigene Großmutter übers Ohr hauen würde«. Nyiregyházi musste das schon bald selbst feststellen. Im Mai 1921 erhielt er

100 Dollar, um Prinz Albert von Monaco bei einer privaten Veranstaltung zu unterhalten, fand jedoch später heraus, dass Johnston 500 Dollar bekommen, also achtzig Prozent der Gage in seine eigene Tasche gesteckt hatte. Ihr Vertrag für die Saison 1923/24 legte fest, dass Nyiregyházi fünfzig Prozent der Bruttoeinnahmen seiner Konzerte erhalten sollte, wobei Johnston garantierte, dass die Summe nicht unter 12.500 Dollar liegen werde (seine Reise- und Hotelkosten musste Nyiregyházi allerdings selbst tragen). Nyiregyházi behauptete, dass er am Ende der Saison seinen Vertrag erfüllt, aber lediglich 6.824 Dollar ausbezahlt bekommen habe. Johnston bot ihm an, die Angelegenheit mit einer Zahlung von tausend Dollar aus der Welt zu schaffen, doch der Pianist lehnte ab und verklagte seinen Manager auf den fehlenden Betrag (5.576 Dollar) zuzüglich Zinsen und Gerichtskosten.

Doch Geld war wohl nicht der einzige Streitpunkt. Nyiregyházi behauptete, dass Johnston etwa zur selben Zeit herausfand, dass er Jude war, ihn damit konfrontierte und sagte, wenn er *wirklich* Jude sei, müssten sie sich trennen; offensichtlich war das ein weiterer Grund für das Gerichtsverfahren. Er war gewarnt worden, dass er in Amerika seine Religion geheim halten solle, und hatte sich daran gehalten. Nun stellte sich heraus, dass die Warnungen berechtigt gewesen waren. Carl von Laurenz beispielsweise war ein extremer Antisemit; Nyiregyházi erlebte mit, wie er bei der bloßen Erwähnung von Juden schon fluchte und spuckte. Es kam häufig vor, dass Juden, die ihre Konfession geheim hielten, erpresst wurden; Nyiregyházi wurde in den frühen zwanziger Jahren mehrfach angedroht, ihn bloßzustellen, doch er hatte sich immer geweigert zu zahlen. Einige der Drohungen erfolgten anonym, aber einer schriftlichen Notiz zufolge, die er seiner letzten Frau hinterließ, wurde er vermutlich mindestens zweimal von seinen eigenen amerikanischen Verwandten erpresst.

Im Juni 1924 fuhr er erneut nach Europa – möglicherweise auch, um dem bevorstehenden Gerichtsverfahren zu entfliehen. Nyiregyházi wollte die Cleves in Kristiania und seine Familie in Berlin besuchen. (Seine Mutter und Großmutter sah er danach nie wieder.) Kurzfristig spielte er auch mit dem verrückten Gedanken, nach Brasilien zu ziehen, kehrte dann jedoch im August in die USA zurück.

Nun kam sein Gerichtsverfahren vor dem Obersten Gerichtshof in New York in Gang. In seiner ursprünglichen Klage vom 21. Juli waren seine Forderungen dargelegt. In Johnstons Antwort wurde am 8. September erklärt, dass die American Piano Company zugestimmt hatte, 1923/24 zwanzig Konzerte für Nyiregyházi zu organisieren und dafür jeweils 300 Dollar zu zahlen; außerdem hatte das Unternehmen eingewilligt, weitere 50 Dollar pro Konzert zu zahlen, in dem Nyiregyházi auf einem Knabe-Klavier spielte (bis zu einem Maximum von fünfzig Konzerten). Er hatte den Bonus von 50 Dollar für siebenunddreißig Konzerte erhalten – insgesamt also 1.850 Dollar (von denen Johnston seinen Anteil in Höhe von fünfzig Prozent erhielt). Allerdings meinte Johnston, dass die American Piano Company die versprochenen Konzerte nicht organisiert habe und infolgedessen Honorare in Höhe von insgesamt 6.000 Dollar ausgefallen seien. Johnston behauptete weiterhin, dass er mit Nyiregyházi mündlich vereinbart habe, dass Johnston nicht für dieses Geld verantwortlich sei, falls das Unternehmen die Konzerte nicht organisiere; seiner Berechnung nach musste er Nyiregyházi folglich nur 6.500 Dollar pro Saison garantieren und habe damit seine Verpflichtung erfüllt. Außerdem gab Johnston vor, dass er und Nyiregyházi ihren ursprünglichen Vertrag am 1. März 1924 geändert hätten: Zum Abschluss der Saison werde Nyiregyházi *alle* seine Honorare behalten, seine eigenen Kosten selbst tragen und darüber hinaus einem neuen Vertrag für 1924/25 zustimmen; in diesem sollte wiederum festgelegt werden, dass er alle seine Honorare behalte, seine Kosten selbst trage, Johnston eine Kommission in Höhe von zwanzig Prozent zahle und im Gegenzug auf das Recht einer Garantiesumme verzichte. Ferner unterstellte Johnston Nyiregyházi in einer modifizierten Antwort am 15. Oktober Arglist und behauptete, dass sein Kunde allen festgelegten Provisionen zugestimmt, aber vorsätzlich beabsichtigt habe, sich nicht daran zu halten, falls die American Piano Company die angebotenen Konzerte nicht arrangiere – im Wesentlichen wollte er also darauf hinaus, dass sich Nyiregyházi den ursprünglichen Vertrag durch Betrug erschwindelt habe. (Der Versuch darzustellen, wie ein gerissener Nyiregyházi den naiven Johnston betrügt, kann nur als fantasievoll bezeichnet werden.)

Die noch erhaltenen Gerichtsunterlagen weisen auf Fehler von Nyiregyházis Anwalt hin. Beispielsweise wird der geschuldete Betrag um 100 Dollar zu niedrig angegeben – Johnston hätte auf 5.676 Dollar verklagt werden müssen. Nyiregyházi hatte den Eindruck, dass sein Anwalt sowohl korrupt als auch inkompetent war. »Mein Anwalt und [Johnstons] Anwalt steckten unter einer Decke«, behauptete er 1978. »Sie haben ein doppeltes Spiel mit mir getrieben.« Auf jeden Fall zog sich das Verfahren über den Herbst und Winter in die Länge. Es gab belanglose Streitereien um die Schreibweise von Johnstons Namen und seine rechtliche Stellung als Einzelperson oder Unternehmen sowie über die jeweiligen rechtlichen Strategien. Die Beschwerde von Nyiregyházis Anwalt, dass Johnston »fragwürdige Verteidigungen« aufbiete, um das Urteil hinauszuzögern, klingt glaubhaft. Vermutlich nahm Johnston an, dass eine lange Verfahrensdauer Nyiregyházi arm und für eine außergerichtliche Einigung aufgeschlossen machen werde.

Und genau so kam es. Da über das Gerichtsverfahren in der Presse berichtet wurde, sank Nyiregyházis Attraktivität für andere Manager – und Johnston war schließlich nicht der erste New Yorker Manager, mit dem er sich zerstritten hatte. Sein Stolz war eine weitere Hürde. »Ich musste versuchen, andere Manager zu finden, und wurde um Vorspiele gebeten«, erinnerte er sich. »Ich, der ich mit Nikisch und Monteux aufgetreten war, sollte dummen Damen vorspielen! Das wollte ich nicht.«

Als sein eigener Manager war er hoffnungslos inkompetent, und seine Erziehung hatte ihn nur schlecht auf die Erfüllung der Verpflichtungen eines Erwachsenen vorbereitet; doch er arbeitete, wo er konnte. Ein Freund bei Knabe hatte mit einem Klavierhändler in San Francisco vereinbart, dass Nyiregyházi im Oktober bei Ampico-Vorführkonzerten in verschiedenen Städten der Bay Area mitwirken konnte. Am 1. Oktober stellte er sich bei einem privaten Konzertabend den örtlichen Musikkritikern mit einem schweren Programm vor, bei dem er auch Liszts Sonate spielte (er fühlte sich nicht länger durch Johnstons Programmgestaltung gebunden). Redfern Mason schrieb im *Examiner* über »eine rhapsodische Pracht der Aufführung« und bezeichnete sein Spiel als »überwältigend und fantastisch«. »Technisch hat er es geschafft«, schrieb er. »Wenn sich seine lyrische Anmut noch entwickelt, wird er wahrscheinlich zu der kleinen Gruppe ausgezeichneter Pianisten gehören.« (Da war er immer noch erst einundzwanzig.) Ray C. B. Brown war im *Chronicle* weniger zurückhaltend: »Seine Technik ist in ihrer lisztischen Virtuosität beeindruckend. Ich bezweifle, dass es einen anderen lebenden Pianisten seines Alters gibt, der es hinsichtlich Kraft und Geschwindigkeit der Ausführung mit ihm aufnehmen könnte. Man muss bis zu einem alten Meister wie Rosenthal zurückgehen, um etwas Vergleichbares zu finden. Und bisweilen gerät er in ein solch rasendes Tempo, das selbst Rosenthal nicht erreicht.« Danach gab Nyiregyházi acht Konzerte pro Woche in der Bay Area um San Francisco.

Anfang November kehrte er nach New York zurück. Den Großteil der 800 Dollar, die er verdient hatte, besaß er noch. Voller Zuversicht mietete er eine Wohnung in der West End Avenue, nahe der fünfundachtzigsten Straße, mit Telefon und Zimmerreinigung. (Knabe stellte ihm nach wie vor ein Klavier zum Üben zur Verfügung.) Doch bald war das Geld verbraucht, und er kehrte für eine Weile in das Hotel Grenoble zurück. Während des Frühlings und des Sommers 1925 war sein Leben unstet, zumal das Gerichtsverfahren noch nicht abgeschlossen war. Nyiregyházi war häufig pleite und schlief dort, wo er es sich leisten konnte: in einem Wohnheim, auf dem Boden einer schäbigen Pension, gelegentlich in der U-Bahn (er mochte die Verbindung zwischen Times Square und Grand Central Station) oder – wenn das zu teuer war – auf einer Parkbank. Eines Abends lud der Geiger Mischa Elman ihn zum Abendessen ein (in den frühen zwanziger Jahren ging Nyiregyházi mit einer von Elmans Schwestern); zu diesem Anlass zog er seine formelle Kleidung an und ging die fünf Meilen hin und zurück zu Fuß. »Ich hatte die fünf Cent für die U-Bahn nicht und war zu stolz, als dass ich um Geld gebeten hätte«, sagte er. An manchen Tagen hatte er wenig oder gar nichts zu essen.

Trotzdem fand er noch immer Auftrittsmöglichkeiten rund um New York; manchmal war er sogar recht beschäftigt. Am 16. April gab er zusammen mit einem Tenor einen Konzertabend im Plaza Hotel. Und am 19. April war er Co-Musiker bei einem Gesangsabend im Metropolitan Opera House. Am 5. Mai trat er als Pianist in einem »Gedächtniswettbewerb« für junge Musiker auf. Privatkonzerte lieferten in zunehmendem Maße die paar Dollars, die er zum Leben brauchte. In seiner Erinnerung gab es in dieser Zeit auch Auftritte in privaten Clubs, in den Häusern reicher Gönner und im Keller eines Wohnblocks, in dem zufällig ein gutes Klavier stand. Das Unternehmen Knabe zahlte ihm weiterhin jeweils 50 Dollar, wenn er eines seiner Klaviere spielte, selbst bei Privatkonzerten; und es fand Arbeit für Nyiregyházi: Es unterstützte den Gedächtniswettbewerb, und er spielte einem Bericht der *Times* aus dem Jahre 1925 zufolge auf einer Tanz- und Musikveranstaltung in der Knabe Hall.

Außerdem gab er Konzerte für die ungarische Gemeinde. Ein Landsmann, ein schäbig wirkender Bursche namens Rasko (oder vielleicht auch Rosko), fand damals etwas Arbeit für Nyiregyházi. In der Regel bekam er nur 10 Dollar, doch als er bei einem Benefizbankett der Republikaner spielte, erhielt er 15 Dollar – und wurde von Coolidges Vizepräsident Charles G. Dawes gelobt; für seinen Auftritt im Rahmen einer großen Versammlung bei Harry Houdini erhielt er 20 Dollar. Einige Stunden vor der letztgenannten Aufführung verkündete er, dass er keine Lust habe zu spielen. Daraufhin »schlug Rasko mir ins Gesicht«, erzählte Nyiregyházi, denn er war der Meinung: »Wer zum Teufel bist du, dass du einen Termin bei Houdini nicht einhältst?« Also ging Nyiregyházi zu der Party. Houdini war tief beeindruckt. »Woher können Sie so Klavier spielen?«, wollte er wissen. Nyiregyházi antwortete: »Sie erzählen mir Ihre Geheimnisse nicht, und ich erzähle Ihnen meine Geheimnisse nicht.«

Irgendwann im Herbst 1925 organisierte Rasko, dass Nyiregyházi vor einem großen Publikum im Gefängnis Sing Sing spielen konnte. Er nahm das Angebot begeistert an, äußerte, er habe Mitleid mit den Inhaftierten, behandelte seine Zuhörer mit Respekt und bot ihnen ein ernstes, umfangreiches Programm. Er meinte, dass er durch die Musik die Gefangenen in ihrer Not erreichen, ihnen Trost und Hoffnung spenden könne und dass er – wie er es in für ihn charakteristischer Weise formulierte – »eine große Aufgabe erfülle im unendlichen Kampf für den kulturellen Fortschritt der menschlichen Rasse und in der endlosen Bemühung um Hilfe für die Unterdrückten und Benachteiligten«. Er wurde mit Jubelrufen empfangen, die an einen Tumult grenzten; danach weinten einige Gefangene und umarmten ihn. Als er anschließend vom Gefängnisdirektor zum Essen eingeladen wurde, bestand er darauf, dieselbe Mahlzeit zu bekommen wie die Inhaftierten. Er verdiente lediglich 25 Dollar in Sing Sing, fand das Ereignis aber befriedigender als Konzertabende in der Carnegie Hall. Ehrliche, direkte Rückmeldungen von »aufrichtigen« Zuhörern, die nicht durch Musikunterricht »vergiftet« waren, bedeuteten ihm immer mehr als das Lob der Kritiker und der Beifall von »Angebern, die alle wie die Affen geschniegelt sind«.

Nyiregyházi hatte auch angenehme Erinnerungen an ein Vorspiel vor New Yorker Gangstern, zu denen die Handlanger von Al Capone und John Dillinger zählten. Er bewunderte das tadellose Benehmen, die gepflegte Erscheinung und die Kleidung der Gangster, die er traf, und trug ihnen zu Ehren entsprechende Hüte. Sie nannten ihn »Herr Professor«, behandelten ihn mit Offenheit und Respekt und schätzten seine Musik wirklich, erzählte Nyiregyházi. Mitte der 1920er Jahre traf er an seinem Lieblingsort, Beefsteak Charlie's, regelmäßig Gangster; einige von ihnen organisierten Privatkonzerte für ihn – mit Rücksicht auf seinen Stolz gaben sie ihm nicht einfach nur Almosen. An diese Veranstaltungen erinnerte er sich gerne. (Manchmal gesellten sich Politiker, Richter, Anwälte und Geschäftsleute zu den Gangstern – so war die Gesellschaft zur Zeit der Prohibition!) Für Gangster »mussten es lyrische, liebliche Melodien sein«, so dass er in der Regel Chopin oder Auszüge aus beliebten italienischen Opern spielte. »Je sentimentaler, desto besser. Diese sonst so gefährlichen Männer brachen dann in Tränen aus. Ich denke, Chopin ließ sie an ihre Mütter denken.« Am Ende eines Konzerts wurde ihm überschwänglich gedankt, man überreichte ihm diskret einen Umschlag mit Geld und fuhr ihn nach Hause. Eine Sammlung nach einem dieser Konzerte brachte ihm 2.000 Dollar ein – genug, um mehrere Monate davon leben zu können. Durch einen Gangsterfreund lernte er Jack Dempsey kennen, der große Zuneigung zu ihm entwickelte. Nyiregyházi erinnerte sich, dass er einmal auf Dempseys Klavier Chopin spielte, umgeben von Mädchen, während der Boxer seinen kräftigen Arm um seine Schultern legte und sich ein paar Tränen wegwischte.

In künstlerischer Hinsicht war Nyiregyházi noch immer in Hochform, doch ohne ein ordentliches Management konnte er nicht Karriere machen. So kam er immer nur vorübergehend aus der Armut heraus. Er verlegte sich darauf, privat Klavierunterricht zu erteilen, was er nie gerne tat, und musste von Zeit zu Zeit Almosen annehmen. Doch wenn er etwas Geld beisammen hatte, ging er nicht immer sparsam damit um. »Ich war idealistisch und ging zum Ritz Carlton, um mir ein hervorragendes Mittagessen zu gönnen, sobald ich fünf Dollar besaß«, sagte er. »Ich liebte Luxus, obwohl ich kein Geld hatte. Und damals waren fünf Dollar viel Geld!« Je ernster seine Notlage war, desto entschiedener versuchte er, ein wenig Kontakt zum aristokratischen Leben zu halten, auf das er ein Recht zu haben glaubte. Nyiregyházi suchte sich alle möglichen Beschäftigungen. Er komponierte viel, und wenn er Geld hatte, ging er ins Kino – manchmal mehrmals täglich. Häufig langweilte er sich jedoch, war alleine, frustriert und depressiv.

Am 19. Mai 1925 wurde sein Gerichtsverfahren gegen Johnston im gegenseitigen Einvernehmen eingestellt. Als eine Art Ausgleich schloss er mit R. E. einen neuen Vertrag für die Saison 1925/26. Er brauchte unbedingt irgendeine Art von Management, und Johnston sah darin wahrscheinlich eine Möglichkeit, sich ein Ärgernis vom Hals zu schaffen und zugleich noch etwas Geld zu verdienen. Für Nyiregyházi waren die neuen Bedingungen schrecklich: Für ein Honorar von 3.000 Dollar (zuzüglich einiger

Spesen), das als monatliches Einkommen ausbezahlt werden sollte, hatte er in einem Zeitraum von sieben Monaten eine nicht festgelegte Anzahl an Konzerten zu geben; er musste also spielen, wann und wo immer er darum gebeten wurde. (Johnston garantierte zusätzlich 2.000 Dollar für Werbung und seine eigene Beteiligung.) Nyiregyházi schätzte, dass er von Oktober 1925 bis zum April des folgenden Jahres rund fünfzig Konzerte gab, die größtenteils in kleinen Städten in Neuengland stattfanden. (Er kam bis nach Milwaukee, wo er eine Woche lang in einem Kino spielte.) Durchschnittlich bestritt er zwei Auftritte pro Woche und verdiente rund 60 Dollar pro Konzert – mehr als genug, damit er sich wieder anständige Kleidung und Lebensmittel kaufen konnte, als Konzerthonorar jedoch beleidigend wenig. Es waren aber auch einige angemessene Engagements dabei: Am 20. Dezember spielte er Liszts *Ungarische Fantasie* mit dem State Symphony Orchestra vor etwa zehntausend Zuhörern im Rahmen eines Benefizkonzerts im Madison Square Garden. Zu den Interpreten zählten auch Rosa Ponselle, der junge Isaac Stern und als Gast Ernö Dohnányi (Nyiregyházi hatte ihn seit 1918 nicht mehr gesehen und traf ihn bei diesem Anlass zum letzten Mal). Auch über einen Auftritt mit Albert Vertchamps Streichquartett, mit dem er ein Quintett von Dvořák spielte, wurde im April in der Presse berichtet.

Im Juni, als der Vertrag mit Johnston ausgelaufen war, hatte Nyiregyházi wieder kein Geld mehr. Er gab erneut Privatkonzerte – im Harrow Club und im Camera Club sowie im Haus eines französischen Adeligen; außerdem gaben ihm einige Freunde Geld. Zu dieser Zeit nahm er auch den einzigen nicht-musikalischen Job an, den er jemals hatte: In einer Seidenfabrik trug er Stoffe von Raum zu Raum.

10
Liebe und Heirat

»Wissen Sie, was das größte Problem in meinem Leben war?«, fragte Nyiregyházi in den siebziger Jahren. »Mein Pimmel!« Als er in Amerika ankam, war er noch Jungfrau und hatte erst wenige, meist verwirrende und frustrierende sexuelle Erfahrungen gemacht. In seiner Jugend und mit Anfang zwanzig beschäftigte ihn dieses Thema immer stärker. (Schließlich machte er sich sogar Sorgen darüber, ob er eine passende Garderobe fände, die eine Erektion während des Konzerts verbergen könne. Er probierte es mit einem Suspensorium, fand das aber zu unbequem.) Kurze Zeit nach seiner Ankunft in Amerika hatte er erste ernstzunehmende Beziehungen, unter anderem auch mit einer von R. E. Johnstons Sekretärinnen, Maria Adele Király, die er Adele nannte. Nachdem sie Nyiregyházi hatte spielen hören, verliebte sie sich in ihn, wollte ihn heiraten und Kinder mit ihm haben; sie bewunderte ihn als starken, vernünftigen und ehrenwerten, wenn auch zu schüchternen jungen Mann.[16] Im Herbst 1922 verlobten sie sich, obwohl sie mit dem ersten Kuss noch bis zum folgenden Frühjahr warteten. Die Reaktionen ihrer Familie waren je nach Geschlecht verschieden: Ihre Mutter und Schwester waren verrückt nach ihm, während ihr Vater Nyiregyházi nicht mochte. Johnston riet von der Verbindung ab und meinte, dass Frauen-Musikclubs keinen verheirateten Künstler engagieren würden; Nyiregyházi zufolge war der verheiratete Johnston jedoch selbst an Adele interessiert. Wie vorherzusehen war, drückte auch Nyiregyházis Mutter per Brief aus Berlin ihr Missfallen aus.

Seine Zuneigung zu Adele konkurrierte mit seiner wachsenden Liebe zu Signy und Astrid, den Töchtern des norwegischen Komponisten Halfdan Cleve. In Kristiania zog Signy ihn im Sommer

---

[16] Er erinnerte sich, diese Kommentare in Adeles Tagebuch gelesen zu haben, das sie ihm zeigte. Sie schrieb auch: »Er sollte sich um seine Zähne kümmern.« (Das tat er jedoch nicht.)

1923 unter das Klavier und »drückte mich an der richtigen Stelle«. Doch zu Astrid fühlte er sich ebenfalls hingezogen. Als er nach Amerika zurückkehrte, schrieb er einen Brief an die zwei Schwestern, in dem er beiden seine Liebe gestand. Später erzählte ihr Vater Nyiregyházi, dass sein Brief wunderbar idealistisch gewesen sei, aber für Verwirrung und Eifersucht unter den Mädchen gesorgt habe. Im Dezember 1923 löste er seine Verlobung mit Adele und setzte fort, was er selbst als »eine sehr heiße Korrespondenz« mit Signy bezeichnete. Schon damals benahm er sich, als habe er seine romantischen Gefühle nicht unter Kontrolle. Im folgenden Januar machte er während eines Besuchs in San Francisco aus einem plötzlichen Impuls heraus einem Mädchen, das in einem Musikgeschäft arbeitete, einen Antrag – nur wenige Minuten, nachdem er ein Übersee-Telegramm an Signy aufgegeben hatte, in dem er seine Liebe zu ihr beteuerte. Im März schrieb er an Cleve: »Irgendjemand der an der Echtheit meiner Liebe zu Signy – welche nicht im geringsten den Zweck verfolgt sie zu verführen oder entführen – zweifeln würde, würde mich in einer ausserordentlichen Weise verletzen und beleidigen« Doch als er in jenem Sommer nach Kristiania zurückkam, erklärte sie ihre Beziehung für beendet; aus Protest ließ er sich daraufhin kurzzeitig einen Bart wachsen.[17]

Zu diesem Zeitpunkt bestand seine sexuelle Erfahrung aus Küssen und Vorspiel. Er erinnerte sich, dass er 1924 auf Tournee in Neuengland zum ersten Mal masturbierte; danach tat er es mehrmals am Tag. Mit der Zeit nahm seine Frustration zu, und als er verarmte, fragte er sich verzweifelt, ob er jemals eine erfüllende sexuelle Beziehung zu einer Frau haben werde. Um seinen zweiundzwanzigsten Geburtstag verlor er schließlich seine Unschuld mit der zwanzigjährigen Gertrude Schultheiss, die sich mit ihrer Familie in New Jersey zerstritten hatte. (Die Eltern waren Brauer

---

[17] Andere Zusicherungen, die er Cleve gegenüber machte, wirken amüsant angesichts seines späteren Verhaltens: »[Ich] trinke nie Alkohol, rauche nie, ich benehme mich ehrenhaft, wie ein wirklicher ›gentleman‹ ... dank meiner kolossalen Selbstkontrol: die ›Sinnlichkeit hat mich noch nicht verfressen‹.«

Signy Cleve. (Sven Oluf Auguste Cleve Sørensen. Nachdruck von Jørn Fossheim.)

deutscher Herkunft, und es gibt noch heute eine Schultheiss-Brauerei in Berlin.) Sie hatte bereits viele Liebesbeziehungen gehabt und arbeitete vermutlich auch als Callgirl. Nyiregyházi war sich da nie sicher – jedenfalls nahm sie kein Geld von *ihm*. Er nannte sie »eine Art Halb-Prostituierte«, die von mehreren Männern unterstützt wurde. Für die erfahrene Gertrude war dieser naive junge Ausländer etwas Besonderes: Sie meinte, indem sie mit ihm schlief, rettete sie seine Seele – vor der Masturbation. Sie teilte sich eine Wohnung in der Upper West Side mit einer jungen Freundin namens Marie, einer molligen, drallen, geschiedenen Frau, die als exotische Tänzerin in einem hawaiischen Laden arbeitete, der auch ein Treffpunkt für Prostituierte war. (Er erinnerte sich, dass er auf dem Klavier der Mädchen für Gertrude spielte, während Marie in einem anderen Zimmer einen Seemann bediente.) Bald hatte er mit beiden Frauen Sex.

Nyiregyházi war schüchtern und schrecklich unsicher im Umgang mit Frauen, hatte kein Geld und kaum Perspektiven und war körperlich nicht besonders ausgestattet (er beschrieb seinen Penis als »fein«); dennoch fühlten sich Frauen immer zu ihm hingezogen, so dass er oft passiv sexuelle Aufmerksamkeit auf sich zog. Im Sommer 1923 hatte ihn beispielsweise in Berlin nach der Entfernung seiner Mandeln eine Krankenschwester befriedigt. (Seine Mutter hatte der Krankenschwester erzählt, dass er sexuell unerfahren sei, und fragte ihn später, ob die Krankenschwester »nett« zu ihm gewesen sei.) Solche und ähnliche Dinge passierten ihm ständig. Frauen fühlten sich durch sein Genie und sein Temperament angezogen und boten sich ihm häufig an. Die Frau musste den ersten Schritt machen oder zumindest ihre Bereitschaft signalisieren, sagte er, um ihn zu ermuntern und damit er seine angeborene Zurückhaltung überwinden konnte. Und es fehlte ihm nie an Frauen, die das bereitwillig taten.

Seine sehr späte Einführung in das Sexualleben öffnete alle Schleusen. Sex wurde eine verzehrende Leidenschaft in seinem Leben, ebenso wichtig wie Musik, ein tägliches Bedürfnis wie Essen und Trinken. Schließlich sah er Sexualität als Schlüssel zu seiner – jedermanns – Persönlichkeit; und als Interpret und Komponist bestand er darauf, Raum für den Ausdruck explizit sexueller Gefühle zu finden. Wie jeder andere Aspekt seiner Psychologie war seine Sexualität deutlich ausgeprägt. Er konnte sich mit hoffnungsloser Leidenschaft verlieben und am Ende einer Liebe tiefste Bitterkeit empfinden. Welchen Trost, welche Beruhigung und welches Gemeinschaftsgefühl Sex ihm auch immer brachte, es reichte nicht aus. Sicher versuchte er in gewisser Weise, die Leere zu füllen, die die fehlende Liebe seiner Mutter hinterlassen hatte – eine ausweglose Aufgabe, wie seine chronischen Frauengeschichten beweisen. In der Art wie er seine sexuellen Bedürfnisse befriedigte, kann man einmal mehr die Psychologie eines Heranwachsenden beziehungsweise Kindes erkennen – oder, so schien es oft, die eines Kleinkindes, das nach der sofortigen Erfüllung seiner Wünsche verlangt. Frauen jedes Alters, jeder Nationalität und jeder Gesellschaftsschicht, ungebunden oder verheiratet, schön oder hässlich – alle waren für ihn verfügbar und begehrenswert. In dieser Hinsicht war er ein echter Demokrat. Er meinte einmal: »Für mich ist es sehr schwer, nein zu sagen.«

Als »große Seele« – Liszt und Wilde ebenbürtig – fühlte er sich zu jedem aufrichtigen Ausdruck seiner Sexualität berechtigt. Das schloss mit ein, mehrere Frauen gleichzeitig zu lieben und mit ihnen allen Beziehungen zu führen, während er darüber hinaus auch noch anonyme, rein körperliche Begegnungen hatte, sofern er das brauchte. Wenn er lediglich sexuelle Erleichterung suchte, rechtfertigte er das als einen Geschäftsvorgang; wünschte er sich eine erhabenere Verbindung, stellte er das als einen Ausdruck seines höchst spirituellen Verlangens dar. Natürlich sahen andere ihn oft einfach als Lüstling an, und er schien gar nicht zu bemerken, welchen Schaden er mit seinem Verhalten anrichtete. Er behauptete, er könne damit umgehen, wenn seine Frauen untreu waren, solange sie ihn in dieser Hinsicht nicht anlogen – für ihn war Falschheit schlimmer als Untreue –, doch gegen Eifersucht war auch er nicht immun.

Er betonte die Erhabenheit von Sex, hasste die Heuchelei, die in Amerika mit diesem Thema verbunden war, und sah keinen Widerspruch zwischen seinen hohen Idealen und seiner Sexbesessenheit. Für Nyiregyházi war Sex ein Ausdruck der »Lebenskraft«, nicht etwas Niedriges, Unkultiviertes oder nur Spielerisches. »Sex ist nicht vulgär!«, insistierte er. »Wenn ich ficke, ist das grandios!« Seine Liebesbriefe waren leidenschaftlich und blumig,[18] und er behauptete »der Körper einer Frau ist mir heilig«. Seine Erinnerungen und die anderer Personen legen jedoch nahe, dass er trotz

---

[18] In einem typischen Brief aus dem Jahr 1961 freut er sich darauf, »*Dich wiederzusehen* – das *Wunder* Deines lieben Gesichts zu sehen – es zu berühren – Deine liebe Haut zu berühren – und alle anderen Teile Deines *hinreißenden* Körpers – den wunderbarsten, am stärksten *vergeistigten* Körper der Welt – ihn zu berühren – mit Verstand – ist, als käme man in Kontakt mit einer wundervollen, gewaltigen, erlesenen und hervorragenden, *unaussprechlichen* Schöpfung eines großen Dichtergenies wie *Oscar Wilde, Liszt, Chopin, Puccini* und einigen der anderen Großen – *nicht* zu vergessen ... na, wer könnte *das* wohl sein?«

all seiner Verehrung als Liebhaber eher selbstsüchtig als aufmerksam war.

Seine Einstellung zum Sex war ein Grund für lebenslange Verwirrungen und Qualen, und sein Herumjonglieren mit Beziehungen brachte alle möglichen vorhersagbaren Komplikationen wie Geschlechtskrankheiten und Erpressungen mit sich. Anscheinend folgte er seinen sexuellen Launen und Vorlieben, ohne über die Konsequenzen nachzudenken, und seine Wirkung auf Frauen brachte viele Ehemänner und Partner gegen ihn auf. (Über seine Untreue scherzte er: »Wie Sie wissen, kann ich mich nicht an die Partitur halten!«) Darüber hinaus verließ er sich häufig auf die finanzielle Unterstützung der Frauen in seinem Leben. Schon Adele lieh im gelegentlich etwas Geld. Selbst wenn Nyiregyházi in Armut lebte, wirkte er auf wohlhabende, angesehene Frauen anziehend. Allerdings war er auch ein begeisterter Entdecker der sexuellen Unterwelt – Prostituierte von der Straße, Callgirls, sexuelle Massagen, Pornofilme. Er fand nichts daran auszusetzen, dass ein großer Künstler wie ein Soldat bei einem Puff Schlange steht, und hatte eine schlechte Meinung von Menschen, die auf Prostituierte herabsahen; er selbst hielt sie für erhaben.

Von Anfang an flirtete er mit bestimmten sexuellen Vorlieben – für farbige Frauen, für Sadomasochismus (er liebte eine strafende Art der sexuellen Massage). Sexuelle Befriedigung erreichte er nicht nur mit Frauen. Viele Menschen nahmen an, dass er homosexuell war, und er wirkte auf Schwule ebenso anziehend wie auf Frauen. Männer machten ihm häufig Avancen, die er meist mit der für ihn typischen Passivität annahm. Seiner letzten Frau erzählte er, wie er einmal in einer vollen Straßenbahn gestanden und bemerkt habe, dass der Mann, der neben ihm stand, begann, ihn zu befummeln; darauf reagierte er überrascht, aber nicht im mindesten empört. Als er einmal Sex haben wollte – er war damals etwa Mitte zwanzig –, erkundigte er sich bei einem Taxifahrer, der ihn zu einem Männerbordell brachte. »Ich hätte ein Frauenbordell vorgezogen«, sagte er, legte damit jedoch gleichzeitig die Vermutung nahe, dass ihm das Geschlecht nicht so wichtig war. Er bemerkte, dass er bei Frauen mehr Hemmungen hatte, während

»sie in einem Männerbordell wissen, was ich will«. Seine Freundschaften mit Männern scheinen manchmal auch ein romantisches Element gehabt zu haben, selbst wenn sie nicht offenkundig sexueller Natur waren. Nyiregyházi war dafür bekannt, dass er mit männlichen Freunden Händchen hielt und sie als »Liebling«, »Baby« oder »Engel« ansprach.

Er erklärte sich selbst nie für homosexuell und war vielmehr sehr darauf bedacht, den Leuten zu versichern, dass er nicht schwul war. Er bekannte, dass er die »Härte« eines »echten Mannes« bewunderte, und bestand darauf, auf seine Weise selbst »ein schrecklich maskuliner Mann« (und ein »maskuliner« Pianist) zu sein. Doch er verlieh seinen Beteuerungen allzu viel Nachdruck. Die tiefe Verunsicherung hinsichtlich seiner Männlichkeit (sicherlich eine weitere Folge der Bevormundung durch seine Mutter) brachte ihn dazu, alles zu verschleiern, was an sexuellen Unklarheiten auftauchen mochte. Selten erzählte er von seinen homosexuellen Erlebnissen, und wenn er es tat, dann nie mit derselben Freude wie bei seinen Berichten über heterosexuelle Affären. Gegen Ende seines Lebens bestand er einem zukünftigen Biografen gegenüber darauf, dass er »hundertprozentig heterosexuell« gewesen sei und niemals eine Beziehung mit einem anderen Mann gehabt habe; er habe nichts gegen Homosexualität an sich, fände sie jedoch »widerlich« und wolle nichts mit Homosexuellen zu tun haben. Die Art, wie er mit seiner letzten Frau darüber sprach, lässt jedoch nicht vermuten, dass er sich für homosexuelle Neigungen oder Erfahrungen wirklich schämte. Vielleicht war bei der Homosexualität ebenso wie beim Judentum eher Angst als Scham die treibende Kraft hinter seinen Bemühungen, sie zu verbergen. Auf jeden Fall unterhielt er seine tiefgehenden, langjährigen sexuellen Beziehungen immer mit Frauen und war dabei allem Anschein nach auch aufrichtig. Dass jedoch auch seine Sexualität facettenreich gewesen sein könnte, ist wenig überraschend.

Im Sommer 1926 lebte Nyiregyházi mit Gertrude Schultheiss zusammen. Doch im Herbst desselben Jahres wurde er von einer Frau in die Ehe gelockt, die ihm einen Weg aus der Armut bot:

Mary Margaret Kelen, eine Ungarin. Sie war Journalistin und arbeitete für das Skandalblatt *Daily Mirror*. Er erinnerte sich, dass im folgenden Jahr, als die Ehe nicht gut lief, in den New Yorker *Daily News* private Informationen aus Gerichtsakten zitiert wurden:

»Ich traf sie am 29. September 1926 auf einer Party. Am 3. Oktober erzählte sie mir, dass ich sie nicht zu Hause besuchen könne, wenn ich sie nicht heiraten würde. Ich sagte ihr, dass ich kein Geld habe, und sie zwang mich, einen Scheck über 30 Dollar anzunehmen.

Nur vier Tage, nachdem ich sie kennen gelernt hatte, machte sie mir einen Antrag. Sie sagte, sie komme aus guten Verhältnissen, habe mehr als 50.000 Dollar und würde alles einsetzen, um mir in meiner Karriere zu allgemeiner Anerkennung zu verhelfen.

Ich bat sie um zwei Wochen Bedenkzeit. Sie gab mir einen Tag. Am nächsten Tag gingen wir zur städtischen Behörde, und sie füllte den Antrag auf Heiratserlaubnis aus. Dann erfuhr ich, dass sie bereits dreimal verheiratet gewesen war. Ich verlangte eine Erklärung.

›Mach dir keine Sorgen‹, sagte sie. ›Ich werde es dir später erklären‹, und sie tätschelte meine Hand. Wir heirateten, und sie nahm mich mit zu sich nach Hause.«

Nyiregyházi und seine erste Frau auf Fotos, die am 29. Oktober 1927 in der New Yorker *Daily News* zusammen mit einem Artikel über ihre Trennung veröffentlicht wurden.

Die Trauung fand am 5. Oktober gegen Mittag statt. Zunächst hatten sie vor, ihre Heirat geheim zu halten. In der Nacht fand eine der wilden Partys statt, die Mary jede Woche in ihrer Wohnung veranstaltete. Nyiregyházi fühlte sich nicht wohl, weil er zu viel getrunken hatte, und ging ins Schlafzimmer, um sich hinzulegen. Wenig später kam einer von Marys Kollegen herein und begann, Nyiregyházis Hose aufzuknöpfen – da erschien Mary im Zimmer und erklärte, dass dies ihr Mann sei. Das war in der Tat ein wenig verheißungsvoller Beginn einer schwierigen Verbindung. Mary war über zehn Jahre älter als ihr Mann, intelligent, berechnend und hatte einen starken Willen, doch sie war – wie der Schauspieler Bela Lugosi Nyiregyházi später erzählte – auch »gefährlich«. Lugosi hatte Mary und einen ihrer früheren Ehemänner in Budapest kennen gelernt, wo sie wegen Erpressungen und anderer anrüchiger Aktivitäten bekannt waren.

Nyiregyházi betonte später, dass er sie nicht nur wegen des Geldes geheiratet hatte. Doch ein Versprechen, ihre Kontakte zu nutzen, um seine Karriere wiederzubeleben, war zumindest eine verlockende Aussicht. Noch einmal ein Zitat aus der *Daily News*:

> »Meine Frau sagte, dass sie meine Konzertmanagerin sein wollte. Sie wurde tyrannisch und ausfällig, und ich unterschrieb.«
> In diesem Vertrag erklärte sich Frau Nyireghazi [sic] damit einverstanden, ihren Mann mit Lebensmitteln, Kleidung und Unterkunft zu versorgen, während er ihr dies aus seinen Einnahmen zuzüglich Zinsen zurückzahlen sollte.

Indem er eine ältere, dominante und etwas vulgäre, materialistische Frau heiratete, scheint Nyiregyházi unbewusst die Beziehung zu seiner Mutter und die Ehe seiner Eltern wiederholt zu haben.[19]

Mary organisierte ein Konzert für den 21. Januar 1927 in der Aeolian Hall – Nyiregyházis erster großer Konzertabend in New York seit Jahren – und rührte die Werbetrommel für dieses Comeback. Sein Publikum war so begeistert wie immer, obwohl die Kritiker nach wie vor reserviert waren; nur die virtuosen Paradestücke, wie Godowskys Arrangement von Johann Strauß' Walzer *Künstlerleben* gefiel ihnen wirklich gut. Einer nicht namentlich gekennzeichneten Rezension in der *Times* zufolge entsprachen

---

[19] Es ist auffällig, dass der Name seiner ersten Ehefrau dem seiner Mutter sehr ähnelte (bei Mária und bei Mary wird jeweils die erste Silbe betont). Und der erste Vorname seiner ersten Verlobten lautete ebenfalls Maria.

seine feinsinnigeren, ernsteren Interpretationen – bei Werken wie Beethovens Sonate op. 109, Chopins *Polonaise-Fantaisie* oder Liszts *Légendes* – nur »dem Geschmack einer Minderheit unter den Zuhörern«. Noch immer war er ein Polterer, und ein Musiker, der an jenem Abend im Publikum saß, wurde mit den Worten zitiert: »Es ist ein Wunder, dass der Klavierproduzent ihm ein Instrument anvertraut.« Es gab tatsächlich einen Klavierbauer, der das nicht tat: Steinway & Sons. Alexander (Sascha) Greiner aus der Konzert- und Künstlerabteilung bei Steinway besuchte das Konzert und machte eine Eintragung in seinem Buch, in das er Anmerkungen über Pianisten schrieb, die bei Steinway vorspielten, um von dem Unternehmen unterstützt zu werden:

> NYIREGYHAZI, Erwin. Klavierabend in der Aeolian Hall, 21. Januar 1927. Ausgesprochen schlechter Pianist. Wie er auf das Klavier einhämmerte, ließ einen manchmal fürchten, das Instrument werde auseinanderbrechen. Sein Streben nach Originalität brachte ihn dazu, die Tempi außerordentlich zu dehnen. Er kennt nur Fortissimo und Piano, nichts dazwischen. Ich würde ihn selbst dann keinen Flügel von Steinway nutzen lassen, wenn er die doppelten Speditionskosten zahlen würde, da das Instrument unter seinen Händen unvorteilhaft klingt. AWG
> Mehrfach wegen Steinway-Diensten angefragt. Abgelehnt.

Nyiregyházi selbst sagte Jahre später, die Aufführung in der Aeolian Hall sei eine der besten seiner Karriere gewesen. Nun, da er vierundzwanzig Jahre alt war, konnte sein äußerst persönliches und feuriges, leidenschaftliches Spiel nicht mehr länger seiner Unreife zugeschrieben werden; das war offensichtlich der *wahre* Nyiregyházi, wohlüberlegt und charakteristisch. Die Kritiker waren jedoch skeptisch. Bei Beethoven, Chopin und Liszt, schrieb ein Rezensent, schien er »zu besonders starken Tempoänderungen und einer ärgerlichen Bedächtigkeit zu neigen, die seinem Spiel einen ›Zeitlupen-Effekt‹ verlieh.« Es ist schwer vorstellbar, dass Nyiregyházi, wenn er weiterhin eine echte Konzertkarriere verfolgt hätte, zunehmenden Schmähungen entgangen wäre, denn er war ein ausgesprochen eigenartiger Künstler, der nicht den zeitgenössischen musikalischen Trends folgte. So verwundert es nicht, dass er das gesamte Geschäft rund um die Veranstaltung von Konzerten in zunehmendem Maße entmutigend fand.

Bei dem Konzert in der Aeolian Hall verlor Mary Geld, doch das Paar machte die bedeutsame Bekanntschaft des Autors Theodore Dreiser, der damals durch den sensationellen Erfolg des 1925 veröffentlichten Romans *An American Tragedy* auf der Höhe seines Ruhms war. Nyiregyházi war von diesem Buch so begeistert, dass er einen langen (nicht erhaltenen) Essay darüber schrieb und Dreiser in eine Reihe mit Dostojewski und Wilde stellte. Er bewunderte seine Kritik der Heuchelei und des Puritanismus in der amerikanischen Gesellschaft sowie seine Bereitschaft, trotz der Anfeindungen durch Sittenwächter kontroverse Themen aufzugreifen – wie Geld, Macht, Religion und Sex. Dreisers dichte, düstere, würdevolle Prosa traf genau Nyiregyházis Geschmack. (Der Literaturkritiker Irving Howe schrieb einmal, dass Dreiser »eine Schwäche für eine ›elegante‹ Ausdrucksweise und altertümliche Rhetorik hat, die unter den Halbgebildeten allzu verbreitet ist.« Und das traf auch auf Nyiregyházi zu.) Die Gesellschaft, die Dreiser in *An American Tragedy* so gnadenlos ins Visier nimmt, war genau jene, an der Nyiregyházis Karriere gescheitert war. Vielleicht las er das Buch als abschreckendes Beispiel, denn die Werte, von denen Dreisers Held (Clyde Griffiths) angezogen wird, entsprachen im Grunde denen von Mária Nyiregyházi: Geld, Status, Macht, Streben nach Luxus und Bequemlichkeit. Clyde opfert seine ideellen Werte materialistischen Wünschen und wird erdrückt von den ungeschriebenen Gesetzen und den Institutionen einer herzlosen Gesellschaft; sein Verlangen nach Wohlstand führt nur zu Korruption, Skandal und Ruin. (Zugegebenermaßen liebten sowohl Nyiregyházi als auch Dreiser die Verlockungen des Reichtums.) Außerdem sah Nyiregyházi in Dreiser ebenso wie in Liszt und Wilde (und sich selbst) einen großen Mann, der schamlos lasterhaft lebte, während er die höchsten Ideale vertrat – unbeeindruckt von diesem offensichtlichen Widerspruch.

Mary war so schlau, Dreiser Freikarten für das Konzert zu schicken, da sie merkte, wie sehr ihr Mann den Schriftsteller verehrte. Tatsächlich erschien Dreiser in Begleitung von Helen Richardson, die seit 1919 seine Geliebte war. (Dreiser lebte ungeniert mit ihr zusammen; erst 1944 wurde sie schließlich seine zweite Frau.) Er war von Nyiregyházis Spiel überwältigt und fasziniert, und die beiden schlossen bald Freundschaft. Da Nyiregyházi kein geeignetes Klavier zum Üben zur Verfügung stand, bat er Dreiser, auf dessen Steinway-Flügel spielen zu dürfen, was dieser ihm gestattete. Er liebte Musik, insbesondere »liebliche Melodien«, wie Nyiregyházi sagte; der korpulente Schriftsteller bat ihn immer wieder, sentimentale Stücke wie »Clair de lune« zu spielen, und weinte dann. Sie waren so eng befreundet, dass Nyiregyházi kurze Zeit später, als er Mary nach einer ihrer zahlreichen Auseinandersetzungen zum ersten Mal (kurzzeitig) verließ, bei Dreiser wohnte.

Doch kaum war ihre Freundschaft gefestigt, da begann Nyiregyházi eine Affäre mit Helen Richardson. Diese berichtete atemlos, aber stark zensiert von diesem Verhältnis in ihren Memoiren *My Life with Dreiser*; darin bezieht sie sich auf Nyiregyházi mit den Worten »ein junges, introspektives, philosophisches, musikalisches Genie, das ich Jason nennen werde.«[20] Sein Spiel begeisterte sie sofort, denn »er hatte die Gabe, sein Publikum in eine andere Welt zu versetzen«. Als er das erste Mal zum Üben kam, »hörte ich die himmlischste Musik in der stillen Luft erklingen«, wie sie schrieb. »Die Sanftheit der helleren Klänge berührte mein Innerstes. Es war, als ob ein Lichtnebel, in dem er träumte und seine Gedanken projizierte, sich über die gesamte Atmosphäre ausgebreitet hätte.« Sie fühlte sich sogar inspiriert, ein entsetzliches Gedicht mit dem Titel »Heavenly Infant« [»Himmlisches Kind«] zu verfassen, das folgendermaßen beginnt:

---

[20] In Vera Dreisers Memoiren, *My Uncle Theodore*, wird ebenfalls kurz über die Affäre berichtet – »eine der Pikanterien des Familientratsches«. Nyiregyházi wird in diesem Fall als »ein junger ungarischer Musiker namens Kovacs« bezeichnet, und Vera behauptet, dass er Helen liebte, sie seine Liebe jedoch nicht erwiderte.

You stand –
Fragile, pale –
You bow –
Stiffly –
As a child,
Or some automaton, aloof,
Or robot, weird.

And then –

Your hands run over the keyboard,
And with your touch,
The heavens open,
And
Showers of filtered stardust
Rain upon the keys
As you caress them lightly,
With supernal tenderness.

Sie waren offensichtlich wie füreinander geschaffen. Ihre emotionalen und geistigen Ansprüche und Bedürfnisse passten zu den seinen. Sie hatte künstlerische Ambitionen, hatte kleine Rollen in Stummfilmen gespielt, nahm Gesangs- und Tanzunterricht und mag in Nyiregyházi (ebenso wie in Dreiser) eine Möglichkeit gesehen haben, ihre Wünsche indirekt zu verwirklichen. Obwohl sie neun Jahre älter war als Nyiregyházi, war sie noch immer atemberaubend schön – groß, vollschlank mit glänzend kastanienbraunem Haar. Sie hielt sich gerne im Freien auf, konnte derb, eitel und materialistisch sein, doch Nyiregyházi sah in ihr nur ein feinfühliges, romantisches Wesen, das so ganz anders war als die zynische Mary. Helen war hin- und hergerissen. Sie fühlte sich mit Dreiser sehr verbunden, war jedoch auch »jung, attraktiv und voll jener Energie, die nur Gesundheit und Jugend ausstrahlen kann«, wie sie schrieb – und Dreiser vernachlässigte sie häufig für längere Zeit. In ihren Memoiren deutete sie an, dass sie sich zwar von Nyiregyházi körperlich angezogen fühlte, sich aber gegen eine Affäre wehrte; einer Person ihres Vertrauens gestand sie allerdings, dass die Beziehung tatsächlich »kurzzeitig

Helen Richardson und Theodore Dreiser in Iroki, Dreisers Landhaus in der Nähe von Mt. Kisco, New York, Sommer 1929. *(Theodore Dreiser Nachlass, Rare Book and Manuscript Library, University of Pennsylvania.)*

(so furchtbar kurz) intim« wurde. Nyiregyházi sagte, dass die Verbindung leidenschaftlich sexuell war, und Helen war tatsächlich, nach allem, was man hörte, eine verführerische, sexuell dynamische Frau. Dreiser beschrieb sie als »äußerst wollüstig«, so dass die von ihr ausgehende aphrodisierende Wirkung ihn zu »vollkommen verrückter« Leidenschaft und Anfällen eifersüchtiger Wut treiben konnte (er beschrieb ihre Sinnlichkeit anschaulich in seinen Tagebüchern).

Die Affäre wurde im Februar und März 1927 durch eine weitere erfolgreiche Konzertreise durch Südkalifornien unterbrochen, die Mary für Nyiregyházi organisiert hatte. Er erhielt nicht ganz dieselbe Aufmerksamkeit wie einige Jahre zuvor. Doch in Los Angeles, wo er zwei Konzertabende gab, luden die Philharmoniker ihn ein, im Rahmen eines ihrer Orchesterkonzerte einige Solostücke zu spielen – eine seltene Ehre. Als er Ende März nach New York zurückkehrte, holte Helen ihn vom Zug ab, und er sagte Mary zunächst nicht, dass er wieder da war. Er versteckte sich zwei Wochen lang in einem Wohnheim und kehrte erst nach

Hause zurück, als es in der Affäre mit Helen zu kriseln begann. Während er auf Konzertreise gewesen war, hatten sie leidenschaftliche Briefe ausgetauscht, doch Ende März gestand sie Dreiser ihre Gefühle, »bevor die Beziehung mit Jason zu eng wurde«, wie sie in ihren Memoiren schrieb. Sie fragte Dreiser, ob es ihn störte, wenn sie »eine konstruktive, emotionale Bindung aufbaue, die mir das Leben in der Zeit erleichtert, in der du mich so viel alleine lässt.« Obwohl Dreiser selbst ein notorischer Schürzenjäger war (er hatte zu dieser Zeit ganz offen Beziehungen mit drei oder vier Frauen) und für sexuelle Freiheit eintrat, antwortete er: »Tu, was du willst. Doch wenn du es tust, bin ich weg!«

Verwirrt und verzweifelt gab sie die Identität ihres Liebhabers preis und versprach, mit ihm Schluss zu machen. Ihrer Erzählung nach rief sie Nyiregyházi an, um die Affäre zu beenden, und am anderen Ende der Leitung habe nur »unheilvolle Stille« geherrscht. Einige Tage später fand sie den wütenden Dreiser an seiner Schreibmaschine sitzend vor; er fauchte sie an: »Ich schreibe einen Brief ab. Er ist von Jason und gibt dir den Rest, da kannst du sicher sein!« Am nächsten Tag zeigte er ihr den Brief, in dem die Affäre in der »schlimmsten und schockierendsten Art und Weise« beschrieben war, wie er sagte. Schließlich, schrieb Helen, sagte Dreiser, dass er »für mich kein Mitleid habe, aber von Jason noch viel schlechter denke. ›Stell dir nur mal vor, an was für einen Mann du deine Liebe verschwendest!‹« Er nannte Nyiregyházi einen »Proleten« und beendete ihre Freundschaft. Helens Beziehung zu Dreiser war nun angespannt, das Leben mit ihm einsamer und frustrierender als je zuvor. Nyiregyházi beklagte

Helen Richardson in Hollywood, um 1920. *(Fotografie von Nelson Evans. Theodore Dreiser Nachlass, Rare Book and Manuscript Library, University of Pennsylvania.)*

den Verlust von Dreiser, den er sehr mochte; tatsächlich mag er in dem fünfundfünfzigjährigen Schriftsteller einen Ersatz für seinen verstorbenen, geliebten Vater gesehen haben. Erstaunlicherweise gab er Helen die Schuld am Ende seiner Freundschaft mit Dreiser – üblicherweise schob er in solchen Situationen immer jemand anderem die Schuld zu, nie sich selbst.

Der Brief, den Dreiser abschrieb, ist anscheinend nicht mehr erhalten, und Nyiregyházis Bericht von diesem Vorfall klingt etwas anders. Ihm zufolge erfuhr Mary von der Affäre, als sie eine Kopie eines Briefs entdeckte, den er Helen aus Kalifornien geschrieben hatte. Vermutlich handelte es sich dabei um den vierseitigen Brief vom 28. Februar auf Briefpapier der Grand Opera Association in Los Angeles, der unter Dreisers Papieren erhalten ist. Er war an »Mein geliebtes, kleines Mädchen« adressiert und ist ein aufschlussreiches Zeugnis von Nyiregyházis Gefühlsleben. Das Schreiben ist in seinem üblichen hochtrabenden Stil abgefasst und mischt die höchsten ideellen Sehnsüchte mit schwärmerischer, jugendlicher Inbrunst:

> Du bist mein wundervoller Schatz, der geradezu perfekt zu mir zu passen scheint und dessen Glaube an mich und Wertschätzung meiner intellektuellen und geistigen Fähigkeiten mein Selbstvertrauen unermesslich stärkt. Ich bin überzeugt davon, dass Du mich bei der Realisierung meiner intellektuellen Sehnsüchte wesentlich unterstützen könntest, davon abgesehen, dass Du durch Deine für mich faszinierende Persönlichkeit und Individualität in mir große emotionale Freude weckst. Ich denke, dass Du mich äußerst glücklich machen könntest. Unter den wenigen bedeutenden Wünschen, die ich habe, ist keiner in mir stärker als das Verlangen, immer und dauerhaft mit Dir zusammen zu sein, frei von den aktuell unvermeidbaren Behelligungen und Beeeinflussungen. Wenn der Wille, dieses Ziel zu erreichen, in Dir stark genug ist, rückt es in den Bereich des Möglichen, nein, des Wahrscheinlichen, dass alle Hindernisse, die uns momentan den Weg verstellen, überwunden werden und dass wir danach für immer glücklich sein werden. Die Frage ist: Bist Du Dir ganz sicher hinsichtlich der Natur Deiner Wünsche? Bist Du eine gute Kämpferin, bereit, unausweichliche Bestrafung auf Dich zu nehmen, und in der Lage, diese zu ertragen? Es ist mir

klar, dass Du bisweilen von widerstreitenden Sehnsüchten hin- und hergerissen sein musst und dass diese »Konkurrenz«, mit der ich es zu tun habe, stark, »massiv und kompakt« ist. Eine wahrhaftige Armee des Attilla [sic]. Und dennoch: Wenn der Glaube, dass ich ein einzigartiger Mensch, ein leistungsfähiger Denker und ein großer Künstler bin, völlig Deiner innersten Überzeugung entspricht, dann ist meine Hoffnung, dass ich den Konkurrenzkampf gegen meinen außergewöhnlichen Gegner gewinnen werde, sowie die Hoffnung, dass alle Schwierigkeiten, vor denen ich stehe, nun von einer Macht den Todesstoß versetzt bekommen werden, die unvergleichlich viel größer ist als die der zeitgenössischen unbedeutenden, intrigierenden Politiker – dann sind diese Hoffnungen in keiner Weise unberechtigt.

... Ich habe ihr [Mary] überhaupt nicht geschrieben (obgleich sie mir supersüße und superraffinierte Liebesbriefe geschickt hat). Natürlich werde ich ihr eine Abrechnung der Kasseneinnahmen geben müssen und ihr zu diesem Zweck einige Briefe schreiben. Aber davon abgesehen – nichts. Alles, was ich sagen kann, ist, dass ich sie nicht liebe und noch nicht einmal mag. Für mich ist sie eine äußerst unsympathische Frau. Ich wünschte, ich wäre geschieden. Und dann – Oh, mein liebes, kleines Mädchen! Ich denke viel an Dich! – Sehr viel! Worte können die Intensität meiner emotionalen Reaktion auf Dich nicht ausdrücken. Und mein logisch denkender Geist stimmt so vollständig mit meinen Emotionen überein, wenn es um Dich geht!

Von nun an ging es mit Nyiregyházis Ehe rasant bergab; Mary hörte auf, sich um seine Karriere zu bemühen, und deutete erste Drohungen und Vergeltungsmaßnahmen an – sie war sehr eifersüchtig und konnte Untreue nicht mit Gleichmut begegnen. Er betrog sie regelmäßig mit anderen Frauen; eine seiner Entschuldigungen dafür war, dass sie sich weigerte, ihn oral zu befriedigen. Helen hatte ihn in den Oralsex eingeführt, und dieser wurde seine bevorzugte Art der sexuellen Befriedigung. (»Machst du es französisch?«, wurde zu einer seiner Leitfragen.) Nun drohte Mary ihm damit, ihn wegen Ehebruchs abschieben zu lassen – zu jener Zeit keine leere Drohung. Tatsächlich wurde er sogar von Beamten der Einwanderungsbehörde verhört. Doch seiner Darstellung zufolge erklärte er ihnen, er habe den fraglichen Brief als Grundlage für eine Komposition erfunden, und kam damit durch.

Im April 1927 trennten sie sich erneut, und Nyiregyházi zog in ein schmuddeliges Wohnheim in der achtundfünfzigsten Straße, in der Nähe von Dreisers Mietshaus. Zwei Jahre später beschrieb er diese Tage in einem Brief an Helen – Tage, die er mit »Grübeln und Weinen verbrachte, tagein, tagaus voller Verzweiflung über Dich, Dreiser, das Schicksal, die Grausamkeit des Lebens und die Schicksalsschläge und vergebliche Sehnsucht, Sehnsucht nach dir, nach Dreiser. Vergeblich! Absolute Hoffnungslosigkeit, Niedergeschlagenheit. Oh, was waren das für Tage!« Nach etwa einem Monat hatte er sich mit Mary wieder versöhnt, doch die Ehe blieb wechselhaft; in den folgenden Monaten zog er häufig aus ihrer Wohnung aus. Er wollte die Beziehung zu Helen wiederaufnehmen, da er sich leidenschaftlich zu ihr hingezogen fühlte; sie sahen sich weiterhin, doch ihre sexuelle Beziehung war vorbei. Nyiregyházi suchte nach Möglichkeiten, seine Ehe zu beenden – er war nicht nur desillusioniert, sondern *langweilte* sich mit Mary –, während sie ihn weiterhin für seine Treulosigkeit bestrafte. Als er einmal seinen Anteil an der Miete (er zahlte sechs Dollar pro Woche) eine halbe Stunde zu spät ablieferte, sperrte sie ihn aus seinem Zimmer aus und zwang ihn, sich ein Hotelzimmer zu nehmen.

Sie schafften es, den Sommer über zusammenzubleiben, doch im Oktober zog er wieder aus, und Mary verklagte ihn auf Unterhaltszahlungen während der Trennungszeit sowie Gerichtskosten für den Obersten Gerichtshof in New York. Nyiregyházi zufolge legte sie seinen Brief an Helen als Beweis vor und spielte ihn sogar einer örtlichen Zeitung zu. Am 27. Oktober gab er vor dem Richter eine eidesstattliche Erklärung ab. Am 28. und 29. Oktober berichtete Joseph Cowan in einem reißerischen Stil in der *Daily News* über den Prozess. Die Überschrift des ersten Artikels – »Sklave kämpft Prozess durch« – und die ersten Zeilen waren charakteristisch für den Ton des ganzen Beitrags:

> Drei Ehemänner? Nun, man kann immer noch einen vierten gebrauchen!

Liebe und Heirat

So war Frau Mary M. Kelen der Ansicht, dass das Herdfeuer in ihrer Studiowohnung in der Madison Avenue 152 schrecklich kalt und nutzlos sei, wenn kein Mann seine Beine auf der Kaminbank ausstrecke. Also fasste sie Ervin Nyiregyházi, einen jugendlichen Konzertpianisten, an seiner kleinen Hand und führte ihn zum Standesamt, um den Antrag für die Heiratserlaubnis zu stellen.

Cowan merkte an, dass Mary älter war und mehr wog – angeblich 83 Kilo gegenüber Ervins 60. Er berichtete, dass ihre ehelichen Schwierigkeiten schon drei Tage nach der Hochzeit begonnen hatten, als sie ihn mit einem Küchenmesser angriff, so dass er über die Feuerleiter fliehen musste. Der Grund dafür? »Sie schickte mich, eine Zeitung zu kaufen, und ich kam mit der *Times* statt mit *The News* zurück.« Es gab noch weitere Geschichten über die Ehestreitigkeiten:

»Sie behandelte mich, als sei ich ihr Sklave«, sagt Ervin. »Sie wies mich mit den abscheulichsten Ausdrücken zurecht, wenn meine Meinung von ihrer abwich. Sie schlug mich, trat nach mir, kratzte und ohrfeigte mich.«

Manchmal schloss sie seine Hosen weg, so dass er nicht aus dem Haus gehen konnte, oder gab ihm einen ganzen Tag lang nichts zu essen, klagt er.

»Dann setzte sie mich vor die Tür, und ich ging, ohne zu wissen, wo ich essen oder schlafen sollte. Eine Nacht verbrachte ich in der U-Bahn. Zwölf Tage lebte ich praktisch in der öffentlichen Bibliothek, während Freunde mir ein bisschen was zu essen gaben.«

Seine Frau kam in die Bibliothek und bat ihn, zu ihr zurückzukommen, erzählt er. Sie versprach, ihn nicht mehr zu schlagen und zu treten und auch seine Hosen nicht mehr wegzuschließen, so dass er zu ihr zurückkehrte.

Mary stritt das alles ab und stellte sich selbst als eine gute Frau dar, die sich ganz dem Genie ihres Mannes widmete und versuchte, all seinen Launen gerecht zu werden. Er habe ihr einen Antrag gemacht, nicht umgekehrt, behauptete sie; er missbrauche und »würge sie häufig«. Angeblich steckte sie ihr ganzes Geld in seine Karriere und bat sogar heimatvertriebene europäische Aristokraten aus ihrem Bekanntenkreis um Hilfe, während er finanziell nichts beigetragen habe. Sie sagte, einer seiner früheren Manager habe Ervin dazu bewegt, sie zu verlassen, und ihn bei sich aufgenommen, so dass sie *ihn* auf 100.000 Dollar verklagte wegen der »Abwerbung von Ervins Zuneigung«. Obendrein bestritt sie, 83 Kilo zu wiegen, und stieg für Cowan extra auf eine Waage – die 77 Kilo anzeigte. Als sie geheiratet hatten, habe sie 71 Kilo gewogen, behauptete sie; bei dem Versuch, ihren unterernährten Mann mit fetter Kost zu mästen, habe sie dann zugenommen. (»Ich gab ein kleines Vermögen für Kaviar aus, da er den so liebt.«) Am 29. Oktober brachte die *Daily News* unter der Überschrift »Pianist in Pyjama auf der Suche nach einem Kuss« eine weitere bizarre Geschichte:

> In seiner glänzenden Pyjamahose und dem Bademantel erinnerte er an einen purpurroten Sonnenuntergang, als er die Madison Avenue hinunterspazierte. Ein korpulenter Gesetzeshüter ließ vor Überraschung beinahe seinen Gummiknüppel fallen, als ihm der unbekümmerte Ervin Nyiregyházi über den Weg lief – denn es war niemand anderes als das jugendliche Klaviergenie.
>
> Zwei Minuten später hatte der Beamte ihn in die Wohnung seiner Frau in der Madison Avenue 152 zurückgebracht und verlangte eine Erklärung.
>
> Der Beschützer ihres Ehemanns wandte sich an Frau Mary Kelen Nyiregyházi: »Gute Frau, er sagt, sie hätten seine Hosen weggeschlossen, so dass er nicht aus dem Haus gehen konnte und den Entschluss fasste, Sie zum Narren zu halten. Er behauptet, er sei ein großer Künstler und verpflichtet, etwas zu tun.«
>
> Während der Polizist wieder gehen musste, ohne die wahre Erklärung für die Vorstellung bekommen zu haben, die seine irischen Augen so irritiert hatte, gab Frau Nyiregyházi gestern diese Begründung in einer eidesstattlichen Erklärung ...
>
> »Nur wenige Tage nach unserer Hochzeit sagte Ervin, er werde eine seiner früheren Geliebten besuchen«, behauptet die Frau des Pianisten.
>
> »Zwei Tage nach der Trauung versuchte er, ein Mädchen, das er mal gekannt hatte, zu küssen. Deshalb schloss ich seine Hosen weg, um ihn im Haus zu halten.

Doch als ich mich in einem anderen Zimmer aufhielt, zog er seinen Pyjama und den Bademantel an und verließ das Haus.«

Weder Marys Behauptungen noch die Erinnerungen ihres Mannes klingen unglaubwürdig oder unwahrscheinlich; keiner von beiden war in dieser absurden, von Anfang an zum Scheitern verurteilten Beziehung ein unbeteiligter Zuschauer. Mary hatte berechtigterweise das Gefühl, dass ihr Unrecht geschehe. Unter Nyiregyházis Papieren befinden sich die letzten beiden Seiten eines Briefs, den sie ihm wahrscheinlich Ende 1927 oder Anfang 1928 geschrieben hatte. Er endet mit den Worten: »Ich mag all das sein, was Du andere glauben machen willst – auch wenn Du selbst es niemals glauben wirst –, doch ich hoffe inständig, dass ich weiterhin in der Lage sein werde, von Dir zu sprechen, wie es sich für eine Ehefrau gehört. Außerhalb der Gerichte wird niemand von Deinem schrecklichen, gemeinen Selbst erfahren.«

Nyiregyházi interpretierte das Gerichtsverfahren seiner Frau als Racheakt, denn sie hatte Geld und Arbeit, während seine Aussichten düster waren. Ihm zufolge gewann sie den Prozess, doch der Richter sah davon ab, Unterhalt von ihm zu verlangen, da er keine Stelle hatte. Nach der Gerichtsverhandlung versöhnte sich das Paar noch einmal eine Zeitlang; doch schon bald zog er erneut aus und wieder ein und musste Phasen der Obdachlosigkeit und schrecklicher Armut durchleben.

Er war am Tiefpunkt angelangt. Nyiregyházi selbst bezeichnete die Zeit von Mitte 1927 bis Mitte 1928 als »das schlimmste Jahr meines Lebens« – und das wollte schon etwas heißen. In musikalischer Hinsicht war er nun für die meisten Menschen wenig mehr als eine dunkle Erinnerung. Seine Streitigkeiten mit den Managern sowie seine musikalischen und persönlichen Exzentrizitäten hatten bereits im Musikgeschäft ein schlechtes Licht auf seinen Namen geworfen; nun war er auch noch zur Lachnummer geworden, sein Name und sein Bild hatten auf den Seiten eines Boulevardblatts geprangt, das über einviertel Millionen mal pro Tag verkauft wurde. Da sein Ruf nun ruiniert war und Mary nicht mehr für ihn arbeitete, hatte er wenig Chancen, ein ordentliches Management oder seriöse Engagements zu bekommen. So gab er weiterhin Privatkonzerte – beispielsweise bei dem Impresario Florenz Ziegfeld – und war vom Mitleid einiger ungarischer Freunde abhängig. Häufig musste er leichte Musik spielen, einige Wochen lang auch in einem Varieté – eine Arbeit, die er früher abgelehnt hatte. Der *Daily News* zufolge spielte er in einem Hotelorchester und trat eine Zeitlang in einem Trio zusammen mit einem Geiger und einem Cellisten auf, mit denen er klassische Musik und Jazz spielte. Anfang 1928 angelte er sich einen ordentlichen Gig mit einem anständigen Honorar, als er mit einer Jazzband in einem Club in Greenwich Village auftrat. Die Kunden dort baten ihn gelegentlich, ein bekanntes klassisches Stück zu spielen; als einer nach Liszts *Ungarischer Rhapsodie* Nr. 2 fragte, stellte er ganz erstaunt fest, dass der Pianist sie einst in der Carnegie Hall präsentiert hatte.

Im Januar 1928 überzeugte Nyiregyházi Mary, die Scheidung einzureichen. Der Grund dafür sollte Ehebruch sein, und da ein Beweis erforderlich war, willigte die treue Gertrude Schultheiss ein, als Scheidungsgrund zu fungieren. Doch als Mary mit ihren beiden Komplizen verabredungsgemäß in Gertrudes Wohnung stürmte, bot sich ihnen ein vollkommen unschuldiges Bild: Nyiregyházi spielte Gertrude auf ihrem Klavier etwas vor – passenderweise eine eigene Komposition mit dem Titel *Don Juan Triumphant*. Mary war frustriert und wütend, doch sie nahm Ervin wieder bei sich auf. (Sie gingen nach Hause, hatten Sex und versöhnten sich.) Natürlich hielt das nicht lange. Kurze Zeit später ging sie in Berufung und erstritt vor Gericht einen wöchentlichen Trennungsunterhalt in Höhe von 10 Dollar pro Woche; dieses Mal vertrat der Richter die Ansicht, dass Nyiregyházi körperlich leistungsfähig genug sei, um Arbeit zu finden und sie zu unterstützen. Nyiregyházi legte gegen dieses Urteil keinen Einspruch ein, da er weitere Gerichtskosten nicht hätte tragen können. Allerdings wurde die Summe später im Einvernehmen auf 7,50 Dollar herabgesetzt. Mary hörte jedoch nicht auf, ihn zu bestrafen. Einmal drohte sie ihm damit, ihn wegen Unzurechnungsfähigkeit in eine Anstalt einweisen zu lassen; sie führte seine Lüsternheit und sogar die Art, wie er Klavier spielte, als Beweise dafür an, dass er »nicht normal« war.

Nyiregyházi fühlte sich in die Enge getrieben und beschloss, nach Europa zu fliehen. Bis Anfang 1928 hatte er zu diesem Zweck 465 Dollar gespart. Das Geld bewahrte er nicht bei der Bank auf, da er Angst hatte, Mary könnte es für sich beanspruchen; deshalb trug er 300 Dollar in bar in seinem Schuh mit sich herum. Eines Morgens wachte er auf und stellte fest, dass das Geld verschwunden war. Ein anderer Gast in seiner Unterkunft hatte es ihm gestohlen, nachdem er ihn zuvor betrunken gemacht hatte. Daraufhin schickte er seiner Mutter einen Teil des verbleibenden Geldes und zog wieder bei Mary ein.

Der letzte Akt dieses Dramas ereignete sich am 15. März. Mary fand heraus, dass er ein weiteres Mal untreu gewesen war. Alte Argumente (Ehebruch, Oralsex) wurden ins Feld geführt, und am Ende bedrohte sie ihn mit einem Messer. Er beschloss, New York ein für alle Mal zu verlassen, und da Europa nun nicht mehr in Frage kam, entschied er sich für Los Angeles, weil er in dieser Stadt so große Erfolge gefeiert hatte. Während Mary auf dem Markt war, schmuggelte er einen gepackten Koffer aus dem Haus, brachte ihn zur Gepäckaufbewahrung im Grand Central Station, gab ein Konzert mit seiner Jazzband, schlich sich in der Pause davon und nahm – noch immer im Smoking – ein Taxi zum Bahnhof. Er reiste nach Chicago und ließ den Großteil seiner Habseligkeiten zurück. Erst nach seiner Ankunft dort benachrichtigte er Mary, die zu diesem Zeitpunkt ihre Geschichte der verlassenen Ehefrau bereits der Presse erzählt hatte. (Nyiregyházi erinnerte sich, dass er sowohl in Chicago als auch in Los Angeles in den Zeitungen las, dass er auf rätselhafte Weise verschwunden sei und seine Frau »mittellos« zurückgelassen habe. In mindestens einem Artikel in einer New Yorker Zeitung wurde behauptet, es sei bekannt, dass er häufig Bordelle besuche, so dass er möglicherweise in einem von ihnen ermordet worden sei.) Vergebens versuchte er, in Chicago ein Konzert zu organisieren; daher fuhr er weiter Richtung Westen. Auf der Fahrt hatte der Bus bei einem Schneesturm im ländlichen Nebraska eine Panne, so dass Nyiregyházi und seine Mitreisenden zu einem nahe gelegenen Bauernhof gingen, wo er für seine überraschten Begleiter auf einem Klavier Liszts *Rigoletto*-Paraphrase spielte. »Es war mir lieber, dort zu spielen als in der Carnegie Hall«, erzählte er später – allerdings stand ihm die Carnegie Hall nicht mehr zur Verfügung.

In der ersten Aprilwoche kam Nyiregyházi in Los Angeles an. Er hoffte, seine persönlichen Probleme hinter sich lassen und seine Karriere wiederbeleben zu können. In seiner Tasche befanden sich genau sechs Dollar.

Gegenüberliegende Seite:
Nyiregyházi, wahrscheinlich im Alter von dreiunddreißig Jahren.
Das Foto wurde in verschiedenen Tageszeitungen in Los Angeles veröffentlicht, um seine Konzerte in den 1930er und 1940er Jahren zu bewerben. *(Fotografie vom Federal Music Project.
University of Southern California, im Namen von U.S.C.
Specialized Libraries and Archival Collections.)*

TEIL DREI

EIN GLÜCKSRITTER

1928–1972

11
Ganz unten – in Los Angeles und anderswo

Der fünfundzwanzig Jahre alte Nyiregyházi ließ sich in einer florierenden, schnell wachsenden Stadt mit rund einer Million Einwohnern nieder. Los Angeles war vielleicht nicht ganz so dynamisch und kosmopolitisch wie New York, konnte jedoch bereits mit kulturellen Errungenschaften aufwarten, die weit über jene der Filmindustrie hinausreichten. Dazu gehörte beispielsweise auch eine lebendige, abwechslungsreiche klassische Musikszene. Das kulturelle Leben wurde in den 1930er und 1940er Jahren durch den Zustrom emigrierter europäischer Musiker und anderer Künstler, Schriftsteller und Intellektueller noch bereichert und vertieft. Nyiregyházi stellte sich am 10. Mai 1928 wieder in Los Angeles vor, indem er im Philharmonic Auditorium mit einem umfangreichen Konzertprogramm auftrat, das »für die anspruchsvollsten Musikliebhaber gedacht« war und »eine Reihe von Werken mit einbeziehen, die bisher noch nicht in Los Angeles erklungen sind«, wie eine Zeitung ankündigte. (Er spielte Raritäten wie Liszts *Mephisto-Walzer* Nr. 3, Ilynskys »Orgy of the Spirits« und ausgerechnet Liszts sinfonische Dichtung *Hamlet* in seinem eigenen Arrangement.) Nyiregyházi zog ein großes, begeistertes Publikum an – er hatte noch immer Bewunderer in der Stadt –, doch von den Einnahmen vereinzelter, anspruchsvoller Konzerte konnte er nicht leben. Vor dem Konzertabend wurde angekündigt, dass er »gerade von einer Tournee durch die wichtigsten Städte Europas zurückgekehrt« sei; und im Dezember hieß es, dass er »bald zu einer Konzertreise durch die Vereinigten Staaten aufbrechen wird, bevor er nach Europa zurückkehrt« – doch das waren Lügen, die sein Manager Merle Armitage erfunden hatte. Außerhalb von Los Angeles war seine Karriere praktisch beendet. Im Sommer war er schließlich so knapp bei Kasse, dass er jede bezahlte Arbeit annahm, die er finden konnte.

Während der folgenden beiden Jahre hatte er verschiedene Manager. Er trat mit einem Streichtrio unter freiem Himmel im Argus Bowl in Glendale auf, spielte an einem Montagnachmittag zur Eröffnung eines einwöchigen Musikfestes, gab Konzertabende für den Pleiades Club, den Ebell Club, den Spanish Club, den Woman's Lyric Club und eine astrologische Gesellschaft, trat zusammen mit dem Vokalensemble Yucatan Quintette auf und spielte das Konzert von Schumann mit dem Women's Symphony Orchestra aus Los Angeles. Er hatte einigen Erfolg. Ein Konzert im Hollywood Conservatory of Music and Art im März 1930 löste eine so positive Resonanz aus, dass ein zweites für April organisiert wurde. Die Kritiker waren geteilter Meinung. »Er verursachte gelegentlich Panik unter den Orchestermusikern«, schrieb Patterson Greene im *Examiner* über das Schumann-Konzert. »Er galoppierte, wo er hätte gehen sollen. An anderen Stellen trödelte er unvermutet. Er spielte übertrieben rührselig. Trotz allem offenbarte er eine natürliche Begabung, eine Beherrschung des Klaviers und eine Klangvielfalt, die ihn, richtig eingesetzt, zu den bedeutendsten Pianisten zählen lassen würden.« Viele hörten jedoch auch einen reiferen und disziplinierteren Künstler als den Hitzkopf, der 1923 die Stadt im Sturm erobert hatte.

Während seiner ersten Jahre in Los Angeles stammte der Großteil seiner Einkünfte aus der Filmbranche.[1] Im November 1928 spielte er dem Leiter der Musikabteilung von United Artists, dem in Wien geborenen Hugo Riesenfeld, vor. Nyiregyházi hatte Riesenfelds Dirigat bewundert, und dieser war 1923 ein weiterer von Rudolph Valentinos »Schönheitsexperten« beim Schönheitswettbewerb gewesen, die beiden hatten sich aber nie getroffen. Nach Nyiregyházis Erzählung wurden sie einander vorgestellt, doch Riesenfeld war abgelenkt und verstand den Namen nicht, setzte ihn einfach an ein Klavier und bat ihn, ein schwieriges Musikstück vom Blatt zu spielen. Was er zu hören bekam, über-

---

[1] Schon in seiner Kindheit hatte er Filme geliebt. Fröhlich gestand er ein, dass sein Filmgeschmack niveaulos war: »Je schlechter, desto besser.« Besonders mochte er Gangsterfilme und Krimis mit Figuren wie Sherlock Holmes oder dem maskierten Zigeuner-Verbrecherboss Zigomar.

raschte ihn, und er erklärte: »Es gibt nur einen einzigen Mann, der so vom Blatt spielen kann: Nyiregyházi.« Wie sich herausstellte, hatte Riesenfeld einer privaten Veranstaltung in New York beigewohnt, bei der Nyiregyházi einige Werke vom Blatt gespielt und damit für allgemeines ungläubiges Staunen gesorgt hatte. Er wurde vom Fleck weg engagiert und für ein Gehalt von 4 Dollar pro Stunde ein Vollzeitangestellter bei United Artists.

Seine Hauptaufgabe bestand darin, Orchesterpartituren vom Blatt zu lesen und das Standardrepertoire für Studiokomponisten und Produzenten wie Samuel Goldwyn, Howard Hughes und Joseph M. Schenck zu spielen. Er arbeitete an einigen Stummfilmpartituren, war jedoch zu einer Zeit in die Stadt gekommen, in der es gerade viel Wirbel um Tonfilme gab, die schließlich ab 1930 die Filmindustrie dominierten. Damals florierte das Geschäft in Hollywood, und in den Jahren 1929 und 1930 wurden neue Zuschauerrekorde erreicht. So gab es viel Arbeit für Nyiregyházi. Schon bald übernahm er für Riesenfeld auch andere Jobs – beispielsweise half er beim Arrangement und bei der Orchestrierung von Musik romantischer Komponisten für Mary Pickfords ersten Tonfilm, *Coquette*, der 1929 in die Kinos kam. Nyiregyházi räumte ein, dass der erfolgreiche Riesenfeld sein Geschäft verstand und einen hervorragenden Musikgeschmack hatte – dieser Meinung waren alle aus der Branche –, aber dennoch spottete er über »Dr. Riesenfelds« Ansprüche und missbilligte seine Angewohnheit, Themen von Liszt, Wagner und anderen Komponisten, deren Werke nicht urheberrechtlich geschützt waren, abzuschreiben. (Geklautes Material neu zu arrangieren war tatsächlich seine Spezialität.) Manchmal spielte Nyiregyházi Riesenfeld seine eigenen Kompositionen vor, und auch bei *diesen* bediente Riesenfeld sich. »Ein großer Jude!«, schlussfolgerte er.

Nyiregyházi trat in mehreren frühen Tonfilmen auf – wie zum Beispiel in *Lummox* [*Der Tolpatsch*], der von United Artists im Januar 1930 herausgebracht wurde. Auf der Grundlage des rührseligen Romans von Fannie Hurst erzählt er die Geschichte eines Dienstmädchens – der im Titel erwähnte »Tolpatsch« –, das von einem verwahrlosten Dichter, dem Sohn seiner wohlhabenden

Arbeitgeber, verführt wird. Sie bekommt einen Sohn, den sie zur Adoption freigibt, und dieser Junge wird ein bedeutender Pianist. Am Ende des Films steht sie hinten in der Carnegie Hall und sieht ihm zu, wie er spielt. Nachdem Hurst Nyiregyházi hatte spielen hören, bestand sie selbst darauf, dass er in dieser letzten Szene auftrat. Dafür wurde er gefilmt, wie er einen Teil des Konzerts von Grieg spielte, während die (nicht im Drehbuch vorgesehenen) Zugabe-Rufe – größtenteils von Frauen – zu hören sind. Fast überall wurde *Lummox* verlacht und wegen der Sentimentalität, des langsamen Tempos, der absurden Situationen, des theatralischen Stils und der schlechten, ungeschickt aufgenommenen Dialoge verspottet. Dennoch erhielt Nyiregyházi für seine Mühe 400 Dollar.

Er arbeitete auch für einige andere Hollywood-Studios. So trat er in der Paramount-Produktion *Fashions in Love* auf, die auf Hermann Bahrs Stück *Das Konzert* beruhte und im Juni 1929 in die Kinos kam. In seinem ersten Tonfilm spielte Adolphe Menjou einen temperamentvollen Pianisten, der kaum in der Lage ist, für sich selbst zu sorgen, und süchtig nach hübschen Frauen ist – ein Drehbuch, das Nyiregyházi äußerst bekannt vorgekommen sein muss. Für diesen Film spielte er mehrere Stücke: Liszts *Liebestraum* Nr. 3, Mendelssohns »Spinnerlied« und Chopins »Schwarze-Tasten-Etüde«. Außerdem war er an der Aufnahme der Filmmusik von *The Lost Zeppelin* [*Kapitän Halls große Liebe*] beteiligt, der im Dezember 1929 von dem kleinen Studio Tiffany-Stahl herausgebracht wurde. Dieses Mal spielte er zur Untermalung einer sich entwickelnden Dreiecksbeziehung während eines Festessens den *Liebestraum* und einen Ausschnitt aus Liszts *Ungarischer Rhapsodie* Nr. 12; für einige Sekunden kann man ihn im Hintergrund am Klavier sitzen sehen, umgeben von ihn bewundernden Frauen. Kein einziger der Filme, in denen er auftrat, ist besonders bemerkenswert. Allerdings zeichnen sich deren Soundtracks dadurch aus, dass sie seine frühesten, richtigen Aufnahmen beinhalten und zeitgenössische Berichte von seinem leidenschaftlichen, romantischen Stil untermauern.

Nyiregyházi hatte gehofft, in Los Angeles neu anfangen zu können, doch er war noch immer derselbe, hatte dieselben Neigungen und Schwächen. Sein Leben verlief nun kaum anders und nicht wirklich besser als in New York. Er wohnte nach wie vor in billigen, schäbigen Hotels und Mietshäusern oder bei Freunden, lebte von der Hand in den Mund und zog immer dann um, wenn die finanzielle Lage aufgrund seiner wechselhaften Karriere ihn dazu zwang. (Seine zuverlässigste Postanschrift war »Postlagernd«.) Und kaum hatte er sich niedergelassen, war er auch schon wieder in komplizierte Beziehungen mit Frauen verstrickt, von denen zwei sogar Mutter und Tochter waren.

Elsie Swan wurde 1893 in Finnland geboren, kam schon als Jugendliche in die USA und war zweimal verheiratet gewesen. Ihren Lebensunterhalt bezog sie aus mehreren Quellen: Sie vermietete Zimmer, war eine fachkundige Schneiderin und betrieb eine Zeitlang ein Restaurant in Beverly Hills, wo sie Paprikahähnchen für Nyiregyházi kochte und ihn kostenlos essen ließ. Sie war etwa 1,70 Meter groß, mollig und drall, hatte blonde Haare, blaue Augen und ein freundliches Gesicht. Elsie war eine sanfte, aber auch starke Frau, lebendig, extrovertiert und sehr beliebt. Häufig vermietete sie an junge Menschen, die von der Welt der Stars fasziniert waren und versuchen wollten, im Filmgeschäft Fuß zu fassen. Als Wirtin war sie flexibel und nachsichtig. Der schüchterne, introvertierte Nyiregyházi hingegen zog private Gespräche Partys vor und war generell gewissenhaft; er wusste immer ganz genau, wie viel Geld er besaß, und ärgerte sich, dass Elsie nicht den Überblick über ihre Mieteinnahmen behielt. Dennoch bot sie ihm Verständnis und Gesellschaft. Sie war zwar nicht musikalisch gebildet, bewunderte aber seinen idealistischen, äußerst emotionalen Umgang mit Musik und drängte ihn nicht, Konzerte zu geben. Obwohl die Beziehung Ende 1928 auch eine sexuelle Komponente hatte, stand doch die Seelenverwandtschaft im Vordergrund. Im Laufe der Jahre half Elsie ihm in vielerlei Hinsicht – manchmal mit Geld und einer Unterkunft –, und ihre Sorge um sein Wohlergehen reichte so weit, dass sie ihm bei Streitereien wegen seiner Frauengeschichten und anderen selbstzerstörerischen Verhaltens schon mal eine blutige Nase verpasste. Er bat sie wiederholt, ihn zu heiraten, doch sie lehnte stets ab, da sie den Verlust der Zuschüsse fürchtete, von denen sie als Witwe ihres zweiten Mannes profitierte; dieser war als Kriegsversehrter aus dem Ersten Weltkrieg zurückgekehrt.

Die 1911 geborene Marie Pergain war die älteste von Elsies drei Töchtern aus erster Ehe. Sie war Pianistin, nicht besonders stattlich, spielte aber Nyiregyházi zufolge »wie ein weiblicher Paderewski«. Niemand spiele Liszts Sonate besser (oder langsamer) als sie, sagte er – »außer mir«. (Sie spielte jedoch nur zum Vergnügen, nicht in der Öffentlichkeit.) Sie arbeitete ein wenig als Schauspielerin; ihr Name taucht im Abspann zweier Stummfilm-Komödien aus dem Jahr 1928 auf (*The Best Man* und *The Beach Club*); und Nyiregyházi behauptete, einmal zufällig auf einen Pornofilm gestoßen zu sein, in dem sie zu sehen war. Sie war noch eine Jugendliche, als sie sich kennen lernten, aber sexuell erfahren. Tatsächlich war sie bereits mit einem trägen russischen Prinzen verheiratet gewesen. Ihre sexuelle Affäre begann kurz nachdem sie sich kennen gelernt hatten und wurde durch Untreue auf beiden Seiten erschwert. (Zu ihren Liebhabern zählten anscheinend auch der Dirigent Arthur Rodzinski und der Regisseur Ernst Lubitsch.) Sie war größer und schlanker als ihre Mutter, hatte platinblondes Haar, volle Lippen und einen aufreizenden Gang; er verglich sie mit der jungen Joan Crawford. »Ich war sexuell verrückt nach Marie«, sagte er. »Das mit Elsie ging tiefer.« Doch er bewunderte Maries Musikalität und Intellekt sowie ihr Wissen in den Bereichen Literatur und Philosophie aufrichtig. Irgendwann einmal planten die beiden, in Mexiko zu heiraten, doch Elsie hielt sie davon ab.

Wie in New York wurden ernsthafte Partnerschaften auch in Los Angeles durch andere Affären ergänzt. Nyiregyházi war nach wie vor ein Magnet für Frauen und erzählte, er habe damals zehn bis zwölf sexuelle Kontakte pro Woche gehabt. Während seiner ersten Jahre in Los Angeles zählten auch Armitages Sekretärin, Riesenfelds Tochter, eine Näherin, die für Elsie arbeitete, eine Schauspielerin und eine wohlhabende Erbin zu seinen Geliebten. Einmal verliebte er sich in die Vorzimmerdame seines Arztes, und sie willigte ein, mit ihm auszugehen, obwohl er wegen Tripper in Behandlung war. Auch mit der deutschen Pianistin Elly Ney, deren Spiel er schon lange bewunderte, hatte er eine Affäre. (Er bezeichnete sie als die idealistischste Person, die er je kennen gelernt hatte.) Sie trafen sich eines Abends im November 1929, als sie im Hause von Maries Klavierlehrer, bei dem er damals lebte, einander vorspielten. Obgleich Ney über zwanzig Jahre älter war als er, hatten sie eine kurze Affäre, die schon am nächsten Tag begann.

Nyiregyházi hatte ein außerordentlich gutes Gedächtnis – nicht nur für Fakten, sondern auch für Gefühle, die in seinem Kopf Bestand zu haben und lebendig zu bleiben schienen. (»Halfdan, ich bin so sentimental!«, schrieb er 1929 an Cleve. »Die Erinnerungen (gute und schlechte) tun mir so weh!«) Seine Liebe zu einer Frau ersetzte nicht die Liebe zu einer anderen; beide existierten in voneinander unabhängigen Bereichen seines Geistes mehr oder weniger dauerhaft. Da wundert es nicht, dass sein Liebesleben mit der Zeit immer komplizierter wurde: Die Anzahl der vergangenen Liebesaffären nahm stetig zu, und teilweise verfolgten sie ihn weiterhin. Nachdem er beispielsweise Helen Richardson einmal geliebt hatte, klang die Liebe zu ihr in ihm noch nach und war für eine Wiederaufnahme verfügbar. Tatsächlich ging Helen ihm nicht aus dem Sinn. Im April 1929 schrieb er ihr:

> Was machst Du? Welche Pläne hast Du? Wenn ich eine Scheidung durchsetzen könnte, würde Dir das etwas bedeuten? Einer der größten und unbezähmbarsten meiner Wünsche ist es, Dich zu haben, mit Dir zusammen zu sein, in Deiner Nähe zu sein, Körper und Seele, immer ...
>
> Warum sollte ich nicht belohnt werden? Für die Größe meiner Seele, geistige Leistungen, für all das Leid, die Marter und Qualen. Wenn ich an eine Belohnung abgesehen vom Schöpferischen [also Komponieren] denke, erscheint Dein Bild vor mir. Niemand außer Dir. Du, der Inbegriff und die Verkörperung meiner Sehnsüchte, der Liebeshöhepunkt meiner Existenz, zu dem ich – trotz allem – in meiner Fantasie noch immer aufsteige. Wird das Wirklichkeit werden? Ja! Nein! Ja! Nein! Ja! Nein! Ja! Nein! Das unbarmherzige

Schicksal! Das Roulette! Das makabere Roulette! Die Elemente! Die Elemente! Die Elemente! Schicksal! Schicksal! Schicksal!

Doch mit seiner ohnmächtigen Rhetorik gewann er Helen nicht zurück. Nyiregyházi sah sie und Theodore Dreiser im Frühling 1930 in Los Angeles, war jedoch von ihrer neuen Gleichgültigkeit ihm gegenüber verletzt. (Daraus entstand eine Komposition: *There Are Tears in the Affairs of This Life*.) Er wollte eine idealistische Freundschaft unter Gleichgesinnten mit Dreiser fortführen, seine Affäre mit Helen wiederaufnehmen und konnte nicht verstehen, was das Paar dagegen einzuwenden haben könnte.

Anfang 1930 kündigte Nyiregyházi seinen Job bei United Artists und orientierte sich wieder nach Europa. Schon lange hatte er geplant, dorthin zurückzukehren, zumal er dachte, dass er mit seinem Temperament eher dorthin passe. Amerika erschien ihm spießbürgerlich, und er war zu dem Schluss gekommen, dass seine Aussichten auf Konzerte im Ausland besser sein könnten. Marie Pergain war dort, studierte Klavier in Deutschland, und er plante, in diesem Sommer Elly Ney bei den Wagnerfestspielen in Bayreuth zu treffen. Amerikanische Freunde sicherten ihm zu, ihn prominenten Persönlichkeiten in London vorzustellen. Er kam am 5. Juli dort an – doch er war nicht mehr die Attraktion von einst. Als er im Sekretariat von Queen Mary unschuldig anbot, für die Königin zu spielen, wie damals als Achtjähriger, wurde er sanft, aber bestimmt abgewiesen.

Er reiste nach Bayreuth, aber Elly Ney erschien dort nicht. Tatsächlich sah er sie niemals wieder und erfuhr nicht, weshalb sie den Kontakt zu ihm abgebrochen hatte. Nyiregyházi fuhr weiter nach Budapest, wo er Familienmitglieder und alte Freunde, Kollegen und Lehrer wieder traf. (Die Kovács boten ihm eine Unterkunft und finanzielle Unterstützung an.) Am 17. November gab er einen Konzertabend, in dessen Vorfeld er der örtlichen Zeitung ein Interview gewährte. Nach zwölf Jahren war dies das erste Konzert in seiner Heimatstadt. Dennoch machte er in seinem Interview keine Zugeständnisse um einer guten Presse willen. Er verspottete den sexuellen Sittenkodex der Amerikaner und gab vergnügt Einzelheiten aus seinem eigenen Liebesleben preis wie seine Vorliebe für Prostituierte. »Für mich ist es eine größere Freude, in ein Bordell zu gehen, als die Königin von England zu treffen«, sagte er – erwähnte allerdings nicht, dass die Königin gerade erst abgelehnt hatte, ihn zu empfangen. Auf jeden Fall war bei seinem Konzert der Saal ausverkauft, was sich auch in klingender Münze bezahlt machte. In einer Kritik, die im *Pester Lloyd* erschien, wurde er als »Ausdruckspianist« bezeichnet, dessen Spiel das »Brausen seiner Seele« kundtue.

Aufgrund der öffentlichen Aufmerksamkeit hatte er in Budapest viele sexuelle Kontakte. Er traf eine »sehr erfahrene« Achtzehnjährige namens Emma, mit der er im Hause der Kovács in flagranti erwischt wurde. Nach diesem Vorfall nahm er sich eine eigene Wohnung. Die Affäre dauerte nur einige Monate, und danach traf er sich mit einer anderen, intellektuelleren Achtzehnjährigen, Eva Kepes. Überdies hatte Nyiregyházi – einer unmissverständlichen Interviewnotiz zufolge, die seiner letzten Frau vorlag – sexuellen Kontakt mit seiner Großtante Berta Borsodi, der Tante, die gerne über Oralsex sprach (und offenbar nicht nur sprach ...).

Doch wie ein Athlet war selbst Nyiregyházi vor seinem Konzert am 10. Februar 1931 sexuell enthaltsam, als wolle er seine Kräfte schonen, da er sich gerade erst von einer ernsten Grippe erholte. Es war ein beeindruckendes Programm mit drei großen Konzerten: das d-Moll-Konzert von Brahms, das Tschaikowsky-Konzert und Liszts *Totentanz*. Der Erfolg war überwältigend. Der Pianist György Sándor, der damals ein Jugendlicher war, erinnerte sich an das Konzert noch mehr als siebzig Jahre später. Er berichtete, im *Totentanz* habe Nyiregyházi die Tonrepetitionen im Fugato mit nur einem Finger gespielt, so dass vermutlich ein spröder, durchdringender Klang entstand; Sándor beschrieb die Wirkung als »schockierend« und Nyiregyházis Talente als »irre«. Wegen eines Krankheitsrückfalls wurde er dann in dasselbe tschechische Sanatorium eingeliefert, in dem er bereits als Dreizehnjähriger gewesen war. Nach seiner Genesung reiste er nach Wien, wo er am 26. März einen Konzertabend gab. Dort war er mit vierzehn zum letzten Mal aufgetreten, doch er erhielt noch immer begeisterte Kritiken. Ein Rezensent verglich seine Interpretation von Skrjabins Sonate Nr. 5 mit einem Orchester, das Berlioz spielt. Elsie Swan traf Nyiregyházi in Wien, wo sie Sigmund Freud wegen einiger persönlicher Probleme konsultiert hatte. (Freud war mit Jozsa Kovács befreundet, die aus Wien stammte.) Worum es sich dabei genau handelte, ist nicht bekannt, doch Freud kam zu dem Schluss – wie nicht anders zu erwarten –, dass die Probleme sexuellen Ursprungs waren. Im April gab Nyiregyházi Konzerte in Amsterdam und Den Haag und traf zum ersten Mal nach vielen Jahren Géza Révész. Dieser hatte Ungarn nach dem Krieg verlassen und war nach Amsterdam gezogen, wo er als Professor an der Universität lehrte und Direktor des psychologischen Labors war. In Budapest traf Nyiregyházi sich wieder mit Elsie.[2] Im Juli kehrte er schließlich in die Vereinigten Staaten zurück.

Er fühlte sich unruhig, wusste nicht, was er tun und wo er leben sollte. Los Angeles, New York, Europa – alles hatte Vor- und Nachteile, kein Ort versprach wirkliche persönliche und professionelle Erfüllung. Während er im Sanatorium war, hatte er ein Werk mit dem Titel *Longing for America* komponiert, da er gemerkt hatte, dass er sich im Nachkriegseuropa zunehmend unwohl fühlte. Wenn auch nur durch die Gewohnheit, so wurde Amerika dennoch zu seiner Heimat.

Eine Weile wohnte er in New York, wo sein Leben durch eine weitere Dreiecksbeziehung erschwert wurde, in die Dreiser involviert war – denn dieser hatte nun ebenfalls eine Affäre mit Marie Pergain begonnen. Marie hatte Dreiser Anfang 1930 kennengelernt, als sie nach Deutschland unterwegs war. Tatsächlich war es sogar Nyiregyházi selbst gewesen, der die Empfehlung geschrieben hatte, durch die sie zueinander fanden. Dreiser mietete nun eine Wohnung für Marie, und sie zeigte sich mit ihm

---

[2] Reiste er womöglich noch weiter? 1977 zitierte ihn ein Freund in Bezug auf *The Third Degree*, eine Komposition aus dem Jahr 1932, mit den Worten: »Ich wurde in Istanbul verhaftet, weil ich betrunken war. Weißt du, die Türken sind nicht besonders nett!«

zusammen in der Öffentlichkeit. Als er im November 1931 mit einem Schriftstellergremium eine hochkarätige Reise nach Pineville, Kentucky, unternahm, um über die Ausbeutung der Bergleute in Harlan County zu recherchieren, begleitete Marie ihn. Das löste einen öffentlichen Skandal aus und führte sogar zu einer Anklage vor dem Großen Geschworenengericht wegen Ehebruchs. (John Dos Passos beschrieb ihre guten Umgangsformen und ihre Eleganz: »Ihr fein genähtes, graues Kostüm wies diesen besonderen Chicago-Chic auf, den ich so schätzte.«) Als der Reporter eines Boulevardblattes sie in New York ausfindig machte, erklärte sie: »Mein Leben gehört mir und ich lebe es, wie es mir beliebt. Es kümmert mich wirklich überhaupt nicht, was die Leute sagen.« Kein Wunder, dass Nyiregyházi sie liebte.

Er besuchte Marie regelmäßig in New York, während Dreiser immer feindseliger und drohender wurde. Einmal traf Nyiregyházi auf der Straße zufällig einen seiner alten Gangsterfreunde, und als er diesem die Geschichte seines Liebesleids erzählte, bot sein Freund ihm an, sich um Dreiser »zu kümmern«. Bewunderer der Spätwerke des Schriftstellers sollten dankbar dafür sein, dass Nyiregyházi ablehnte. Nach kurzer Zeit trennte sich Marie von Dreiser, unter anderem, weil er sie schlug und vor Helen Richardson mit ihrer Affäre prahlte. Danach mietete Marie zusammen mit Elsie ein Apartment im Ansonia; in diesem Hotel am Broadway, das ein Zentrum für kulturellen Klatsch war, wohnten vor allem Gäste aus der Boheme. Dreiser und Helen zogen in jenem Herbst ebenfalls ins Ansonia. Eine Zeitlang besuchte Nyiregyházi alle drei Frauen und versuchte zugleich, Dreisers Zorn zu entkommen. Die Situation erinnerte an eine Farce von Feydeau, obgleich Nyiregyházi sie äußerst ernst nahm. Eine Komposition, die in dieser Zeit entstand, trug den Titel *Dark Days of 1931*.

Er gab mehrere private und öffentliche Konzerte. Unter anderem trat er im Januar bei Konzertabenden als Co-Musiker von Paul Robeson in Newark und New York auf. (Wahrscheinlich hatten sie sich im vorangegangenen Jahr in London kennen gelernt, wo Robeson Othello spielte.) Nyiregyházi beschrieb die Reaktion des großen, hauptsächlich farbigen Publikums in New York als

»Tumult«; er behauptete sogar, dass Robesons Manager ihn gefeuert habe, weil sein Spiel die Aufmerksamkeit zu sehr von dem Star ablenkte. Für den Großteil der Zuschauer war er allerdings wenig mehr als ein anonymer musikalischer Wanderbursche. In einer Ankündigung, die vor dem Konzert in der *Times* erschien, wurde sein Vorname mit »Edwin« angegeben; und in der *Times*-Ausgabe am Morgen der Aufführung in New York wurde in einer Anzeige Robesons musikalischer Begleiter erwähnt, aber nicht Nyiregyházi. Unter der Anzeige stand in großen Druckbuchstaben »HOROWITZ« und darunter »MENUHIN«. Mehr als ein Jahrzehnt war seit dem sensationellen Amerikadebüt des Siebzehnjährigen vergangen – und in New York wurden nun neue Stars und Wunderkinder gefeiert.

Im Februar zog er wieder nach Los Angeles. Elsie und Marie kehrten ebenfalls zurück und unterstützten ihn. Elsie organisierte für April einen großen Konzertabend im Philharmonic Auditorium, doch obwohl das Programm ambitioniert und das Publikum aufgeschlossen war, wurden bei der Veranstaltung die Kosten nicht gedeckt. Wenn Nyiregyházi doch einmal gut bezahlte Arbeit fand, war diese meist erniedrigend. Im Frühling 1932 trat er beispielsweise zwei Wochen lang in Kinos in Los Angeles und Pasadena auf; dabei wurde aber zumindest eine prominente Einwohnerin von Los Angeles auf ihn aufmerksam. »Ich muss vor allem den berühmten Pianisten Nyiregyházi auf das Programm des Paramount Theater setzen«, schrieb Louella Parsons am 3. Juni im *Examiner*. »Er ist ganz entzückend, und es ist durchaus einen Theaterbesuch wert, sein meisterliches Spiel zu hören.« Mit diesen Jobs nahm er rund 500 Dollar ein – auf der Höhe der Depression genug, um davon mehr als ein halbes Jahr leben zu können.

Im Mai 1933 war er noch immer ruhelos und kehrte nach Budapest zurück. Dieses Mal wurde die Reise von einer wohlhabenden, ungarischstämmigen Witwe bezahlt, mit der er liiert war. Doch das hinderte ihn nicht daran, anderen Frauen nachzusteigen. Marie stieß dort zu ihm; allerdings fand sie im August selbst einen neuen Mann. Nyiregyházi brach nach Paris und Rom auf, bevor er wieder nach Budapest zurückkehrte. (Konflikten in seinem Liebesleben aus dem Weg zu gehen, war immer einer der

Hauptgründe für seine Reisen.) Trotz aller Untreue fühlten er und Marie sich nach wie vor stark zueinander hingezogen und wollten heiraten. In gewisser Weise heirateten sie auch *tatsächlich* – im November fand eine »Bindungsfeier« statt, die sie ernst nahmen, obwohl sie nicht rechtsgültig war. So lebten sie in Budapest als Eheleute, und er trat dort weiterhin auf. Am 23. Juli gab er ein Rundfunkkonzert, am 24. Oktober einen öffentlichen Konzertabend mit einem Geiger. (Bei diesem Anlass wurde er wohlwollend mit Horowitz verglichen, der dort drei Tage zuvor gespielt hatte.) Am 9. und 14. Februar folgten weitere Auftritte. Letzterer fand in dem prunkvollen Haus des Geigers Jenö Hubay statt und wurde im Radio übertragen,[3] während ersterer seiner eigenen Musik gewidmet war. Die Kritiker fanden seine Kompositionen schwerfällig, monoton, formlos und unoriginell. Nyiregyházi erinnerte sich, dass ein Rezensent sagte, seine Musik sei so pessimistisch, dass sie einen Brechreiz bei ihm auslöse. Die graue Eminenz unter den ungarischen Kritikern jedoch, Aladár Tóth, hörte eine große Sensibilität und tragische Leidenschaft, die »weinend« aus der Musik spreche.

Als Nyiregyházi wieder in den Vereinigten Staaten war, verbrachte er zwei Monate in New York. Er suchte Dreiser auf, der ihm die Tür vor der Nase zuschlug.[4] Seine Versuche, einen Konzertmanager zu finden, schlugen fehl, und so gab er ein paar Klavierstunden. In Los Angeles begann im Mai seine »Ehe« mit Marie Pergain zu kriseln. Sie war frustriert von seiner schüchternen, passiven Art und verspottete ihn, indem sie sagte, sie liebe statt-

---

[3] Danach schrieb Hubay an Eugene Ormandy, der damals Dirigent des Minneapolis Symphony Orchestra war, und empfahl ihm, Nyiregyházi als Solisten zu engagieren. Doch Ormandy – Nyiregyházis früherer Peiniger an der Akademie – lehnte ab.

[4] Im Dezember 1932 schrieb er noch einmal beiläufig an Dreiser und bat ihn um die Erlaubnis, eines seiner Gedichte auf der Titelseite einer Komposition abzudrucken. »Sei so nett und antworte, und sei nicht starrköpfig«, schrieb er. Im Herbst 1942 trank er sich Mut an und schaute bei Dreiser und Helen in Los Angeles vorbei. Er konnte eine Wiederversöhnung herbeiführen, obgleich die alte Wärme und Verbundenheit verloren waren. Noch 1946 schrieb er an Helen und bat um ein Treffen.

liche, rohe Männer, die richtiggehend über sie herfallen. Außerdem schreckten seine düsteren Zukunftsaussichten sie ab, und sie fand ihn langweilig. Der Verlust schmerzte ihn sehr – in sexueller Hinsicht könne niemand sie ersetzen, meinte er. Sie blieben allerdings in Kontakt (Marie starb 1951). Auch die Beziehung mit Elsie endete 1934, und in den nächsten zwanzig Jahren spielte sie in seinem Leben keine Rolle mehr.

Um sich über seine Enttäuschung hinwegzutrösten, machte Nyiregyházi in den 1930er Jahren mehreren Frauen einen Antrag. So wuchs seine Affärensammlung stetig. »Ich liebte sie alle«, war seine hilflose Erklärung. Es war keine Frage, dass er wieder heiraten würde, denn er wünschte sich eine sichere Partnerschaft und brauchte jemanden, der sich um ihn kümmerte. Allerdings war er kaum der richtige Kandidat für eine glückliche Ehe. Beachtenswert ist in diesem Zusammenhang sein Werkkommentar zu seiner 1933 entstandenen Komposition *Man Versus Woman*: »Das Schicksal des Mannes ist traurig und melancholisch dargestellt. Er grübelt. Die Frau – frivol und unbeschwert – verlockt ihn und versucht, ihn zu unterwerfen, indem sie seine ›Würde‹ untergräbt. Nach einem herzzerreißenden Konflikt siegt jedoch der Mann aufgrund seiner unbezwingbaren geistigen Stärke.« Ein Mann, der sich in einer Ehe zwangsläufig unterdrückt fühlte, war als Ehemann offensichtlich zum Scheitern verurteilt, mit wie viel Leidenschaft er die Verbindung auch einging.

Im Juli 1934 wurde im mexikanischen Juarez endlich die Scheidung von seiner ersten Frau Mary (in Abwesenheit) ausgesprochen.[5] Kurze Zeit später lernte Nyiregyházi Xandra Lucille Caplin kennen, die 1913 in Vancouver geboren worden war und in Zeitungen in Los Angeles mal als Bühnendichterin, mal als

---

[5] Durch die Heirat mit Mary und die Scheidung von ihr verbrachte Nyiregyházi eigenen Aussagen zufolge viel Zeit in Bibliotheken und setzte sich mit Eherecht auseinander. 1978 behauptete er, durch seine zahlreichen Scheidungen ein wahrer Rechtsexperte geworden zu sein: »Ich bin der einzige bekannte Anwalt, der erreichen kann, dass eine mexikanische Scheidung in New York und Kalifornien anerkannt wird.«

Schauspielerin oder Fliegerin beschrieben wurde. Sie war attraktiv und sexuell erfahren, kannte sich in der Literatur und in der Musik aus – ein guter Ersatz für Marie. Hartnäckig verfolgte er sie über ein Jahr lang, doch ihre Hochzeit stand unter keinem guten Stern. Eine Tante hatte sie zur Heirat gedrängt, und bei der Trauung sagte sie nicht »Ich will«, sondern rief ungeduldig »Ja!«. Nyiregyházi stellte fest, dass sie an traditionellen Pflichten wie Kochen wenig Interesse hatte. Sie bevorzugte es, zu trinken, zu flirten und sich zu unterhalten. Xandra konnte ihm gegenüber grausam sein, indem sie sich über seine »Großartigkeit« lustig machte. Nach seinem Vorspiel bei Otto Klemperer bezog sie in der Diskussion über das von Nyiregyházi ersetzte Chopin-Finale nicht Schönbergs Position, sondern schlug sich auf Klemperers Seite – offenbar weil Klemperer der größere und besser aussehende der beiden Männer war.

Ihre Ehe war nicht von langer Dauer. Xandra verließ ihn im Februar 1936. »Drei Monate Eheleben – mehr konnte sie mit ihrem ›berühmten und temperamentvollen Ehemann‹ nicht aushalten«, berichtete der *Examiner* am 4. März. »Schon bald nach der Hochzeit am 28. Oktober letzten Jahres verlangte er, dass sie die Theaterbühne und das Fliegen aufgebe, und machte beleidigende Bemerkungen über ihre Freunde.« Einmal »protestierte er so heftig, dass sie sich aufregte und in Ohnmacht fiel«. (Man kann sich vorstellen, wie er selbst reagiert hätte, wenn sie von ihm erwartet hätte, dass er beispielsweise das Komponieren oder die Prostituierten aufgeben solle.) Er ließ zu, dass sie die Scheidungsformalitäten einleitete und dabei als gemeinsam vereinbarte Gründe seine Minderwertigkeit und seelische Grausamkeit anführte. Später jedoch behauptete er, der *wahre* Grund für die Trennung sei ein anderer gewesen: Obwohl sie Jüdin war, hatte er ihr nie erzählt, dass er ebenfalls Jude war; als sie es herausfand, nannte sie ihn einen »niederträchtigen kleinen Heuchler« und drohte damit, ihn bloßzustellen.

Er tröstete sich sogleich mit einer anderen Frau: Xandras Fluglehrerin Genevieve Haugen. Er hatte sie im Herbst 1935 kennen gelernt, als sie die beiden nach Santa Barbara in die Flitterwochen

Nyiregyházis zweite Frau Xandra im März 1936, als in den Zeitungen in Los Angeles über ihre Trennung berichtet wurde. *(International News Photo von The Evening Herald and Express. Herald Examiner Collection, Los Angeles Public Library.)*

geflogen hatte. Sie war 1911 in Seattle geboren worden und hatte norwegische Eltern. Genevieve war eine schlanke, attraktive Frau mit kastanienbraunem Haar und eine berühmte Fliegerin. Sie hatte gerade einen Roman veröffentlicht: *Women with Wings*. Ihre Freundschaft ging in eine sexuelle Beziehung über, kurz nachdem Nyiregyházi und Xandra sich getrennt hatten. Allerdings gab es noch einen anderen Mann in ihrem Leben, der sie unterstützte. Nyiregyházi störte das nicht – er fand es großartig, dass sie nur mit einem einzigen anderen Mann fremdging. Am 15. Mai 1937 wurde die Scheidung von Xandra ausgesprochen. Nur wenige Tage später kehrte Genevieve von einem Kunstflug nach Europa zurück – und sie heirateten.

Nyiregyházi sagte später, dass ihm Genevieve nicht besonders wichtig gewesen sei und er sich zu der Zeit, als sie sich verlobten, in jemand anderen verliebt habe. So heiratete er sie, nach seinen

Nyiregyházi und seine dritte Frau, Genevieve, erklären ihre Absicht zu heiraten. Foto, das am 11. Mai 1937 im *Los Angeles Examiner* erschien. *(University of Southern California, im Namen von U.S.C. Specialized Libraries and Archival Collections.)*

eigenen Worten, um ihre Gefühle nicht zu verletzen und Gesellschaft zu haben, doch ihr Sexualleben war eher dürftig. Obwohl sie schon einmal verheiratet gewesen war, »verstand sie ihr Handwerk nicht«, wie Nyiregyházi sagte. Und im Gegensatz zu Xandra wollte sie ihn nicht oral oder auch nur mit der Hand befriedigen. »Das ist nicht natürlich«, meinte sie. »Ein echter Mann braucht keine Hilfe.« Auch ihre Unabhängigkeit wurmte ihn. Sie war keine Hausfrau, trug Hosen (was er bei Frauen hasste), konnte vulgär sein (sie rauchte beim Sex) und beschämte ihn manchmal in der Öffentlichkeit. (Anscheinend wollte er eine Frau, die im Wohnzimmer eine Herzogin und im Bett eine Hure war, die sich korrekt verhielt, aber sexuell unersättlich war, eine Frau, die er sowohl bewundern als auch verschlingen konnte. Doch meistens landete er bei Frauen, die ihn in der einen oder anderen Hinsicht enttäuschten.) Außerdem trank Genevieve. Tatsächlich wurde er in der Zeit, in der er mit ihr zusammen war, zum schweren, chronischen Trinker. Sie unterstützte das, denn das Trinken machte ihn aggressiver. »Ich habe schon vorher gelegentlich eine Menge getrunken«, sagte er, doch »Genevieve machte es zur Gewohnheit«.

Von Musik verstand sie wenig. Kurz nach der Hochzeit besuchte das Paar den ungarischen Geiger Duci de Kerékjártó, ein ehemaliges Wunderkind, das sein Amerikadebüt in der Carnegie Hall nur zwei Wochen nach Nyiregyházis eigenem gegeben hatte. (Sie hatten sich als Kinder kennen gelernt.) Während Nyiregyházi und Kerékjártó Beethovens »Kreutzersonate« spielten, gähnte Genevieve, und sie verschlimmerte später ihren Fauxpas noch dadurch, dass sie meinte, Beethoven sei nicht bedeutender als der Milchmann. Für Nyiregyházi war das genug, um die Beziehung zu beenden. Im August reiste er nach Las Vegas, wo er einige Konzerte organisiert hatte, um das Geld für die Scheidung aufbringen zu können. Als der Richter, der den Vorsitz führte, sich weigerte, eine Ehe zu scheiden, nur weil jemand bei Beethoven gähnte, erklärte Nyiregyházi, dass Genevieve Kommunistin sei – und das reichte aus. Am 20. September 1937 wurde die Scheidung ausgesprochen. Allerdings blieben die beiden noch viele Jahre lang befreundet.

12
Pianist zu mieten

Während der 1930er Jahre und bis in die vierziger Jahre spielte Nyiregyházi relativ häufig und unter verschiedenen Managern in der Gegend um Los Angeles. Noch hatte er nicht alle Hoffnung auf eine anhaltende und bedeutende Karriere als Pianist aufgegeben – obwohl die bescheideneren Auftritte in kleineren Sälen, Kirchen, Clubs, Hotels und Privathäusern nun deutlich häufiger waren als hochkarätige Konzerte. (Nur selten trat er außerhalb der Stadt auf.) Allerdings standen die Chancen inzwischen nicht mehr besonders gut. Zudem litt er immer stärker an Lampenfieber, denn Jahre der Kritik und der Misserfolge hatten seine angeborene Schüchternheit und Angst davor, sich in der Öffentlichkeit zu präsentieren, verschlimmert. Er hatte nur selten die Möglichkeit, regelmäßig zu üben, pflegte aber dazu zu sagen:»Ein LKW-Fahrer lebt auch nicht mit seinem LKW im selben Raum.« Seine Technik erforderte nicht viel Pflege; davon abgesehen könne er auch an einem Tisch üben, indem er über Musik nachdenke und dabei die entsprechenden Gefühle in seinen regungslosen Fingern empfinde, sagte er. Wenn das Geld besonders knapp war, gab er Klavierunterricht, obwohl er das hasste.»Wenn ich lehren könnte, wie Liszt, Paderewski und Busoni spielten, würde ich sogar ohne Bezahlung unterrichten, doch das kann man niemandem beibringen«, meinte er.»Das kommt von Gott.« Seine jungen, größtenteils weiblichen Schüler hatten in der Regel kein Talent, aber er unterhielt zu einigen von ihnen gute Kontakte (und Affären). Zumindest war er ein freundlicher Lehrer, der lobte, aber niemals kritisierte. Nyiregyházi nahm auch andere Arbeiten an. Einmal zahlte ihm eine Sängerin 6 Dollar, damit er mit ihr probte und sie bei einem Vorsingen bei MGM begleitete. Die Frau, die sich das Vorsingen anhörte – die große Sopranistin Mary Garden –, musste daran erinnert werden, dass der Begleiter, den sie als»wundervoll« bezeichnete, fünfzehn Jahre zuvor bei einer kleinen Aufführung in New York mit ihr zusammen aufgetreten war. Manchmal setzte sich aber auch Nyiregyházis Stolz durch. Der Vorsitzende eines Frauenclubs ließ ihn für ein Konzert vorspielen und danach mehrere Tage auf eine Antwort warten; dadurch fühlte sich Nyiregyházi so verletzt, dass er schließlich absagte. Merle Armitage bestand einmal darauf, dass er als Pausenfüller bei einer Zaubervorstellung auftrat, doch er lehnte ab; Armitage drohte damit, ihn nicht weiter zu vertreten, und kündigte ihn trotzdem an – aber er erschien nicht und sah sich stattdessen im Kino einen Gangsterfilm an. Ab und zu musste er seinem Ego bestätigen, dass es *irgendeine* Grenze der Erniedrigung für ihn gab.

Wie Nyiregyházi selbst erzählte, erhielt er einige der künstlerisch befriedigendsten Engagements seiner Karriere von der Works Progress Administration (WPA). Diese Arbeitsbeschaffungsbehörde war im April 1935 durch ein Gesetz des Kongresses ins Leben gerufen worden und eines von Roosevelts »New Deal«-Programmen. Sie sollte während der ersten Jahre der Depression die ungeregelten Hilfsaktionen von Privatleuten, Bund und Regierungseinrichtungen ersetzen. Zu den Menschen, die von der WPA unterstützt wurden, zählten auch Künstler, die in der Abteilung Federal Project Number One (»Federal One«) ab dem Herbst jenes Jahres betreut wurden. Mit den Musikern beschäftigte sich das Federal Music Project (FMP), dessen erklärtes Ziel es war, »den registrierten professionellen Musikern eine Anstellung zu verschaffen« und »hohe musikalische Standards zu etablieren, Musiker zu resozialisieren und die Öffentlichkeit in der Wahrnehmung musikalischer Möglichkeiten zu schulen«, dies teilweise durch die Förderung amerikanischer Komponisten. Kalifornien konnte auf eines der engagiertesten und musikalisch anspruchsvollsten Programme des FMP stolz sein. Im Januar 1938 hatte das FMP staatlichen Angaben zufolge fast zweitausend Kaliforniern eine Stelle verschafft und unterhielt (neben zahlreichen anderen Musikensembles) elf Orchester, die meisten von ihnen in der Gegend um Los Angeles. (In den Akten ist genau ein FMP-Angestellter in der Kategorie »Solisten« verzeichnet. Vielleicht handelte es sich dabei um Nyiregyházi?) Dem FMP wurde elitäres Denken vorgeworfen, und sein Direktor, der in Russland geborene Geiger und Dirigent Nikolai Sokoloff, hatte einen konservativen Geschmack sowie eine Vorliebe für »ernste« Musik, doch das war natürlich von Vorteil für Nyiregyházi.

Nyiregyházi war ein ausgesprochener Bewunderer Roosevelts und dem FMP treu ergeben. Voller Begeisterung arbeitete er für dessen Konzert- und Bildungsabteilungen. So willigte er beispielsweise ein, im Rahmen von Übungen zur Wahrnehmung und Aufwertung der Musik in örtlichen Highschools zu spielen. Einmal erklärte er sich bereit, in einer kleinen Stadt das Tschaikowsky-Konzert auf einem einfachen Klavier vorzutragen. (Er sagte, er sei dennoch in der Lage gewesen, das Instrument zum »Dröhnen« zu bringen, obwohl es sich nicht um einen Flügel gehandelt habe.) Dafür durfte er völlig frei entscheiden, welche Stücke er spielen wollte. Sein erstes dokumentiertes FMP-Konzert fand am 19. Juni 1936 statt: Liszts *Totentanz* mit dem Los Angeles Federal Symphony Orchestra. (Wahrscheinlich begann Genevieve Haugen ihre sexuelle Beziehung mit ihm, nachdem sie diese Aufführung gehört hatte.) Mindestens ein Dutzend weiterer Orchesterauftritte und Konzertabende ist belegt. Bei den Orchestern in Südkalifornien war er besonders beliebt.[6] Dem FMP hatte er es zu

---

[6] Viele FMP-Konzerte wurden übertragen, es sind jedoch keine der nicht gesendeten Aufnahmen mit Nyiregyházi aufgetaucht. Die Notizen seiner letzten Frau umfassen auch Hinweise auf Liszts Konzert in Es-Dur »und andere Aufnahmen«; und die International Piano Archives suchten in einem Rundschreiben an ihre Unterstützer Mitte der 1970er Jahre »die Standard Hour-Sendung von Liszts Erstem Klavierkonzert mit dem Pianisten Ervin Nyiregyházi. Azetatbänder vieler dieser Übertragungen wurden den Stanford [University] Archives [of Recorded Sound] gestiftet, doch die Aufnahmen von Nyiregyházi befinden sich nicht darunter.« (Tatsächlich spielte er dieses Konzert mit dem Los Angeles Federal Symphony Orchestra am 21. und 24. Oktober 1936.) Das FMP produzierte eine Reihe von fünfzehnminütigen Platten für die Verwendung bei Rundfunksendern, unter denen sich allerdings nur eine einzige mit Nyiregyházi befindet: Programm Nr. 76, eine Einspielung von »Before the Dawn« aus *Deserted Garden* des in Los Angeles ansässigen Komponisten Cameron O'Day Macpherson, aufgenommen 1936 mit dem Federal Symphony Orchestra unter der Leitung

verdanken, dass er eine Zeitlang über ein geringes, aber regelmäßiges Einkommen verfügte: Seiner Erinnerung zufolge bekam er 94,08 Dollar pro Monat.

Nicht alle Kritiken seiner Arbeit für das FMP waren positiv. In einigen Kreisen hatte er den unangenehmen Ruf, er hämmere nur auf das Instrument ein und sei vom bloßen Klang besessen. »Ich habe immer Angst, ich könnte sie enttäuschen«, beklagte er sich 1936 bei einem Zeitungsreporter. »Sie denken, ich sei ein Mann, der Klaviere zerstört, und sie wollen sehen, wie ich es tue.« Doch das war kaum die einhellige Meinung. Nachdem er im Oktober 1936 das Es-Dur-Konzert von Liszt gespielt hatte, nannte der *Examiner* ihn einen »Künstler mit herausragender Energie, schöner Zurückhaltung und unbestrittener Musikalität«, der »bei seinen letzten Auftritten eine riesige Anhängerschaft gewonnen hat«. In einer *Examiner*-Kritik seiner Aufführung des Tschaikowsky-Konzerts am 23. September jenes Jahres wurde angemerkt, dass dreitausend Menschen weggeschickt werden mussten, die Zuhörer »wie gebannt« dasaßen und dann »am Ende aufsprangen und wild applaudierten«. Der Pianist Frederick Marvin erinnert sich noch heute an die Liszt-Aufführung, die er als Jugendlicher gehört hatte: »Es war wild.«

In den späten 1930er Jahren standen die Hilfsaktionen immer weniger im Fokus der Bundesregierung, und die Ablehnung gegenüber dem WPA nahm im Kongress zu. Die Arbeitslosenzahlen gingen zurück, so dass die Budgets für Federal One gekürzt wurden. Dennoch setzte man das Musikprogramm fort, und Nyiregyházi blieb bis zu dessen Ende dabei. Isabel Morse Jones nannte ihn in ihrer *Times*-Kritik über ein Konzert an Weihnachten 1940, in dem er das Tschaikowsky-Konzert gespielt hatte, »ein phänomenales Wunderkind, das nie seine Fähigkeit verloren hat, das Publikum zu begeistern«. »Nyiregyházi geht hart mit Klavieren um, doch sein Sinn für das Dramatische und seine Kontrolle des Rhythmus reißen sein Publikum mit … Die Zuhörer applaudierten nach

von Modest Altschuler. Der Satz, eine Übung in Grübeleien à la Rachmaninow, ist nicht einmal fünf Minuten lang, und der lahme Klavierpart lässt nur wenig von Nyiregyházis Spiel erkennen.

jedem Satz, und viele standen am Ende auf, riefen Bravo und forderten zwei Zugaben.«

Seine letzten FMP-Konzerte gab er 1941 – mindestens zwei gemeinsame Konzertabende mit Sängern sowie im November ein Programm mit Liszts *Totentanz* und A-Dur-Konzert. Das waren die letzten Aufführungen, die er jemals zusammen mit einem Orchester gab. Damals beanspruchten die Kriegsvorbereitungen einen wachsenden Anteil des Regierungsbudgets, und das FMP konzentrierte sich auf die Förderung des Kampfgeistes und den Verkauf von Kriegsanleihen. Die Bombardierung von Pearl Harbor im Dezember setzte schließlich allen Federal One-Projekten ein Ende, außer jenen, die »direkt mit dem Kriegsgewinn« verbunden waren. Bis zum Frühjahr 1942 war das FMP in Los Angeles nicht mehr aktiv, und im Juni 1943 wurde es offiziell beendet.

Nyiregyházis Erfolg mit dem FMP war ein kurzzeitiger Höhepunkt in seiner abwärts gerichteten Karriere. Viele Menschen waren der Ansicht, dass sein Schicksal in keinem Verhältnis zu seinem Talent stehe. Tom O'Connor schrieb in einem Porträt in den *Evening News*, das im Herbst 1936 erschien, Nyiregyházi sei

> einer der wenigen Menschen, die gerade empfindsam und unabhängig genug sind, sich nicht mehr Geld zu wünschen, als notwenig ist, um Lebensmittel, Kleidung und Unterkunft finanzieren zu können. Wenn man sich seine ungeheuer hohe Stirn, seine vollen, sinnlichen Lippen, seine großen, braunen Augen, sein langes, schmales Gesicht, die fast abgemagert wirkenden Züge und das wirre Haar ansieht, fühlt man sich an einen jener frühen christlichen Märtyrer mit kindlichem Glauben erinnert. Wer mit ihm spricht, sein langsames, schüchternes Lächeln hervorlockt, seinen tapferen Versuch bemerkt, nicht in Verlegenheit zu geraten, weil er über sich selbst reden soll, seinen offensichtlichen Wunsch, entgegenkommend zu sein, und sein wachsames Misstrauen gegenüber Fremden, der kann etwas besser einschätzen, wer er ist: ein Riese in seiner Musik, aber ein naives Kind in seinen Beziehungen zur Alltagswelt.

Noch ergreifender ist eine Anekdote, die Donna Perlmutter 1978 im *Herald Examiner* erzählte. Sie hatte mit einer Ungarin gesprochen, die Nyiregyházi 1937 im Sisters of Social Service Convent hatte spielen hören. »Der massive Klang und die Leidenschaft, die ich an jenem Tag hörte, bildeten einen scharfen Gegensatz zu dem, was meine Augen sahen«, erinnerte sich die Frau. »Da war ein Mann, der zitterte, als er auf die Bühne kam, und unglaublich verlegen war. Eine Ordensschwester bat mich, ihn zu besuchen, da sie wusste, dass ich seine Muttersprache beherrschte. Als ich in seiner armseligen Unterkunft ankam, war er wie ein kleiner Junge. Er trug nur einen einzelnen Schuh, der wirkte, als habe ihn ein Zweijähriger zugebunden. Sein Pullover war falsch geknöpft, und seine langen Nägel klapperten auf den Tasten eines altersschwachen Klaviers.«

Nachdem die Möglichkeiten zur öffentlichen Entfaltung seiner Kreativität eingeschränkt worden waren und er viel Zeit zur Verfügung hatte, setzte er alles daran, sein reges Gehirn zu trainieren, denn sein intellektuelles Leben existierte unverändert fort. Er komponierte und las noch immer viel. Aus dieser Zeit stammte seine Leidenschaft für Philosophie, die schließlich seiner Vorliebe für Musik und Schach, Liszt und Wilde gleichkam. (Besonders bewunderte er schwer verständliche Philosophien wie die von Kant und Hegel, bei denen es um transzendentale Fragen ging.) Außerdem verfasste er gelegentlich Musikkritiken für Publikationen wie *B'nai B'rith Messenger* und *Californiai Magyarság*. Tatsächlich schrieb er sein Leben lang. Seine Papiere offenbaren einen Drang, Ideen zu Themen festzuhalten, die ihn besonders interessierten, wenn auch nur zur privaten Befriedigung. Als er damals in New York die Zeit totgeschlagen hatte, war ihm die Idee durch den Kopf gegangen, einen Roman zu schreiben: Ein Pianist ohne Talent gibt sein Debüt, die Carnegie Hall ist ausverkauft, obwohl die Karten sehr teuer sind, doch obgleich er so schlecht spielt, dass »sogar die Kritiker wissen, dass es schlecht ist«, weigert er sich, das Geld zurückzuerstatten – »und es fließt Blut«.

Um 1935 begann er ein umfangreiches Buch mit bunt zusammengewürfelten Essays, dem er in seiner typischen pompösen Art den Titel *The Truth at Last: An Exposé of Life* [Endlich die Wahrheit: Eine Enthüllung über das Leben] gab. Er arbeitete über ein Jahrzehnt daran. Manchmal diktierte er Freundinnen, die für ihn tippten. So kamen schließlich mehr als tausend Seiten zusammen. Der längste Essay (Buch-Länge), »The Liszt Problem«, beschäftigte sich mit der Frage, warum Liszts Musik nicht allgemein beliebt ist, und bezog detaillierte philosophische, ideelle, sogar soziologische und politische Analysen der Bedeutung vieler Werke mit ein, wobei Kernpunkte wie die Gesellschaftsschicht und der Begriff des »guten Geschmacks« berührt wurden. Ein anderer Essay – »The Libido Must Have the Way Out Whether in the Bedroom or the Concert Stage« [»Die Libido muss herauskommen können, sowohl im Schlafzimmer als auch auf dem Podium«] – behandelte seine Herangehensweise an die musikalische Interpretation, obwohl es grob gesagt »ein Artikel über mich selbst war, was ich mag und nicht mag in der Musik, beim Sex, Essen, Hotels usw.«. Ein weiterer Essay trug den Titel »The Way They Murder the English Language in the United States« [»Die Art, wie die englische Sprache in den Vereinigten Staaten getötet wird«], und es gab wieder andere über Wilde und Mahler, über Dreisers *American Tragedy*, über Prostitution und die amerikanische Heuchelei im Umgang mit Sex. Einen Essay widmete er einem Kriminalfall in Connecticut, der ihn in den späten 1920er Jahren fasziniert hatte: Ein Mann war zum Tode verurteilt worden, weil er bei einem Raub einen Polizisten getötet hatte. Nyiregyházi argumentierte, dass es in gewisser Weise weniger niederträchtig war, einen Polizisten als einen Passanten zu töten, da der Polizist der Beute des Räubers im Weg stand – eine perverse Einstellung, die sicher durch die Angst des armen Mannes vor den Möglichkeiten der Mächtigen verschärft wurde. Außerdem gab es einen Essay über Chaplin, den er hartnäckig »Charles« nannte; er beschrieb diesen Text als Anklage einer Gesellschaft, die »über die Geknechteten lacht«. Chaplins Komödien seien »so tragisch wie die Hölle, so tragisch wie alles, was Dostojewski jemals geschrieben hat«. *The Truth at Last* wurde jedoch niemals veröffentlicht.

13
Bela und Gloria

Nyiregyházi war eine feste Größe in der ungarischen Gemeinde in Los Angeles. Er besuchte die ungarischen Restaurants, Clubs und Kirchen und traf sich manchmal mit Besuchern aus seiner Heimat. Zu seinen ungarischen Freunden zählten Künstler wie der Maler Emery Gellert und der vielseitig begabte Willy Pogány, der ein gleichmütiges, schönes Porträt von ihm zeichnete. Darüber hinaus war er regelmäßig Gast in den Häusern angesehener Landsleute, wie des Tenors und Gesangslehrers József Diskay, dessen Studio ein Treffpunkt für Künstler und Filmleute war. Auch im Haus des Architekten József Bábolnay gab er kleine, private Konzertabende. Manchmal organisierten ungarische Gönner zu seinen Gunsten öffentliche Konzerte, bei denen er häufig ein aufmerksames Publikum und echte künstlerische Befriedigung fand. Zu seinen am treusten ergebenen Förderern zählte der Geistliche Mátyás Lani, der die Kirche St. Stephen in der Woodlawn Avenue leitete, eine katholische Kirche mit einem hohen Anteil an ungarischen Gemeindemitgliedern. Im Laufe der Jahre unterstützte Pfarrer Lani ihn finanziell und förderte ihn als Pianisten. Bei dem Konzertabend, den er für den 30. November 1935 organisiert hatte – der erste von vielen in St. Stephen's – war die Kirche brechend voll; unter den Anwesenden befanden sich auch die beiden Bekannten, die Nyiregyházi am nächsten Tag Arnold Schönberg vorstellen sollten.

Damals war das eigentliche Oberhaupt der ungarischen Gemeinde Bela Lugosi. Lugosis Temperament war durch und durch von der tiefen emotionalen Bindung an sein Heimatland geprägt. Allerdings kehrte er nie nach Ungarn zurück, da das Ungarn, das er (ebenso wie Nyiregyházi) kannte, durch den Ersten Weltkrieg zerstört worden war. Deshalb zog er es vor, seine Nostalgie im Exil zu pflegen, und die Entfernung verstärkte noch den Wunsch, sich mit möglichst viel Ungarischem zu umgeben. Er unterstützte

Kohleporträt von Nyiregyházi, angefertigt von Willy Pogány. Nyiregyházi signierte es am 26. März 1941 und schrieb dazu: »In Erinnerung an die Tage mit Willy Pogány im Jahr 1933.« Der Künstler selbst leistete »seine verspätete Unterschrift« in der linken, unteren Ecke erst 1946. (Nachdruck von Mark Nicholls.)

großzügig ungarische Restaurants, Clubs, Kirchen, Geschäfte, Sportkonzessionen und Kulturveranstaltungen. Lugosi hatte eine Schwäche für Landsleute in Bedrängnis und gab sogar dann Geld, wenn er selbst nahezu mittellos war. Die Ungarn zog er den »schönen Menschen« aus Hollywood vor. Sein Haus stand allen Ungarn offen – unabhängig von deren Alter, Beruf, gesellschaftlicher Schicht, religiöser oder politischer Überzeugung.

Auch mit der ungarischen Gemeinde in New York war er eng verbunden gewesen, nachdem er 1920 emigriert (oder besser gesagt: geflohen) war. Doch er und Nyiregyházi lernten sich erst 1929 kennen, als Lugosi, der nun in Los Angeles lebte, sich plötzlich bei ihm meldete. (Er erinnerte sich noch an den Auftritt, bei dem das dreizehnjährige Wunderkind 1916 in Budapest drei Konzerte gespielt hatte.) Zwischen den beiden Männern entstand eine enge Freundschaft, die die Wechselfälle ihrer jeweiligen Karrieren überlebte. Auch Lugosi hatte den Wankelmut des Schicksals zu spüren bekommen: In Hollywood hatte er es zu Ruhm und Wohlstand gebracht, hatte aber auch Vergessenheit und Bankrott erlebt, ganz zu schweigen von der schädlichen Festlegung auf Rollen in Horrorfilmen in der Folge von *Dracula* 1931. Er und Nyiregyházi hatten trotz des Altersunterschieds von über zwanzig Jahren viele Gemeinsamkeiten. Beide waren groß, dünn und hatten die eleganten Manieren eines europäischen Ehrenmannes, waren aber auch leidenschaftlich, temperamentvoll und neigten zu Melancholie; außerdem tranken beide viel, wodurch häufig eine gequälte, streitsüchtige Seite ihrer Persönlichkeit zum Vorschein kam. Lugosi und Nyiregyházi waren beide sehr eigen, nahezu besessen, und sprachen präzise mit einer harmonisch modulierenden Stimme und starkem Akzent. Beide Männer waren Einzelgänger, fühlten sich aber von Frauen stark angezogen, waren auch für sie attraktiv sowie von Sex besessen. (Lugosi, der sich gerade zwischen zwei Ehen befand, als die beiden sich kennen lernten, bot an, Mädchen für seinen neuen Freund zu finden.) Außerdem sympathisierten beide mit den Demokraten, was zugegebenermaßen mit ihrer Begeisterung für Aristokratie und Wohlstand nicht gut zu vereinbaren war.

Lugosis Zuhause war eine Enklave der Kultur der alten Welt. Er lebte auf großem Fuß und gab sein Geld freigebig aus, ohne auf seine jeweils aktuelle finanzielle Situation Rücksicht zu nehmen. »Lebe für das Heute, und zur Hölle mit dem Morgen«, pflegte er zu sagen. »Heute werden wir Kaviar essen und Champagner trinken, morgen machen wir dann mit Wasser und Brot weiter.« Bei ihm waren immer viele Leute zu Besuch, die er gern und großzügig verpflegte. Er mochte Maler, Tänzer und Schriftsteller, hatte jedoch eine besondere Vorliebe für Musiker. Nyiregyházi spielte häufig auf seinen Partys und wurde dabei immer als Ehrengast, nicht als Unterhaltungskünstler behandelt. Doch selbst in einer Umgebung, die ihm so sehr entsprach, musste er ermuntert werden, um seine Schüchternheit zu überwinden. Nachdem er bei Lugosi angekommen war, brauchte er erst einmal einige harte Drinks in der Küche, bevor er auch nur einen Raum voller Menschen betreten oder gar für diese spielen konnte. Wenn seine Hemmungen abgebaut waren, konnte er jedoch die ganze Nacht spielen – immer ernste Musik, manchmal seine eigenen Werke oder Improvisationen. Lugosis Biograf Robert Cremer beschrieb einen von Nyiregyházis Auftritten auf einer Party im Jahr 1935:

> Sein ausgemergelter Körper wiegte sich im rasanten Rhythmus seiner Finger auf der Klaviatur, als er das Konzert mit der *Rhapsody in Blue* begann, Belas Lieblingsstück. Anschließend ging er zu einer seiner eigenen Kompositionen über, die seine leidenschaftliche Persönlichkeit widerspiegelte und zu einem Abend mit dem Meister des Horrors passte. Das »Concerto in Blood« erfüllte den Raum wie ein über die Moore wabernder Nebel und stieg schließlich die beiden Stockwerke empor bis unter das Dach. Unmerklich verlor sich Ervins Geist in seiner Musik, als sie ein Crescendo erreichte. Seine Hände waren wie Blitze, Schweißtröpfchen bildeten sich auf seiner Stirn, sein Körper krümmte sich in einer unheimlichen Choreografie zur Musik. Unbarmherzig hämmerten seine Finger die gequälten Töne heraus, bis ganz feine Blutspuren auf den Tasten zu sehen waren; Ervin hatte die Vereinigung mit seiner musikalischen Seele erreicht, seine Konzentration konnte man an der Intensität der roten Kleckse auf den Tasten aus Elfenbein messen. Bela saß mit geschlossenen Augen und wiegte seinen Kopf zu dem musikalischen Wahnwitz, der am Konzertflügel erklang. Er betrachtete die blutbefleckten Tasten als das Zeichen eines Genius, den er mit wenigen anderen Künstlern teilte.

Obwohl diese Anekdote stark überzeichnet ist, vermittelt sie doch die manchmal beängstigende Intensität von Nyiregyházis Spiel, wenn er sich inspiriert fühlte. Bela G. Lugosi, der 1938 geborene Sohn des Schauspielers, der heute in Los Angeles als Rechtsanwalt arbeitet, erinnert sich noch daran, dass er sich aus dem Bett schlich und vorsichtig von oben hinunterschaute, als Nyiregyházi am Fuße der gewundenen Treppe spielte; und auch er weiß noch, dass Blut auf den Tasten zu sehen war. Duci de Kerékjártós Exfrau Marie erzählte Cremer: »Bela bewunderte Ervin, da er ihn für einen äußerst konzentrierten und hingebungsvollen Mann hielt, wie sich selbst. Sie waren wirklich Seelenverwandte, denn jeder von ihnen hatte etwas von einem echten Genie. Selbst das Blut auf den Tasten des Klaviers war für Bela ein Zeichen dafür, dass Ervin die seltene Gabe der Inspiration hatte, wie er selbst. Das war jedoch etwas, was man sehen musste, um es glauben zu können. Sehr beunruhigend.«

Lugosi entwickelte eine tiefe Zuneigung zu Ervin und lud ihn häufig zu vertraulichen Abendessen zu sich nach Hause oder in ein nahe gelegenes ungarisches Restaurant ein. Er verteidigte Nyiregyházis übermäßigen Alkoholkonsum und seine Zechgelage als Vorrechte eines unverfälschten »Charakters« und eines großen Künstlers, der viel zu leiden hatte. Einmal meinte Lugosi sogar, er schäme sich, dass er so viel Ruhm und Geld besitze, während sein Freund, der ein viel größerer Künstler sei, so wenig habe. Er half, Konzerte für Nyiregyházi zu organisieren,[7] teilte seine Vorliebe für düstere, melancholische Musik und liebte seine Kompositionen. (»Noch einmal«, sagte er häufig, nachdem er eine von ihnen gehört hatte.) Während Nyiregyházi spielte, sang Lugosi manchmal in seinem tiefen Bariton mit oder schluchzte.

Nyiregyházis Talent verschaffte ihm oft Zutritt zu Hollywoods Gesellschaft. In den späten 1930er Jahren freundete er sich mit der Drehbuchautorin Frances Marion an – und verfiel unvermeidlich ihren »sexuellen Reizen«, wie er es nannte. Er spielte häufig bei ihr zu Hause und anderswo in Hollywood, wo er Leute aus der Filmbranche traf wie Nelson Eddy und Jeannette MacDonald, Frank Capra, George Cukor, Hedda Hopper, Frederick March, William Powell und Edward G. Robinson sowie Schriftsteller wie James Hilton und Upton Sinclair. Auf einer von Frances' Partys

---

[7] Nach einem durch Lugosi vermittelten Treffen mit dem Theosophen Manly B. Hall im Jahr 1939 wurde Nyiregyházi eingeladen, bei einer örtlichen Theosophen-Veranstaltung aufzutreten. Dort hielt man sein Spiel für »zu laut für eine spirituelle Gesellschaft«.

verkündete Marlene Dietrich den Gästen: »Dieser junge Mann ist ein großer Künstler.« Oftmals verließ er seine billigen Unterkünfte in Abendkleidung und nahm den Bus (oder ging zu Fuß, wenn er pleite war) zu einer glamourösen Party in Beverly Hills, bei der berühmte Personen sein Talent bejubelten und ihn als ebenbürtig willkommen hießen. Für ihn lag darin keine Ironie: Nach seiner Vorstellung sagten seine materiellen Verhältnisse nichts über seine künstlerischen oder intellektuellen Verdienste aus. Doch nicht jeder begegnete ihm mit dem Respekt, auf den er ein Anrecht zu haben glaubte.[8] Eine Zeitlang zahlte die Schauspielerin Doris Kenyon ihm 10 Dollar pro Monat, damit er ihre Gäste gelegentlich unterhielt – doch erst *nach* dem Essen, zu dem er nicht eingeladen wurde. Er erinnerte sich deutlich daran, wie verletzend und erniedrigend es war, dasitzen und warten zu müssen, während er hörte, wie sich die Gäste im Speisezimmer unterhielten und lachten. Seinen Stolz hatte er noch immer nicht verloren. Als er New York besuchte, lud Jack Dempsey ihn in sein Restaurant ein und bestand darauf, dass er nicht zu zahlen brauche. Er war gerührt, kam aber nie wieder in dieses Restaurant: »Ich wollte nicht, dass er mich für einen Schmarotzer hielt.«

Im April 1936 traf er bei einem privaten Konzertabend in Frances' Haus Gloria Swanson, die sein Spiel als »gottgefällig« bezeichnete. Später spielte er auch bei Swanson zu Hause. Swanson hatte vor kurzem eine ernste Beziehung zu dem Schauspieler Herbert Marshall beendet, und die beiden wurden Freunde. Es entwickelte sich eine Art Seelenverwandtschaft. In seinem ersten Brief an sie bedankte Nyiregyházi sich überschwänglich dafür, dass sie ihm ein Exemplar von Kahlil Gibrans Buch *Der Prophet* geschenkt hatte.

In jenem September unterschrieb er einen Zwei-Jahres-Vertrag mit einem Manager namens James V. Petrie. Doch Petrie verhalf

---

[8] Er erlebte auch Antisemitismus, so dass er in Hollywood sein Judentum geheim hielt. Er erinnerte sich, dass eine ortsansässige Gruppe von Nazi-Sympathisanten, die nicht wussten, dass er Jude war, sein Spiel bewunderte, seine Konzerte besuchte und ihn zu einer Tournee durch Deutschland ermutigte.

ihm nur zu einigen wenigen Auftritten – ein Benefizkonzert im Shrine Auditorium, eine Vorstellung im Frauenclub und ein sehr erfolgreicher Konzertabend am 13. November im Trinity Auditorium. Die Konzerte brachten einen Hungerlohn ein, und so beklagte Nyiregyházi sich in einem Brief an Swanson: »Die Situation hier erscheint mir ziemlich hoffnungslos. Herr Petrie ist offensichtlich nicht in der Lage, irgendetwas zu tun, und es ist wohl auch nicht wahrscheinlich, dass er es jemals sein wird.« Schließlich organisierte Swanson selbst ein Konzert für ihn – angeblich zugunsten zweier örtlicher Wohltätigkeitseinrichtungen – und übernahm auch die Werbung dafür. Unter ihren Papieren befindet sich eine dreiseitige Liste mit mehr als achtzig Namen und der Anzahl an Eintrittskarten, die jede Person zu verkaufen versprochen hatte; diese Liste liest sich wie ein »Who's who« des Hollywood-Adels: Adolph Zukors Frau, die Frau von David Selznick, Ernst Lubitschs Frau, Boris Karloffs Frau, Frank Capras Frau, die Frau von Cecil DeMille, Joan Crawford, Harold Lloyds Frau, Paulette Goddard, Howard Hawks, Mervyn Leroy, ... Das Konzert fand am 15. Dezember im Wilshire Ebell Theater statt, und Nyiregyházis Programm wurde ein voller Erfolg. Er erhielt von Swanson 500 Dollar für diese Aufführung. Doch obwohl sie sich persönlich dafür einsetzte, verzichtete Petrie nicht auf seine vertraglich zugesicherte Kommission. Nyiregyházi erinnerte sich: »Da hörte ich sie das einzige Mal fluchen.«

Mittlerweile ging ihre Beziehung tiefer. An Weihnachten schrieb er Swanson, dass er ständig an sie denke, obwohl er eigentlich mit Xandra verheiratet und bereits mit Genevieve liiert war:

> Mein größter Wunsch für das kommende Jahr ist: dass Du und ich in ein fernes Land reisen können oder vielleicht zu einem nicht ganz so fernen Ort, doch ausreichend abgelegen, wo wir für unser Ideal leben – für eine bestimmte Idee, die uns beiden viel bedeutet.
>
> Sicher erinnerst Du Dich noch an jenen Nachmittag, an dem Du und ich über bestimmte Probleme des Lebens diskutiert haben, über Pläne. Du hast gesagt, dass ich eine »intelligente Frau« finden sollte, und ich habe geantwortet »Ja, wenn ich die Richtige gefun-

den habe.« Doch was ich damals nicht gesagt habe, war, dass ich diese Frau bereits gefunden *habe* und dass *Du* diese Frau bist.
Die Verwirklichung dieses Traums gehört zu den wichtigsten Zielen meines Lebens.

Irgendwann machte er ihr dann einen Heiratsantrag. Im Oktober 1937 schrieb er ihr: »Vor kurzem bin ich aus Nevada zurückgekehrt, wo ich mich [von Genevieve] habe scheiden lassen. Ich erwähne das nur ›nebenbei‹.« Sechs Monate später schrieb er Swanson: »Bitte, schicke mir auf jeden Fall ein Telegramm, um mich über Deine Entscheidung zu informieren. Ich gebe gerade keine besonders gute Figur ab, ich weiß, aber vielleicht weißt Du aus Deinem eigenen Leben, dass solche Dinge manchmal unvermeidbar sind.« Sie zögerte – wie hätte er sie unterstützen sollen? –, und er verstand das. Sie war viermal verheiratet gewesen und hatte alle ihre Ehemänner unterstützt, doch nun machte sie sich finanzielle Sorgen. 1938 belief sich ihr Vermögen auf rund eine Viertelmillion Dollar – das war nur noch ein Bruchteil dessen, was sie in ihrer Blütezeit während der Stummfilmära besessen hatte. Sie konnte nicht mehr als Schauspielerin ihren Lebensunterhalt verdienen. (Damals hatte sie erst eine Handvoll Tonfilme gedreht, den letzten 1934.) »Vier sind genug«, antwortete sie ihrem Freund. Sie lehnte auch Anträge wohlhabenderer Männer ab, unter anderem von ihrem Freund Gustave Schirmer, dem Erben eines bedeutenden, internationalen Musikverlags.[9] Obwohl sie Sicherheit brauchte, konnte sie »nicht unehrlich sein, wenn es um die Liebe ging«. (Erst 1945 heiratete sie noch einmal.)

Im Sommer 1937 organisierte Swanson ein weiteres Konzert, das am 11. Dezember im Hollywood Conservatory of Music stattfand. Dabei präsentierte Nyiregyházi sieben seiner eigenen Werke. Der Saal war zur Hälfte gefüllt (es regnete an jenem Tag

---

[9] Nyiregyházi erinnerte sich, dass Schirmer 1938 bei Swanson zu Hause eine Aufnahme auf Azetatband machte, als er Liszts »Les jeux d'eau à la Villa d'Este« spielte. Die Aufnahme befand sich nicht in Swansons Nachlass, der 1983 versteigert wurde, und auch nicht in der Swanson-Sammlung des Harry Ransom Humanities Research Center der University of Texas in Austin; sie scheint verloren gegangen zu sein.

sehr stark), und das Konzert wurde ein finanzieller Reinfall. Isabel Morse Jones schrieb in der *Times*, sie habe eine tiefe Sehnsucht, Vorahnungen und Bitterkeit in der düsteren Musik gehört; sie erkannte überdies ihre Tiefe und Authentizität an. Ein anderer Kritiker erzählte Nyiregyházi später, dass die Rezension, die er veröffentlichen wollte, zu »blasphemisch« gewesen sei, um gedruckt zu werden.

Im Februar 1938 begleitete Nyiregyházi Swanson, Schirmer, und Douglas Fairbanks Junior auf einer Zugreise nach New York. Swanson war nun fast vierzig, hatte genug von Hollywood und eingesehen, dass ihre Aussichten in der Filmindustrie schlecht waren. Deshalb hatte sie beschlossen, nach New York zu ziehen, um diverse Geschäftsmöglichkeiten weiterzuverfolgen. Nyiregyházi erinnerte sich, dass der Zug in Chicago hielt und Swanson erfuhr, dass sich Fotografen am Bahnhof eingefunden hatten. »Keine Fotos«, sagte sie – und fühlte sich dann gedemütigt, als sie mitbekam, dass sie nicht ihretwegen, sondern wegen Mae West dort waren. Der Niedergang ihrer Karriere weckte vielleicht ihr Mitgefühl für Nyiregyházis missliche Lage. Sie hatte ihn mit dem Hintergedanken nach New York eingeladen, Schirmers Unternehmen für die Veröffentlichung seiner Kompositionen zu gewinnen, die sie bewunderte. Doch die Werke wurden abgelehnt – sie seien zu altmodisch.

Swanson gab Nyiregyházi regelmäßig Geld und bewegte Freunde dazu, dasselbe zu tun. Doch obwohl sie es aus Güte und ohne Bedingungen tat, war sie bestürzt, dass er es häufig für Alkohol und Prostituierte ausgab und dann darauf bestand, ihr davon zu erzählen. Hier kamen wieder sein Stolz und sein Trotz durch: Er musste seine Unabhängigkeit demonstrieren und seine Wohltäter herausfordern, ihn fallen zu lassen, damit ihre Unterstützung nicht wie Kontrolle aussah. Auf der Zugfahrt hatte er bemerkt, dass die Angestellten ihn königlich behandelten, nachdem sie herausgefunden hatten, dass er zusammen mit Swanson reiste. Solche Heuchelei beleidigte ihn, machte ihn wütend und brachte ihn vielleicht sogar dazu, sie und ihre Großzügigkeit abzulehnen. Seine Trunksucht und die ständigen Frauengeschichten machten ihr ebenfalls Sorgen, denn Alkohol und eine ungeklärte Angelegenheit mit einer Noch-Ehefrau hatten ihre eigene Beziehung mit Herbert Marshall untergraben.

Wahrscheinlich entwickelte sich trotzdem – in New York, wenn nicht schon früher – eine sexuelle Affäre zwischen ihnen. Das scheint jedenfalls aus einer seiner Erinnerungen hervorzugehen, in der er eine gemütliche Szene beschreibt: Swanson servierte ihm eines Morgens im März in ihrer Wohnung in New York Rühreier, während er ihr seine eigenen Kompositionen auf dem Klavier vorspielte. Allerdings überlebte die Beziehung ihre ersten paar Wochen in New York nicht. Er fühlte sich von ihr stark angezogen, doch aus den verfügbaren Hinweisen kann man schließen, dass ihre Gefühle für ihn nicht ganz so stark waren. (Sie erwähnte ihn beispielsweise nicht in ihrer Autobiografie.) Möglicherweise war er für sie eine Art »Projekt«; in diesem Fall könnte seine Geringschätzung ihrer Großzügigkeit sie schließlich dazu gebracht haben, ihn abzuschreiben.

14
Rastlos

Nun lebte Nyiregyházi einsam in New York, wo er praktisch vergessen war und als Musiker keine Zukunft hatte. Er war inzwischen fünfunddreißig, entschlossen, wieder zu heiraten, und so warf er eine Münze: Er könnte entweder nach Los Angeles zurückkehren und überlegen, einer von mehreren Frauen einen Antrag zu machen (einschließlich seiner Ex-Frau Xandra), oder aber nach Europa reisen, um Eva Kepes zu heiraten – die junge Frau, mit der er eine kurze Affäre gehabt hatte, als er 1930 in Budapest war, und mit der er in der letzten Zeit Briefe ausgetauscht hatte. Er war der Ansicht, er habe in Amerika alles getan, was er tun konnte. Im April 1938 schrieb er in einem Brief an Gloria Swanson: »Ich spüre, dass die Situation in New York für mich – zumindest aktuell – hoffnungslos ist. Außerdem fühle ich mich hier seelisch sehr unwohl. Ich bin sehr einsam und sehe keine Möglichkeit für eine deutliche Verbesserung, weder seelisch noch materiell. Ich spüre, dass mein ganzes Leben glücklicher verlaufen könnte, wenn ich in Budapest wäre.« Er bat sie um Geld, und sie gab ihm 100 Dollar. (Auch von anderen Frauen erbat er finanzielle Unterstützung.) Am 13. April schiffte er sich nach Europa ein. Da er erfuhr, dass es für ihn gefährlich sein könnte, nach Budapest zu reisen, blieb er in Paris, wo »alles preiswert war: Essen, Trinken und – Massage!«[10] Dort stieß Eva zu ihm und willigte ein, ihn zu heiraten. Allerdings wurde er bereits wieder von anderen Frauen abgelenkt.

Im Juni reiste er nach Oslo, um Halfdan Cleve und seine Töchter zu besuchen, die er fast fünfzehn Jahre lang nicht gesehen

---

[10] Obwohl er wieder einreisen und sich dauerhaft in den USA niederlassen durfte sowie seit 1937 eine Sozialversicherungsnummer besaß, reiste er noch immer mit einem ungarischen Pass und fürchtete, dass er bei einem Besuch in Ungarn das Land eventuell nicht mehr verlassen dürfe, da er nie in der ungarischen Armee gedient hatte. (Ungarn hatte kurz zuvor die Bestimmungen über Pässe und den Militärdienst verschärft.) Im August 1940 nahm er die US-amerikanische Staatsbürgerschaft an.

hatte. Signy war inzwischen verheiratet, Astrid Witwe, und beide hatten Kinder. Seine alten Gefühle für Signy waren verblasst, doch Astrid unternahm offenbar einen kurzen Versuch, wieder eine Beziehung aufleben zu lassen; eventuell zog sie sogar in Betracht, ihn zu heiraten. Sie hatten – seiner Beschreibung zufolge – zwei »Dates«, also Oralsex. Doch sie beendete das Verhältnis; und um mit ihr abzurechnen, wandte er sich einer jungen, blonden Masseuse namens Ella Petersen zu. Während er in Oslo war, gab er zwei Konzerte: Er spielte das B-Dur-Konzert von Brahms am 6. Oktober und einen Soloabend am 13. Oktober. Als er zum ersten Mal erwähnte, dass er darüber nachdachte, den technisch anspruchsvollen Brahms zu spielen, entgegnete Signy: »*Das* kannst du nicht spielen – dafür braucht man Muskeln!«, was ihn wütend machte. Er hörte auf zu trinken, übte wie besessen und spielte (allen Berichten zufolge) das Werk wie ein Teufel.[11] Rezensionen beider Konzerte in Oslo erwähnten ein elektrisiertes Publikum, das viele Zugaben forderte. Er hatte seine Macht, Menschen in Erstaunen zu versetzen, nicht eingebüßt:

> Der schlanke, junge Virtuose brachte das Klavier so ekstatisch und kraftvoll zum Singen, dass sein Klang sich wie ein schäumender Wellenkamm auch über die kräftigsten Bemühungen des Orchesters erhob … Nyiregyházi spielte das Brahms-Konzert mit einer Virtuosität, die alle Grenzen überstieg, aber auch mit einer skrupellos eigenwilligen Interpretation, die die Darbietung vom Anfang bis zum Ende zu einer wundervollen und leidenschaftlichen Selbstoffenbarung machte.
> (*Dagbladet*, 7. Oktober)

> … übermenschlich und weit besser als alles, was man an Klavierspiel seit langer, langer Zeit gehört hat.
> (*Dagbladet*, 14. Oktober)

---

[11] Auf einem Programm, das in der norwegischen Nationalbibliothek verwahrt wird, hatte ein Zuhörer ungefähre Zeitangaben für die vier Sätze des Konzerts notiert: siebzehn, sieben, acht und siebeneinhalb Minuten, also insgesamt weniger als vierzig Minuten. Diese Zeiten entsprechen nicht Nyiregyházis üblichen, langsamen Tempi, sondern lassen eher auf eine sehr *rasche* Aufführung schließen.

Er ist in vielerlei Hinsicht ein unvergleichlicher Pianist.
(*Aftenposten*, 14. Oktober)

Nyiregyházi hat eine erstaunliche technische Perfektion und eine männliche Kraft, die in ihrer Intensität manchmal fast beängstigend ist. Er holt aus dem Klavier einen Klang hervor, der von einem ganzen Orchester zu kommen scheint; das Instrument ist unter seinen Händen ein unaufhaltsamer, reißender Strom, und sein leidenschaftliches Temperament verleiht dieser mächtigen Energieleistung einen lebendigen, vollen Ton.
(*Morgenbladet*, 15. Oktober)

Er kehrte zusammen mit Ella nach Paris zurück. Und als sie Anfang November wieder nach Norwegen reiste, waren sie verlobt. Er folgte ihr zu Beginn des neuen Jahres. Am 6. Februar 1939 gab er im norwegischen Rundfunk ein Konzert, bei dem ausschließlich Liszt auf dem Programm stand. Am 24. Februar heirateten er und Ella im Gerichtsgebäude in Oslo. Er gab zu, dass sie »sehr ungebildet« war und nicht an Musik interessiert, doch er spürte noch immer den Wunsch, Astrid Cleve zu verletzen, und fühlte sich sexuell angezogen. Bald nach ihren kurzen Flitterwochen in Drammen beschloss er, in die Vereinigten Staaten zurückzukehren. Ihm ging das Geld aus, seine Zukunftsaussichten waren schlecht, und er war entsetzt über den zunehmenden Antisemitismus in Europa. (Selbst bei Ella musste er lügen, denn sie hatte ihm erzählt, dass sie niemals einen Juden heiraten würde.) Nyiregyházi schrieb wieder an seine »Retterin« Gloria Swanson und bat diesmal um Geld für die Rückkehr nach Los Angeles: »Das ist immer noch die beste von vielen schlechten Optionen.« Er mochte die Stadt nicht, doch dort hatte er zumindest Freunde und konnte sich finanziell über Wasser halten. Und in Amerika konnte man wenigstens kriegen, was man wollte, wenn man es wirklich wollte, so meinte er. Er wusste inzwischen die nordamerikanischen Annehmlichkeiten des Lebens zu schätzen: Nachtbusse, Bars und Restaurants, die nachts durchgehend geöffnet hatten, Einkaufen am Sonntag sowie (und das schätzte er am meisten) eigene Toiletten und Bäder selbst in den schäbigsten Hotels. Anfang März fuhr er alleine nach New York. Er war unverbesserlich: Auf dem Schiff verliebte er sich in eine Frau, nach seiner Rückkehr nach Los Angeles in eine andere – dennoch war es sein aufrichtiger Wunsch, Ella nach Amerika zu holen. Er versuchte es über ein Jahr lang, bevor er schließlich aufgab. Sie stimmte ihm zu, dass eine Scheidung die einzige Möglichkeit war, und er erwirkte diese im März 1941 in Mexiko. Sie hatten nie wieder Kontakt.

»Ich bin ein kompletter Hurensohn – ein Glücksritter«, sagte er Jahrzehnte später und wunderte sich über sein eigenes gemeines Verhalten, das er offenbar nicht unter Kontrolle bekam. Doch er war nicht nur ein Schuft, er litt auch. So stellte er fest, dass seine Reise nach Europa ein Fehler gewesen war: »Ich zahlte dafür sowohl mit Geld als auch durch emotionales Leid.« Im Frühling 1939 hatte er einen Tiefpunkt in seinem Leben erreicht. Voller Verzweiflung fragte er sich, ob er jemals berufliche oder persönliche Erfüllung erreichen werde. Die Frau, die seine sechste Ehefrau werden sollte, vermerkte zu dieser Zeit in ihrem Tagebuch, dass er sehr niedergeschlagen war und sogar davon sprach, »alles beenden« zu wollen.

Wie gewöhnlich suchte er Trost in einer Beziehung. Im September lernte er eine Kellnerin namens Olga Karolyi kennen, und am 15. Mai 1941 wurde sie in Yuma (Arizona) seine fünfte Frau. Sie war genauso alt wie Nyiregyházi und 1903 in New York als Kind ungarischer Immigranten geboren worden. Obgleich sie niemals das Heimatland ihrer Eltern besucht hatte, sprach sie dessen Sprache und liebte alles, was ungarisch war. (Ihr Mädchenname war Gross, und ihre Familie war mindestens zur Hälfte jüdisch. Andere Familienmitglieder hatten den Namen in Cross geändert, und sie hatte sich einer Nasenoperation unterzogen, um weniger »jüdisch« auszusehen.) Nyiregyházi beschrieb sie als »zerbrechlich und empfindlich«, eine nervöse und angespannte Frau. Die Beziehung war durchaus zärtlich und emotional, aber ohne große Leidenschaft. Wenn er mit Olga Sex hatte, »stellte ich mir immer eine Prostituierte aus Amsterdam vor«, wie er sagte.

Leider war auch sie eine starke Trinkerin, und sie stritten sich oft. Sie gerieten sich wegen belangloser Dinge in die Haare. Er war wütend, dass Olga Hosen trug, selbst bei einem seiner Konzerte. Es ärgerte ihn auch, dass sie von ihm verlangte, seine Wäsche in die Wäscherei zu bringen, was er unangenehm fand. Nach einem Streit im Jahr 1942 betrank er sich und versuchte, sich als Soldat in der Armee zu verpflichten. (Sie sagten ihm, er solle nach Hause gehen und seinen Rausch ausschlafen.) Sie war sehr verliebt in ihn. Als sie sich kennen lernten, sah sie ihn voller Bewunderung an und sagte: »Kann eine Katze einen König ansehen?«, war sich aber über seine Gefühle nicht sicher. Als er im Sommer 1940 über einen Monat bei wohlhabenden Freunden in Massachusetts verbrachte (zu denen auch die Erbin Barbara Hutton zählte), wurde sie fast hysterisch vor lauter Angst, er könnte vielleicht nicht zu ihr zurückkehren.

Olgas kleiner Sohn Nicholas aus ihrer früheren Ehe war ein Hauptstreitpunkt mit Nyiregyházi. »Das ist wirklich die Hölle«, sagte er über das Thema Stiefsöhne. »Die Frau mit Söhnen denkt mehr an ihre Söhne als an mich.« Da er selbst die Bedürfnisse eines Kindes hatte, konnte er es nicht ertragen, um Olgas Aufmerksamkeit wetteifern zu müssen. Als Nicholas bei ihnen lebte, murrte Nyiregyházi darüber, dass der Junge zuerst zu essen beziehungsweise eine größere oder weniger durchgebratene Portion Fleisch bekam. Außerdem hasste Nicholas klassische Musik und verspottete Nyir-egyházi. Darüber hinaus gab es Probleme mit der angeheirateten Familie. Gegen Ende des Kriegs hatte er eine ein Jahr währende Affäre mit Olgas Schwägerin Mildred Cross, die offenbar von ihm erwartete, dass er Olga für sie verlassen werde. Schließlich wandten sich Mildred und ihr Mann gegen ihn und versuchten seine Ehe zu zerstören.

Bei einem Besuch in Las Vegas im Sommer 1943 stritt das betrunkene Paar, und er drohte ihr mit Scheidung. Sie konterte mit der Lüge, er habe sie geschlagen, so dass er eine Nacht im Gefängnis verbringen musste. Sie trennten sich. Am 25. Oktober berichtete der *Examiner*, dass Nyiregyházi auf Scheidung geklagt habe. In ihrer Gegenklage unterstellte sie ihm »Grausamkeit sowie fehlende Unterstützung« und wollte eine monatliche Unterhaltszahlung erreichen. (Sie behauptete, sie sei »nicht in der Lage zu arbeiten, da sie sich einer chirurgischen Operation unterziehen müsse«.) Das Verfahren wurde eingestellt, doch im folgenden August klagte er erneut auf Scheidung, um die Klage dann wieder zurückzunehmen. Im Mai 1945 trennten sie sich schließlich endgültig, und Nyiregyházi erwirkte am 7. August in Las Vegas die Scheidung. Danach versöhnten sie sich wieder. Tatsächlich besuchte er Olga weiterhin regelmäßig zum Essen (und Sex?) während seiner *nächsten* Ehe. Eine Zeitlang lebte er sogar wieder mit ihr zusammen, da seine sechste Ehefrau damals kein eigenes Badezimmer hatte. Anfang der fünfziger Jahre ging die Beziehung dann zu Ende. Olga, die 1970 starb, kam niemals über ihre Verbitterung ihm gegenüber hinweg.

15
Diese seltsame Romanze

Seit dem ersten Sommer nach seiner Rückkehr nach Los Angeles gab es einen wichtigen (wenn auch nicht immer präsenten) Menschen in Nyiregyházis Leben: seine zukünftige sechste Ehefrau. Ihre Beziehung ist durch Hunderte von ihr geschriebene Seiten dokumentiert, die in seinen Unterlagen erhalten sind. Die ersten dieser schriftlichen Dokumente stammen vom 28. Juni 1928 und entstanden nur wenige Tage nachdem sie sich kennen gelernt hatten; die letzten Seiten schrieb sie einige Wochen vor ihrem Tod 1955. Es sind ein paar Briefe darunter, doch die meisten Zeugnisse entstammen ihrem so genannten »Kleinen Buch« (oder »K. B.«), einer unregelmäßigen Folge von Tagebucheintragungen, mit denen sie »diese seltsame Romanze« dokumentieren wollte.

Sie hieß Ethel Vivian Grey, doch da Nyiregyházi den Namen Ethel nicht mochte, nannte er sie immer Vivian. Sie war 1899 in San Francisco als Kind englisch-schwedischer Eltern geboren worden, spielte Klavier und arbeitete in der Musikabteilung der Hauptniederlassung der öffentlichen Bibliothek in Los Angeles. Nyiregyházi beschrieb sie als eher kleine Frau mit kastanienbraunem Haar, »gelehrt« und ein wenig schlicht. Ihre Aufzeichnungen lassen eine junge Frau erkennen, die ordentlich und anständig, aufrichtig und oftmals reizend war, aber auch leidenschaftlich, gefühlsstark und romantisch bis hin zum Melodramatischen. Sie war bereits von seinem Spiel begeistert, als sie sich zum ersten Mal trafen – in der Bibliothek kurz vor seinem Konzertabend im Mai 1928. (Sie blieb begeistert. Jahre später schrieb sie, nachdem sie Beethovens Sonate op. 111 gehört hatte: »Ich habe nicht E. gehört. Ich habe die Klänge auf einem jener fernen Planeten gehört.«) Am 16. Juni trafen sie sich auf einer Party wieder, und am 19. Juni stellte sie bereits fest, dass sie sich in ihn verliebt hatte.

Vivian räumte selbst ein, dass ihre Gedanken sich für den Rest ihres Lebens um Nyiregyházi drehten. In den Bereichen Philo-

Nyiregyházis sechste Frau, Vivian.

sophie, Ethik und Religion (einschließlich östlicher Religionen und Mystik) sowie in Literatur und Musik war sie sehr belesen. Die »Größe« von Nyiregyházis künstlerischer und philosophischer Vision beeindruckte sie. Ihre Papiere sind voll von leidenschaftlichen Erklärungen – mal verträumt, mal rührend, anmaßend oder bemitleidenswert –, die belegen, welchen Einfluss Nyiregyházi auf sie hatte. Eine von ihnen liest sich wie eine Art Klage über die Mittelmäßigkeit:

Oh Gott, warum bin ich nur so aufgewühlt, wenn ich mit einem Geist wie N.s in Kontakt komme?

Ich kann nur einen Wunsch äußern, ein Gebet, eine Sehnsucht: Wenn ich wieder auf diese Erde komme, wenn ich die Existenz meiner Seele fortsetze, lass mich einen Funken Genialität haben. Ich verehre Genialität und habe Ehrfurcht davor – vor der Kreativität in jedem Menschen. Ich kann dir jetzt nicht von letzter Nacht erzählen, von all dem, was N. mir sagte, davon, wie es mich bewegt hat. Heute Nacht spüre ich nur, dass ich auf den Gipfel eines einsamen Berges steigen und in den Wind rufen möchte, bis der universelle Geist mich hört – dass ich jenes Geschenk möchte, wenn nicht in dieser Welt, in diesem Leben, dann doch bestimmt in der nächsten Inkarnation.

Ich hasse Abgedroschenheit, ich hasse das Gewöhnliche, das Triviale, die Beschränktheit des Geistes, des Intellekts, der Seele und des Wesens. Oh, warum sollte ich beschenkt sein – warum gesegnet oder verflucht mit der ausgeprägten Fähigkeit, große Geister zu bewundern und zu verstehen, ohne die Kraft zu haben, aus mir selbst heraus kreativ zu sein?

Sie fühlte sich so aufgeregt wie ein Schulmädchen, als sie Nyiregyházi begegnete. Als sie sah, wie er sich dem Musikschalter der Bibliothek näherte, »zitterte« sie »wie vor Kälte«. Sie erzählte jeden Moment körperlicher Intimität – Händchen halten, küssen – atemlos nach. Sie war begeistert davon, dass sie das Genie zu einem seiner Konzerte begleiten durfte, und berichtete, sie habe »gezittert wie bei einem innerlichen Erdbeben«, als er spielte. Manchmal fragte sie sich, ob er sie lediglich für ein dummes, kleines Mädchen hielt, das größenwahnsinnig war, doch seine Briefe lassen vermuten, dass er eine echte intellektuelle, emotionale und spirituelle Verbindung zu ihr spürte: »Vielleicht weißt Du auch ohne dass ich es Dir sage, wie sehr ich Anteil an Deiner intensiven Sehnsucht nach Größe und Selbstverwirklichung nehme«, schrieb er ihr Ende 1928. »Und ich kann die Überzeugung nicht zurückweisen, dass jemand, den solche Musik, wie ich sie spielte, so tief berührte, und jemand, der sowohl Bach als auch Verdi so sehr liebt wie Du, eine wirklich außergewöhnliche Person und äußerst liebens- und bewundernswert ist.« Sie genossen lange, intensive, ernsthafte Gespräche, und sie wurde eine zuverlässige musikalische Vertraute.

Doch die Beziehung war immer turbulent: Ihre Liebe zu Nyiregyházi hatte etwas Verrücktes, Obsessives und Gefährliches. Von Anfang an war Vivian »von seinem weltberühmten Namen und Genie gefangen genommen« und versucht, »alles für ihn aufzugeben«. Die beiden kannten sich kaum einen Monat, als sie realisierte, dass seine Gesellschaft zugleich ein Segen und ein Fluch war. Die »verbotene Frucht« seines »großen Geistes« brachte eine »schwülstige«, »dunkle« und »unsichere« Liebe hervor, wie sie schrieb – eine Art »Fieber«, das sie ebenso beglückend wie beängstigend fand. Sie sehnte sich danach, ihn wieder zu sehen, wünschte sich aber gleichzeitig, dass er fortgehe, damit sie nicht »alle guten Vorsätze« aufgebe.

In seiner Persönlichkeit gab es viel, das sie verachtete und tief verletzte. Schon am 11. Juni 1929 konnte sie schreiben:

> N. ist gerade gegangen. Und ich fühle mich krank. Er hat mich körperlich krank gemacht. Durch die Gedanken, die er in Worte kleidet. Ein Gefühl von Abscheu ist über mich gekommen. Es ist kaum auszuhalten. Wie kann ich in diesen letzten Tagen nur jemals geglaubt haben, dass ich dasselbe für ihn fühlen könnte wie letztes Jahr um diese Zeit? Er hat dieses zarte, unbeschreibbare Gefühl getötet, von dem ich beinahe dachte, es könnte Liebe werden – welch abwegiger Gedanke. Wenn E. attraktiv sein möchte, *kann* er es in größerem Maße sein als jeder andere, den ich kenne. Doch wenn er einem – und sei es auch noch so kurz – sein anderes Wesen zeigt, ist das für mich so abstoßend, so abscheulich, das mich ein Gefühl vollständiger körperlicher Krankheit überkommt. Und so fühle ich mich heute Nacht.

Ein gewöhnliches Eheleben, wie andere Männer es ihr boten, verlockte sie, und doch fühlte sie sich von Nyiregyházi angezogen wie von einer Droge.

Sein Spott über Religion wurmte Vivian, die eine fromme Katholikin war; es fiel ihr schwer, den Teil von ihr verbergen zu müssen, der ihr »am liebsten« war. (Er ahnte ihre Neigungen, verbot ihr, davon zu sprechen, und machte gelegentlich blasphemische Bemerkungen in ihrer Gegenwart, um sie aus der Reserve zu locken.) Ihre Papiere sind voller ekstatischer Glaubensbekenntnisse, Abhandlungen über religiöse Fragestellungen, Zitate aus heiligen Schriften, leidenschaftlicher Bitten an Gott, biblischer Analogien zu ihrem Schicksal (der Prophet Jeremia aus dem Alten Testament war für sie ein »Bollwerk«). Tatsächlich glaubte sie, dass sie eine Art Prophezeiung oder »Erleuchtung« erhalten habe, die besagte, dass das Schicksal bestimmt habe, sie und Nyiregyházi sollten zusammen sein, dass er berufen sei, nur eine einzige Frau zu lieben und mit ihrer Unterstützung große Musik zu komponieren. Sie war zuversichtlich, dass sein kreativer »Funke« ihn schließlich von der »Bitterkeit« zum »Sieg« führen werde, dass er Europa und Amerika erobern werde und das Potential habe, ein großer Komponist oder Philosoph zu sein – ein Beethoven oder ein Kant –, wenn er nur glauben würde, dass »Gott es war, der ihn lenkte«. Sie schrieb: »Diese Kompositionen – bitter, zynisch, trivial – haben *keine* göttliche Inspiration.« Und deshalb erschien er ihr bedauernswert – eine Vorstellung, die ihn in Rage versetzt hätte.

Vivians Unterlagen zeigen, dass es viele Missverständnisse und Auseinandersetzungen gab, Phasen, in denen sie ihre Gefühle für sich behielten und einander kaum anerkannten, aber auch Zeiten der Offenheit und Freude an der Gegenwart des anderen. Seine Besuche in der Bibliothek weckten in ihr viele Emotionen, selbst wenn die Beziehung angespannt war und er bloß höflich darum bat, ein Plakat für ein Konzert aufhängen zu dürfen. Für sie hatte jede Begegnung Bedeutung. Sie litt unter seiner Anwesenheit, vermisste ihn jedoch, wenn er fort war. Sie unternahm halbherzige Versuche, ihre Unabhängigkeit zu wahren – so lehnte sie es beispielsweise einmal ab, eines seiner Konzerte zu besuchen –, und im Laufe der Jahre erklärte sie die Beziehung immer wieder für beendet. Doch sie hörte nie auf, ihn zu lieben, über ihn nachzudenken, von ihm zu träumen, und stellte den Kontakt regelmäßig wieder her. Sie gab ihm Geld, obwohl sie nur wenig hatte, und machte sich Sorgen über seine Zukunftsaussichten. »Was wird mit ihm *passieren*?«, schrieb sie im Dezember 1939. »Meine armseligen fünf Dollar können ihm nicht reichen. Ich habe sie nicht übrig, aber ich kann nicht zusehen, wie er verhungert.« Es machte ihr nichts aus, ihm Geld zu geben – in der Tat behauptete sie sogar, *sie* schulde *ihm* etwas dafür, dass sie das Glück gehabt hatte, ihn kennen zu lernen.

Wenn sie gerade nicht getrennt waren, unternahmen sie lange Spaziergänge, und es gab freitags regelmäßig Abendessen bei Vivian zu Hause. Nyiregyházi spielte für sie und las ihr vor, sie gingen ins Restaurant, zu Konzerten und ins Kino. Sie wollte ihn heiraten und gestand ihm, dass sie seit ihrem ersten Treffen auf einen Antrag hoffte. Die Halbherzigkeit, mit der sie gelegentlich andere Romanzen hatte, zeigte deutlich, dass sie – stoisch und etwas bitter – eigentlich auf ihn wartete, selbst in den Zeiten, als er mit Xandra, Genevieve, Ella und Olga verheiratet war. 1940 beschrieb sie niedergeschlagen ihre Haupterinnerung an die vergangenen zwölf Jahre als »Schmerz«, tröstete sich aber mit dem

Klischee, dass »große Liebe großes Leid« bedeute. Zwangsläufig sprach sie von ihrem Leiden mit religiösen Begriffen – »Ich habe das Kreuz getragen, das er mir auferlegte« – und schrieb an Gott gewandt: »Durch E. habe ich Dir gedient.« Möglicherweise gab ihr die Überzeugung, dass das Schicksal und nicht der Zufall hinter der Beziehung stand, die Willensstärke, sich als Märtyrerin seiner Genialität zu opfern.

Ihre »seltsame intellektuelle Romanze« scheint bis zu ihrer Hochzeit platonisch geblieben zu sein, trotz seines andauernden sexuellen Drängens. In ihrem Tagebuch vermerkte Vivian am 19. Dezember 1939, dass sie sich erst zum zweiten Mal innerhalb von elf Jahren geküsst hatten. Wegen seiner häufigen Partnerwechsel hatte sie unter dem ersten Kuss gelitten, denn trotz all ihrer Bemühungen war sie auf die anderen Frauen in seinem Leben eifersüchtig. (Nyiregyházi war ebenfalls eifersüchtig, wenn ein anderer Mann Interesse an ihr zeigte.) Seine realitätsferne Vergnügungssucht und die Hingabe an seinen »Sex-Instinkt« fand sie abstoßend. Wenn er betrunken war, erduldete sie seine Schimpftiraden über Frauen, Ehe und sexuelle Freiheit. Vivian machte sich Sorgen, dass er ihrer überdrüssig werden könnte, da sie seine Avancen zurückwies, doch Sex vor der Ehe war für sie ausgeschlossen – ein Verrat an ihrer geistigen Verbindung. Sie besuchte ihn noch nicht einmal in seinem Hotel, wenn keine anderen Menschen dabei waren.

Vivians Dokumente beinhalten einige schonungslose Erkenntnisse über Nyiregyházis Persönlichkeit. Sie schrieb über seine Empfindsamkeit und Unsicherheit, über sein »enormes Ego oder die Eitelkeit, die so leicht verletzt werden kann und *kosmischen* Aufruhr in seinem Temperament verursacht.« Sie sah, wie schnell sein Selbstvertrauen in sich zusammenbrechen konnte. Als sie einmal wütend war, machte sie eine sarkastische Bemerkung über seine Kompositionen und traf ihn damit (wie sie wusste) an seinem wundesten Punkt; daraufhin verkündete er, als er das nächste Mal bei ihr war: »Ich werde auf diesem Klavier nie wieder eine meiner Kompositionen spielen.« Er war gekränkt, wenn sie zu einem seiner Konzerte nicht erschien, und als sie einmal unbedacht Lob für

Vladimir Horowitz äußerte, erinnerte er sie immer wieder in verletztem, anklagendem Ton daran. Das waren alles typische Verhaltensweisen – die Schnelligkeit, mit der er Kränkungen wahrnahm (oder erfand) und sein extremer Bedarf an Bestätigung in großen wie kleinen Dingen. Sein Vertrauen in seinen Status als Titan war wie ein großer Damm, der ständig abgestützt werden musste, da das kleinste Loch ihn zum Einsturz bringen könnte.

Vivian schrieb auch über seine Passivität, die sie ebenso wie viele andere anzog: Sie fühlte sich genötigt, sich um ihn zu kümmern. Trotz seiner Armut wartete er eher auf Hilfe, als dass er selbst etwas dagegen unternahm. (»In mancherlei Hinsicht hat E. die Mentalität eines Dummkopfes«, schrieb sie in Bezug auf seine Hilflosigkeit.) Sie wusste, dass seine Passivität ein Ausdruck von Selbstsucht war, und fühlte sich dadurch gebraucht. 1942 schrieb sie:

> E. ist nicht der Typ, der etwas gibt – er möchte bedient werden. Er denkt immer an seine eigene Bequemlichkeit. Für ihn ist seine Größe ein Grund dafür, dass er ständig Freundlichkeit empfängt, aber nie selbst gibt. Er will mich jetzt, er bedauert seine Ehe, er ist nicht glücklich mit O[lga]. Er sehnt sich danach, zumindest für einige Augenblicke mit mir zusammen zu sein, so dass wir wieder Abende mit Essen & Musik & Diskussionen haben können. Doch in Bezug auf mich – was hat er jemals für mich getan? Er möchte es wieder, weil er weiß, dass ich und nur ich ihn glücklich machen kann! Das stellt er jetzt fest – aber müsste er darüber hinaus nicht noch etwas anderes erkennen, damit unser Zusammenleben perfekt sein kann? Muss er nicht auch mich glücklich machen wollen, ein paar Dinge für mich tun, mich so bedienen wie ich ihn bediene? Ich könnte schwören, dass solche Gedanken ihm noch nie durch sein enormes Gehirn gegangen sind.

Natürlich unterstützte die Verfügbarkeit von Frauen, die bereit waren, zu tun, was er von ihnen verlangte, seinen Egoismus nur noch. »Es ist zu leicht für ihn gewesen«, schrieb Vivian 1939. »Er hat sich keine Mühe geben müssen, und er hat sich auch keine gegeben.«

Auch über seinen Pessimismus und seine Unbeständigkeit schrieb sie. Einmal war er beim Abendessen wundervoll und anziehend, in der nächsten Woche erschien er ihr wie ein Fremder, der seinen Zorn auslebte. Vivian schilderte aber auch die liebenswerten, reizvollen und kindlichen Seiten seiner Persönlichkeit, seine Zärtlichkeit und Höflichkeit, seine rührende körperliche Zerbrechlichkeit (sie sah ihn »halbtot vor Angst« mit weißem Gesicht und weißen Fingerknöcheln während eines »Buggy-Ritts« in einem Vergnügungspark). Und sie schrieb über seine lebensfrohe Seite, die nur sehr wenige Menschen kennen lernten. Mehr als einmal waren die beiden »benommen und geschwächt vor lauter Lachen«. Auf einem ihrer Spaziergänge »lachten wir so sehr, dass wir mitten auf der Straße stehen blieben, uns den Bauch hielten und ganz erschöpft waren. Wir haben uns buchstäblich krankgelacht. Ich fühlte mich schwach, als wir bei Grace ankamen, und er sich auch. Und das war also Nyiregyházi, das düstere, tragische, griesgrämige Genie, das niemals lachte.« 1978 sagte Nyiregyházi selbst in einem Interview: »Ich spüre, dass ich eine tragische Persönlichkeit bin, die zur Melancholie neigt. Doch ich bin nicht so vollkommen melancholisch, dass ich nicht auch eine schöne Zeit haben kann. Ich kann durchaus auch lachen … Ich muss zugeben, dass es mir in meinem Leben anscheinend immer entweder sehr gut oder sehr schlecht geht. Im Gegensatz zu den meisten anderen Menschen scheint es bei mir nicht viel dazwischen zu geben.«

Als Nyiregyházi im Frühjahr 1938 die Münze warf, war Vivian eine der Frauen, die als Heiratskandidatinnen in Betracht kamen. Allerdings wusste sie nichts davon. Und ihm war klar, dass er »ein verdammter Narr« war, »eine wunderbare Frau, die mich bewundert« zurückzulassen, als er nach Europa aufbrach. 1940 äußerte er dann den Wunsch, sie zu heiraten. »Meine anderen Ehen hatten nichts zu bedeuten«, beteuerte er ihr nun. »Es gab immer nur dich.« Ihre Antwort war typisch. »Oh – dreimal erklärtes Glück!!«, schrieb sie. »Denn ich liebe E., habe es immer getan & werde es immer tun; kein [anderer] Mann wird mich jemals zufriedenstellen.« Im März 1941 machte er ihr dann einen Antrag, konnte sich jedoch keinen Ring leisten. Auf rührende Weise bat er sie, die Augen zu schließen, zog ihr einen ihrer Ringe vom Finger und steckte ihn ihr wieder an, während er die Frage stellte. Die Heiratspläne zerschlugen sich fast augenblicklich. Er hatte kein Geld, Vivian kam mit seiner Persönlichkeit nicht zurecht, sie stritten sich. Tatsächlich heiratete er nach einem dieser Streits, nur zwei Monate nach ihrer Verlobung, Olga – eine für ihn typische Reaktion. Noch immer bestand er aber darauf, dass Vivian seine »Inspiration« und seine »Rettung« war, dass seine Fähigkeit, kreativ zu arbeiten, davon abhing, dass sie seine Frau wurde. Und sie wusste, dass seine Zuneigung aufrichtig empfunden war, obwohl er nach wie vor »grausam« und »herrisch« sein konnte. Im August 1945 bestellte er sie schließlich nach Las Vegas, wo er sich von Olga hatte scheiden lassen – und Vivian wurde seine sechste Ehefrau.

Es überrascht nicht, dass die Heirat wenig zur Verbesserung ihrer Beziehung beitrug. Der »Berechtigte« war natürlich keine Hilfe im Haushalt und machte kaum Anstalten, zum Lebensunterhalt beizutragen, während Vivian darum kämpfte, ihr Gelübde einzuhalten, ihn glücklich zu machen. Sie investierte Zeit, Energie und Geld in ihre Beziehung, schadete dabei ihrer seelischen und körperlichen Gesundheit, behielt jedoch ihre Gefühle größtenteils für sich und fürchtete, unter der Belastung zusammenzubrechen. Manchmal beschloss sie erneut, sich von ihm zu trennen, und gelegentlich waren sie zerstritten. In den ersten paar Jahren lebten sie nicht zusammen. Sie hatte Mieter in ihrem Haus, weil sie das Geld brauchte, und er mochte deren Anwesenheit nicht – vor allem, weil er das Badezimmer nicht mit ihnen teilen wollte. Um 1948 zog er schließlich bei ihr ein.

Eine Anekdote aus dem Jahr 1948, die in Vivians »Kleinem Buch« vermerkt ist, sagt viel darüber aus, was sie als Nyiregyházis Frau auszuhalten hatte. Am Heiligen Abend blieb sie ganz aufgeregt lange wach und schmückte die Wohnung bis in die frühen Morgenstunden. An Weihnachten war sie erschöpft, aber glücklich. Nach dem Frühstück aß sie nichts mehr, da es ja um sechs oder sieben ein ausgiebiges Abendessen geben sollte. Um fünf Uhr kam Nyiregyházi nach Hause und verkündete, dass er in der Stimmung sei, zu reden und zu spielen, was er dann mehrere Stunden lang tat. Eine seiner Kompositionen dauerte alleine schon eine Stunde, und Vivian sollte die Seiten umblättern. (»Ich konnte mich nicht vom Klavier wegbewegen aus Angst, ›seine Majestät‹ zu beleidigen.«) Als sie in die Küche eilte, um den Ofen auszuschalten, rief er: »Komm sofort zurück!«. Und als er mit dem Klavierspiel fertig war, nippte er an einem Sherry und erklärte sein Werk. Kurz nach Mitternacht meinte er schließlich: »Du kannst nun das Abendessen vorbereiten. Ich habe jetzt Hunger.« Vivian fühlte sich schon ganz schwach und erschöpft vor Hunger, außerdem »völlig angewidert« und servierte die Überreste ihres Mahls. Offenbar war das ein sich wiederholendes Muster in ihrem gemeinsamen Alltag. Sie kam nach ihrer Arbeit nach Hause und sollte dann bis spät in die Nacht als ihn bewunderndes Publikum für seine vom Alkohol beflügelten Vorführungen und Monologe dienen; danach durfte sie das Essen servieren, bevor sie todmüde ins Bett fiel. Es machte sie mürbe, neben ihrem Vollzeitjob den Haushalt zu führen und seinen Bedürfnissen nachzukommen. Doch zugleich gestand sie auch ein, dass es viele schöne Stunden gab und sie weiterhin »von den Strahlen« seiner Genialität »gewärmt« wurde.

Ihr Sexualleben war nicht sonderlich ausgeprägt. Einer Interviewnotiz zufolge, die sich in den Unterlagen seiner letzten Frau befand, wollten sie in ihrer Hochzeitsnacht miteinander schlafen, doch »es passte nicht«: Vivian hatte ein nicht näher spezifiziertes gynäkologisches Problem, das auch eine Operation im Jahr 1952 nicht beheben konnte. Außerdem hielt sie Oralsex für ein Verbrechen gegen die Natur. (Er sagte, dass er während dieser Ehe mehr masturbiert habe als zu irgendeiner anderen Zeit seines Lebens.) Doch ihre Verbindung baute niemals auf Sex auf. Trotz all ihrer Probleme hatten sie eine dauerhafte emotionale und intellektuelle Beziehung zueinander. Und auf seine eigene Weise gab er ihr auch etwas für ihre Unterstützung und ihre Gesellschaft zurück. Manchmal äußerte er sich verwundert über seine Gefühle für sie.

Er sagte einmal, diese Beziehung habe ihm gezeigt, dass es stärkere Mächte als Sex gebe – und das war für ihn in der Tat eine neue Entdeckung.

Allerdings brauchte er trotzdem weiterhin Sex. Er hatte also neben seiner Ehe wieder sexuelle Kontakte. Wie immer verkomplizierten auch Gefühle für ehemalige Freundinnen sein Leben. Außerdem hatte er homosexuelle Affären. In den 1940er Jahren war er mit dem schwulen Pianisten Shura Cherkassky befreundet; Nyiregyházi erinnerte sich an einen Abend, an dem die beiden zu einer Party gingen (einer »Orgie«, wie eine Version dieser Geschichte besagt), die im Hause einer dänischen Baronesse in den Hollywood Hills stattfand. Irgendwann setzte sich eine Frau auf Nyiregyházis Schoß, küsste ihn und erklärte, dass sie ihn liebe; er küsste sie ebenfalls, erklärte ihr *seine* Liebe – und bemerkte dann, dass sein Partner ein Mann war, einer von vielen Transvestiten auf dieser Party. Er war »verwirrt«, wie er sagte, doch nicht erschrocken oder beunruhigt und gab zu, dass er seinen Anteil zu dem Flirt beigetragen hatte. Ein Pianist, der damals in Los Angeles tätig war, erinnerte sich an einen Vorfall, der sich im Hause eines wohlhabenden, örtlichen Musikmäzens ereignete, als er ihn gerade besuchte: Als das Gespräch auf Nyiregyházi kam, rief der Mäzen ihn an; und obwohl es schon spät war und Nyiregyházi bereits im Bett lag, bestellte er ihn zu sich. Dieser erschien tatsächlich, bekam Alkohol zu trinken und spielte dann auf Wunsch über eine Stunde lang Liszt. Als der Pianist später seinen Mantel holte, fand er Nyiregyházi und den Mäzen zusammen im Bett. Der Mäzen stand unbeeindruckt auf, zog seine Brieftasche hervor und gab Nyiregyházi mehrere Hundert-Dollar-Scheine, die dieser annahm.

Trotz allem verwöhnte Vivian ihn und versuchte, ihn zufriedenzustellen. Im Mai 1952, ein Vierteljahrhundert nachdem sie sich zum ersten Mal getroffen hatten, schrieb sie ihm einmal einen Brief, aus dem die folgenden Auszüge stammen: »Ich kann mir nicht vorstellen, wie meine Liebe zu Dir noch größer werden könnte, sie ist bereits so allumfassend – auch wenn solche Äußerungen von Dir, wenn das *möglich* wäre, dazu führen würden, dass ich meinen Schatz noch mehr lieben würde, denn er ist für mich in *jeder* Hinsicht so großartig und war in diesen vergangenen Zeiten so wundervoll. Ich kann mir kein wunderbareres Leben vorstellen, als immer mit einem *Genie* zusammen zu sein, und dieses *Genie* muss mein eigener *Liebling Ervin* sein!« Trotz all ihrer Probleme gab die Beziehung beiden Kraft, auch in den häufig schweren Zeiten.

16
Schwanengesang

Nyiregyházi trat in den 1940er und 1950er Jahren in Los Angeles auf, zog damit gelegentlich viele Zuhörer an und erhielt etwas Aufmerksamkeit der Presse. (Im Publikum saßen häufig vor allem Freunde, Geliebte und ungarische Landsleute.) Doch der Schwung seiner Karriere war unwiederbringlich verloren. Nun bediente er sich seines einzigen vermarktbaren Talents nur noch, um Geld zu verdienen. Nur weil seine Konzerte wenig einbrachten, spielte er so oft wie möglich. Die Auftritte empfand er zunehmend als nervenaufreibend. Alkohol half ihm. Als Shura Cherkassky ihm erzählte, dass schon ein einziger Drink es ihm unmöglich mache zu spielen, antwortete Nyiregyházi ihm: »Wenn ich einen Drink zu mir nehme, kann ich auch nicht spielen – ich brauche sechs oder sieben.« Es war jedoch entscheidend, die richtige Balance zu finden: »Ich muss nüchtern genug sein, um spielen zu können, und betrunken genug, um spielen zu *wollen*.« In der Gegend von Los Angeles hatte er inzwischen einen Ruf als unzuverlässiger Exzentriker, Säufer und Frauenheld. Arnold Schönberg versuchte, für ihn ein Konzert an der University of California at Los Angeles (UCLA) zu organisieren, wo er seit 1936 lehrte, stieß in der Musikabteilung allerdings nur auf Widerstand.[12] Nyiregyházi war mit einigen Musikern befreundet; Vivian vermerkte in ihrem »Kleinen Buch« die gelegentlich stattfindenden Besuche des Paars in einem Komponistenclub. Doch viele Kollegen waren im Umgang mit ihm vorsichtig, und er hielt sich von der lebendigen Musikszene der Stadt meistens fern. »Ich hatte meine eigenen Ansichten über Musik, und sie hatten ihre«, sagte er. »Und wir hatten einfach nichts miteinander zu tun.«

---

[12] Nyiregyházi und Schönberg trafen sich gelegentlich bis 1950, dem Jahr vor dem Tod des Komponisten. Schönberg nannte (aus Höflichkeit?) Nyiregyházis eigene Musik »einzigartig«.

Im September 1939 gab er ein Konzert unter der Leitung von Lazar S. Samoiloff, einem aus Russland stammenden Stimmbildner, der einen kleinen Saal für seine Schüler hatte. Diesen vermietete er für ein paar Dollar an Nyiregyházi, so dass er in den nächsten anderthalb Jahren dort rund ein Dutzend Konzerte geben konnte – häufig vor einem großen Publikum. Ab und zu trat er auch anderswo auf. (So ist beispielsweise noch eine Eintrittskarte zu einem Konzertabend erhalten, den er am 6. April 1941 gab; die Karte hatte seltsamerweise 1,01 Dollar gekostet.) Dennoch kam seine Karriere nicht wieder in Schwung. Manager kamen und gingen,[13] und sein Stolz stand nach wie vor seinen Zukunftsaussichten im Weg. Ein Manager bat ihn um ein Probespiel, bevor er einwilligte, ihn in einem Konzert in einem Kasino zu präsentieren; nachdem Nyiregyházi zwei Stunden auf die Möglichkeit zum Vorspielen gewartet hatte, ging er verärgert nach Hause. Wie er erzählte, wollte im Jahr 1956 der Filmmusikkomponist Miklós Rózsa, dass er einen seiner Soundtracks spielte, doch Nyiregyházi fand das Honorar lächerlich und hielt die Musik für »Mist«.

Selbst in der ungarischen Gemeinde hatte er nicht mehr die Anziehungskraft von einst. Bei einem Konzertabend mit einem Liszt-Programm kamen 1940 lediglich rund zwei Dutzend Menschen – praktisch nur die Sponsoren des Konzerts –, so dass er netto kaum 20 Dollar bekam. Pfarrer Lani und Bela Lugosi organisierten ein Konzert in St. Stephen's, das am 14. Oktober 1940 anlässlich des fünfundzwanzigjährigen Jubiläums seines Orchesterdebüts in Berlin stattfand; mit einem zweiten Pianisten als Begleitung spielte er den ersten Satz aus Beethovens c-Moll-Konzert, da er dieses Werk damals auch bei seinem Debüt gespielt hatte. Lugosi verkaufte Eintrittskarten – zum Preis von dreißig Cent beziehungsweise neunzig Cent, wenn man auch eine Portion Gulasch haben wollte – und hielt vor dem Konzert eine Rede, in der er seinen Freund als einen der größten Künstler der Musik-

---

[13] Ein Freund, der daran interessiert war, in seine Karriere zu investieren, nahm Kontakt mit dem legendären Impresario Sol Hurok in New York auf. Hurok zeigte zwar Interesse, hatte aber die Sorge, dass Nyiregyházi »zu individualistisch« sein könnte, und entschied sich dagegen.

geschichte ankündigte. Diesmal bekam Nyiregyházi etwas mehr als 60 Dollar zusammen.

Manchmal fand er auch außerhalb der Stadt Arbeit. Im Jahr 1940 gab er Konzerte in San Francisco und Oakland, und 1942 eines für die United Service Organizations (USO) in einem Militärkrankenhaus in Denver. Im folgenden Jahr trat er mehrfach in Denver auf, so zum Beispiel am 29. Oktober, als er einen Konzertabend gab, der von der Franz-Liszt-Stiftung präsentiert wurde. Im August 1942 schloss er sich dem Gefolge seines Freundes Roland H. Wiley an, der demokratischer Staatsanwalt des Clark County (Nevada) war. Dieser kandidierte für das Amt des Gouverneurs und unternahm eine Wahlreise mit dem Zug quer durch den Bundesstaat. Nyiregyházi gab zur Unterstützung seiner Kampagne Konzerte in Reno, Las Vegas, Boulder City, Winnemuca und Elko. Wiley verlor zwar die Wahl, doch Nyiregyházi war ein Hit. In Elko spielte er für Bergleute, die die Anweisung erhalten hatten, sein Konzert zu besuchen; es gefiel ihnen jedoch so gut, dass sie ihm anschließend in einem Saloon Drinks ausgaben. Zwangsläufig verglich er sich selbst mit Wilde, der auf einer Vortragsreise durch Amerika mit großem Erfolg Bergleute angesprochen hatte. Die aufrichtige Wertschätzung eines Laienpublikums bedeutete ihm immer sehr viel. Er erinnerte sich gerne an ein Konzert, das er einst in Las Vegas in einer Cocktail Lounge gegeben hatte – nicht, weil die einflussreichsten Persönlichkeiten der Stadt anwesend waren, sondern weil die Insassen des Gefängnisses auf der anderen Straßenseite zufällig seine Musik hörten und sich den Jubelrufen anschlossen.

»Von meinen pianistischen Aktivitäten kann man sagen, dass sie sich beständig in einem Stadium der Stagnation befinden«, schrieb Nyiregyházi 1943 in einem Brief. Dennoch war er als Pianist zwischen seinem dreißigsten und sechzigsten Lebensjahr auf dem Höhepunkt seiner Möglichkeiten und entwickelte sich als Musiker immer weiter. Da er sich nicht mehr um eine echte Karriere kümmerte, fühlte er sich künstlerisch frei: Er spielte nur, was und wie er spielen wollte. Außerdem fuhr er fort, sein ohnehin schon enormes Repertoire noch zu erweitern. Sein anspruchsvoller Konzertabend in Los Angeles am 29. Januar 1941 war insofern typisch, als er auch relativ esoterische Kost umfasste wie Liszts *Weinen, Klagen, Sorgen, Zagen* (nach Bach), Anton Rubinsteins Sonate in e-Moll, Mussorgskys *Bilder einer Ausstellung* und Schönbergs atonales Stück op. 11/Nr. 2. Repertoire abseits der ausgetretenen Pfade reizte ihn: Sonaten von Brahms, Tschaikowsky und Skrjabin oder unbekannte Werke von Albéniz, Bartók, Debussy, Godowsky, Ilynsky, MacDowell und Respighi. Er hielt nichts davon, einen Frauenclub mit Skrjabins sonderbarer, anspruchsvoller Neunten Sonate (»Schwarze Messe«) zu unterhalten. Und obwohl er nicht mehr die Möglichkeit hatte, mit einem Orchester zusammen aufzutreten, hieß das nicht, dass er solche Konzerte nicht mehr spielen konnte: So präsentierte er einfach seine eigenen Solo-Arrangements von Liszts *Totentanz*, dem Grieg-Konzert, Rachmaninows Klavierkonzert Nr. 2 und der *Rhapsody in Blue*.

Nyiregyházi beschränkte sich auch nicht auf Klaviermusik: Er spielte Orchester- und Chormusik von Schumann, Liszt und Saint-Saëns. 1943 eröffnete er einen Konzertabend mit dem ersten Satz aus Bruckners Neunter Sinfonie (bei seinem Tempo dauerte er etwa achtundzwanzig Minuten). In einem anderen Konzert im selben Jahr spielte er die gesamte *Symphonie fantastique* von Berlioz. Er trug auch Opernmusik vor: die Ouvertüre von *Wilhelm Tell*, einen Ausschnitt aus der *Cavalleria rusticana* oder die letzte Szene von *Elektra*. Bei einer solchen Programmgestaltung spielten, wie er zugab, nicht nur persönliche Vorlieben eine Rolle, sondern auch Angst vor Kritik – bei Bruckner und Berlioz hatte er unter den Pianisten keinerlei Konkurrenz – und der Trotz eines frechen Jungen: »Ich mag es, damit durchzukommen!«

Manche Menschen, die seine kompromisslosen Programmzusammenstellungen und seinen sehr individuellen Klavierstil in diesen Jahren hörten, hielten Nyiregyházi für verrückt. Andere waren erstaunt und ergriffen. »Ich habe noch nie etwas Vergleichbares gehört« – solche und ähnliche Äußerungen kamen immer wieder von den Zuhörern, sowohl von Experten als auch von Laien. (Schönbergs Brief 1935 bildete da keine Ausnahme.)

Der 1926 geborene amerikanische Pianist Raymond Lewenthal hörte Nyiregyházi in seiner Jugend häufig und hinterließ 1978 wertvolle Erinnerungen an Nyiregyházis »kolossale Technik« und seine »kolossale Persönlichkeit«. Über die Interpretation von Beethovens Sonate op. 111, die er bei einem der Samoiloff-Konzerte hörte – »eine der großartigsten musikalischen Erinnerungen meines Lebens« – schrieb er:

> Nach vierzig Jahren erinnere ich mich noch immer an jene gigantische Aufführung des ersten Satzes und die beeindruckende Kraft, die durch Nyiregyházis unbewegliche Haltung am Klavier noch verstärkt wurde. Und ich habe noch die metaphysische Schönheit des Klangs im zweiten Satz im Gedächtnis, die jene weißen, schlanken Hände hervorbrachten, bei denen die blauen Adern durch die dünne Haut hindurch schienen. Die Finger produzierten den Ton durch eine Art nachgiebige, kontrollierte Spannung. Ich erinnere mich auch noch an das attraktive Gesicht, das so ruhig und konzentriert blieb, dass ein Schweißtropfen ewig auf der Nasenspitze balancierte, als sei er gefroren.

Lewenthal behauptete, keinen anderen Musiker zu kennen, der ebenso talentiert war wie Nyiregyházi, und ordnete ihn infolgedessen unter »den von Dämonen angetriebenen Dichtern und Künstlern ein, die einen Weg in mein Herz gebrannt haben ..., da sie Leidenschaft und Empfindsamkeit heraufbeschwören, Episches, Fremdes, Geheimnisvolles, große Dunkelheit und strahlendes Licht.«

Wenn es keine anderen Möglichkeiten gab, spielte Nyiregyházi Privatkonzerte im Hause von Freunden.[14] Solche Aufführungen sorgten bei ihm für eine gewisse Zufriedenheit. So schrieb er über eine Reihe von Auftritten in einem Brief an Ayn Rand: »Ich habe den Eindruck, dass bei diesen Anlässen die ›Atmosphäre

---

[14] Schon in den 1940er Jahren konnte man beobachten, dass Cutter und Aufnahmeleiter gelegentlich private Versammlungen besuchten, bei denen er spielte. Keine der dabei entstandenen Aufnahmen ist jedoch jemals aufgetaucht.

stimmt‹.« Der Zweck dieser Konzerte bestehe darin, »mich auf meine ›wackeligen‹ Beine zu stellen und mir finanziell ein ganz kleines bisschen zu helfen«, schrieb er. »Die Situation ist für mich etwas unangenehm. Aber da kann man nichts machen.«

Ja, *die* Ayn Rand. Die eben erst berühmt gewordene Schriftstellerin und Philosophin hatte einige seiner Privatkonzerte besucht.[15] Nyiregyházi war absolut begeistert von ihrem Bestseller-Roman *The Fountainhead* [auf Deutsch *Der ewige Quell* bzw. *Der Ursprung*], der 1943 veröffentlicht worden war. Von Rands Philosophie des »Individualismus um jeden Preis« war er ebenso gefesselt wie von ihrem Protagonisten Howard Roark, einem idealistischen und äußerst originellen Architekten, der den Niedergang seiner Karriere bereitwillig hinnimmt, da er die Integrität seiner kreativen Arbeit nicht gefährden möchte. Roark weiß, dass es dumm ist, nach den Vorstellungen anderer zu leben, lehnt es ab, sich ausnutzen oder kontrollieren zu lassen, ändert seine Meinung niemals, hasst Heuchelei und definiert »den Schöpfer« als »den Mann, der einzigartig ist«. Seine Grundsätze – insbesondere jene, die er in seiner Rede im Gerichtssaal auf dem Höhepunkt des Werks kundtut – fanden bei Nyiregyházi selbstverständlich Zustimmung: »Das erste Recht auf Erden ist das Recht auf das Ego ... Große Menschen können nicht beherrscht werden ... Es gibt keinen anderen Maßstab für persönliche Würde als Unabhängigkeit ...« An einer Stelle sagt Roarks Berater: »Architektur ist kein Geschäft, kein Beruf, sondern ein Kreuzzug und die Hingabe an eine Freude, die die Existenz der Erde rechtfertigt.« Wenn man das Wort »Architektur« durch »Musik« ersetzt, hat man das Glaubensbekenntnis von Ervin Nyiregyházi.

Rand und Nyiregyházi sahen sich stolz als Romantiker in der Tradition des neunzehnten Jahrhunderts. Rands fröhlich hochtrabende, überreizte Prosa betrachtete er nicht als Schwäche, zumal er selbst Formulierungen verwendete wie »Begleitumstände, die

---

[15] Den Interviewnotizen seiner letzten Frau zufolge trafen er und Rand sich erstmals bei einem seiner Konzerte im Jahr 1935. Sie »liebte Ervins Musik«, die beiden wurden Freunde, und er besuchte sie bei ihr zu Hause. Doch diese Aussagen sind nicht bestätigt.

einiges zu einer zufriedenstellenden Entfaltung beitrugen«. Er wollte häufiger für sie spielen und mit ihr sprechen. Im April 1944 schrieb er ihr zwei lange Briefe. Im ersten meinte er: »Der Standpunkt, den Sie einnehmen, ist großartig, außergewöhnlich und wird, denke ich, ein Monument für den kraftvollen Ausdruck eines starken, unbeugsamen und deshalb großartigen Credos bleiben.« In seinem zweiten Brief spendete er noch mehr Lob, das viel über seine eigenen Werte und seine intellektuelle Begeisterung aussagte: »Sie sind die größte, die bissigste Satirikerin seit Oscar Wilde«, schrieb er. Nachdem er bestimmte Charaktere von Wilde und Rand miteinander verglichen hatte, fuhr er fort: »Sie und Oscar Wilde scheinen ein schwieriges Thema durchgesetzt zu haben, indem Sie diese kaum definierbare spirituelle ›Aura‹ geschaffen haben, welche die bissigen und nur *so genannten* witzigen Bemerkungen dieser Charaktere ausstrahlen und welche in ihnen pulsiert. Diese ›Aura‹, darum geht es.«

Es gibt keinen Hinweis darauf, dass Rand antwortete oder dass Nyiregyházi sie jemals wieder traf. Wie dem auch sei: Es ist eher unwahrscheinlich, dass sich die Autorin von *Capitalism: The Unknown Ideal* [*Kapitalismus: das unbekannte Ideal*] sehr geehrt fühlte, dass sie so leidenschaftlich in Verbindung gebracht wurde mit dem Autor von *The Soul of Man Under Socialism* [*Der Sozialismus und die Seele des Menschen*].

Während des Zweiten Weltkriegs verlor Nyiregyházi den Kontakt zu den meisten Familienmitgliedern und Freunden in Europa. Erst zwanzig Jahre später erfuhr er, was aus ihnen geworden war. Jozsa Kovács starb 1939, und Géza Kovács nahm sich 1942 das Leben. Einige andere Angehörige der Familie Kovács sowie manche seiner jüdischen Freunde kamen in den Konzentrationslagern der Nazis um. Den Großteil der 1930er Jahre lebten Nyiregyházis Bruder, Mutter und Großmutter in Berlin. Alfred, der nie heiratete, arbeitete für die Reiseabteilung von American Express. (Nyiregyházi sah ihn Anfang der 1930er Jahre zum letzten Mal.) Szidónia starb 1937 im Alter von achtzig Jahren eines natürlichen Todes. Danach zogen Mária und Alfred wieder nach Budapest, wo Alfred weiter für American Express arbeitete. Er wurde eingezogen und starb 1944, als er an der Seite der deutschen Armee mit anderen Ungarn zusammen an der russischen Front kämpfte. Mária wurde ein Opfer des Holocaust, kurz nachdem die Pfeilkreuzler, die mit den Nazis bei der Verfolgung der Juden zusammenarbeiteten, im Oktober 1944 in Ungarn an die Macht gekommen waren. Wie Nyiregyházi erfuhr, war es seiner Mutter gelungen, einen brasilianischen Pass zu bekommen (Brasilien unterstützte die Alliierten), der sicherstellen sollte, dass sie an die Grenze gebracht und freigelassen wurde; doch da sie Jüdin war und darüber hinaus wertvollen Schmuck besaß, wurde der Pass ignoriert. Als ein Repräsentant Brasiliens bei einer Konfrontation auf der Straße vor ihrem Haus darauf bestand, dass Mária unter dem Schutz seines Landes stehe, lachten die Nazi-Funktionäre bloß. Man konfiszierte ihren Besitz, und sie wurde in ein Konzentrationslager gebracht. Jahre später sah Nyiregyházi die letzte Postkarte seiner Mutter, auf der sie den Verlust ihrer geliebten Juwelen beklagte.

Im Laufe der Jahre suchten Nyiregyházis Freunde und Bekannte, die zur Elite Hollywoods gehörten, gelegentlich in der Filmbranche für ihn Arbeit als Pianist – und sogar als Komponist. So war er bei einigen viel versprechenden Projekten im Gespräch, von denen jedoch schließlich kein einziges verwirklicht wurde. Nur während und direkt nach dem Krieg, als er ironischerweise aufgehört hatte, in der Gesellschaft in Hollywood zu verkehren, wurde er eher durch Zufall in mehrere Filmprojekte mit einbezogen. Und da seine Konzertkarriere sowieso fast vorbei war, konnte er froh sein, Arbeit zu haben.

Das erste dieser Projekte war der vernachlässigenswerte Horrorfilm *The Soul of a Monster*, den Columbia Pictures im August 1944 herausbrachte. Nyiregyházi erhielt den Job, nachdem er auf eine Anzeige geantwortet hatte, mit der Pianisten gesucht wurden. Er behauptete, dass er aus der Reihe von Bewerbern ausgesucht worden war, weil der Columbia-Präsident Harry Cohn ihn für talentiert, aber auch für einen »hässlichen Hurensohn« hielt, was bedeutete, dass er genau die diabolischen Qualitäten hatte, die gerade gesucht wurden. Hier die Zusammenfassung der Handlung nach dem *Fantastic Cinema Subject Guide*, in dem der Film direkt nach *Sorority Babes in the Slimeball Bowl-o-Rama* erscheint: »Ein gutmütiger, freundlicher Arzt liegt im Sterben, und seine Frau appelliert in ihrer Verzweiflung an alle möglichen Mächte, die ihm wieder Leben einhauchen könnten. Eine geheimnisvolle, düstere Frau erhört ihr Flehen – die Agentin des Bösen, ein Dämon, vielleicht sogar der Teufel selbst. Sie heilt den Arzt auf wundersame Weise, übt dann aber einen bösen Einfluss auf ihn aus. Er ist nun ganz verändert – seine Seele ist schwarz, und er muss gewaltig kämpfen, um sich von diesem Bösen zu befreien.« Die *New York Times* kritisierte das Werk als einen »lächerlich albernen Film«. Allerdings beinhaltet er Nyiregyházis einzigen Auftritt in einem Film, der auch im Abspann erwähnt ist. In einer Szene, in der mehrere Freunde in einer Wohnung versammelt sind, ist er als »Erwin« anwesend. Zu Beginn der Szene spielt Nyiregyházi das Ende von Liszts *Spanischer Rhapsodie*, steht dann mit jener steifen Würde, die den Kritikern immer auffiel, vom Klavier auf und mischt sich unter die anderen Gäste. (Einer der Gäste, eine junge Frau, zwitschert: »Ich habe die *Spanische Rhapsodie* schon immer geliebt! Irgendwie klingt sie für mich nie spanisch!«) Draußen tobt ein Sturm, und der Arzt sagt: »Das ist die Musik der Natur, warum sollten wir sie also ausschließen? Sie müsste einen wunderbaren Hintergrund für den *Mephisto-Walzer* abgeben.« Nyiregyházi antwortet mit seinem starken Akzent: »Das würde sie vielleicht«, und spielt (hervorragend) vor dem Szenenwechsel ein paar Seiten des Werks.

Mitte der 1940er Jahre hatte er eine kurze Karriere als »Handdouble« in verschiedenen Filmen, in denen Klavierspiel vorkam. »Nur in Kitschromanen haben Pianisten Hände mit langen, sich verjüngenden Fingern«, meinte der Kritiker Harold C. Schonberg. »Der durchschnittliche Pianist hat eine breite Handfläche und spatelähnliche Finger.« Doch Nyiregyházi hatte (wie Liszt) tatsächlich solche langen, sich verjüngenden Finger, und sie waren für Hollywoodzwecke ideal geeignet. Seine Hände sind beispielsweise in *A Song to Remember* zu sehen, einem weiteren

Columbia-Film, den sein ungarischer Landsmann Charles Vidor drehte und Anfang 1945 in die Kinos brachte. Es handelte sich um eine reich ausgeschmückte Chopin-Biografie, offen gesagt sowohl schauspielerisch als auch historisch ziemlicher Murks, aber eine Produktion mit großem Budget und grellen Farben. Obwohl der Film – vor allem wegen des gewaltsamen Umgangs mit Chopins Musik – sowohl Beifall als auch Hohn und Spott erntete, war er ein Riesenerfolg.[16] Bei Nahaufnahmen von Chopins Händen auf den Tasten sind Nyiregyházis Hände zu sehen – auch in der berühmten Szene, in der der schwindsüchtige Komponist tapfer seine letzte Konzertreise unternimmt und Blut auf die Tasten hustet. Für Nyiregyházi war es bitter, dass für den Soundtrack José Iturbi engagiert wurde (der nicht im Abspann genannt wird). Denn der Film war so beliebt, dass sich Iturbis anschließend bei RCA erschienene Aufnahme von Chopins Polonaise in As-Dur mehr als eine Million Mal verkaufte.

Der Erfolg von *A Song to Remember* an den Kinokassen inspirierte zu zahlreichen Filmen rund um klassische Musik wie etwa *Song of Love* [*Clara Schumanns große Liebe*], eine MGM-Produktion mit großem Budget, in dem es um die Beziehung von Robert und Clara Schumann (Paul Henreid und Katharine Hepburn) sowie ihre Freundschaft zu Brahms (Robert Walker) und Liszt (Henry Daniell) geht. Als der Film im Oktober 1947 in die Kinos kam, wurde er als beschönigt, sentimental und historisch inkorrekt kritisiert. Doch wegen seiner Besetzung war er dennoch eine interessante Neuerscheinung. Arthur Rubinstein (der im Abspann nicht aufgeführt wird) lieferte den Soundtrack. Nyiregyházi doubelte Daniell in einer Abendgesellschaftsszene in der Mitte des Films, in der Liszt vor der versammelten, glitzernden Menge den *Mephisto-Walzer* Nr. 1 und ein Arrangement von Schumanns »Widmung« spielt – dem »Song of Love« des Filmtitels. In dieser Szene, in

---

[16] »Ein seltsamer Film«, schrieb Robertson Davies durch sein Alter Ego Samuel Marchbanks, »farbenfroh, süß und geschwätzig – wie ein Obstsalat.« Der Film beeindruckte übrigens einige junge, zeitgenössische Pianisten wie Van Cliburn und Liberace, der aufgrund des Films den Kronleuchter zu seinem Markenzeichen machte.

der Nyiregyházi kostümiert, geschminkt und mit Perücke auftrat, sind wiederholt seine Hände sowie sein Gesicht und sein Körper im Profil zu sehen. (Sein teilnahmsloser Ausdruck, sein ruhiges Auftreten und die aufrechte Haltung sind besonders auffällig.) Er ähnelte in frappierender Weise Henry Daniell, der ebenfalls groß und schlank war, ein langes Gesicht und große, dunkle Augen sowie breite, dünne Lippen und eine melancholische Ausstrahlung hatte.

Nyiregyházis ungewöhnlichste Dreharbeiten waren für den klassischen Horrorfilm *The Beast with Five Fingers* [*Die Bestie mit fünf Fingern*], den die Warner Brothers Ende 1946 auf die Leinwand brachten. In einem Dorf in Norditalien stirbt ein Konzertpianist, der lediglich seine linke Hand nutzen konnte. Doch die vom Körper abgetrennte Hand erwacht wieder zum Leben, verlässt die Grabstätte und beginnt, mörderisch unter den Verwandten, der Krankenschwester, dem Sekretär und dem Freund des Pianisten zu wüten. Am Schluss stellt sich heraus, dass alles nur ein Traum war: Der Sekretär, gespielt von Peter Lorre, hat sich die Geschichte ausgedacht. (Wie einer der Charaktere hilfreich anmerkt: »Eine Hand, die abgeschnitten ist und herumläuft – so was gibt's nicht.«) In Szenen, in denen die Hand über Böden und Bücherregale (und Menschen) krabbelt, verwendete der Regisseur Robert Florey seine eigene Hand; doch in mehreren Szenen am Klavier sprang Nyiregyházi ein und spielte ein Arrangement für die linke Hand von Bachs berühmter Chaconne in d-Moll. Diesmal ist Nyiregyházi selbst auf dem Soundtrack zu hören (wird aber nicht genannt).

Seine zweiwöchige Mitarbeit bei *A Song to Remember* ermöglichte es ihm, eine Anzahlung in Höhe von 500 Dollar auf ein Haus für sich und seine fünfte Frau, Olga, zu machen – in der Wesley Avenue, direkt südlich vom Memorial Coliseum – und Möbel sowie einen Kühlschrank und ein Klavier zu bezahlen. Allerdings musste er das Klavier schon bald wieder verkaufen, um seine Scheidung finanzieren zu können. Diese Filme brachten jedoch seine Karriere nicht wieder in Schwung. In der Tat waren seine Arbeit beim

Nyiregyházi mit der schwarzen Seidenmaske, die er bei seinem Mr. X-Konzert in Los Angeles am 13. Mai 1946 trug. Neben ihm der Impresario Irwin Parnes. *(Nachdruck aus* Irwin Parnes Takes the »Bull by the Horns« *von Joy und Irwin Parnes.)*

Film und seine Konzerte während des Kriegs – einschließlich des Mr. X-Konzerts 1946 – eine Art letztes berufliches Aufbäumen.[17] In den 1950er Jahren hörte er auf, Klavierunterricht zu geben,

---

[17] Gegen Ende der 1940er Jahre fertigte Nyiregyházi ab und zu private Aufnahmen für einen wohlhabenden Freund, Ernie Bysshe, an. Dieser zahlte ihm dafür 10 Dollar – oder kaufte ihm Schnaps. Nyiregyházi erinnerte sich, die »Appassionata« und vermutlich auch Chopins b-Moll-Sonate aufgenommen zu haben, doch die Bänder sind wahrscheinlich verloren gegangen. Um 1960 spielte er die Liszt-Sonate für Elsie Swan ein. Nachdem er, wie er sagte, eine seiner genialsten Aufführungen dieses Stücks gespielt hatte, bemerkte er, dass Elsie vergessen hatte, den Kassettenrekorder einzuschalten. Sie holte es nach, und er spielte die gesamte Sonate noch einmal, diesmal weniger gut. Eine Notiz seiner letzten Frau, die sich vermutlich auf die 1960er Jahre bezog, besagt: »Carl Negake hat Ervins Band mit Schumanns Carnival [sic].« Und eine andere Notiz: »Ervin hat Griegs Nocturne für Elsie und [seine achte Frau] Margaret aufgenommen, und Elsie gab die Aufnahme in den späten 1960er Jahren – 67, 68 oder 69 – Mark Fabean.« Doch keine dieser Einspielungen ist jemals entdeckt worden.

und hatte nur noch sporadisch öffentliche Auftritte – Konzerte für Frauenclubs und jüdische Gruppierungen, ein kostenfreier Konzertabend für The Humanists in einer Schulaula, einige Benefizvorstellungen zugunsten eines farbigen Kongresskandidaten.[18] Ein Konzertabend für die ungarische Gemeinde in der Patriotic Hall am 27. Juli 1957 war anscheinend sein letzter öffentlicher Auftritt für mehr als fünfzehn Jahre.

Nyiregyházi behauptete, dass das »Debakel« seiner Karriere seine Lebensgeister nicht zerstörte und dass er die Situation philosophisch betrachtete. »Finanzielle Schwierigkeiten sind natürlich niemals willkommen«, sagte er 1978. »Doch ich habe das Konzertieren nie für eine wunderbare Beschäftigung gehalten. Ich habe Musik stets als Lebensart bevorzugt, nicht als Beruf.« (Er bezeichnete sich selbst gerne als einen »talentierten Amateur«.) Nyiregyházi hielt sich immer für einen großen Mann und sehnte sich danach, dass andere ihm zustimmten, doch es war ihm nicht ganz so wichtig, auch als großer Pianist anerkannt zu werden. »Ich bin erstens ein Mensch, zweitens ein Philosoph und Komponist, drittens ein Pianist«, sagte er. Seine Angst, in der Öffentlichkeit aufzutreten, hatte im gleichen Maße zugenommen wie seine finanziellen Mittel geschwunden und die Kritik an seinem Spiel gewachsen waren. Er wusste, dass er seinen künstlerischen Geschmack und seine Ideale niemals mit den Anforderungen des Musikgeschäfts vereinbaren können würde. Da wundert es nicht, dass er so wenig Bedauern darüber äußerte, seine Karriere als professioneller Pianist aufzugeben, zumal er sie immer mit einem Leben unter der Kontrolle seiner Mutter in Verbindung gebracht hatte. Doch die *Musik* gab er nicht auf. Er arbeitete weiterhin für sich, zufrieden und produktiv, ohne Kompromisse machen zu müssen in jenem Bereich der Musik, der ihm die meiste Befriedigung verschaffte: das Komponieren.

---

[18] Eins von Nyiregyházis Skizzenbüchern aus dem Jahr 1956 enthält den Entwurf eines Schreibens an die Liszt Society in England, in dem er anbietet, Liszt-Konzertabende in London und möglicherweise auch anderswo in Europa zu veranstalten. Diese Idee wurde allerdings nicht realisiert.

17
Ein kompromissloser Rebell

MEIN MUSIKALISCHES CREDO

Der Komponist betrachtet Musik oder zumindest seine musikalische Aktivität als ein Mittel, eine besondere Sichtweise oder Einstellung gegenüber dem Leben zum Ausdruck zu bringen. Seine Kompositionen versuchen, die verschiedenen Aspekte seines geistigen und intellektuellen Lebens auszudrücken.

Infolgedessen ordnet der Komponist die »Gesetze« und »Anforderungen« der Musik – die von den so genannten Autoritäten festgelegt werden – vollkommen der oben erwähnten Aufgabe unter.

So ist es beispielsweise eine anerkannte Meinung, dass in einer Komposition ein Kontrapunkt enthalten sein »muss« und dass ein Musikstück verschiedene Stimmungen präsentieren »muss«. Wenn diese jedoch nicht förderlich sind zur Erreichung der zuvor dargelegten Ziele, wird er solche Methoden nicht anwenden, nur weil es der »Gewohnheit« entspricht. Zunächst einmal stellt er die Seriosität »dessen« in Frage, was diese »Gewohnheit« aufrechterhält.

Sein Ziel ist nicht, dass seine Werke »unterhalten«, sondern dass durch sie eine intensivierte Wahrnehmung für bestimmte Tatsachen und Phasen des Lebens im Bewusstsein der Zuschauer geschaffen wird.

Alle seine Werke basieren auf zutiefst persönlichen Erfahrungen – in deutlich stärkerem Maße, als das bei anderen Komponisten der Fall ist. Mit anderen Worten ist damit gemeint, dass er stärker beabsichtigt, dem Publikum seine persönlichsten Eigenarten kundzutun, als andere Komponisten das getan haben. Dieser Komponist trennt seine musikalischen Äußerungen nicht von seinem Leben und glaubt auch nicht, dass eine solche Trennung überhaupt notwendig, wünschenswert oder »angemessen« ist. Ganz im Gegenteil. Er möchte, dass sein Leben aktenkundig wird – herrlich oder unrühmlich, wie es gerade kommt. Um dieses Ziel zu erreichen, ist Musik für ihn ein besonders hilfreiches Medium.

Die Titel seiner Werke sind keine aufgesetzten Fremdkörper, sondern Teile, die zu seiner Konzeption dazugehören.

Die Lebensauffassung, die in dieser Musik zum Ausdruck kommt, ist im Wesentlichen tragisch und düster, wenn auch die scheinbar heiteren Titel und der Charakter einiger seiner Werke leicht in die Irre führen können.

Darüber hinaus erlauben seine individuellen Reaktionen und die Art, wie er das Leben sieht, es ihm nicht, »objektiv« und »unparteiisch« zu sein – was anscheinend die große, zeitgenössische Mode ist.

Was seine Titel betrifft, weiß er, dass sie zu einigen »Späßen« Anlass geben werden. Dagegen erhebt er keinen Einspruch. Durch die Tatsache, dass man das, was eine äußerst ernste Angelegenheit ist, für einen Witz hält, wird die tragische Konzeption verstärkt und ihre Aussagekraft nachgewiesen.

Musik ist für ihn nicht nur ein Medium, um seine Sorgen, seinen Kummer usw. auszudrücken, sondern auch sein Missfallen, seine Abneigungen gegenüber bestimmten Gruppen und Institutionen.

Er ist ein kompromissloser Rebell, doch nicht insofern, als er um jeden Preis »originell« sein will. Ganz im Gegenteil. Er glaubt nicht an den »traditionellen« Wert der Originalität, obwohl er die skrupellose Verwendung musikalischen Materials, an dem andere Menschen die Rechte haben – wie gewisse Gruppierungen dies heute praktizieren –, verurteilt.

Er glaubt an die romantische musikalische Sprache und an völlige Freiheit bei der Wahl des Themas.

Er ist durch und durch und von ganzem Herzen sowohl ein Eklektiker als auch ein Bilderstürmer.

Diese Erklärung erschien in dem Programmheft zu dem Konzert mit seinen eigenen Werken, das Nyiregyházi 1937 in Hollywood gab. Und obwohl sie bemerkenswert und passend ist, erzählt sie doch nicht seine ganze Geschichte als Komponist. Seit er drei Jahre alt war, hielt er sich in erster Linie für einen Schöpfer und erst in zweiter Linie für einen Interpreten. Zwang und Armut nötigten ihn in eine Karriere als Virtuose, doch von seinem Temperament her war er immer eher für das zurückgezogene Leben eines Komponisten geeignet. Er glaubte, das Komponieren sei seine Berufung, und mit dem Niedergang seiner Konzertkarriere wurde es zu seiner wichtigsten kreativen Ausdrucksform: Fast jeden Tag komponierte er, manchmal sechs, sieben oder acht Stunden am

Stück. Selbstverständlich gab es auch Zeiten, in denen er sich nur schwer auf kreative Arbeit konzentrieren konnte – zum Beispiel als er Mitte zwanzig und, seinen eigenen Worten zufolge, »besessen vom Sex und ausgehungert« war. Dennoch konnte er am Ende seines Lebens auf eine mehr als achtzigjährige kompositorische Karriere stolz sein.

Komponieren bedeutete für ihn vielerlei: Autobiografie, Flucht, Trost, Protest, Bitte, Testament. Es war entscheidend für sein Selbstwertgefühl als Künstler. Wie Alkohol und Sex befriedigte es ein Bedürfnis, aufgestaute Gedanken und Gefühle zum Ausdruck zu bringen. Er nahm das Komponieren sehr ernst, und seine Musik hatte für ihn eine tiefe Bedeutung – kein Wunder also, dass er es nur selten riskierte, sie der Öffentlichkeit vorzustellen. Seine Musik zu teilen, war gleichbedeutend mit einer Beichte. Seine engsten, vertrauensvollsten Beziehungen hatte er folglich mit jenen Menschen, die seine Musik liebten und ihn zum Schreiben animierten.

Nyiregyházis Kompositionen sind nie katalogisiert oder auch nur gezählt worden. 1979 schätzte er, dass er acht- bis neunhundert Werke vollendet habe, während rund fünfhundert nicht abgeschlossen seien. Und in seinen letzten Lebensjahren komponierte er weiterhin und war zudem besonders produktiv. Er schrieb hauptsächlich Klaviermusik, ein wenig Kammermusik (vor allem für Geige, Cello oder Kontrabass und Klavier) sowie viele Lieder, die größtenteils ungarisch oder deutsch sind, ein paar auf Englisch und manche zu eigenen Texten. Er konzipierte auch Orchesterwerke, erstellte dafür jedoch nur ein Klavierarrangement oder ein Particell.[19] Gelegentlich entwarf oder vollendete er ein Werk

---

[19] Ich habe keine orchestrierte Musik von Nyiregyházi gesehen, und er gab zu, keine Übung im Instrumentieren zu haben und kein Talent dafür (und außerdem wenig Ehrgeiz). Einige seiner Stücke erfordern sechs Notensysteme und sind dadurch für einen einzelnen Pianisten unspielbar; wahrscheinlich waren sie als Particelle für Orchesterwerke gedacht, obgleich sie keine Hinweise auf die Instrumentierung enthalten. Seine Klaviermusik neigte immer dazu, »orchestral« zu sein. Schon Géza Révész bemerkte, dass »Erwin manchmal so besessen ist von dem Wunsch, seine musikalischen

Jahre bevor er es niederschrieb. Es gab Phasen in seinem Leben, in denen er zwar im Kopf eifrig komponierte, aber zu wenig Zeit oder Energie hatte, um die Werke zu notieren; aus diesem Grund sind viele verloren gegangen. Nyiregyházis Gedächtnis für seine eigene Musik war erstaunlich. Als er etwa sieben Jahre alt war, sah er einen Stummfilm mit Klavierbegleitung, die auf einem serbischen Volkslied basierte; 1938 erinnerte er sich an jenes Lied und begann, auf dieser Grundlage ein Stück zu komponieren; 1985 schrieb er das Stück endlich auf. Als Titel wählte er passenderweise *A Diary of My Life*.

Er hatte immer Musik im Kopf. Er komponierte, während er las, sich unterhielt, ging oder mit dem Bus fuhr. Alkohol half ihm bei der Entwicklung musikalischer Ideen, und einige Kompositionen fielen ihm im Traum ein (in einem spielte er Saint-Saëns das fragliche Stück vor). Manche Werke kamen ihm fast komplett ausgeformt in den Sinn, andere erforderten viel Arbeit. Ein paar seiner Skizzenbücher sind erhalten – zusammen mit Entwürfen auf den seltsamsten Papierstücken: Briefen, Rechnungen, Faltblättern, Broschüren, Konzertprogrammen. Eine Skizze aus dem Jahr 1973 für ein Werk mit dem großspurigen Titel *Fate Inexorable* [Unerbittliches Schicksal] ist auf einen Briefumschlag von Occidental Life of California mit von Hand gezogenen Notenlinien gekritzelt. Wenn Nyiregyházi eine musikalische Idee kam, notierte er zunächst das, was er eine »Gedächtnisskizze« nannte, in seiner eigenen Kurzschrift; dabei handelte es sich unter Umständen um nicht mehr als das Fragment einer Melodie oder eine Basslinie, die vielleicht einige Angaben zu Tonarten oder Harmonien aufwies. Es konnten detailliertere »Durchführungsskizzen« und »Konstellationsskizzen« folgen, bei denen er über die Reihenfolge der musikalischen Einfälle und andere Fragen hinsichtlich der Form entschied. Wenn ein Stück vollendet war, fertigte er eine Reinschrift an, unterschrieb und datierte sie. Ab 1947 erstellte er ab und zu Mikrofilme seiner Kompositionen und verwahrte diese

Ideen orchestral auszudrücken, dass er die Grenzen der technischen Möglichkeiten auf dem Klavier überschreitet.«

in einem Banktresor. Der tadellose Zustand seiner Manuskripte und die Sorgfalt, mit der er sie während seines ganzen rastlosen Lebens aufbewahrte, sagt viel über den hohen Wert aus, den er seinen Kompositionen beimaß.[20]

Als Komponist folgte Nyiregyházi seinem ganz privaten Programm. Sein Ziel bestand nicht darin, zu einem Repertoire oder Kanon beizutragen, eine Tradition fortzuführen oder eine Schule zu gründen, etablierten Genres und Formen neues Leben einzuhauchen oder eine Gemeinde anzusprechen. Er versuchte ausschließlich, den Gedanken und Gefühlen in seinem Inneren eine Stimme zu verleihen. Das tun natürlich alle Komponisten, doch Nyiregyházis Musik ist durch die Eigenheit der außermusikalischen Impulse gekennzeichnet, die sie inspirierten. Seine Stücke hatten fast immer ein Thema insofern, als sie durch etwas Bestimmtes und Identifizierbares in der Wirklichkeit oder in seinem Geist motiviert waren: eine Person, einen Ort, einen Gegenstand, ein Gefühl, einen Gedanken oder einen Traum, eine Vorstellung oder eine Überzeugung, ein geschichtliches Ereignis oder ein Vorkommnis aus seinem eigenen Leben, eine Filmszene oder etwas, das er gelesen hatte – daher die exzentrischen und scheinbar wunderlichen Titel vieler seiner Werke.[21] Seine Musik war der ultimative Ausdruck seines (durch Liszt beeinflussten) Glaubens,

---

[20] Einige seiner Kompositionen fielen aber doch seiner Armut und seiner Reiselust zum Opfer. Irgendwann in den 1920er Jahren gab er beispielsweise einen Koffer voller Kompositionen an der Penn Station in New York zur Verwahrung auf, hatte jedoch die erforderlichen drei Dollar nicht, um ihn wieder abzuholen. Er sagte, er habe eine gewisse Zeit in den 1970er Jahren nicht viele Werke niedergeschrieben, da der Tisch und der Stuhl in seinem Hotelzimmer wackelten, und er konnte keine neuen Möbel besorgen (oder sie sich nicht leisten).

[21] Einige seiner Werke, insbesondere aus späteren Jahren, haben keine Titel. Doch die meisten Kompositionen tragen einen englischen, ungarischen oder deutschen Titel, manche auch einen auf Latein, Italienisch, Französisch oder in einer anderen Sprache beziehungsweise in mehreren Sprachen. (Es ist nicht immer klar, was die Wahl der Sprache beeinflusste.) Von einigen wenigen Ausnahmen abgesehen, sind hier die Titel ausschließlich auf Englisch angegeben – in seinem eigenen Englisch, sofern verfügbar.

Ein kompromissloser Rebell

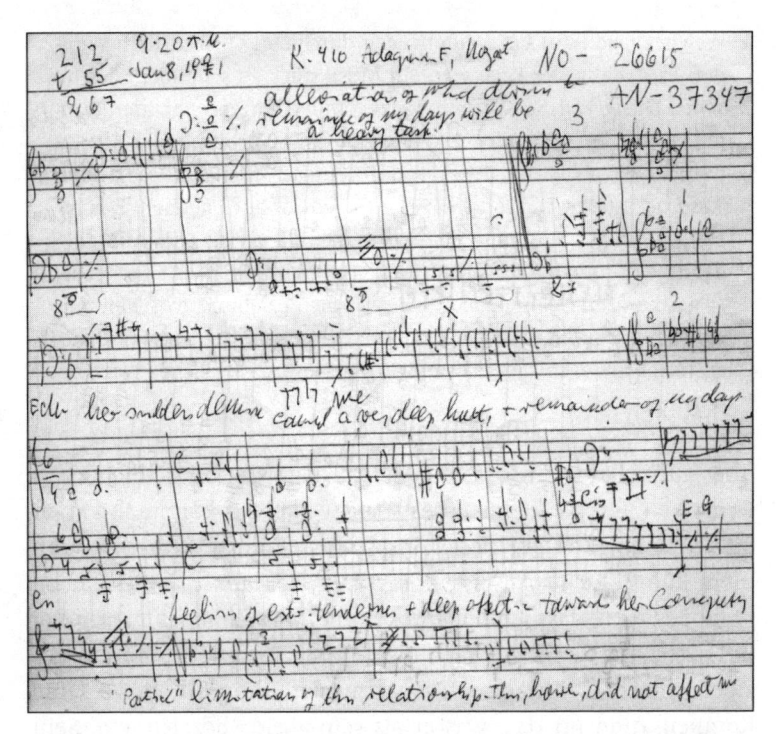

Eine Seite mit musikalischen Skizzen, datiert auf den 8. Januar 1971. Sie zeigt mindestens zwei Arbeitsphasen in blauer (am Ende der vierten und fünften Notenzeile) und roter Tinte. Einige Tonarten sind gemäß dem deutschen System in Kurzschrift angegeben – zum Beispiel »E-Dur« zu Beginn der vierten Notenzeile und »cis« (vermutlich Moll) sechs Takte später. Der oben angegebene Hinweis auf Mozarts kanonisches *Adagio* in F-Dur für zwei Altklarinetten und Fagott KV 410 scheint mit der hier skizzierten Musik nicht in Verbindung zu stehen. Wie diese Seite zeigt, dienten Nyiregyházis Skizzenbücher sowohl als Notizblocks als auch als Tagebücher, in denen er Telefonnummern, Berechnungen, Termine und Gedanken notierte. *(International Ervin Nyiregyházi Foundation.)*

dass das ganze Leben ein geeigneter Arbeitsbereich für den Komponisten ist. Ausnahmslos *alle* seine Kompositionen können als Einträge in ein Tagebuch seines Lebens betrachtet werden.

Zu den Themen, die seine Musik inspirierten, gehörten seine tiefsten Gefühle, wie er 1929 in einem Brief an Helen Richardson offenbarte:

Welches Leid habe ich Deinetwegen durchlebt! O Gott! Kein Wunder, dass ich in der Lage war, ein Musikstück zu schreiben, das in seiner Düsterkeit, Schwermut, Verzweiflung, herzzerreißenden Traurigkeit und verzehrenden Leidenschaft ohne Vorbild in der Musikliteratur ist. Es ist ein Werk von gewaltiger Intensität, Kraft und Ausdrucksstärke. Ich sollte es »The Tragedy of Life« nennen. Das ist ein großartiger Titel, und ich denke, dass die Musik ihm und den damit verbundenen Erwartungen gerecht wird. Ja, in der Tat: Gäbe es das herzzerreißende Leid nicht, das die Beziehung zwischen mir auf der einen und Dir und Theodore Dreiser auf der anderen Seite auslöst, wäre es mir niemals möglich gewesen, ein solches Werk zu schaffen.

Aber auch die belanglosesten Alltagsereignisse, die schlichtesten Gedanken und die kleinsten Ärgernisse – all das konnte ihn ebenfalls zu seinen Kompositionen inspirieren. Einmal sagte er: »Wenn mein Rührei nicht okay ist, komponiere ich, um die Tatsache zu kompensieren, dass ich nicht bekomme, was ich möchte.« Und er übertrieb mit dieser Aussage nicht: 1984 inspirierte ihn ein einziges schlechtes Mittagessen sogar zu *zwei* Kompositionen – seine Kompensation für das, was er als sein »Leid« bezeichnete. Sein Skizzenbuch, das auch als Notizblock und Tagebuch diente, enthält viele, breit gefächerte Kommentare am Rand, die sich häufig auf die Musik zu beziehen scheinen: »Das ist *keine* Musik der Regierung[;] das ist Musik für das Volk, das Marie Antoinette enthauptet und die französische, die russische sowie die chinesische Revolution herbeigeführt hat.« ... »Schlag alle Bedenken in den Wind – das Motto des erfolgreichen Trinkers.« ... »Ich suchte Sex, und alles, was ich bekam, war die doppelte Verneinung. ›Es spielt nicht keine Rolle.‹« ... »Ein Nachttopf sagt dem großen Klavierspieler, was er tun soll.« ... Unter einen Entwurf aus der Mitte der 1960er Jahre schrieb er: »*Diese* beschissenen Söhne. *Diese* Hurensöhne«, und markierte die hervorgehobenen Wörter, um sie mit bestimmten Takten der Musik zu verbinden.

Nyiregyházi konnte weder über seine noch über fremde Musik abstrakt nachdenken. Damit ein Stück für ihn Sinn ergab, musste er darin einen persönlichen, außermusikalischen Inhalt finden.

Ständig brodelten musikalische Ideen in ihm, die sein Leben wie ein Soundtrack begleiteten, aber anscheinend nur durch ein Ereignis oder eine Vorstellung, die der Musik eine »Geschichte« gaben, angezapft und zu Tage gefördert werden konnten. Dazu war potentiell alles geeignet. Als er einmal den Hollywood Boulevard entlanglief, ließ er eine Flasche fallen, die er in der Hand gehalten hatte; und das Geräusch der zerspringenden Flasche ließ in seinem Kopf ein neues Musikstück entstehen. Das vordergründige Thema eines Werks war jedoch nicht immer seine »wirkliche« oder einzige Bedeutung. Manche Stücke hatten sowohl einen wörtlichen als auch einen symbolischen Sinn. Bei *Orgy of the Desperadoes: Mutiny in Singapore* [Gelage der Desperados: Meuterei in Singapur] geht es offenkundig um Piraten, aber auch um Nyiregyházis Rebellion gegen Autoritäten und Konventionen – denn in dieser Hinsicht sah er sich selbst als »Desperado«. (Er erklärte, dass das Stück anderthalb Stunden lang sei und »sehr an spanische Stierkampfmusik erinnert«.) Letztendlich gab er zu, dass er die unterbewussten Quellen seiner musikalischen Ideen nicht wirklich verstand. Sie kamen ihm, wie er sagte, von »Gott, dem Herrn«.

Welchen außermusikalischen Anstoß seine Musik auch immer hatte, sie war nicht programmatisch oder bildhaft. »Rein beschreibende Musik ist Schund!«, sagte er. »Toter Klang. Quatsch.« Man findet in Nyiregyházis Musik nur die mildeste Form von Tonmalerei: *The Bottomless Pit* (nach Poe) beginnt und endet beispielsweise mit dem tiefsten Ton des Klaviers. Géza Révész bemerkte, dass es dem jungen Nyiregyházi wichtiger war, emotionale Antworten zu geben, als Dinge oder Menschen mit Tönen darzustellen, und das änderte sich auch in späteren Jahren nicht. In seinen »Stimmungsstücken« (wie er seine Werke nannte) schilderte er nicht das außermusikalische Thema selbst, sondern seine damit zusammenhängenden Gefühle – ein entscheidender Unterschied. Diese Gefühle waren stets düster; hinter belanglosen Inhalten und seltsamen Titeln verbargen sich nie unbeschwerte Werke. (Er erklärte, er suche das Kosmische im scheinbar Trivialen.) Was in seine Kompositionen einfloss, wie er in jenem Brief an Helen schrieb, war »das unbeschreibliche Leid und die Qualen meiner Seele«, seine »Traurigkeit und Tragödie, überwältigende und stürmische Leidenschaft sowie finstere Entschlossenheit«, sein »bisher bitteres Schicksal, die Enttäuschungen, der Kummer«. Diese brachten dann Musik hervor, die »ein unvergängliches Denkmal für jene Emotionen ist, für die Leiden der Seele und das Leben, das vom Geist der Tragödie geprägt ist«. Seine musikalische Sprache blieb während seines Lebens in seinem Gesamtwerk stets (wir erinnern uns an sein Credo) »im Wesentlichen tragisch und düster«. Infolgedessen hört man trotz der Vielfalt an Themen, die ihn inspirierten, dieselben kompositorischen Grundhaltungen immer wieder – unabhängig davon, ob das vordergründige Thema die Tragödie des Lebens war oder sich mit einer der Katzen seiner Frau beschäftigte.

Nyiregyházi hatte ein nahezu unfehlbares Gedächtnis für die Titel und Inhalte seiner Kompositionen, schrieb aus dem Gedächtnis mehrere Listen, die Hunderte seiner Stücke umfassten, und sprach in Interviews über zahlreiche seiner Werke. Die Bandbreite der Themen ist erstaunlich. Häufig war seine eigene Persönlichkeit das Thema, und seine Grandiosität wird in Titeln offenbar wie *Caesar*, *The Hero*, *The Sultan* und *The Titan*. (»Sie wissen, wer das ist!«, sagte er über den letztgenannten Titel und fügte unnötigerweise hinzu: »Ich!«) Seine Lebensumstände inspirierten ihn zu vielen Werken: Hotels, in denen er lebte, Straßen, die er entlanglief, seine finanziellen Probleme, die Einzelheiten seines Alltags (daher *The Installation of the Telephone* und *The Mailman Makes His Weary Rounds*). Er schrieb auch Stücke über seine Karriere, die teils sehr konkret sind (zum Beispiel *The Terror of Playing Beethoven's »Appassionata« in Concert*).

Sein Sexualleben diente ebenfalls als Inspiration für zahlreiche Werke, von denen einige selbsterklärende Titel tragen wie *A Night of Love with Lisolette*. Zu der Komposition *Red Menace* wurde er durch eine rothaarige Kellnerin motiviert und zu *So Near and Yet So Far* durch etwas so Banales wie ein »ein großes Hinterteil in einer Straßenbahn in Los Angeles«. *Happy Tom Cat* war vermutlich als Selbstporträt gedacht. Seine Ehefrauen lieferten ebenfalls viel kreatives Material. *My Ships Are Coming In!* bezog sich (ironisch) auf seine Hoffnungen in Bezug auf seine zweite Heirat. Xandra kam – gemeinsam mit Genevieve – auch in einer späteren Komposition mit dem Titel *My Gallivanting Wives* vor. Treffen mit Prostituierten fanden ebenfalls Eingang in seine Musik. Die Melodie von *Tired, Tired* fiel ihm ein, als er sich auf einer Bank an einer Straßenecke ausruhte, nachdem er von einem Massagesalon zum nächsten gelaufen war, mit nur ein paar Dollars in der Tasche und auf der Suche nach einem Salon, den er sich leisten konnte. Einige Werke waren ausgesprochen pornografisch. Auf das Manuskript von *There Are Tears in the Affairs of This Life* schrieb er zu einer Passage »H[elen] R[ichardson] hockt auf EN und bringt ihn zum Orgasmus«. 1978 erläuterte er eines seiner – wie er selbst sagte – außergewöhnlichsten Werke: *The Massage*. Er hatte es mitten in der Nacht in sexueller Erregung niedergeschrieben, und es stellt die Art von strafender Erotikmassage dar, die er gerne von einer großen, skandinavischen Masseuse verlangte.

Mithilfe des Komponierens konnte er seine starke Sehnsucht nach der Vergangenheit ausdrücken, der Dutzende seiner Werke gewidmet sind (zum Beispiel *Amongst the Ruins of the Past*, *The Good Old Days*, *The Past Has Vanished Forever*, *Voices from the Distant Past*). Er schrieb Stücke, die durch besondere, teils aus seiner frühesten Kindheit stammende Erinnerungen inspiriert waren: Stücke im Gedenken an seinen Vater und andere Familienmitglieder (allerdings nie seine Mutter), seine Lehrer, Freunde und Gönner wie die Familien Kovács und Weisz. Viele seiner »Erinnerungsstücke« tragen Titel wie *In Memoriam January 5, 1939, Copenhagen* oder *Fifty-seven Years Ago (March 15, 1928)* beziehungsweise *Arriving at the 125th Street Railroad Station in New York City, March 1927 (Sad Vista)*. Seine Reisen regten ihn ebenfalls zu zahlreichen Kompositionen an, die teilweise von bestimmten Fahrten und Orten oder von dortigen Erlebnissen handeln (*The Refusal of the Dutch Consulate to Grant Me a Visa*).

Geschichte und Politik kamen in vielen seiner Kompositionen vor – manchmal in Form von Erinnerungen an den Ersten Weltkrieg und das Ungarn seiner Kindheit. Sein ganzes Leben lang hielt er sich auf dem Laufenden und ließ sich von den Nachrichten zu einigen Stücken inspirieren. So schrieb er Werke über Roosevelt, Truman und mehrere spätere Präsidenten, über den Zweiten Weltkrieg und die Hinrichtung der Rosenbergs, über verschiedene Personen aus der Welt der Politik (Walter Mondale, Daniel Ortega) und sogar über den Obersten Gerichtshof. *The Calling Card ... We'll Be Back* war durch den fehlgeschlagenen Versuch der Amerikaner inspiriert, 1980 im Iran Geiseln zu befreien. (Nyiregyházi bedachte die Entscheidung des Präsidenten Carter, einen Angriff zu genehmigen, mit Beifall: »Kein echter Mann sollte ein Angsthase sein.«) Auch First Ladies wurden nicht verschont. Ein im Fernsehen ausgestrahltes Bild von Richard Nixons Frau, die nach seiner Niederlage bei den Präsidentschaftswahlen 1960 weinte, hatte ihn sehr berührt und zur Komposition *Phantasmagoria of Pat Nixon* veranlasst. Was ihn zu *The Beheading of Nancy Reagan (Like Marie Antoinette)* anregte, ist nicht bekannt.

Nyiregyházis philosophische Neigung beeinflusste ebenfalls seine Kompositionen: *Before the Tribunal of Transcendental Judgment* basierte beispielsweise auf Kants *Kritik der reinen Vernunft*. Viele Stücke lassen auf einen spirituellen oder mystischen Hintergrund schließen: *The Hereafter, Journey into the Unknown, Message from Beyond, The Unsolved Riddle*. Trotz seines lebenslangen Agnostizismus komponierte er (zweifellos von Liszt beeinflusst) häufig zu religiösen, ausnahmslos katholischen Themen – wie etwa *Crucifixion of the Lord at Golgotha, The Holy Trinity, Judas and Jesus*. Seine religiöse Verbitterung wurde auch in ironischen Werken deutlich wie *Onward Christian Soldiers* und *The Father, Son, and (Un)Holy Ghost*. Nyiregyházi schrieb darüber hinaus auch einige düstere und ausgesprochen »satanische« Stücke.

Sein Leben lang las er gerne anspruchsvolle Literatur, die ihm viele Anregungen lieferte: Dostojewski, Dreiser, Goethe, Heine, Hugo, Poe, Shakespeare, Strindberg, Verne, Zola und andere Autoren (einschließlich vieler ungarischer Schriftsteller). Natürlich inspirierte Wilde ihn zu vielen Stücken: neben dem *Bildnis des Dorian Gray* auch *Oscar Wilde in Cheyenne* und *Work Is the Curse of the Drinking Class* [Arbeit ist der Fluch der trinkenden Klasse] – letzteres ein »sehr ernstes Werk, unheimlich majestätisch wie ein religiöses Glaubensbekenntnis«. Er schrieb mehrere Grabmusiken für seine Helden – Autoren wie Wilde, aber auch Komponisten, zu denen Brahms, Chopin, Cleve, Reger und Wagner zählten. Liszt diente als Anregung für zahlreiche Stücke, unter anderem Dutzende *Mephisto* genannte Werke und mindestens ein Stück als Antwort an Liszts »klägliche, verachtenswerte Gegner«.

Bei seinem Temperament überrascht es nicht, dass ein Großteil von Nyiregyházis Musik mit Tod und Trauer zu tun hat, mit Melancholie und Einsamkeit, mit Verzweiflung und Langeweile oder der Kürze des Lebens. Häufig scheint er entschlossen gewesen zu sein, seine psychischen Wunden aufzudecken. Allein schon die enorme Anzahl an Werken mit düsteren oder pessimistischen Titeln ist aufschlussreich; hier sei nur eine Auswahl aus Dutzenden von Kompositionen aufgeführt: *Enveloped by the Dark Shroud, The Erosion of Hope, Life Is a Valley of Sorrows, The Mills Grind Slowly, My Heart Hurts Terribly, On the Road of Loneliness, This Short Span of Life, To Celebrate Life's Defeats, We Live in Hope and Die in Despair.* »Dunkle« Themen zogen ihn besonders an: *Dark Days, Dark Fate, Dark Foreboding, Dark Journey, Dark Mood, Dark Streets.*

Doch dann gibt es da noch das nicht klassifizierbare, vierseitige Manuskript, das die Library of Congress 1934 erhielt und den Titel *Sweet Memories* trägt. Es ist eine überzeugende Persiflage eines bekannten Lieds aus den 1920er Jahren (allerdings ohne Worte), von der Sorte, die Nyiregyházi gerne als Zugaben bei seinen amerikanischen Konzertabenden spielte. Die Art, wie er das Stück unterschrieb –

    Komponiert von ERVIN NYIREGYHAZI
    Künstlername: THOMAS GORDON

– wirft eine interessante Frage auf: Hat Nyiregyházi einst darüber nachgedacht, eine zweite Karriere als Liedschmied der Schlagerindustrie zu beginnen – er, der seine musikalische Vision als »im Wesentlichen tragisch und düster« bezeichnete?

Als Kind – und gelegentlich auch später in seinem Leben – schrieb Nyiregyházi einige Stücke konventioneller Gattungen (Sonaten, Sinfonien). In den 1930er und 1940er Jahren komponierte er seinen eigenen Angaben zufolge eine Klaviersonate, ein Violinkonzert, ein Klavierkonzert (in der ungewöhnlichen Tonart as-Moll) sowie eine unvollendete Sinfonie in d-Moll (deren erster Satz eine »Art geistiger Halbbruder von Bruckners Neunter« war, wie er sagte, »sehr kraftvoll, sehr majestätisch, sehr intensiv, eine Art sinfonische *Götterdämmerung*«.) Doch der überwiegende Teil seiner Musik, besonders seit den 1930er Jahren, ist *sui generis* und wie Liszts Kompositionen eigentümlich in Form, Stil und Thematik. »Ich nehme meine Eindrücke aus dem Leben und übersetze sie in natürlicher, spontaner Weise in Musik«, sagte er. Da er nach einem direkten Ausdruck sehr spezieller, sehr privater Gedanken und Gefühle suchte, hatte er keine Verwendung für traditionelle Formen: »Jedes Werk hat seine eigenen Gesetze.«

Nyiregyházis Musik ist häufig überraschend schlicht, sogar simpel und nur sehr selten raffiniert und ausgereift. Er mochte sich wiederholende Strukturen, lange Basslinien und Akkorde, schnörkellose Begleitungen sowie die allerelementarsten Harmoniefolgen. Bei langen Stücken entwickelte er seine Ideen weniger, als dass er sie bearbeitete und über sie nachsann. Die meisten seiner Werke sind eher statisch als dramatisch. Sein Ziel scheint in der Regel die Darstellung eines einzelnen Bildes, Konzepts oder emotionalen Zustands in einer beliebigen Länge gewesen zu sein.[22] (Einige seiner Werke sind kürzer als eine Seite, während andere über eine Stunde dauern.) Harmonisch ist Nyiregyházis Musik nicht einmal so modern wie die neue Musik seiner Kindheit, manchmal auch nicht so wie Schubert,[23] und er nutzte sein

---

[22] Géza Révész schrieb über den jungen Nyiregyházi, dass »ein fundamentaler Teil seiner Emotion in jedem seiner Stücke enthalten ist. Das zeigt in erster Linie, dass jedes von ihnen der Ausdruck einer individuellen musikalischen Idee ist.«

[23] Er scheint von zwei Schubert-Sonaten in a-Moll beeinflusst worden zu sein, die er sehr schätzte: op. 42 und op. 143. Beide haben einen ernsten, wuchtigen ersten Satz mit einem moderaten Tempo. Nyiregyházi bewunderte op. 143, wie er schrieb, weil das Werk Schuberts »emotionalen Hang offen-

harmonisches Vokabular nicht mit besonders viel Einfallsreichtum oder Kühnheit.

Wenn er gebeten wurde, die Einflüsse auf seine Musik zu benennen, neigte er dazu, alle seine Lieblingskomponisten aufzuzählen: natürlich zu allererst Liszt, aber auch Grieg, Verdi und Tschaikowsky, dann Berlioz, Bruckner, Debussy, Leoncavallo, Puccini und Strauss. Angesichts seiner musikalischen Vorlieben und Neigungen, die er bei seinen Aufführungen gezeigt hatte, überrascht es, dass sich bestimmte Charakteristika in seiner Musik nicht wiederfinden – singende Melodien, Kontrapunkte, opernhafte Sinnenfreude und Sentimentalität. Nyiregyházi gab zu, dass seine Kompositionen eher auf harmonischen Fortschreitungen aufbauten; die Gesten waren ihm wichtiger als die Melodien. Wenn seine Musik lyrisch ist, erinnert sie am ehesten an Grieg, *Verismo*-Opern oder beliebte Lieder aus den 1920er Jahren, doch sie hat häufig keine Melodie. Tatsächlich klingen seine Werke selten nach den angeblichen Einflüssen – mit einer Ausnahme: Liszt, insbesondere die späten Werke.

Stilistische Merkmale des späten Liszt beherrschen Nyiregyházis Musik und sogar seine grundlegende harmonische Sprache. Liszts spätere Werke, schreibt sein Biograf Alan Walker, »verfallen häufig in die Monodie, dann in Stille. Manchmal hat das Stück ein unbestimmtes Ende, das heißt, es verschwindet einfach.« Einige von Nyiregyházis Werken verschwinden ebenfalls, und viele enthalten Abschnitte im Stile eines begleiteten oder unbegleiteten Rezitativs. Wie der späte Liszt setzte er virtuose Effekte nur selten ein. »Liszts spiritueller Stil, der in seiner Musik immer vorhanden war, wurde in den frühen Werken von der Virtuosität überlagert«, sagte er. »Die Klarheit des Ausdrucks wuchs mit seinem Alter.« Seine eigene Musik ist häufig in technischer Hinsicht einfach, und wenn sie schwer (oder unmöglich) zu spielen ist, dann nie um des Showeffekts willen, sondern im Dienste des Gewichts, der perkussiven Wirkung, der Wildheit und der Prägnanz.

barte, sich auf die dunklen Seiten des menschlichen Lebens zu konzentrieren«.

Wie der späte Liszt mochte auch Nyiregyházi Klänge in tiefen Lagen einschließlich wuchtiger Akkorde, die vor allem Lärm machen. Er schrieb ganze Stücke, die selten (oder nie) einen Violinschlüssel verwenden, und seine Musik in hohen Lagen ist öfter schneidend als lyrisch oder strahlend. Sein Leben lang fügte er beim Spielen gern nicht notierte tiefe Oktaven hinzu und transponierte bestimmte Akkorde und Melodien um eine oder zwei Oktaven nach unten, um mehr Masse und eine größere emotionale Wirkung zu erzielen. Als er sechs Jahre alt war, spielte er eine seiner Kompositionen für Ödön Mihalovich, den Leiter der Landesmusikakademie, wie er sich erinnerte. Dieser nahm die Hände des Jungen und platzierte sie mit den Worten »Ervin, spiel nicht immer in der Basslage!« weiter oben auf den Tasten. Ervin antwortete: »Aber ich empfinde es so.« Mihalovich seufzte, legte Ervins Hände zurück an die Stelle, an der sie gewesen waren, und sagte: »Du bist ein Pessimist.« Das war keine unbedachte Äußerung. Am unteren Ende der Klaviatur konnte er seine düstersten Gefühle zum Ausdruck bringen. Als Liedkomponist mochte er insbesondere die Baritonstimme, und er liebte das Cello; wie er sagte, spielte er auf den Tasten des Klaviers häufig »das Cello«.

Nyiregyházi imitierte den Stil von Liszts späten Werken nicht nur; er fühlte von seinem Temperament her eine Affinität zu dem, was er als Liszts »reine« und »tragische« Stimmung in seinen letzten Jahren bezeichnete. »Egal wie erfolgreich ich bin, ich bin immer noch ein Pessimist«, erklärte er einst. Und so findet sich in seiner Musik auch wenig von der positiven Seite des Lebens, Optimismus, Freude, Sinnlichkeit oder Witz. Ist Humor enthalten, dann in Form von Ironie oder Sarkasmus. Bestimmte Spätwerke von Liszt haben ihn besonders beeinflusst – grüblerische, trostlose Stücke wie *La lugubre gondola*, *Mosonyis Grabgeleit*, *Nuages gris*, *Unstern!* sowie insbesondere die beiden Elegien, die Liszt zum Tode Wagners 1883 schrieb, *R. W. – Venezia* und *Am Grabe Richard Wagners*. Das erstgenannte »steigt von den schwarzen Tiefen der Klaviatur auf«, wie Walker schreibt. »Das ist die Musik der Katastrophe. Sie ist leer und ohne Form. Einunddreißig Takte lang müht sich diese hoffnungslose Musik ohne Tonart ab, das Licht zu finden ... um dann doch zu scheitern und in den Abgrund zurückzufallen.« Diese Worte beschreiben auch einen Großteil von Nyiregyházis Musik.

Die meisten seiner Kompositionen sind langsam und düster. Wo es schnell wird, kommt eher Schrecken als heitere Energie zum Ausdruck. Seine Musik ist extrem. Sie deckt mit unheimlichem Ernst beide Enden des (negativen) emotionalen Spektrums ab – mal getragen, in sich gekehrt und niedergeschlagen, mal wild, wütend und explosiv.[24] Beide Arten erschließen sich den für einen Heranwachsenden typischen Prunk und die übertriebene Gefühlsbetontheit, die immer ein Teil seiner Psychologie blieben. Das tosende *Tragic Victory* Nr. 1, das er komponierte, als er Anfang Vierzig war, beginnt und endet im dreifachen Forte und sinkt nie unter ein einfaches Forte; die Komposition ist außerdem geprägt von schweren Akkorden, Oktaven und zuckenden Tremolos. Auf der ersten Seite steht die Fußnote: »Das gesamte Werk soll in titanenhafter Weise gespielt werden«, und dennoch besteht er im weiteren Verlauf des Stücks darauf, das Titanische zu quantifizieren. Während er Höhepunkt an Höhepunkt reiht, verlangt er vom Pianisten mal eine »zyklopische«, mal eine »fatalistische«, eine »*triumfante*« oder »überwältigende« Spielweise, mal soll »mit gewaltiger eruptiver Kraft« (so eine andere Fußnote), mal mit »gewaltiger Überzeugung und Kraft« gespielt werden, dann (wiederum) »zyklopisch«, »*grandioso*« und schließlich »sintflutartig«. Aus dieser Musik spricht das reine Es, und sie stammt von einem Komponisten, der verzweifelt übergroße Emotionen ausdrücken will, die in solch einem Ausmaß kaum in Musik für zehn Finger enthalten sein können.

Während Nyiregyházis Manuskripte lediglich die wichtigsten Angaben zu Dynamik, Tempo und Ausdruck aufweisen, enthal-

---

[24] John Lukacs merkt an, dass der Anflug von Melancholie im ungarischen Temperament und in der Literatur des Landes mit einer lebhaften Wildheit und einem großen Lebenshunger einhergeht. Es gibt ein altes Sprichwort, welches besagt, dass der Ungar »sich mit Tränen freut«. Dieses Klischee passt in der Tat zu Nyiregyházis Persönlichkeit und seiner Musik.

ten seine veröffentlichten Werke genauere Anweisungen an den Interpreten. Anfang der 1950er Jahre, als er einen letzten Versuch unternahm, ein Publikum für seine Musik zu finden, brachte er vier Klavierstücke heraus.[25] Diese Noten sind übersät mit fanatisch präzisen Anweisungen: konventionelle Symbole für Akzente, Phrasierungen, Dynamik und Ähnliches, aber auch ständig wechselnde Tempo- und Metronomangaben, Vorschriften für alle drei Pedale sowie zusätzlich ausgeschriebene Hinweise und Fußnoten. Er macht pingelige Vorgaben zu normalerweise spontanen Ausdruckseffekten wie Rubato, rhythmischen Akzenten, gebrochenen Akkorden und dem »hinkenden« Effekt, der entsteht, wenn eine Hand im Verhältnis zur anderen Hand leicht zeitversetzt spielt. Drei der Stücke beinhalten folgende Fußnote: »Der Buchstabe ›R‹ über oder unter einer Note zeigt an, dass diese Note länger gehalten wird als es ihrem eigentlichen Wert entspricht. Ein doppeltes R ›RR‹ zeigt an, dass der Ton erheblich länger gehalten wird. Das Zeichen R-p (oder R-poco) bedeutet, dass die Note nur sehr wenig länger gehalten wird.« Ein entsprechendes Schema für Töne, die *weniger* lang gehalten werden sollen als notiert, wird ebenfalls aufgeführt.

Der Sinn all dieser Anmerkungen und Belästigungen bestand darin, »den impulsiven Aspekt meines Spiels« auf Papier zu bannen und sicherzustellen, dass jeder, der diese Stücke genau so spielte, wie sie notiert waren, wie Ervin Nyiregyházi klänge. Diese Noten ähneln Transkriptionen von Nyiregyházis Aufnahmen; und einige von ihnen sind es tatsächlich. Ab Ende der 1940er Jahre machte er gelegentlich private Aufnahmen neuer Werke und notierte die Partituren, während er eine verlangsamte Wiedergabe abspielte.

---

[25] Es handelte sich um *A Soldier of Fortune, Tonal Drama* Nr. 1, *Tragic Victory* Nr. 1 und *Checkmate* Nr. 2. Die ersten beiden Stücke erschienen 1950 bei »Bysshe and Barratt Publications«, wurden also von diesen beiden wohlhabenden Freunden finanziell gefördert; die anderen beiden Werke erschienen 1951 bei »Nyiregyházi Publications« und wurden auf seine eigenen Kosten gedruckt. Dies waren die ersten Kompositionen, die er seit 1920 veröffentlichte, und die letzten, die er *jemals* auf den Markt bringen sollte. Sie verkauften sich hauptsächlich unter seinen Freunden und brachten ihm lediglich ein paar Dollars ein.

(Keine dieser Aufnahmen scheint noch erhalten zu sein.) Sein Notationssystem »wird eines Tages für großartig gehalten werden«, wie er meinte. *Exzentrisch* ist es ganz gewiss.

»Ich halte mich für einen besseren Komponisten als Pianisten«, sagte Nyiregyházi. Wenn er gebeten wurde, seine eigene Stellung als Komponist zu beurteilen, antwortete er: »Ich glaube, ich bin sehr bedeutend, werde jedoch verkannt bleiben, da Musikwissenschaftler an der Meinung festhalten, dass man im zwanzigsten Jahrhundert nicht so komponieren sollte, wie man es im neunzehnten Jahrhundert tat.« Seiner Ansicht nach reihte er sich direkt hinter Bach, Beethoven und anderen großen Komponisten ein – sagen wir, auf derselben Stufe wie Rachmaninow. Er behandelte die größten Komponisten wie Kollegen. Als Kind hatte er bereits genügend Selbstvertrauen, seine Ballade in f-Moll mit Chopins Ballade in derselben Tonart zu vergleichen und als besser zu bewerten – eine aberwitzige Vorstellung. Seiner Meinung nach war *Checkmate* Nr. 2 »fast genauso gut wie Mahlers Fünfte Sinfonie« und »eines der bedeutendsten Stücke der Musikgeschichte«. Er hatte keine Angst, mit seinen Helden zu konkurrieren – selbst mit Liszt: Inspiriert von Liszts *Christus* komponierte er sein eigenes *Liszt Oratorio*; durch die sieben *Historischen ungarischen Bildnisse* von Liszt ließ er sich zu seiner eigenen Reihe von acht Stücken anregen; und er komponierte selbst eine sinfonische Dichtung *Von der Wiege bis zum Grabe* sowie *St. Francis Legends*.

Er wollte nicht übertreiben, wenn er seine Musik als erhaben, monumental oder bedeutend bezeichnete. Seine Standards waren weniger ästhetisch als emotional. »Der Wert eines Werks hängt nicht nur davon ab, wie gut es ist, sondern auch davon, inwiefern es meine Gefühle ausdrückt«, sagte er. »Wenn es meine Gefühle sehr gut ausdrückt, ist es mir egal, ob das Werk besonders gut ist, denn für mich ist die Enthüllung dessen, was man fühlt, gleichbedeutend mit der Enthüllung der Wahrheit, und die Wahrheit – meine Wahrheit – zu enthüllen, ist sehr gut.« Ihn interessierte der *Inhalt* der Musik, und entsprechend beurteilte er ihren Wert. Liszts geistliche Musik langweilig zu nennen, bedeutete seiner

Meinung nach, den Katholizismus langweilig zu nennen. Musik, der es gelang, große Gefühle – eine große Seele – auszudrücken, war de facto große Musik. Diese Einstellung hilft das Paradoxon zu erklären, dass er sich als Komponist zugleich großartig und unsicher fühlte: Wer seine Musik ablehnte, lehnte *ihn* ab.

Wenn große Gefühle zwangsläufig große Kunst hervorbrächten, dann würden Kleinkinder, die mit Fingerfarben malen, natürlich ebenfalls Meisterwerke schaffen. Während einige von Nyiregyházis Kompositionen beeindruckend und originell sind, wirken andere amateurhaft. Manchmal ist die Diskrepanz zwischen der Intensität des Ausdrucks und der einfachen musikalischen Sprache beinahe komisch. Die musikalischen Ideen reichen nicht an die Gefühle heran. Trotz aller offensichtlichen Leidenschaft und gedanklichen Größe wirkt die Musik eher zahm als kühn. Allerdings ist sie immer *aufrichtig* – das steht außer Frage. Doch für den Zuhörer ist es nicht annähernd so angenehm und lohnend, seiner Musik zu lauschen, wie es für Nyiregyházi therapeutisch war, sie zu schreiben und zu spielen.

Seine Werke haben unter den Pianisten, Verlegern und Zuhörern nie viele Fürsprecher gefunden. Das wird sich vermutlich auch niemals ändern – nicht nur, wie er glaubte, weil sie ungeniert altmodisch war. (Heute kümmern sich Musiker deutlich weniger um die Avantgarde als noch vor fünfzig oder hundert Jahren.) Für die Nachwelt wird diese seltsame, zutiefst persönliche Musik wahrscheinlich immer eher biografischen als ästhetischen Wert haben, denn trotz all ihrer künstlerischen Beschränkungen spiegelt sie Nyiregyházis Leben und Persönlichkeit wider. Und Nyiregyházi, der öffentlichen Erfolg mit Mittelmäßigkeit und Kompromissen gleichsetzte, hatte (ebenso wie der gealterte Liszt) nichts dagegen, bestenfalls dem Geschmack einer Minderheit zu entsprechen. »Ich versuche nicht, irgendjemanden zu beeindrucken«, sagte er. »Ich will einfach nur mich selbst ausdrücken.«

18
Wein, Weib und Gesang

In den 1950er und 1960er Jahren lebte Nyiregyházi weiterhin zurückgezogen, anonym und meistens in billigen, spärlich möblierten Zimmern. Er hatte zu jener Zeit kaum Einnahmen durch die Musik: Auf seiner Einkommenssteuererklärung 1965 gab er als Beruf »Rentner« an und bezifferte seine Einkünfte auf 785,32 Dollar. Finanzielle Sicherheit genoss er nur, wenn eine Frau ihn unterstützte (obgleich er sich wehrte, wenn man ihm vorwarf, er lebe auf Kosten von Frauen). Unter seinen Papieren aus den sechziger und siebziger Jahren fanden sich Listen mit Ausgaben, die viel über seinen Lebensstil aussagen. Seine Ausgaben in einem Monat sahen typischerweise folgendermaßen aus:

85	Miete
15	Medikamente
10	Nebenkosten
9	Straßenbahnfahrkarte
6	Telefon
8	Kino
36	Massage
105	Haushalt und Grundnahrungsmittel
20	erstklassige Rippchen (4)
27	(18 Mahlzeiten à 1,50 $)
4	(4 " à 1,00 $)
51	Getränke
376	

Die 20 Dollar, die er für vier Abendessen mit erstklassigen Rippchen ausgegeben hat, erinnern an seine Bemerkung, dass er sich selbst dann wie ein Millionär verhielt, wenn er nur 5 Dollar in der Tasche hatte.

Bis jetzt hatte er sich mit diesem Lebensstil wohl gefühlt. In gewisser Weise lebte er gern im Armenviertel – nicht nur, weil es da billig war. »Ich bin ein Stadtmensch«, sagte er. Er mochte das Getümmel »echter Menschen« in den Straßen, und es zog ihn nie in die Vororte oder aufs Land. Außerdem meinte er: »Ich muss mich körperlich wohlfühlen. Wenn sich ein armer Mann wohlfühlen will, muss er im Armenviertel leben.« Alles, was er brauchte – Lebensmittel, Alkohol, Sex –, war ganz in der Nähe. Doch er kannte auch die Kehrseite des Armenviertels: Nach Anbruch der Dunkelheit ging er nicht mehr auf die Straße, da er bittere und beängstigende Erfahrungen sowohl mit Verbrechen als auch mit der Polizei gemacht hatte. Unter seinen Papieren befand sich folgende Notiz: »Ein ›armer‹ Mann beweist ›guten Geschmack‹, wenn er einem Polizisten ins Gesicht spuckt; hier ist natürlich die Polizei von Los Angeles gemeint – die geht nämlich auf die armen Betrunkenen los, aber nicht auf die reichen Betrunkenen.« Er musste viele Beleidigungen seiner Würde und seines Gerechtigkeitssinns erdulden; so sind seine Skizzenbücher voll von Klagen über die Demütigungen der Armut: »Mein Geschmack ist zu exklusiv für meinen Geldbeutel«, sagte er 1977 über sich selbst. »Doch ich habe ein Anrecht auf Champagner-Behandlung, unabhängig vom Umfang meines Bankkontos.« Die bekam er jedoch nur selten. In den billigen Cafés – die er aufsuchen musste, da er nicht kochen konnte – fühlte er sich oft von Kellnerinnen gedemütigt, und er hasste die Berieselungsmusik; so wusste er sich nicht anders zu helfen, als gegenüber ihm nahestehenden Menschen oder in seinen privaten Aufzeichnungen seine Wut herauszulassen. (»Ein Titan musste mit lauter Widerlingen speisen«, jammerte er, als in einem Restaurant andere Leute zu ihm an den Tisch gesetzt wurden, da er alleine war.) Er benahm sich noch immer wie ein Aristokrat und war meistens höflich. Sein Englisch blieb präzise, förmlich, ein wenig altmodisch und kurios blumig. »Auch wenn Ervin nicht auf der Bühne war, sah ich ihn nie anders als schick gekleidet, mit Anzug und Krawatte«, schrieb Raymond Lewenthal. »Doch dieser schwarze Anzug war ein bisschen schäbig, etwas blank gewetzt und sah so aus, als besäße er vielleicht nur diesen einen.«

Nyiregyházi hatte Verständnis für die Obdachlosen, verteidigte die Armen und Entrechteten, hasste gesellschaftliche Ungerechtigkeit und Machtmissbrauch und lebte nach einer Philosophie, die die Reichen verfluchte. Er konnte aufrichtige Freundschaften mit Pechvögeln aufbauen und war dafür bekannt, dass er jemandem, dem es schlechter ging als ihm selbst, seinen letzten Cent gab. Doch seine politische Haltung war widersprüchlich und seine Überzeugungen schwankten. Obwohl er den Demokraten Roosevelt unterstützt hatte, wählte er in den fünfziger Jahren die Republikaner, da Eisenhower »ein sympathisches Lächeln hatte und freundlich war«. Mal hörte Nyiregyházi sich an wie ein Liberaldemokrat oder ein Sozialist, mal schien er sich (wie viele Intellektuelle) eine wohlwollende Diktatur zu wünschen, in der *er* der Diktator sein sollte. Er behauptete, Menschen nicht nach ihrer Rasse, Religion oder Nationalität zu beurteilen. Vielmehr seien es die ungebildeten und kulturlosen Menschen, jene ohne ein »erhabenes« Temperament, die er bedauere, sagte Nyiregyházi. Allerdings hatte er die schändliche Neigung, rassistische oder beleidigende Ausdrücke zu verwenden (wie »Nigger«, »Mojado« [illegal eingewanderter Mexikaner], »Pavian«, »Spinner«), die eine durch sein hochmütiges Selbstbild hervorgerufene Geringschätzung vermuten ließen. Er lehnte integrative Stadtteile ab, in denen gebildete Menschen neben »ungebildeten Niggern« leben mussten. In einem Brief definierte er 1961 ein gutes Stadtviertel als eines, das »nicht in einer Hundestraße liegt, in der die *gottverdammten Hunde* herumlaufen, als ob ihnen die Straße gehören würde – was nicht der Fall ist – ungeachtet der unterbezahlten Mexikaner ...«[26]

[26] Mindestens ein paar Mal wurde er überfallen oder körperlich angegriffen beziehungsweise kam es zu einem Einbruch in sein Hotelzimmer. Im Oktober 1976 wurde er einem Polizeibericht zufolge von einer jungen Mexikanerin attackiert; die Diebin »schlug mich wild und brutal und biss mich mehrere Male in beide Arme«, während ein Farbiger seine Hände festhielt. Dieser Vorfall lässt seine Verwendung rassistischer Ausdrücke in einem anderen Licht erscheinen. (Er sagte, aus Gründen seiner persönlichen Sicherheit versuche er, »Schwarze und Hippies« zu meiden.) Solche Ereignisse schüchterten ihn so sehr ein, dass er im Alter begann, Republikaner wie Ronald Reagan zu wählen, die hart gegen die Kriminalität vorgingen.

»Ich lebe frei«, sagte er 1978 zu einem Interviewer. »Ich lebe wie Liszt komponiert und Oscar Wilde schreibt.« Das war der entscheidende Vorteil seines Lebens im Armenviertel: Freiheit. Obwohl seine Karriere am Ende war, sah er sich selbst nicht als Opfer: Sein »Scheitern« hatte ihm die Freiheit gegeben, seine persönlichen und künstlerischen Ziele zu verfolgen, ohne Kompromisse eingehen zu müssen. Allerdings: Geld alleine macht zwar nicht glücklich, aber Armut auch nicht. Seine Freiheit hatte einen emotionalen Preis. Frei von Verpflichtungen konnte er sich nun ganz seiner Neigung zur Melancholie hingeben. »Es gibt keinen größeren Schmerz, als sich in Zeiten des Kummers an glückliche Zeiten zu erinnern«, schrieb Dante. Und Nyiregyházi, der so frei lebte, hatte viel Zeit, über seine angesammelten Freuden und seine noch zahlreicheren Sorgen nachzugrübeln. Auch Langeweile war ihm sehr vertraut: Er definierte sie als Gefühl der »Leere« oder »Frustration«, als eine »Unfähigkeit zu kämpfen«. »Mein Leben war eine große Langeweile«, sagte er, abgesehen von den Zeiten »unheimlich großer Liebe und kreativer Ekstase« sowie von anderen »herausragenden Momenten«, wie seinen Treffen mit bedeutenden Menschen. Und natürlich war er auch oft allein. Er versuchte, Melancholie, Langeweile und Einsamkeit von sich fernzuhalten und freie Stunden auszufüllen, indem er lange Spaziergänge unternahm, ins Kino oder zur Massage ging; er gab allerdings zu, dass er auch sehr faul sein konnte.

Er hatte jedoch noch immer kreative und intellektuelle Ziele, und sein Geist war weiterhin aktiv. Er ging regelmäßig in die öffentliche Bibliothek, wo er unter den Angestellten so etwas wie eine Legende wurde. Er verschlang Bücher und Partituren und war noch immer in der Lage, neue Stücke allein dadurch zu lernen, dass er am Tisch sitzend die Partituren las. Bei seinen Unterlagen befinden sich Bibliotheksbestellzettel, die eine Vorstellung von seinen Lesegewohnheiten vermitteln. Nach wie vor studierte

Nachdem er Ende 1984 die Geschichte von Bernard Goetz gelesen hatte, der beim U-Bahn-Sicherheitsdienst arbeitete und vier junge farbige Angreifer erschossen hatte, wurde Nyiregyházi voller Bewunderung zu seiner Komposition *Goetz Versus the Punks* inspiriert.

er seine Lieblingskomponisten – allen voran Liszt; seine Interessen reichten deutlich über die eines typischen Pianisten hinaus und umfassten sogar die randständigen Opern und Oratorien von Anton Rubinstein. Er las Literatur und Philosophie in verschiedenen Sprachen und schrieb noch immer über Themen, die ihn anregten.[27] Außerdem hatte er sich seine Leidenschaft für Schach bewahrt. Nyiregyházi sammelte Bücher und Zeitungsausschnitte über Schach, vollzog Schachzüge auf einem Blatt Papier nach und schrieb vom Schach inspirierte Kompositionen. Darüber hinaus besuchte er 1963 und 1966 die örtlichen Piatigorsky Cup-Turniere und reiste 1971 nach Denver, um dort Bobby Fischer zu sehen. (Er bewunderte seinen verwegenen, originellen Stil.) Dieser besiegte den dänischen Herausforderer Bent Larsen in einem der Halbfinalspiele, die zur legendären Weltmeisterschaft in Reykjavik im folgenden Jahr hinführten.

Dennoch war er nicht in *jeder* Hinsicht frei. Er war ein Sklave seiner Wünsche und glaubte – als treuer Anhänger von Wilde –, dass der einzige Weg, eine Versuchung loszuwerden, darin bestand, ihr nachzugeben. In zunehmendem Maße wurde sein Leben von seinem Verlangen nach Alkohol, Sex und Musik aufgezehrt (Letzteres nun meistens in Form von Studium und Komposition). Wein, Weib und Gesang – oder in seinen Worten: »Ich bin süchtig nach Liszt, Oralsex und Alkohol – nicht zwangsläufig in dieser Reihenfolge.« In einem aufschlussreichen Brief an eine seiner Freundinnen erinnerte er sich 1965 an ein gemeinsames Auftreten aller drei Gelüste: »Denke vier Jahre zurück, als Du neben mir am Klavier saßt, die Flasche Wodka zu meiner anderen Seite, und wie das Zusammentreffen dieser Faktoren mich in die Lage versetzte, einen intensiven kreativen Prozess zu durchleben, das

---

[27] Der Mord an Kennedy beschäftigte ihn sehr, so dass er mehrere Kompositionen darüber schrieb. Er war überzeugt davon, dass Oswald unschuldig war und Kennedy das Opfer einer Verschwörung Rechtsradikaler geworden sei. Ein Leitartikel in der *Saturday Evening Post* vom 2. Dezember 1967 veranlasste ihn schließlich dazu, seine Theorie in einem langen Brief an den Verleger zu skizzieren. Zum Abschluss schrieb er darin: »Aus naheliegenden Gründen bevorzuge ich es, meinen Namen nicht zu offenbaren.« Er unterzeichnete seinen Brief mit »X«.

Tiefste und Wahrste in mir zu entfalten und wundervolle Musik zu komponieren.« In einem solchen Moment, fernab der Öffentlichkeit, kann man ihn sich tatsächlich glücklich vorstellen. Doch auch wenn diese drei Gelüste Balsam für seine gepeinigte Seele waren, so stellten doch zumindest das Trinken und seine Frauengeschichten einen Teil seines Problems dar.

Theodore Dreiser schrieb einst über temperamentvolle, künstlerische Menschen, die »emotional so offen sind für jede Stimmung und für die Plagen und Reize des Lebens, dass sie eine irgendwie geartete Zuflucht brauchen.« Die Trunksucht war Nyiregyházis Zuflucht. Ende der 1930er Jahre hatte er begonnen, sich auf den Alkohol zu verlassen. Für jede Art der zwischenmenschlichen Betätigung – Klavier spielen, eine Party besuchen, Gespräche, Geschlechtsverkehr – musste er sich nun Mut antrinken, um die erdrückenden Hemmungen zu überwinden, die ihn seit seiner Kindheit belasteten und im Laufe der Jahre durch Kritik und Misserfolge verstärkt worden waren. Alkohol öffnete ihm den Zugang zu seinem Gedächtnis und seiner Vorstellungskraft; er »verlieh der ansonsten *freudlosen Landschaft* eine *rosafarbene Schattierung. Nichts ist so erfolgreich wie die Einbildung, wenn die Realität schlecht ist.*« Oder wie er Ende der sechziger Jahre schrieb: »Alkohol wurde meine Religion.« Das Trinken aufzugeben, war für ihn gleichbedeutend damit, die »freudigen Erlebnisse des Lebens« aufzugeben. 1972 kritzelte er auf einen Briefumschlag der Bank of America ein feierliches Credo, das sich auszugsweise folgendermaßen liest: »In diesem Augenblick, *nachdem* ich angefangen habe zu trinken, sieht es so aus, als könne ich alles wunderbar erledigen. Da reicht schon ein Schluck. Die ansonsten unüberwindlichen Schwierigkeiten – oder wenigstens das, was im nüchternen Zustand so erscheint – können leicht oder zumindest ohne große Probleme beseitigt werden.«

Wie viele Alkoholiker dachte er, er sei ein besserer Mensch, wenn er betrunken war. Das Trinken half ihm, Angst und Schüchternheit zu überwinden, Gefühle wie Liebe auszudrücken und seine Kreativität einzusetzen. »Wenn ich unter dem Einfluss von Alkohol stehe, bin ich logischer, mache mir weniger Sorgen und habe die Hoffnung, dass das Leben nicht so grausam mit mir umgehen wird«, schrieb er 1961. Fröhlich integrierte er seine Sucht in sein kreatives Leben, so dass Kompositionen entstanden wie *Victory for Whiskey, Whiplash of the Alcohol, Beer – A Poor Man's Champagne, It's Nice to Be Soused*. Doch der Alkohol verstärkte nicht nur seinen Größenwahn, sondern auch seine Unsicherheit. In betrunkenem Zustand konnte er auf hochtrabendste Weise seine Bewunderung für einen geliebten Menschen ausdrücken, aber auch grausam und gemein ihm oder ihr gegenüber sein und sich dann wiederum überschwänglich entschuldigen. Alkohol förderte seinen aufgestauten Ärger zutage sowie seine Verletzungen, Selbstzweifel und Paranoia, so dass er selbst denjenigen gegenüber, die ihm am wichtigsten waren, eine äußerst verletzende Gehässigkeit an den Tag legte. Unter dem Einfluss des Alkohols konnten selbst die kleinsten Ärgernisse gewaltige Wutanfälle auslösen. Seine Abhängigkeit zerstörte auch seine Karriere – doch das machte ihm nur wenig aus, da »Alkohol mich glücklicher machte als das Konzertieren«.

Nach dem Krieg verschwanden Nyiregyházis Freunde und Kollegen nach und nach aus seinem Leben – auch seine Förderer wie Pfarrer Lani und Bela Lugosi.[28] Er fand es immer schwieriger, ein Sozialleben aufrechtzuerhalten. Seine Schüchternheit konnte lähmend sein, wenn er Fremden gegenüberstand und insbesondere wenn er es mit Gruppen zu tun hatte. Doch trotz seiner hohen Ansprüche und schwierigen Persönlichkeit hatte er immer einige Freunde und unterhielt sich gern. (Allerdings führte er keinen Smalltalk: Er hasste es, Amerikaner über Baseball und Ähnliches reden zu hören.) Er brauchte nach wie vor Gesellschaft und Sex. Nyiregyházi blieb körperlich attraktiv, und Frauen fühlten sich auch auf seine alten Tage noch zu ihm hingezogen. Allerdings hatte er auch mit demütigenden Zurückweisungen von Frauen

---

[28] Pfarrer Lani starb 1954. Lugosi zog sich aufgrund lähmender beruflicher und persönlicher Probleme mehr und mehr zurück und verbrachte seine letzten Lebensjahre schwermütig und nahezu mittellos als starker Trinker; er starb 1956.

zu kämpfen, die vor seiner Armut oder seinem Lebenswandel zurückschreckten. Er hatte weiterhin Affären mit den verschiedensten Frauen, und die Verwicklungen in seinem Liebesleben konnten amüsant und grotesk sein. Einmal hatte er es mit einer jungen, »mannstollen« Frau zu tun, die er Anfang der fünfziger Jahre kennen lernte. (Sie lebte auf der anderen Straßenseite.) Er erzählte, dass ihr Vater ihm nach Beginn ihrer Affäre damit drohte, ihn umzubringen, wenn er sie nicht heiratete – und sie bestand darauf, dass die Drohung ernst gemeint war. Das verängstigte Paar dachte sich einen komplizierten Plan aus, in dem eine Fahrt nach Louisville, eine vorgetäuschte Scheidung (von Vivian), eine gefälschte Heiratsurkunde, eine einwöchige Scheinehe in einem Hotel, eine vorgespielte Trennung und »Scheidung« sowie ein Geständnis gegenüber der untröstlichen Vivian vorkamen, die eine ganze Nacht auf dem Küchenboden sitzend schluchzte. Daraus entstand eine Komposition: *Shotgun Wedding*.

Obwohl es wegen seiner Untreue in der Ehe Spannungen gab, blieben er und Vivian einander stets verbunden. Als sie am Valentinstag des Jahres 1955 infolge eines Schlaganfalls starb, war er am Boden zerstört. Zugegeben: Am nächsten Tag hatte er schon wieder eine Verabredung und dachte erneut an Heirat. Es folgten zahlreiche Beziehungen – eine davon mit einer Farbigen, die als Sexmasseuse arbeitete. (Sie erzählte, sie habe früher in der Damengarderobe des Senats in Washington D.C. gearbeitet und manchmal Senatoren oral befriedigt.) Im November machte Nyiregyházi ihr einen Heiratsantrag, und sie willigte unter der Bedingung ein, dass sie für ihn mithilfe eines ihrer zwielichtigen Freunde eine Konzertreise durch Alaska organisieren dürfe – doch er lehnte ab. In dem Jahr vor Vivians Tod hatte er nach zwanzig Jahren Trennung angefangen, sich wieder mit Elsie Swan zu treffen. Nun nahmen sie ihre sexuelle Affäre wieder auf, und sie wurde erneut seine Vertraute. Allerdings wollte sie nach wie vor nicht ihre Pension von der Regierung durch eine Heirat mit ihm einbüßen.

»Ich glaube fest an die Institution der Ehe«, sagte Nyiregyházi einmal mit ernster Miene. »Und wenn ich mit einer Frau zusammen sein wollte, dann bevorzugte ich es, dass wir verheiratet waren.« Das stimmte sicher mit Bezug auf die Frauen, mit denen er es ernst meinte; aber auch Einsamkeit und sexuelle Anziehung brachten ihn dazu, schnell zu heiraten. Im Herbst 1956 gab er eine Kontaktanzeige im *Los Angeles Daily Mirror* auf. Mara Heinz antwortete und erklärte, sie sei groß, schön, wisse alles über Sex und habe nichts gegen das Trinken. Die beiden trafen sich am 19. Dezember zum ersten Mal – und heirateten am Heiligen Abend in Las Vegas.

Nummer sieben konkurrierte mit Nummer eins darum, seine unglücklichste Ehe zu sein. Mara war 1919 in Düsseldorf geboren worden und hatte wie Mary Kelen einen schlechten Charakter. Nyiregyházi zufolge war sie eine Erpresserin, Prostituierte und Kleptomanin, die sogar Rasierklingen und Zahnstocher klaute. Er verwendete Worte wie »anormal« und »degeneriert«, um sie zu beschreiben. In erster Linie hatte er sich von ihr angezogen gefühlt, weil sie eine »Sexbombe« war. (»Sie versteht ihr Geschäft!«) Er erzählte, dass sie sogar zu Hause Freier empfing. Seine Behauptung, er habe fünfzehn bis zwanzig Männer vor ihrem Haus Schlange stehen sehen, klingt allerdings sehr unglaubwürdig und rachsüchtig. (In Gerichtsunterlagen gab sie ihren Beruf als »Körperausbilderin und Krankenschwester« an.) Später erzählte er einer örtlichen Tageszeitung von dem »Treiben, wozu gehörte, dass sie bis spät in die Nacht fort war und nach geheimnisvollen telefonischen Verabredungen in geparkte Autos kletterte.« Sie war keine Hausfrau, hatte ein hartes Herz, ließ ihn häufig allein und hatte keine Ahnung von Musik. Einmal versuchte sie, ihn mit ihrer Analyse einer sinfonischen Dichtung von Liszt zu beeindrucken, doch er merkte, dass sie diese aus einem Buch übernommen hatte.

Die Beziehung war turbulent. Wie sich herausstellte, *hasste* sie seine Alkoholsucht; daraufhin antwortete er ihr: »Ich mag es nicht, wenn eine Frau mir sagt, was ich zu tun habe.« In der ersten Januarwoche 1957 trennten sie sich. Mara verklagte ihn auf Trennungsunterhalt, führte »extreme Grausamkeit« an und behauptete, Nyiregyházi sei »körperlich leistungsfähig« und »sehr wohl in der Lage, Alimente zu zahlen«, obwohl sie anscheinend mehr Geld hatte als er. Schließlich zog sie ihre Klage zurück, doch es kam zu weiteren Trennungen. Einmal verlegte er seinen Wohnsitz vorübergehend nach Guadalajara. In einem ihrer Briefe zeichnet Mara allerdings ein Bild, das nicht ganz so einseitig ist wie Nyiregyházis Darstellung:

> Ich danke Dir von ganzem Herzen für all die schönen Momente und küsse Dich so zärtlich und so bedächtig wie möglich. Ich wünsche mir so sehr, dass Du ein paar nette Gedanken und glückliche Gefühle mit mir verbindest, in Bezug auf unvergessliche Augenblicke mit mir, die bis in alle Ewigkeit andauern, in den Sphären jenseits der Welt, in denen kein menschliches Wesen mehr ist. Ich wollte Deine Liebe, wie ich Dir meine Liebe gegeben habe, aber ich bekam sie nur bei unserem ersten Treffen und an unserem ersten Tag in Las Vegas, weil ich da neu für Dich war und Du die allerschönsten Dinge erwartet hast, die niemals so schön sein konnten wie Deine Wünsche (natürlich). Aber ich liebte Dich so sehr, Deine Aufregung bei unserem ersten Treffen, das Zittern und die Prunklosigkeit in Deiner Stimme. Deine Augen, Dein Glück. Ich glaube wirklich, dass Du am Anfang glücklich gewesen bist. Nun, da Deine Wünsche erloschen sind, weil Du mich hast und weil ich Dir so nahe bin, brauchst Du mehr Freiheit.

Dieselben Bedürfnisse und Unsicherheiten, die ihn in Beziehungen hineintrieben, erschwerten es, sie aufrechtzuerhalten. So sehr er sich auch Gesellschaft wünschte und das Verlassensein fürchtete, fühlte sich doch selbst eine innige, hingebungsvolle Ehe für ihn früher oder später unweigerlich wie ein Zwang an, dem er sich widersetzen musste – da sie ihn an das Leben mit seiner Mutter erinnerte; und seine Antwort darauf war die Flucht. Manchmal konnte schon die kleinste Beleidigung diese Flucht auslösen. Er trennte sich so schnell wie er heiratete.

Mara hielt sich mit einem Touristenvisum in den Vereinigten Staaten auf. Anscheinend war sie schon vor ihrer Hochzeit von der Regierung wegen des Verdachts der Prostitution unter die Lupe genommen worden. Nyiregyházi erkannte bald, dass sie ihn nur deshalb geheiratet hatte, weil sie hoffte, auf diese Weise

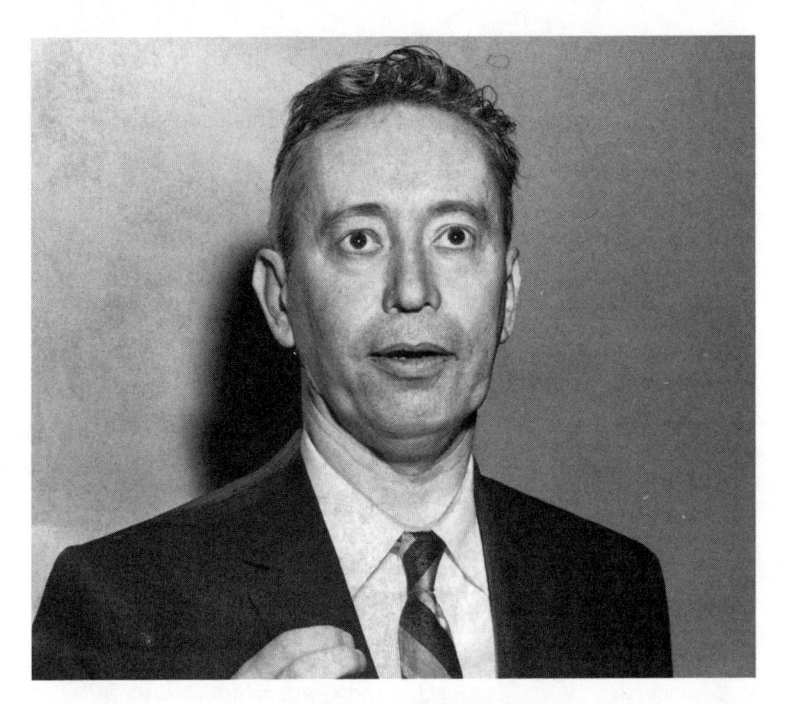

Nyiregyházi im Alter von vierundfünfzig Jahren. Das Foto erschien am 5. November 1957 in einer Ausgabe des *Herald-Express* in Los Angeles zusammen mit einem Artikel über sein Gerichtsverfahren zur Scheidung von seiner siebten Frau, Mara. *(Fotografie des* Herald-Express. Herald Examiner Collection, Los Angeles Public Library.)

die amerikanische Staatsbürgerschaft zu erhalten. Den Gerichtsunterlagen zufolge behauptete er, dass sie »mir damit gedroht hat, mich inhaftieren zu lassen, wenn ich nicht die Einwanderungspapiere für sie unterschreibe. Durch meine Freunde bedroht sie mich ebenfalls, und sie bricht in meine Wohnung ein und droht mir, dass sie mich so lange belästigen wird, bis ich tue, was sie fordert.« (Er wollte eine einstweilige Verfügung erwirken.) Seiner Aussage zufolge musste sie mehrere Abschiebungsanhörungen über sich ergehen lassen. Im März 1957 verließ sie die USA und zog nach Zürich. Allerdings ist unklar, ob sie, wie er behauptete, offiziell abgeschoben wurde. Als sie ging, stahl sie Kopien seiner Kompositionen und den Text seines Buches *The Truth at Last* (es existiert vermutlich nicht mehr). Eine Annullierung der Ehe wegen betrügerischer Absichten (ihre »heimliche Absicht war es, keine wirkliche Ehefrau zu sein«) erreichte er zwar nicht, konnte jedoch die Scheidung erwirken, die am 18. November schließlich rechtskräftig wurde. Er war froh, dass Mara ging. Sie hatten jedoch mindestens bis Anfang der achtziger Jahre – als sie nach Düsseldorf zurückzog – noch Kontakt. Damals hatte sie mindestens zwei Kinder und nannte sich nach wie vor Mara Nyiregyházi.[29]

---

[29] Sie behauptete, einen Sohn von ihm zu haben, den sie »Ervin Nyiregyházi« nannte. Er stritt jedoch ab, der Vater zu sein. Der Aufenthaltsort des Sohnes ist unbekannt. In einem Brief bezog sie sich 1982 auf »unseren jüngsten Sohn« und auf »Deinen Sohn MIKE«, der ein Musiker war (Trompete und Klavier) und in München lebte. Nyiregyházi äußerte einst unbestimmt einem Freund gegenüber, dass er möglicherweise irgendwo im Osten der Vereinigten Staaten ein Kind gezeugt haben könnte, sagte jedoch nichts Genaueres darüber. Es gibt keinen Beweis dafür, dass er jemals Kinder gezeugt hat – angesichts seines Sexuallebens und seiner zugegebenen Weigerung, Kondome zu benutzen, eine bemerkenswerte Tatsache.

19
(Noch immer) ruhelos

Nach seiner Scheidung von Mara begann Nyiregyházi, der inzwischen fünfundfünfzig Jahre alt war, sich nach einer neuen Frau umzusehen, und gab zu diesem Zweck wieder Anzeigen im *Daily Mirror* auf. Es kamen viele Antworten, die manchmal zu Affären führten. Mehreren Frauen machte er einen Heiratsantrag. Schließlich beschloss er, in Europa nach einer Ehefrau zu suchen. Er war mehr als zwanzig Jahre nicht dort gewesen, doch seit Vivian nicht mehr lebte, fühlte er sich noch unruhiger als gewöhnlich und sehnte sich danach, Orte wiederzusehen, die eine besondere Bedeutung für ihn hatten. Nun verfügte er auch über die nötigen finanziellen Mittel dafür. Seit Vivians Tod 1955 erhielt er eine bescheidene Pension von der Stadt Los Angeles, die später durch Sozialhilfe aufgestockt wurde und seine einzige regelmäßige Einnahmequelle in den letzten Jahrzehnten seines Lebens war.[30] (Es ist kein Zufall, dass er fast sofort nachdem er Vivians Pension zum ersten Mal bekommen hatte, aufhörte, Konzerte zu geben.) Vivian hatte ihm auch ihr Haus in der Aaron Street in der Nähe des Echo Park vermacht. Er lebte mit Mara darin, verkaufte es dann aber, um genügend Geld für seine Reise zu haben.

Ende Februar 1959 besuchte er Paris, Wien, Triest sowie andere Orte, die er bereits kannte, und traf Mara in Zürich. Sie gab vor, schockiert zu sein, als er ihr das Scheidungsurteil zeigte, war allerdings bereit, ihm dennoch sexuell zur Verfügung zu stehen. Im September reiste er wieder nach Europa – diesmal zusammen mit Elsie. Sie verbrachten den Großteil des Herbstes in Spanien,

---

[30] Die Pension belief sich 1957 auf 83 Dollar pro Woche, 1965 auf 125 Dollar. Im selben Jahr begann er im Alter von zweiundsechzig Jahren, Sozialhilfe zu beziehen – zunächst 32 Dollar pro Monat. Beide Einkünfte stiegen im Laufe der Jahre beträchtlich. Mitte der 1970er Jahre erklärte er, sein regelmäßiges monatliches Einkommen belaufe sich auf ungefähr 250 Dollar pro Monat.

und zwar in Palma de Mallorca und Barcelona, da er diese Stadt inspirierend fand. (Auf Mallorca spielte er für eine Gruppe Arbeiter in einer Bar.) Da er ein sentimentales Verlangen danach hatte, besuchte er auch Jugoslawien einschließlich Subotica, wo er als Fünfzehnjähriger ein Konzert gegeben hatte. Nyiregyházi betrat den Konzertsaal, in dem noch derselbe Flügel stand wie damals, und bemerkte, dass eine Saite, die gerissen war, als er dort vor einundvierzig Jahren Liszt gespielt hatte, nie ersetzt worden war. Ende Dezember fuhr Elsie nach Hause, während er nach Wien reiste, wo er bis zum April blieb. Er hatte weiterhin Affären und machte einer Frau schriftlich einen Heiratsantrag, doch es war keine neue Ehefrau in Sicht. Im Frühling und Sommer 1961 kam er erneut nach Europa, um weiterzusuchen, fand Europa aber nun einsam und entmutigend – »unbrauchbar«. Er konnte dort nicht für seinen Lebensunterhalt sorgen, traf noch immer auf Antisemitismus und vermisste die besonderen Annehmlichkeiten (und guten Steaks), die es in Amerika gab.

Elsie und er waren sich nun sehr nahe, obwohl die Beziehung auch turbulent sein konnte. Ihre Sexualität mag ebenso wie seine ambivalent gewesen sein, nach einer Notiz seiner letzten Frau zu urteilen: »1959, Palma, Elsie hatte eine Affäre mit zwei Lesben, und eine von ihnen warf Ervins Hose aus dem Hotelzimmer.« Außerdem war Elsie sehr dagegen, dass er trank. Nach einer ihrer Auseinandersetzungen über dieses Thema rächte er sich, indem er einer Frau einen Antrag machte, mit der auch Elsie befreundet war: Margaret Benedict. Er kannte sie bereits seit 1946, da sie seine Schülerin gewesen war. Als Margaret Weil und Tochter deutscher Eltern war sie 1892 in Cleveland geboren worden und zuvor zweimal verheiratet gewesen. Obgleich sie wusste, dass sein Grund, ihr die Ehe anzubieten, in erster Linie Rache war, willigte sie ein. Sie heirateten am 20. November 1961 in Las Vegas und kehrten dann als Ehepaar nach Los Angeles zurück. Nyiregyházi nahm einige Drinks und rief dann mit diebischer Freude bei Elsie an.

Margaret war eine dünne, grazile Frau, zu der er sich zärtlich hingezogen fühlte – teilweise auch, weil sie erst sechs Monate vor ihrer Hochzeit mit ihm Witwe geworden war. Sie hatte als Pianistin in einem Nachtclub gearbeitet, kündigte nun jedoch diesen Job. Allerdings gab sie weiterhin Klavierunterricht. Die beiden lebten in ihrem Haus in der Duane Street im Bezirk Silver Lake. Sie war eine treu ergebene Partnerin und eifrige Hausfrau. (»Sie mochte keine Juden, doch sie behandelte mich wie einen Prinzen«, sagte er.) Ihre einzige Schwäche waren Katzen: Sie hatte mehr als zwei Dutzend, einschließlich eines wilden, weißen Katers, dessen Spitzname Nyiregyházi zu seiner Komposition *The Killer* inspirierte. Haustiere machten ihm Angst, und er empfand ihre Anwesenheit als respektlos. Eine verärgerte Notiz, die sich unter seinen Papieren fand, war offensichtlich für Margaret gedacht: »Mischa Elman und Horowitz bekommen ihr Steak ohne die Erniedrigung, dass eine Katze auf dem Tisch steht, auf dem sie essen werden.« Manchmal waren die Katzen der Grund für hitzige Streits, doch er versuchte, Margarets Gefühle zu respektieren. Als The Killer starb, spielte er feierlich Chopins Trauermarsch auf dem Klavier – wie zu Ehren eines gefallenen Helden.

Selbst mit der loyalen Margaret kriselte es irgendwann. Einem seiner Skizzenbücher vertraute er nach ihrem Tod an: »Sie fühlte sich wohl in Gesellschaft des Abschaums der Menschheit. Sie hatte bemerkenswerterweise fast ausschließlich mit den niedrigsten Schichten zu tun.« In einem Brief an Elsie warf er Margaret »Böswilligkeit und schlechte Laune« vor und fuhr fort: »Sie bietet gewiss nicht viel echtes Verständnis und intellektuelle Gesellschaft. Deshalb hat man zumindest das Recht, Freundlichkeit, Rücksichtnahme und Zärtlichkeit zu erwarten … Das Gute in mir überwiegt das Schlechte bei weitem, wie wir alle wissen.«

Im Frühling 1962 kehrte er nach einem Streit mit Margaret nach Europa zurück. Seine Probleme mit ihr scheinen größtenteils von ihm selbst verschuldet gewesen zu sein. Sie schickte ihm regelmäßig Geld, wünschte ihm in liebevollen Briefen alles Gute und hoffte, dass er bald gesund zurückkommen werde. Reisen nach Europa waren ein teurer Weg, vor Konflikten zu fliehen. Als er wieder zu Hause war, bedauerte er seine Schwäche – »doch wenn ich ein paar Dollars in meiner Tasche habe, fühle ich mich wie ein Millionär.« Er kehrte bald zu Margaret zurück. Ein Jahr später floh er allerdings erneut, wählte diesmal jedoch einen preiswerteren Zufluchtsort: El Paso in Texas. In einem Brief an Elsie erwähnte er Margarets Verwicklung in »fruchtlose, kleinliche« Aktionen gegen ihn mit »der Hilfe der unaufgeklärten, barbarischen Polizeibehörde von Los Angeles« und fügte hinzu: »Glücklicherweise bin ich nicht in Reichweite dieses *feigen Arms* des kalifornischen Rechtssystems und der Frau, Margaret, die die Hilfe dieses Systems für ihre abscheulichen Zwecke nutzen würde.« Anscheinend stand die Tatsache, dass er ein unverbesserlicher Trinker war, im Mittelpunkt dieses Konflikts. Von einer ihrer besten Freundinnen erfuhr er, dass sie ernsthaft darüber nachdachte, ihn zum Entzug in eine psychiatrische Anstalt einzuweisen – daher seine Flucht nach El Paso. Jede Kontrolle seines wohlverdienten Rechts auf Alkohol war in seinen Augen eine inakzeptable Einmischung, und die Vorstellung körperlicher Einschränkung muss für ihn das ultimative Schreckgespenst gewesen sein.

Bis einschließlich Herbst 1963 hielt er sich im Prinzip in El Paso auf, verbrachte aber auch einige Wochen in Juarez, wo er am 8. Juni die Scheidung erwirkte. Er hasste die Wüste, die Hitze, den Staub und die Insekten, doch El Paso hatte eindeutig auch Vorzüge: billige Unterkünfte und die Nähe zu Mexiko, wo Alkohol und Frauen nicht teuer und leicht zu haben waren. (Trotz allem schickten Margaret und Elsie ihm weiterhin Geld.) Doch er war nun nicht glücklicher. Im November schrieb er: »Mein Aufenthalt in El Paso ist eher durch die Abwesenheit des Negativen als durch die Anwesenheit des Positiven gekennzeichnet.« Nyiregyházi fühlte sich einsam und sehnte sich verzweifelt nach Elsie. Er erklärte: »Unter keinen Umständen werde ich zu Margaret zurückgehen und mit ihr leben.« Doch nur kurze Zeit später schrieb er: »Es würde keinen guten Zweck erfüllen, wenn ich (alleine) in meiner eigenen Wohnung bleiben würde«, als wollte er sich selbst überreden, dass er zu ihr zurückkehren sollte – wegen der Verpflegung, der Unterkunft und der Gesellschaft. Margaret hörte nie auf, ihn zu lieben oder sich um ihn kümmern zu wollen.

Sie schrieb: »Du bist alles, was ich auf dieser Welt habe.« Und so kehrte er ungeachtet der mexikanischen Scheidung im November zu ihr zurück. (Zu dieser Zeit hatte die Polizei in El Paso, die ihn für mittellos hielt, ihm ohnehin angeraten, die Stadt zu verlassen.) Nyiregyházi und Margaret lebten weiter wie ein Ehepaar zusammen.

Im Februar 1965 reiste er erneut nach Europa. Am Tag seiner Abfahrt schrieb er Margaret: »Ich möchte nicht an einem Ort wohnen, an dem mir meine Lebensweise – die mir sehr viel bedeutet – drohend vorgehalten wird. Natürlich will ich dort leben, wo ich mich frei fühle, mich zu verhalten, wie es mir gefällt. Kein kreatives Genie oder auch nur gewöhnlicher Mensch sollte sich mit weniger zufriedengeben.« Eine Notiz in seinen Unterlagen erklärt deutlicher, wovon er sprach: »Europa ist *definitiv* besser fürs Trinken, aber auch besser für uneingeschränkte sexuelle Aktivitäten als El Paso (selbst einschließlich Juarez). In Europa gibt es keine dreckigen Bullen, die dich dabei beobachten, wie du auf der Straße trinkst oder nach einer Prostituierten verlangst.« Margaret blieb geduldig: »Ich habe hier eine unheimliche Menge an Butter und überhaupt niemanden, für den ich kochen könnte«, schrieb sie ihm und legte Geld bei. »Bitte komm ganz bald nach Hause. Bitte! Bitte!«

Mitte März kam er in Budapest an, das er seit 1934 nicht mehr besucht hatte. Er blieb nur drei Tage dort, hatte aber trotzdem genug Zeit für einige nostalgische Spaziergänge und um zu sehen, wer von seiner Familie noch übrig war. Er machte sogar seiner verwitweten Cousine Edit Rados einen Heiratsantrag. (Sie erzählte ihm, was während des Kriegs aus seiner Familie und seinen Freunden geworden war.) Nach einer Woche in Wien und Paris fuhr er wieder

Passfoto aus der Zeit 1959–70, als Nyiregyházi in seinen späten fünfziger und sechziger Jahren häufig nach Europa reiste.

heim. Auch dieses Mal hatte Europa ihn gelockt, aber nur bittere Enttäuschung für ihn bereitgehalten. Er hasste die Menschen dort, die Hotels, das Essen, die Preise. Doch nach seinen Reisen nach Europa gab er zu, dass sie meistens durch wenig mehr als einen »Impuls« ausgelöst worden waren – wie so oft in seinem Leben. Leicht untertreibend schrieb er an Margaret: »Wie Du inzwischen wissen solltest, bin ich ein sehr *sprunghafter* Mensch.«

Zuerst wollte er nicht nach Los Angeles gehen und verbrachte das Frühjahr in El Paso, wo er seine alten Gewohnheiten wieder aufnahm. Doch bald kehrte er zu Margaret zurück, zu ihren üblichen Streitereien und Versöhnungen. Außerdem beschäftigte er sich wieder mit Kontaktanzeigen:

> Mit großem Interesse habe ich Deine Anzeige im »Cupid« gelesen. Besonders interessant fand ich die Aussage, dass viele mexikanische Mädchen Männer heiraten, die doppelt so alt sind wie sie – unabhängig vom finanziellen Status oder Aussehen des Mannes.
>
> 64 Jahre alter, pensionierter Konzertpianist und Komponist, der sich deutlich jünger fühlt, möchte eine Dame mit toleranten Neigungen kennen lernen, die nichts gegen zahlreiche Cocktails und intellektuelle Diskussionen einzuwenden hat. Ziel ist tatsächlich eine Ehe, jedoch nicht zwangsläufig.

Trotz bitterer Erfahrungen blickte er weiterhin nach Europa. Im Frühling 1968 packte ihn »eine schreckliche Sehnsucht nach der Vergangenheit«,[31] und so besuchte er alte Freunde in Oslo. Dort nahm er zum ersten Mal nach dreißig Jahren wieder Kontakt mit Signy and Astrid Cleve auf, fühlte sich jedoch durch ihr kühles Verhalten verletzt. Im Herbst 1969 kam er nach einem weiteren Streit mit Margaret erneut nach Europa, im Frühling und Sommer

---

[31] Nostalgie spielte bei diesen Reisen immer eine große Rolle. In einem Brief an Elsie berichtete er Anfang der 1960er Jahre, dass er vor einem Hotel in Palma de Mallorca gestanden habe: »Ich schaute hinauf zu diesem lieben, kleinen Balkon, wo ich Dich durch das offene Fenster (1959) sehen konnte, wie Du meine Unterhosen gewaschen und an Dein liebes, kleines Gesicht gepresst hast, wodurch Du mir gezeigt hast, wie sehr Du mich liebst!«

1970 ebenfalls. Doch er kehrte immer wieder nach Los Angeles zurück, ruhelos und unzufrieden.

Margaret blieb ihm bis zum Ende treu ergeben. Sie starb am 3. November 1970 zu Hause an einem Herzinfarkt. Nyiregyházi gab im Hause eines ihrer Schüler ein Gedenkkonzert für sie – die größte Ehre, die er ihr erweisen konnte. Nach ihrem Tod war er am Boden zerstört, da er sich ihr trotz allem sehr verbunden gefühlt hatte. Er hatte die mexikanische Scheidung verdrängt und sich weiterhin für ihren Ehemann gehalten. Möglicherweise hatten die beiden sogar kurz vor ihrem Tod darüber nachgedacht, offiziell erneut zu heiraten. Ein solcher Plan würde die folgende merkwürdige Notiz erklären, die auf den 8. Oktober datiert ist:

> Ich, Margaret Nyiregyházi, schwöre hiermit feierlich, dass ich nach der Hochzeit mit Ervin Nyiregyházi *niemals* versuchen werde, ihn nach Camarillo oder in irgendeine andere psychiatrische Klinik einweisen zu lassen, um ihn von seiner Alkoholsucht zu heilen, und dass ich auch keine sonstigen Schritte in diese Richtung unternehmen werde. Wenn ich dieses Schriftstück unterzeichne, verpflichte ich mich, die Bestimmungen dieser Übereinkunft bis zum Äußersten meiner Möglichkeiten zu erfüllen.

Nyiregyházi hielt die mexikanische Scheidung geheim und spielte die Rolle des Witwers. (Unter seinen musikalischen Entwürfen, die in den folgenden Monaten entstanden, gab es Stücke, die an Klagelieder erinnerten und zu Herzen gehende Titel trugen wie *Ashes Upon Ashes* oder *Margaret Is Gone*.) Nachdem das Haus in der Duane Street im September 1971 verkauft war, erbte er ungefähr 15.000 Dollar und sah sich wiederum nach einer Ehefrau um. Im folgenden Jahr dachten er und ein rund sechzigjähriges, farbiges Zimmermädchen, das in einem der Hotels arbeitete, in denen er lebte, ernsthaft über eine Heirat nach, doch die Beziehung scheiterte. Dennoch wollte er nach wie vor heiraten – irgendjemanden.

Während Nyiregyházis rastlosen fünfziger und sechziger Jahren war die Beziehung zu Elsie Swan gereift. Sie unterstützte ihn weiterhin, wie schon Jahrzehnte zuvor in seinen ersten Jahren in Los Angeles. Es gab allerdings Auseinandersetzungen wegen seiner Alkoholsucht und häufigen Partnerwechsel. Sie war eine stärkere, mutigere Frau als Vivian oder Margaret, und ihre Streits konnten ihn in rasende Wut versetzen. (Auf einem seiner handgeschriebenen Zettel stand: »Ich hoffe, du stirbst, du Mistkerl. Das sagte ich am 11. Juli 1968 um 15 Uhr zu Elsie Swan.«) Doch sie war ihm sehr ergeben und wollte nur sein Bestes. Trotz ihrer Konflikte war sie immer noch sein »lieber Engel«, sein »adored Baby« und seine »kleine Affenmutter«. Bei seinen Unterlagen finden sich zahlreiche hochtrabende, aber ehrliche Liebeserklärungen an sie – wie jene, die er im Mai 1963 in El Paso schrieb:

> Ich liebe Dich wie eh und je. Ich liebe Dich, verehre Dich, bewundere Dich. Mit Worten lässt sich die Intensität, die tief empfundene Qualität meiner Gefühle für Dich gar nicht ausdrücken. Ich zähle die Tage, die Stunden, die Minuten, bis ich wieder in Dein liebes, bezauberndes Gesicht blicken werde, Deine lieben Augenbrauen, Deine Stirn, diese liebe, kleine Nase berühren werde (»Menschenmengen bilden sich, ein Gesetz ist verabschiedet worden.«), Dein Kinn, Deine kleinen Zehennägel, Deinen bezaubernden Popo – für den ich mein Leben geben würde – der das Beste wert ist, was Liszt in seinem Petrarca-Sonett und der musikalischen Überzeugung, die nur Oscar Wilde in Worte fassen konnte, ausgedrückt hat – ja, *all das* ist mir so lieb, so unerklärlich lieb – Du bist für mich der Inbegriff all dessen, was hinreißend und unwiderstehlich ist.

Noch immer sehnte er sich danach, sie zu heiraten: »Es gibt *nichts* im Leben, was mir so viel bedeutet wie Du.«

1972 wurde Elsie neunundsiebzig, litt an Herz- und Nierenproblemen, möglicherweise auch an Diabetes und hatte gerade einen Schlaganfall gehabt. Im Februar ging sie eine rechtswirksame Vereinbarung ein mit Harry F. Holmes, einem Mieter (und, wie sie dachte, Freund), der mit seiner Familie im obersten Stock ihres Hauses in der North Argyle Avenue 2183, in den Hollywood Hills, wohnte. Sie machte Holmes zum Miteigentümer und erklärte, dass das Haus nach ihrem Tod ihm gehören sollte; im Gegenzug

(Noch immer) ruhelos

verpflichtete er sich, das Gebäude zu verwalten, Elsie »für den Rest ihres Lebens eine angemessene und saubere Unterkunft in diesem Wohnhaus zur Verfügung zu stellen« und sie »mit aller angemessenen Pflege, Aufmerksamkeit und Nahrung zu versorgen, solange sie lebt und in dem besagten Haus wohnt«. Im März wurde diese Vereinbarung erweitert und auf ihren Enkel Peter M. Hood ausgedehnt, der als Psychiater in San Diego arbeitete. Elsie hatte ihn nach dem Tod seiner Mutter unterstützt und geholfen, ihn großzuziehen. (Er und Holmes kannten sich von Kindheit an.) Elsie dachte, sie habe durch die Miteigentums-Vereinbarung sichergestellt, dass man sich in ihrem eigenen Haus während ihrer letzten Lebensjahre um sie kümmern werde.

Innerhalb weniger Monate wurde die Situation jedoch unerträglich. Später schrieb sie ihrem Anwalt: »Holmes und seine Frau Lisa haben mein Gesicht grün und blau geschlagen. Sie haben mich eingesperrt, obwohl sie wussten, wie schrecklich das für mich sein würde. Ich leide unter Klaustrophobie, und das haben sie ausgenutzt.« Elsie berichtete, dass Holmes und Hood sie bedrohten, ihr Geld abzupressen versuchten, sie aus dem Haus jagten und sich nicht um ihre Bedürfnisse kümmerten, selbst als

Nyiregyházis neunte Frau: Elsie. *(Links: Fotografie von Verix. Rechts: Ricardo Hernandez.)*

sie gesundheitlich sehr angeschlagen war. (Sie bestritten später diese Vorwürfe.) Am 10. Oktober zog sie aus ihrem Haus aus und mietete eine Wohnung, doch nach zwei Tagen rief der Wohnungsverwalter aus unerfindlichen Gründen einen Krankenwagen, der sie in eine Klinik brachte. (Sie war weder krank, noch hatte sie eine Verletzung.) Nyiregyházi zufolge wollte man sie in der Klinik nach Hause schicken, doch Holmes überredete den Arzt, Elise in eine psychiatrische Einrichtung zu überweisen, und stachelte gleichzeitig Hood an, die Einweisung anzuordnen. (In den Gerichtsunterlagen behauptete er später, Elsie habe darum *gebeten*, eingewiesen zu werden – obgleich das ein Schicksal war, vor dem sie eigenen Aussagen zufolge immer größte Angst gehabt hatte. In der Vereinbarung über das Miteigentum hatte er zugestimmt, »dass – falls es nötig sein sollte, dass ELSIE SWAN aus irgendeinem Grund zur medizinischen Behandlung in ein Krankenhaus gebracht wird – er nicht erlauben oder zustimmen darf, dass sie von diesem Krankenhaus in ein Pflegeheim oder eine ähnliche Einrichtung für Alte oder Behinderte gebracht wird«.) Am 13. Oktober wurde sie in das Neurosis and Psychiatric Center in Brea (Orange County) gebracht. Wie sie später in den Gerichtsunterlagen erklärte, versuchte Holmes, sie »zu betrügen und zu hintergehen«, um sie »dazu zu bringen«, ihm ihr Eigentum zu überschreiben. (Nyiregyházi entdeckte, dass das Haus im Zuge von Bauarbeiten neu eingeteilt worden war und nun für einen hohen Preis verkauft werden konnte.) Elsie war nicht zwangseingewiesen oder für unzurechnungsfähig erklärt worden, und niemand hatte von ihr eine Handlungsvollmacht; doch sie war alt, krank, geistig schwach und hatte nicht genug Kraft, um sich zu wehren.

Nyiregyházi hatte geplant, mit dem Geld, das er von Margaret geerbt hatte, nach Europa zu fahren, doch als er von Elsies Situation erfuhr, setzte er sich mit bemerkenswerter Hingabe und Hartnäckigkeit für sie ein. Er reiste sogar nach San Diego, um mit Hood zu sprechen, wurde jedoch zurückgewiesen. Da er nur ihr Freund war und keinen gesetzlichen Status hatte, beschloss er, sie zu heiraten. Das bedeutete, dass sie endgültig auf die Pension verzichten musste, die sie seit fast fünfzig Jahren erhielt (1972 belief sie sich auf 272 Dollar pro Monat). Doch nun war es unumgänglich, dass jemand, der auf ihrer Seite stand, die rechtliche Befugnis hatte, Entscheidungen für sie zu treffen. Am 24. Oktober engagierte er einen Anwalt, der am 10. November die Angestellten der Einrichtung bezirzte, so dass sie Elsie erlaubten, einen Ausflug zu unternehmen. Der Anwalt brachte sie dann zum Haus eines Freundes, wo Nyiregyházi wartete. Dort unterschrieb sie eine Erklärung, dass sie nicht in das Heim zurückkehren wolle. Das Paar reiste nach Las Vegas. Mit Geld von Freunden und einem geliehenen Kleid (sie hatte die Einrichtung in Hosen verlassen, die er nicht einmal in einem Notfall tolerierte) wurde Elsie Swan am 11. November Nyiregyházis neunte Ehefrau – mehr als vierzig Jahre nachdem er ihr den ersten Heiratsantrag gemacht hatte. Mitleid war jedoch nicht sein einziger Beweggrund gewesen. Er heiratete Elsie, wie er später schrieb, »weil ich sie sehr liebe und weil ich entschlossen war, sie aus einer wirklich heiklen Situation zu retten«. Ein Jahr nach ihrer Hochzeit bezeugte er ihr seine Achtung mit Worten, die für ihn sehr viel bedeuteten: Er sagte, er liebe sie »sogar noch mehr, als ich Liszt liebe«.

Als Nyiregyházi Elsie heiratete, war er fast siebzig Jahre alt und hatte sich seit praktisch zwei Jahrzehnten als professioneller Musiker zurückgezogen. 1959 hatte er ein Stück mit dem Titel *The Last Act of the Tragedy Commences* komponiert und allen Grund zu der Annahme, dass er die letzten Kapitel seiner seltsamen Geschichte schreibe. Allerdings begann sein berufliches Schicksal 1972, sich zunächst allmählich, dann spektakulär zu wandeln.

Gegenüberliegende Seite:
Nyiregyházi mit Mitte siebzig. *(Fotografie von Caroline Crawford.)*

TEIL VIER

DER PIANIST,
DER AUS DER KÄLTE KAM

1972–1980

20
Crescendo

Nyiregyházis Name kam Anfang 1972 zur Sprache, als der in der San Francisco Bay Area aktive Ortsverband der Automatic Musical Instrument Collectors' Association (AMICA) zu einem seiner monatlich stattfindenden Treffen einen Künstler einladen wollte, der ehemals Klavierwalzen produziert hatte. Zu dieser Zeit existierte er hauptsächlich als Gerücht – viele Menschen hielten ihn für tot –, doch der örtliche Vorsitzende von AMICA, Alf E. Werolin, spürte ihn schließlich auf, indem er einfach im Telefonbuch von Los Angeles nachschlug. Er lud Nyiregyházi zu dem für den 25. März anberaumten Treffen ein, das bei ihm zu Hause in Hillsborough, südlich von San Francisco, stattfinden sollte. Nyiregyházi flog auf Kosten von AMICA nach San Francisco und wurde bei dem Treffen mit Hochachtung behandelt. Er reagierte liebenswürdig, hörte sich seine Walzen an und kommentierte sie, sprach über seine Karriere, gab Autogramme und willigte sogar ein, etwas vorzuspielen. Er entschied sich für Liszts stürmische Ballade Nr. 2 in h-Moll, weil – wie er später sagte – »ich das Chaos des Lebens zum Ausdruck bringen wollte«. Und obwohl er nicht vorgehabt hatte zu spielen, weder geübt noch sich eingespielt hatte, gab er eine Vorstellung von solch überwältigender Kraft, dass die anwesenden Mitglieder sich noch immer voller Staunen daran erinnern. (Über diesen Auftritt schrieb er später an jenem Tag in ein Skizzenbuch: »Kein Zweifel: Ich war kühn und hatte Erfolg.«) Er war dankbar für den ihm entgegengebrachten Respekt, hielt jahrelang einen engen Kontakt zu AMICA und gewann unter ihren Mitgliedern enge Freunde. Einer von ihnen war Ricardo Hernandez, ein Pianist und Lehrer aus San Francisco. Dieser war hoch erfreut und tief ergriffen von Nyiregyházis »warmer« Gefühlsbetontheit und seinem »vulkanischen Aufruhr«, die ihn dazu brachten, alles, was er über das Klavierspiel wusste, zu überdenken. Er wurde Nyiregyházis engster Freund, und Elsie unterstützte diese Beziehung, da Ervin Freunde brauchte, wie sie sagte.

Elsie war fast achtzig Jahre alt, ihr Gesundheitszustand verschlechterte sich, und die Ausgaben für Medikamente stiegen. Obwohl Nyiregyházi kaum darauf erpicht war, seine Karriere in diesem hohen Alter wiederzubeleben, dachte er darüber nach, ein Konzert zu geben, um Geld zu beschaffen: Seine Zuneigung zu Elsie war stärker als sein Lampenfieber. Durch AMICA hatte er wieder Fürsprecher, die ihn gerne in der Öffentlichkeit auftreten sehen wollten und zu denen auch der Konzertveranstalter Bill Knorp zählte. Also organisierten Knorp, Hernandez und einer von Nyiregyházis früheren Managern, Harold Bowers,[1] seinen ersten öffentlichen Konzertabend seit fünfzehn Jahren. Er fand am 17. Dezember 1972 im Century Club of California statt, einem Frauengesellschaftsclub in San Francisco. Er bot ein umfangreiches Programm, das sowohl musikalisch als auch technisch nicht weniger anspruchsvoll war als jene, die er ein halbes Jahrhundert zuvor gespielt hatte. Das Konzert begann mit Brahms' Sonate in f-Moll, umfasste gewichtige Werke von Liszt und Chopin sowie kürzere Stücke von Brahms und Debussy. Obwohl sich seine Technik aufgrund seines Alters und der Vernachlässigung verschlechtert hatte, waren seine Kraft und Individualität als Pianist unverändert stark. Das bewiesen sein monumentaler, leidenschaftlich bewegter Brahms, sein langsamer, düsterer, grüblerischer Chopin[2] und sein in sich gekehrter, aber klangvoller Debussy. Obwohl er es anstrengend fand, hielt Nyiregyházi dieses Konzert für eins der besten seiner Karriere. Doch da es nur wenige Zuhörer gab, verdiente er lediglich 135,30 Dollar – keine große Hilfe für die gesundheitlich angeschlagene Elsie.

---

[1] Anfang der 1940er Jahre organisierte Bowers – ein junger Buchhalter, den Nyiregyházi durch seine Frau Vivian kennen gelernt hatte – einige öffentliche und private Konzertabende in Los Angeles und Denver für ihn.

[2] Nyiregyházi missbilligte bei den meisten Pianisten – selbst bei Giganten wie Josef Hofmann – die Art, wie sie Chopin spielten, »mit mangelndem Respekt und sich lustig machend über sein blutendes Herz«.

Nyiregyházi mit (von links nach rechts) Marjorie Werolin, Bill Knorp und Alf E. Werolin beim Klavierspiel vor AMICA-Angehörigen in Werolins Haus in Hillsborough, Kalifornien, am 25. März 1972. Dieser Auftritt führte zu Nyiregyházis Wiederentdeckung in den 1970er Jahren. *(Fotografie von Jarod Clark. Bill Knorp.)*

Nach dem Konzertabend beschlossen Elsie und er umzuziehen, damit sie von seinem neuen Kreis von Bewunderern in der Bay Area profitieren konnten. Ende 1972 mieteten sie sich in einem Hotel in San Franciscos Tenderloin ein. (Zum Leben hatten sie nicht viel mehr als Vivians Pension und Sozialhilfe; er bekam weniger als 3.000 Dollar pro Jahr.) Elsie war nun die meiste Zeit bettlägerig, und es fiel Nyiregyházi schwer, ihren alltäglichen Bedürfnissen nachzukommen. Eines Tages bot sich Hernandez in ihrem Zimmer ein trauriger Anblick: Die zerzauste und ungewaschene Elsie saß inmitten zerwühlter Laken im Bett, Urin lief ihr Bein herunter, und sie klagte über Hunger, während Nyiregyházi daneben stand – bekümmert, aber hilflos. Hernandez erzählte, dass er dem Paar einmal etwas Steak brachte und Elsie sich später beschwerte, ihr Mann habe alles alleine aufgegessen.

Neben den Ausgaben für Medikamente und Ärzte lasteten auf dem Paar auch die Kosten für Elsies Gerichtsverfahren, das seit Januar 1973 in Los Angeles gegen ihren früheren Miteigentümer und ihren Enkel lief. Deshalb vereinbarte Nyiregyházi für den Nachmittag des 6. Mai einen weiteren Konzertabend, diesmal in der presbyterianischen Old First Church in San Franciscos Stadtzentrum. (Es wurde kein Eintritt verlangt, sondern in der Pause eine »Spende« eingesammelt.) Vor und nach dem Konzert sowie in der Pause saß er in einem Raum, der durch Vorhänge abgetrennt worden war, unter denen seine Füße und Knöchel hervorsahen. Er hatte um diese Abtrennung neben dem Klavier gebeten, da ihm die Vorstellung unangenehm war, mit unsicheren Schritten von der Seite kommend zum Instrument zu gehen; er fürchtete, das Publikum könnte über ihn lachen. Als er am Klavier saß, bot er einmal mehr ein ambitioniertes Programm, das mit einer stürmischen und außerordentlich lebendigen Interpretation von Schuberts *Wanderer-Fantasie* begann und zwei von Liszts *Légendes* mit einschloss. An jenem Tag fühlte er sich inspiriert und bezeichnete dieses Konzert ebenfalls als eines seiner besten – »ein Triumph über das Unglück«. Man begann, Notiz von ihm zu nehmen. Alexander Fried schrieb im *Examiner* über dieses »bemerkenswerte oder sogar sensationelle Konzert«:

Mit einem Stil, der sich vollständig vom heutigen Standard unterscheidet, erinnerte er kühn und stürmisch an die romantischen Traditionen des 19. Jahrhunderts.
 Wenn er eine tosende Klangfülle hervorrufen wollte, schmetterte er die Töne mit einem kolossalen Gefühl für den Klang heraus. Er meditierte mit anhaltender, persönlicher Versunkenheit über der Klaviatur, verlangsamte oder beschleunigte sein Spiel hingerissen und in äußerst freien Änderungen des Tempos und des Rhythmus.
 Wenn er lyrisch sein wollte, war sein melodischer Anschlag von zarter Schönheit.
 Auf jeden Fall war er stets ebenso ungehemmt wie eigenwillig. Sein Spiel umfasste fantastisch breite Verzierungen und ein Durcheinander falscher Töne, die weder gewöhnliche Lehrer noch Studenten heutzutage tolerieren würden.

Doch überraschenderweise schuf er mit all seinen Fehlern und zahlreichen freien Klängen oftmals einen Zauber wilder, körperlich fühlbarer Begeisterung.

Am 24. Mai trat er erneut auf, diesmal im Clubhaus der Forest Hill Nachbarschaftsvereinigung. Er hatte wiederum die *Légendes* ausgewählt sowie einige unbekannte Spätwerke von Liszt und beschloss das Programm mit Skrjabins Sonate Nr. 4. (Sein Publikum bestand aus sechzig oder siebzig größtenteils sachkundigen Zuhörern, die das Konzert anscheinend alle recht mühsam fanden.) Hernandez organisierte den Auftritt, stellte das Klavier, zahlte Nyiregyházi ein bescheidenes Honorar und nahm die Darbietung auf. Auf Bitten seines Freundes schaltete er den Kassettenrekorder jedoch während der *Légendes* aus. Nyiregyházi bestand darauf, dass er diese Stücke niemals besser gespielt habe – und niemals besser würde spielen können – als in der Old First Church.[3] Elsie stimmte ihm zu und sagte voraus, dass das Konzert in der Old First Church ihm großen Ruhm einbringen werde. Und tatsächlich behielt sie Recht.

Nyiregyházis Wiederentdeckung wurde schließlich dadurch so richtig befördert, dass ein junger Mann namens Terry McNeill unschuldig einen Schalter betätigte. Neugierig geworden durch eine Ankündigung des Konzerts in der Old First Church, besuchte er die Aufführung und nahm sie auf einem kleinen Rekorder auf. Dann spielte er die Aufnahme Gregor Benko vor, dem Vizepräsidenten (und späteren Präsidenten) der International Piano Library (IPL) in New York,[4] in der McNeill als wissenschaftlicher Mitarbeiter tätig war. »Nyiregyházis Spiel war wie eine Offenbarung«, schrieb Benko später. »Obwohl die Kassette eine erbärmliche Auf-

---

[3] Als er fünfzehn war, spielte er die zweite *Légende* für Joseph Lhévinne. Er behauptete, Lhévinne habe danach gesagt, er werde das Stück niemals wieder spielen.

[4] Die IPL wurde 1965 von Albert Petrak und dem einundzwanzigjährigen Benko in Cleveland gegründet. Sie sollte neues und historisches Material über das Klavier und Pianisten erhalten und verbreiten. Kurze Zeit später zog die Institution nach New York um.

nahme war, hatte sie genug erfasst, um erahnen zu lassen, dass Nyiregyházi einen größeren Klang hervorbrachte als Hofmann oder Horowitz. Ich war sprachlos. Ich hatte Dutzende von Berichten darüber gelesen, wie Liszt und Henselt, Busoni und Rubinstein gespielt hatten, doch noch nie zuvor einen lebenden Pianisten gehört, der vollkommen mit diesem für das 19. Jahrhundert typischen Sinn für Rhetorik spielte, den die alten Schriftsteller als den wahren ›romantischen Stil‹ beschrieben.« Benko und McNeill trafen Nyiregyházi in jenem Sommer in San Francisco. Später hielt Benko seine Eindrücke fest:

> Hr. Nyiregyházi, ein großer, siebzigjähriger Mann, wirkte paradoxerweise zugleich stark und zerbrechlich. Seine abgewetzte Kleidung, sein stoisches Gesicht und der leichte Buckel hinterließen einen intensiven Eindruck: Hier war ein Mann, dessen Leben eine lange, mühsame Prüfung gewesen war. Doch die Jahre hatten seinem Geist nichts anhaben können. Es reicht nicht, ihn mit wenigen Worten zu beschreiben, da ihn eine Aura aristokratischer Verwundbarkeit sowie Spiritualität und schwärmerischen Eigensinns umgibt, die sich alle in einer einzigen, attraktiven Persönlichkeit miteinander verbinden … Er beantwortete alle unsere Fragen in einer höflichen, altmodischen Art und erzählte uns einen Teil seiner erstaunlichen Geschichte, ohne auch nur einmal eine Spur von Verbitterung oder Egoismus zu zeigen. Es war offensichtlich, dass er auch noch mit siebzig der Unschuldigste aller Idealisten war und dass er aus diesem Grunde sehr gelitten haben muss … Dies und alles andere, was er während jenes Interviews und später sagte, wurde mit aufrichtiger Bescheidenheit und Demut erzählt, die mich ziemlich überraschten, zumal ich zahlreiche Scharmützel mit den Egos von Pianisten hatte ausfechten müssen. Nyiregyházi fehlte es nie an Selbstvertrauen oder Stolz hinsichtlich seiner eigenen intellektuellen und musikalischen Fähigkeiten. Doch er scheint zu einer deutlich weiteren philosophischen Perspektive fähig zu sein als die meisten anderen Musiker, die ich kennen gelernt habe.

Benko hörte Nyiregyházi am 29. Juli bei einem Privatkonzert vor einem geladenen Publikum live spielen. Es fand in Novato, nördlich von San Francisco, im Hause von Ronald Antonioli statt, einem Bauunternehmer und Liebhaber von Klavierwalzen. Beeindruckt von Nyiregyházis Konzerten und gerührt von seiner misslichen Lage hatte sich Antonioli mit ihm angefreundet und half ihm finanziell. In Antoniolis abgeschiedenem Haus fand Nyiregyházi eine harmonische Umgebung und wohlwollende Zuhörer. Bei ungezwungenen Treffen war er dort ungewöhnlich entspannt, und wenn ein kleiner Drink ihn aus der Reserve gelockt hatte, konnte er ein geselliger, redegewandter, geistreicher Gast sein. Gelegentlich bot er sogar an, Zugaben auf Wunsch zu spielen (er stellte gern sein Gedächtnis unter Beweis) oder seine eigenen Kompositionen vorzutragen – ein Zeichen seines besonderen Vertrauens. (Bei einem Konzertabend, der dort am 30. April 1978 stattfand, spielte er Liszts gesamte *Faust-Sinfonie*).

Die Nachricht von der Wiederentdeckung eines großen Pianisten begann in der Klavier-Welt die Runde zu machen. (Im Februar 1974 spielte ein junger Garrick Ohlsson ihm vor und bat ihn um seinen Rat.) Benko hielt es für unerlässlich, Nyiregyházis Spiel für die Nachwelt aufzuzeichnen. Doch obwohl die IPL einige Alben historischer Pianisten veröffentlicht hatte, waren kein Budget oder keine Anlagen vorhanden, um neue Aufnahmen zu produzieren. Benko organisierte das Vorhaben praktisch von zu Hause aus und suchte weiter nach einer Möglichkeit, seinen Plan zu verwirklichen. Im September 1973 waren Nyiregyházi und Elsie inzwischen nach Los Angeles zurückgezogen, da – wie er sagte – »Harold Bowers mit mir fertig war«. Benko glaubte, dass Nyiregyházi zu dieser Zeit »darbte«, und konnte für ihn beim Musicians Emergency Fund in New York einen Zuschuss erwirken. Ab Anfang April 1974 erhielt er durch diesen Fonds über zehn Monate 1.000 Dollar.

Aus verschiedenen Quellen brachte Benko genug Geld zusammen, um im September 1974 in einer Kirche in Los Angeles einen Aufnahmetermin zu organisieren. Nyiregyházi versetzte die Aussicht, seine ersten kommerziellen Aufnahmen zu produzieren, in Angst und Schrecken, und so versuchte er mehrfach, sich aus dem Projekt zurückzuziehen. Nur nach langem Zureden und Beschwichtigungen war er zum Mitmachen bereit. »Die Hände

Nyiregyházi entspannt sich mit (von links nach rechts) Pamela Antonioli, Ricardo Hernandez, Ronald Antonioli und Bill Knorp in Antoniolis Haus in Novato, Kalifornien, um 1974. (Fotografie von Rob Thomas. Ronald Antonioli.)

des großen Pianisten zitterten merklich während der Einspielung«, schrieb Benko. »Er schloss seine Augen wie in Trance. Es schien, als habe er sich aus Selbstschutz in eine ›Klavierwelt‹ zurückgezogen, deren Klang größer war als er selbst. Wiederholungen waren kaum erforderlich, da Nyiregyházis Hände sicher wurden, sobald sie die Tasten berührten, und erst wieder zitterten, wenn er sie zurückzog.« Er nahm vier Werke von Liszt auf, die schließlich auf eine Seite einer LP passten: die Nocturne *En rêve*, die Ballade in h-Moll, »Sunt lacrymae rerum« und »Abschied«.

Nyiregyházis Beziehung mit Elsie konnte trotz ihrer Krankheit und der gegenseitigen Wertschätzung dennoch zänkisch sein. Kurze Zeit nach der Aufnahme wurde Benko Zeuge einer ihrer Auseinandersetzungen. Wütend rief Nyiregyházi ihn spät abends an und bestand darauf, dass er Elsie sagte, dass ihr Ehemann ein großer Pianist und, noch wichtiger, ein großer *Mann* sei – während sie im Hintergrund Benko bat, ihm keine Beachtung zu schenken, da er betrunken sei. Benko legte auf, und als er Nyiregyházi das nächste Mal traf, sprach dieser den Vorfall nicht einmal an. Vielleicht rebellierte er, weil seine Bemühungen, Elsie zu versorgen, ihn ermüdeten. (»Ich bin wirklich nicht dafür geschaffen, die schwersten und krassesten Alltagsprobleme zu meistern«, schrieb er an Ronald Antonioli.) Manchmal floh er aus dem Krankenzimmer, und gelegentlich bezahlte er einen Fremden dafür, dass er bei Elsie blieb, während er sich um seine eigenen Bedürfnisse kümmerte. Er war noch immer sexuell aktiv und traf weiterhin andere Frauen, selbst als Elsie im Krankenhaus lag. Anfang der 1970er Jahre genoss er eine Zeitlang »Evelyns heilende Hände«, wie es in der entsprechenden Werbung hieß. Als Elsie allerdings am 23. November 1974 in einem Erholungsheim an einem Herzinfarkt starb, traf ihn das hart; Nyiregyházi konnte nur noch »ihre kalten Wangen küssen«. Wenige Tage später besuchte er einen Freund und war so depressiv und betrunken, dass er sich schließlich auf einer Rasenfläche zum Schlafen hinlegte und wegen Trunkenheit kurzzeitig ins Gefängnis kam. Nichtsdestoweniger begann er schon bald wieder, eine neue Partnerin zu suchen.

Die International Piano Archives (IPA, wie das IPL ab 1974 genannt wurde) schlossen mit Desmar Records in New York einen Vertrag, um ein Liszt gewidmetes Album zu veröffentlichen. Es sollte auch Nyiregyházis Studioaufnahmen sowie die *Légendes* des Konzertabends in der Old First Church umfassen – darum hatte der Pianist gebeten. In seinen Augen waren sie wesentliche Dokumente seiner Kunst, Interpretationen, die Liszts »wahren Geist« einfingen, und vor allem Darbietungen, die seine Gefühle für Elsie enthielten. Sie gehören zu den erstaunlichsten Klavierdarbietungen, die jemals aufgenommen wurden. In der ersten *Légende* ist sein Heraufbeschwören des Vogelgesangs ungemein ausdrucksstark und seine Darstellung der Vogelpredigt des Heiligen Franziskus von Assisi zutiefst bewegend. In der zweiten *Légende* wird erzählt, wie der Heilige Franziskus von Paula während eines Sturms über das Meer schreitet – für Nyiregyházi »ein Symbol für mein eigenes Leben, insbesondere wie es zur damaligen Zeit war«, wie er an Marcos Klorman, den Vorsitzenden von

Desmar, schrieb. Vor allem die Sturmmusik löste eine pianistische Flutwelle aus, die das Publikum in der Kirche sprachlos machte und selbst in der qualitativ unzureichenden Aufnahme erkennbar ist. In einem Werkkommentar aus dem Jahr 1936 bezeichnete Nyiregyházi das Stück als »den Triumph des ›Glaubens‹ über die Not«. Bei der Aufführung in der Old First Church brachte er durch dieses Werk seinen eigenen »beinahe fanatischen Wunsch und die Entschlossenheit, Erfolg zu haben – durch die reine, unbezwingbare Kraft alle irdischen Hindernisse zu überwinden«, zum Ausdruck.

Das IPA war darauf erpicht, das Nyiregyházi-Album möglichst schnell auf den Markt zu bringen, doch die Veröffentlichung wurde wegen technischer Probleme um mehr als zwei Jahre verschoben. Zum einen war die Kassette mit der Aufnahme der *Légendes* gemessen an den aktuellen kommerziellen Standards von sehr schlechter Qualität: Die Musik klang entfernt und dünn, war von Zischen und Rauschen, von Geräuschen des Publikums und Verkehrslärm überlagert – ganz zu schweigen von dem schlechten Klavier und der ebenfalls schlechten Akustik in der Kirche. Auch die Studioaufnahmen stellten eine Herausforderung dar, denn bei der Übertragung vom Band auf die Schallplatte war es fast unmöglich, Nyiregyházis gewaltige dynamische Bandbreite ohne Verdichtung oder Verzerrung wiederzugeben; Klorman erinnerte sich, dass die Seiten immer wieder neu produziert werden mussten. Das Ergebnis – *Nyiregyházi Plays Liszt* (IPA 111) – war ein qualitativ äußerst hochwertiges Album. Als die Aufnahme Anfang 1977 dann endlich bei Desmar erschien, hatte die lange Verzögerung Nyiregyházi allerdings schon ziemlich verärgert.

»Ich lebe unter fast unmöglichen Umständen«, schrieb er im Mai an Benko. »Und meine zahlreichen so genannten Freunde bieten mir nur wenig Hilfe an.« Tatsächlich setzten seine Freunde sich vergeblich für ihn ein. Nachdem er sich darüber beklagt hatte, keine Noten zu besitzen, hatte Ricardo Hernandez ihm einige Partituren gekauft; später erfuhr er allerdings, dass Nyiregyházi sie in den Müllschlucker geworfen und wütend gerufen hatte, er brauche Geld, kein Mitleid. Hernandez war inzwischen praktisch zu einer Art Sekretär geworden, der ihn unterstützte und sich für ihn in gesellschaftlicher und geschäftlicher Hinsicht einsetzte. 1977 fühlte er sich jedoch »gesättigt« und erschöpft von den ständigen Telefonaten, persönlichen und beruflichen Krisen. Nyiregyházi konnte das Leben seiner Freunde dominieren, und diejenigen, die ihm am nächsten standen, bekamen ausnahmslos nicht nur seine Dankbarkeit und Freundschaft, sondern auch jede Art von Ausnutzung zu spüren – offen oder hinter ihrem Rücken. Hernandez beschloss, die Freundschaft zumindest zeitweise zu beenden und reiste im Sommer nach Europa. Nyiregyházi fühlte sich elend, »verzweifelt und niedergeschlagen« und folgte ihm im September ungeachtet der Kosten. Die beiden versöhnten sich in Stuttgart wieder, und Nyiregyházi kehrte nach Los Angeles zurück, wo sein Leben noch deutlich komplizierter werden sollte.

21
Eine problematische Renaissance

Die erste größere Rezension des Desmar-Albums wurde am Sonntag, dem 28. August 1977 im *Boston Globe* veröffentlicht. »Kaum zu beschreiben und unnachahmlich sind die durchgängige Pracht und Schönheit des Klangs, das Legato, die dynamische Bandbreite sowie der Sinn für Erhabenheit und Weite, die sich mit etwas verbinden, das unerwartet, persönlich und ehern ist, sowie vor allem mit der heute so seltenen, vollständigen Identifizierung des Interpreten mit der Musik«, schrieb da der Musikkritiker Richard Dyer. »Es ähnelt nichts, was man bisher gehört hat – höchstens dem, was man in Berichten über Liszts eigenes Klavierspiel gelesen hat.« Zu Dyers Lesern zählte an jenem Tag der Pianist und Dirigent Richard Kapp, der sich gerade in Boston am Flughafen aufhielt und auf dem Nachhauseweg nach New York befand. Dort arbeitete er als Programmdirektor im Office of the Arts bei der Ford Foundation. Kapp kannte Dyer als einen Kritiker, der nicht zu Übertreibungen neigte, und war von Nyiregyházis Geschichte fasziniert. Als er am Montag in sein Büro zurückkehrte, rief er Marcos Klorman von Desmar an, der ihm ein Exemplar des Albums zuschickte. Er war zu Tränen gerührt. »Was ich auf dieser Schallplatte hörte, war komplett anders als das Musizieren nach meinen Erfahrungen«, schrieb er später. »Nyiregyházis Spiel hatte eine sofortige und überwältigend emotionale Wirkung auf mich.« Später an diesem Tag rief Gregor Benko an, um sich vorzustellen. Er kam in Kapps Büro, und die beiden telefonierten mit Nyiregyházi.

Es war nicht die Aufgabe der Ford Foundation, einzelne Künstler zu unterstützen oder Zuschüsse an Organisationen wie das IPA zu zahlen, die sich nicht mit konzertierenden Künstlern beschäftigten – dennoch tat sie es. Kapp ließ sich von der Wichtigkeit überzeugen, Nyiregyházis Kunst zu erhalten, bevor es zu spät war, und setzte sich hartnäckig für dieses Vorhaben ein. »Ich verbrauchte zahlreiche Exemplare der Desmar-Aufnahme, die ich

Kollegen, Vorgesetzten, Musikerfreunden und jedem anderen, den ich in mein Büro locken konnte, vorspielte«, erinnerte er sich. Viele Menschen, die für die Stiftung arbeiteten, waren erstaunt und ergriffen von der Musik. Das IPA betonte, Nyiregyházi sei »ein *lebender* Vertreter einer verlorenen Kultur«, und reichte einen offiziellen Antrag bei der Ford Foundation ein, um einen Zuschuss für neue Aufnahmen zu bekommen und um »eine bescheidene, aber angenehme Umgebung, in der der Pianist leben kann« schaffen zu können. Der Zuschuss wurde schnell bewilligt und war für ein Zwei-Jahres-Projekt gedacht, das offiziell am 1. Oktober begann und vom IPA betreut werden sollte.

Von den zur Verfügung gestellten 38.000 Dollar waren 14.000 Dollar für Aufnahmen gedacht und weitere 14.000 Dollar für sonstige Ausgaben. Die verbleibenden 10.000 Dollar stellten ein monatlich auszuzahlendes Stipendium für Nyiregyházi dar, der amüsiert feststellte, dass *sein* Anteil der kleinste war. Doch es war das Ziel gewesen, sein mageres Einkommen aufzustocken, ohne seinen Lebensstil zu verändern, was er als wertend und anmaßend hätte auffassen können, wie Kapp annahm. In der Tat lehnte Nyiregyházi Angebote für eine bessere Wohnung, ein Klavier zum Üben und ein Zimmermädchen ab, obwohl er in seinem Zimmer weder einen Schreibtisch noch einen Stuhl hatte, so dass er im Bett sitzend mit einem Telefonbuch als Unterlage schreiben musste, wie er sich Ricardo Hernandez gegenüber beklagte. (Er nahm auch kein Exemplar des Desmar-Albums an, da er keinen Plattenspieler besaß.) Außerdem war der Prozess um Elsies Miteigentümer-Vereinbarung im April 1978 zwar endlich zu ihren Gunsten ausgegangen, bescherte ihm jedoch Tausende Dollar Gerichts- und Anwaltskosten.

Kapp traf Nyiregyházi im Oktober 1977 in Los Angeles. Zwischen den beiden entwickelte sich eine herzliche Freundschaft. Als er wieder zurück in New York war, wollte die Stiftung unbedingt Kontakt zu Nyiregyházi aufnehmen – und er tat das, was er immer tat, wenn etwas von ihm erwartet wurde: Er floh, diesmal zurück nach San Francisco. Freunde hatten sich Sorgen über sein Wohlbefinden und seine Sicherheit in Los Angeles gemacht, insbesondere, da es ihm inzwischen selbst mit einem Stock schwer fiel, alleine zu laufen. Nachts ging er nicht mehr aus, da er »eine Todesangst davor hatte, *überfallen* und *ausgeraubt* zu werden«. (Daher seine Vorliebe für Hotels: Er mochte die Sicherheit, die ihm das Personal in der Lobby vermittelte.) In jenem Sommer bot Benko ihm Hilfe für einen Umzug nach San Francisco an, wo Bewunderer wie Hernandez (der aus Europa zurück war) und Terry McNeill sich um seine alltäglichen Bedürfnisse kümmern konnten. Er nahm das Angebot an, machte dann aber einen Rückzieher. Wie Kapp berichtete, packte er schließlich im Dezember »seine Habseligkeiten zusammen, nahm zunächst den Bus und fuhr dann in einem Taxi durch die Stadt, bis er ein Hotel fand, in dem er wohnen wollte«. Er entschied sich schließlich für ein bestimmtes Hotel, weil es auf derselben Straßenseite lag, auf der auch die Prostituierten des Viertels anzutreffen waren, wie er später sagte.

Der Umzug war auch ein Test: Waren seine neuen Fürsprecher ihm treu genug ergeben, um ihn zu umwerben, zu verwöhnen und nach *seinen* Bedingungen für ihn zu arbeiten? Sie waren es, und Benko begann, Vorbereitungen für neue Einspielungen in San Francisco zu treffen. Er hoffte auf insgesamt achtzig Aufnahmestunden – möglicherweise Nyiregyházis gesamtes Repertoire –, doch Nyiregyházi war sich nun äußerst unsicher in Bezug auf sein Spiel und setzte sich nur ans Klavier, wenn seine Stimmung und die Umstände seiner Meinung nach genau passend waren. Der Druck der bevorstehenden Aufnahmen machte ihm Angst, so dass alle Beteiligten sich langsam fragten, ob er überhaupt etwas einspielen würde. Doch schließlich stimmte er Aufnahmen im Januar 1978 zu. Trotz seiner Angst war er dann sogar begeistert von der Aussicht, mit wohlwollenden Menschen zu arbeiten, um sein künstlerisches Erbe zu erhalten und der Öffentlichkeit nahezubringen.

Nachdem die Ford Foundation sich beteiligte, sprach sich Nyiregyházis Wiederentdeckung schnell herum. Zunächst war das Desmar-Album schwer zu verkaufen gewesen: Marcos Klorman hatte Probleme, Rezensenten zu finden und einen Laden der »Sam Goody«-Kette davon zu überzeugen, ihm zumindest ein einziges Exemplar abzunehmen. Doch durch die von der Stiftung ausgelöste Publicity entdeckten schließlich auch die Kritiker Nyiregyházi. Die Rezensionen waren überwältigend positiv. Nur einige wenige Skeptiker spotteten über den zunehmenden Rummel um Nyiregyházi. Einige bedeutende Pianisten äußerten Benko gegenüber ihre enthusiastische Wertschätzung. Benko hielt Nyiregyházi für einen der größten und bedeutendsten Pianisten der Musikgeschichte und sagte, dass »sein Klavierspiel die Kraft hat, Menschen in einer Art zu bewegen, wie kein anderer, mir bekannter, lebender Musiker es vermag«. Nyiregyházis eigene Kommentare zu seiner Arbeit waren nie bescheiden. Über seine Aufnahme der *Légendes* sagte er: »Die vollendete Art, in der ich Liszts wahre spirituelle Botschaft der Welt vermittle, wird eine große Leistung und ein Meilenstein der Musikgeschichte.« Und viele Zuhörer vernahmen ihn mit eben solchen erhabenen Ausdrücken.

Die Einstimmigkeit der Desmar-Kritiken belegte die Wirkung seines Klavierspiels. Rezensenten waren ergriffen, erstaunt, fasziniert – insbesondere von »einem Niveau klanglicher Größe, das in seinen Ausmaßen nahezu sinfonisch« wirkt. (Manche vermuteten, dass der Klang des Klaviers auf dem Album künstlich aufgewertet worden sei.) Seine Fähigkeiten als »großer Farbenkünstler« und »großer Orchestrator« (er wurde als »Stokowski des Klaviers« bezeichnet) wurden trotz seiner heruntergekommenen Technik noch immer bewundert. Er wurde zu den »größten lebenden Liszt-Interpreten« gezählt, und ein britischer Liszt-Spezialist pries »einige der dynamischsten, unvergesslichsten und überzeugendsten musikalischen Erlebnisse, die ich je hatte«. Andere schrieben über den »Sinn für weitgespannte Bögen« und »Rhetorik im großen Stil«, von einer »bodenlosen Gefühlstiefe« und einer »wunderbaren evokativen Kraft«. Einige vernahmen nicht Maßlosigkeit, sondern »Hörfantasien« und »Mut«, nicht Eigentümlichkeit, sondern »Poesie« und »Wahrheit«. Harris Goldsmith berichtete in *High Fidelity* von »einer gewaltigen Gestalt in der Geschichtsschreibung des romantischen Klavierspiels, einer wertvollen, wunderbaren interpretierenden Stimme – einer Stimme, die auf ihre Weise ebenso charakteristisch ist wie die Rachmaninows«.

Nyiregyházis bizarre Geschichte, die Benko im Covertext erzählte, erwies sich als ebenso faszinierend für die breite Öffentlichkeit wie sein Spiel. Ein Großteil der öffentlichen Aufmerksamkeit war so sensationslüstern, dass Nyiregyházi es als erniedrigend empfand. Der Erfolg wurde für ihn bald zum Problem. Viele Menschen (vor allem junge Leute), die von seinem Spiel überwältigt und von seiner Geschichte gerührt waren, fühlten sich ihm spirituell verbunden und spürten ihn auf. »Seit Hr. Nyiregyházi wieder berühmt geworden ist, erhält er ständig Anfragen wegen Unterricht, Meisterkursen, Autogrammen, Ratschlägen, Vorspielen, Interviews und so weiter und so weiter«, schrieb Benko in einem Brief, den das IPA Ende 1977 verbreitete. »Hr. Nyiregyházi weiß die guten Wünsche und Gedanken seiner zahlreichen Bewunderer zu schätzen. Allen, die an den Aufnahmen seines Spiels beteiligt sind, hat er jedoch immer gesagt, dass er über Einspielungen und das Klavierspielen an sich nur unter der Voraussetzung wieder nachdenken werde, dass er vollkommen in Ruhe gelassen wird – weder wir noch irgendjemand anderes solle sich in sein Leben einmischen.«

Benko und Nyiregyházi suchten in der Bay Area nach einem geeigneten Ort für die Aufnahmen und entschieden sich schließlich für den Scottish Rite Temple in der Nineteenth Avenue am Sloat Boulevard. Nyiregyházi bestand darauf, den betagten Baldwin-Flügel aus der Old First Church zu verwenden, der in einem erbärmlichen Zustand war. Er hielt die Stimmung nicht, der Resonanzboden hatte seinen Stegdruck (also die leichte Wölbung) eingebüßt, und in den höheren Lagen besaß er äußerst wenig Tragkraft. Egal: Auf diesem Flügel hatte er gespielt, um Geld für seine geliebte Elsie zu verdienen. Er bestand darauf, dass die Klangerzeugung mehr mit Emotionen als mit der Mechanik zu tun habe. »Nicht das Klavier macht den Klang«, sagte er zu Kapp. »*Ich* bin es, der den Klang macht.«

Vor dem ersten Aufnahmetermin am 8. Januar 1978 versorgte ein Techniker das altersschwache Instrument, während alle anderen sich um den verängstigten Künstler kümmerten. Kapp schrieb später: »Hr. N. geriet bei der Aussicht, spielen zu müssen, in einen Zustand hysterischer Angst, und Hr. Hernandez musste ihm über eine Stunde lang gut zureden, bevor er das Klavier anrührte.« Vor oder während der Aufnahmen trank er nicht, nur danach, damit niemand bei der Bewertung seines Spiels auf seinen Alkoholkonsum als einen Faktor hinweisen konnte. Schließlich nahm er an diesem ersten Tag vierzehn Stücke auf – etwas mehr als neunzig Minuten Musik. Er spielte jedes Stück nur einmal, machte keine Wiederholungen oder Korrekturen.

8. Januar 1978[5]
    Liszt: »Funérailles« aus *Harmonies poétiques et religieuses*; »Il penseroso« aus *Années de pèlerinage*, Deuxième année: Italie; *Hamlet*;* *Nuages gris*;* Mephisto-Walzer Nr. 2.
    Grieg: *Lyrische Stücke*: »Vals« [Walzer], op. 12/Nr. 2;* »Vaegtersang« [Nachtwächterlied], op. 12/Nr. 3; »Ensom vandrer« [Einsamer Wanderer], op. 43/Nr. 2; »Scherzo«, op. 54/Nr. 5; »Fransk serenade« [Französische Serenade], op. 62/Nr. 3; »Fra ungdomsdagene« [Aus jungen Tagen], op. 65/Nr. 1; »Salon«, op. 65/Nr. 4.
    Rachmaninow: Präludium in h-Moll, op. 32/Nr. 10.
    Liszt: »Vallée d'Obermann« aus *Années de pèlerinage*, Première année: Suisse.

Seine Nervosität zeigte sich, als er zu spielen begann, doch wie gewöhnlich fand er mehr körperliche und geistige Stärke, während er spielte und in eine Art Trance geriet. Die Musik hatte auf ihn eine nährende, ja berauschende Wirkung (wie bei seinen

---

[5] In allen Repertoirelisten der Aufnahmesitzungen aus dem Jahr 1978 weist ein Sternchen auf eine Aufnahme hin, die später auf einem Columbia Masterworks-Album veröffentlicht wurde. Nyiregyházi spielte alle Orchester- und Gesangswerke in seinem eigenen, improvisierten Arrangement – selbst wenn der Komponist eine Klavierversion hinterlassen hatte. (Er kritisierte die meisten Bearbeitungen für Klavier, einschließlich jener von Liszt, da sie zu viele pianistische Kompromisse gestatteten.)

Konzerten auch). »Ich werde nie müde, wenn ich inspiriert bin«, erklärte er. So wurde der gebrechliche alte Mann, der sich am Klavier in einen Übermenschen verwandelte, zu einem Teil der Nyiregyházi-Legende. Allerdings hatte seine Kraft Grenzen. Wie die Bravour-Passage in »Vallée d'Obermann« zeigt, war er am Ende des Aufnahmetages erschöpft.

Niemand wusste jemals, was oder wie lang er spielen würde. Er hatte mit Benko das Repertoire zuvor besprochen. Doch letztendlich ließ er die Gefühle, die ein Stück bei ihm ausgelöst hatte, darüber entscheiden, welches er als nächstes spielte. Meistens, und insbesondere wenn es um Liszt ging, verließ er sich auf sein gutes Gedächtnis. So zauberte er manchmal Musik hervor, die er jahrzehntelang nicht mehr gespielt oder studiert hatte. Aber er sah sich zur Vorbereitung auch einige Partituren an und übte manche Werke, die er spielen wollte. Auf seinen Wunsch hin wurden bestimmte Partituren auf einem Tisch neben dem Klavier bereitgelegt, und bei einigen Kompositionen (beispielsweise von Grieg) verwendete er sie auch. Gelegentlich konsultierte er Blätter, auf denen er in seiner eigenen Kurzschrift einige Harmoniefolgen und musikalische Höhepunkte notiert hatte, als Gedächtnisstützen für bestimmte Werke.

Wie der erste Aufnahmetag zeigte, hatte er nicht vor, sich auf Klaviermusik zu beschränken; Orchesterwerke, Opern, Chorstücke und Kompositionen für Sologesang sollten ebenfalls aufgenommen werden. Und bei der Auswahl der Klavierstücke bevorzugte er relativ unbekannte Werke. »Es ist für mich leichter, etwas zu spielen, für das es noch keine etablierte Tradition gibt, wie es zu klingen hat«, sagte er. Er wollte nicht mit anderen Interpreten verglichen werden, da »die Leute meine Herangehensweise nicht verstehen würden«. Nach wie vor spielte er Musik, der er sich emotional verbunden fühlte und die charakteristisch für ihn war. »Ich nehme auf, was ich aufnehmen will«, darauf bestand er von Anfang an. Als er nach der ersten Aufnahme den Bändern lauschte, gefiel ihm, was er da hörte.

Der fünfundsiebzigjährige Nyiregyházi in San Franciscos berüchtigtem Tenderloin, 9. August 1978. *(Fotografie von Joe Rosenthal. San Francisco Chronicle.)*

Während der erste Aufnahmetermin aus musikalischer Sicht ein Erfolg war, verkomplizierten und gefährdeten persönliche Konflikte hinter den Kulissen das ganze Projekt. Spätestens seit der Aufnahme im Jahr 1974 gab es Spannungen zwischen Nyiregyházi und Benko. »Bei dieser Aufnahme verlor er jegliches Selbstvertrauen, als ich recht instinktlos die Noten der Ballade aufschlug und vor seinen Augen mitlas, während er spielte«, schrieb Benko. »Er wusste nicht, wie Einspielungen entstanden, und konnte nicht wissen, dass Produzenten in der Partitur die Stellen markierten, an denen Wiederholungen nötig werden könnten.« Der überempfindliche Nyiregyházi dachte, Benko wolle ihn kontrollieren und prüfen, ob er von der Partitur abwiche; später behauptete er, dass er aus diesem Grund die Ballade »gut, aber nicht besonders gut« gespielt habe. Dieser Vorfall blieb als wunder Punkt präsent. Für den Rest seines Lebens brachte Nyiregyházi immer wieder das Gespräch darauf und übertrieb die Kränkung jedes Mal mehr, wenn er davon erzählte. (»Er sieht mich an wie ein *Falke*! Er hat kein *Recht* dazu!«) Einmal beschrieb er Benko als einen Mann, der »mit der Partitur in der Hand dasitzt wie meine Mutter« – die schlimmste Beleidigung!

Damit war ein Samen des Misstrauens gesät: Benko *beurteilte* und *missbilligte* ihn. Einmal sagte er, seiner Ansicht nach lasse eine einzelne Handlung den ganzen Menschen erkennen; folglich reichte ein einziger Fehler schon aus – eine unerbittliche Philosophie, die aus seiner Unfähigkeit resultierte, irgendetwas loszulassen oder zu vergessen, was ihn geärgert hatte. War der Samen erst einmal gesät, keimte er. Und Nyiregyházis Liste mit Beschwerden über Benko wuchs. Benko erzählte einem Interviewer im Fernsehen 1978, Nyiregyházi habe etwas gegen seinen Bart und seinen Heimatstaat Ohio und beharre sogar darauf, dass Benko seinen eigenen Namen falsch ausspreche.[6] Als der erste Aufnahmetermin näher rückte, war der Pianist häufig »erbost darüber, B.s Anforderungen gerecht werden zu müssen«, schrieb Ricardo Hernandez. So behauptete er beispielsweise, Benko bestehe darauf, dass er bei der Aufnahme ausschließlich auswendig spiele. »Die eine oder andere Seite wird das ganze Unternehmen noch platzen lassen.« Nyiregyházi machte Benko zum Sündenbock und benutzte ihn, um seine Ängste in Bezug auf die Aufnahme zu konzentrieren und zu kanalisieren; er betrachtete Benko als eine weitere Instanz, die ihn zu etwas zwingen, ihn einschränken und verurteilen wolle – obgleich Benko sich, wie jeder andere auch, sehr bemühte, auf seine Launen einzugehen.

Die aufgestaute Spannung erreichte nach der Aufnahme vom 8. Juni ihren Höhepunkt, nach der Nyiregyházi körperlich erschöpft und emotional aufgewühlt war. Anschließend traf er den

---

[6] Benko – manchmal auch Benkö geschrieben – ist in Ungarn ein ziemlich verbreiteter Nachname. Nyiregyházi schrieb ihn gerne mit einem Umlaut am Ende und sprach ihn entsprechend aus – auch nachdem Benko ihm verärgert versichert hatte, dass er slowakischer Herkunft sei.

Kritiker Michael Walsh vom *San Francisco Examiner* zu einem langen Interview. Aufgestachelt durch einen Drink »regte er sich immer mehr über Benko auf«, der nicht anwesend war, wie Kapp sich erinnerte. »Man konnte ihn überhaupt nicht beruhigen, und sowohl Walsh als auch ich versuchten, Benko selbst, seine Motive und sein Verhalten gegen diesen überwältigenden Angriff zu verteidigen.« Nyiregyházi war wütend, weil Benko ihn während der Aufnahme angeblich zu wenig gelobt oder ermutigt hatte.[7] Er erzählte Kapp, »dass er Komplimente brauche, dass wir ihn unermüdlich unterstützen müssten, da die Belastung für ihn so groß sei und seine Ängste – unabhängig davon, wie er gespielt hatte – fast zu überwältigend waren, um sie zu ertragen.« Es stellte sich heraus, dass er angefangen hatte, sich in seine Wut hineinzusteigern, als Benko und Terry McNeill ihn von der Aufnahmesitzung zum Interview gefahren hatten. Im Auto versuchten sie, wie schon früher öfters, mit ihm über andere Pianisten zu diskutieren – doch er nahm solche Versuche übel. »Ich bin kein Pianist, und ich will nicht in die Position gedrängt werden, dass man mich mit anderen Pianisten vergleicht«, polterte er. »Denn dann werde ich immer zum Verlierer gemacht!«[8] (Er stempelte Benko und seine Freunde als reine Klavierfans ab, die sich nicht für die größere Welt der Musik interessierten.) Noch schlimmer: Er behauptete, Benko habe ihn nach seiner Mutter gefragt, und das interpretierte er als taktlosen Versuch herauszufinden, ob er Jude war – eine Tatsache, die zu leugnen er noch immer peinlich bemüht war.

---

[7] Unter Nyiregyházis Unterlagen befindet sich eine sarkastische Notiz: »Benko: der Apostel der Spiritualität: Das Klavier war verstimmt. Ich würde einen Hund mehr loben.«

[8] In dieser Hinsicht war er nicht konsequent: In Briefen und Gesprächen verglich er sich häufig selbst mit anderen Pianisten (selbstverständlich zu seinen Gunsten). Und es störte ihn nicht, wenn andere ihn mit Giganten wie Liszt und Rachmaninow, Busoni und Paderewski in dieselbe Kategorie einordneten. Er wollte nur nicht mit »unbedeutenden Personen« wie André Watts und Jorge Bolet verglichen werden – oder mit Horowitz, von dem er seiner eigenen Aussage zufolge »nicht besonders beeindruckt« war.

Am nächsten Tag wurde eine Aufnahmepause gemacht, und Nyiregyházi setzte sein Interview mit Walsh fort – und wetterte weiter gegen Benko. Nun lehnte er es ab, in Benkos Gegenwart weitere Aufnahmen zu machen, und wollte mit dem IPA nichts mehr zu tun haben. Obwohl Benko verletzt war, hielt er es für unbedingt erforderlich, die Einspielungen fortzuführen, und sagte freiwillig zu, sich nicht am Aufnahmeort aufzuhalten. Die folgenden Sitzungen beobachtete er infolgedessen inkognito vom hinteren Teil der dunklen Empore aus. Durch diese Geschehnisse fühlte Nyiregyházi sich stärker mit Kapp verbunden und entschied, dieser sei nun der einzige Mensch, bei dem er darauf vertrauen könne, dass er seine Vorstellungen teile. Kapp bewies seine Loyalität, indem er Nyiregyházi das Selbstvertrauen gab, das er brauchte, seine lähmende Unsicherheit mit Schmeicheleien besiegte und die »Tests« bestand, die er immer in Gespräche einstreute. Allerdings hatte Kapp nun auch die schwierige Aufgabe, die Interessen zweier Parteien gegeneinander abzuwägen, die nicht mehr miteinander sprachen. Unter Nyiregyházis Papieren befindet sich eine Notiz, in der er festhielt, dass »Kapp meine heftige Kritik an Benko leid war«.

Nyiregyházi beharrte immer darauf, dass er Benko persönlich mochte und seine Gesellschaft genoss. Doch bei ihm setzte sich wieder ein altes Muster durch, und so musste zwangsläufig jemand, der seine Karriere wiederbeleben wollte, die volle Wucht seines Zorns zu spüren bekommen. Verbittert darüber, dass ihm schon so oft Unrecht geschehen und er so häufig enttäuscht worden war (wie er glaubte), *erwartete* er geradezu, dass Menschen ihn enttäuschten und betrogen. Benko hatte für Nyiregyházis künstlerische Standards und persönliche Würde während ihrer Zusammenarbeit viel Rücksichtnahme und Respekt gezeigt und einiges dafür getan, ihn künstlerisch, finanziell und emotional zu unterstützen. In einem Brief aus dem Jahr 1974 erwähnte er seinen leidenschaftlichen Wunsch, »Deine Angelegenheit weiter voranzubringen«, doch für Nyiregyházi bedeutete die Tatsache, eine »Angelegenheit« zu sein, neue Anforderungen an ihn sowie neue Versuche, ihn zu kontrollieren. Wie so viele frühere Förderer vor ihm erkannte Benko, dass seiner Ergebenheit und Beharrlichkeit sowohl mit Dankbarkeit als auch mit Feindseligkeit begegnet werden konnte.

Die Turbulenzen nach der Sitzung vom 8. Januar erneuerten Nyiregyházis Ängste in Bezug auf die Aufnahmen. Am Morgen des 10. Januar schrieb Kapp: »Eine äußerst überwältigende und allgemeine Panik, die dem tiefen Leid entsprang, dass das Klavierspiel bei ihm auslösen kann, führte dazu, dass Hr. N. sich bereits eine Stunde oder länger auf der Bühne der Aula befand und durch das Feuer einer persönlichen Hölle ging, bevor er irgendwie ein Stadium der Ruhe erreichte, das es ihm ermöglichte, sich ans Klavier zu setzen und mit dem Spielen zu beginnen.« Er hatte eingewilligt, dass ein zweiter Flügel auf die Bühne gebracht wurde – ein neuwertiger Steinway. Dieser war bei der zweiten Sitzung bereits vorhanden und stand neben dem abgenutzten Baldwin, der Kapp zufolge »drohte sich selbst zu zerstören«. Je nach Laune benutzte Nyiregyházi das eine oder andere Klavier. (»Jedes Klavier hat einen Charakter«, sagte er). In zwei Fällen (auch bei seiner ersten Aufnahme am 10. Januar) spielte er ein Stück zweimal – auf jedem Flügel einmal.

> 10. Januar 1978
> Debussy: »La terrasse des audiences du clair de lune« aus *Préludes*, Zweites Buch (zwei Versionen: Steinway, dann Baldwin).
> Liszt: »Abendglocken«,* »Ungarisch« und »Polnisch«* aus *Weihnachtsbaum*; »Le mal du pays«, »Les cloches de Genève« und »Pastorale« aus *Années de pèlerinage*, Première année: Suisse; *Mosonyis Grabgeleit*;* Benedictus aus der *Missa coronationalis* [Ungarische Krönungsmesse].

»Wenn überhaupt, war sein Spiel kraftvoller und sicherer als am ersten Tag«, schrieb Kapp. Nyiregyházi war offensichtlich zufrieden mit den Ergebnissen, wenn er auch wieder eine große Belastung auszuhalten gehabt hatte. Seine Daumen, die er sich bei der ersten Sitzung verletzt hatte, schmerzten nun sehr. Er hinterließ Blutspuren auf den Tasten. Doch er versuchte, seine Zusage einzuhalten, drei Tage lang aufzunehmen, und machte am nächsten Morgen weiter – diesmal mit deutlich weniger Unruhe vorab.

11. Januar 1978
Liszt: »Aux cyprès de la Villa d'Este« Nr. 1* und »Angelus!« aus *Années de pèlerinage*, Troisième année; »Invocations« und »Miserere, d'après Palestrina«* aus *Harmonies poétiques et religieuses*.
  Grieg: *Lyrische Stücke*: »Hun danser« [Sie tanzt], op. 57/Nr. 5;* »Hjemad« [Heimwärts], op. 62/Nr. 6 (zwei Versionen: Steinway, dann Baldwin*); »Der var engang« [Es war einmal], op. 71/Nr. 1.
  Liszt: *Ungarische Rhapsodie* Nr. 3 in B-Dur;* Nr. 5, »Die heiligen drei Könige: Marsch« aus *Christus*.*
  Schumann: »Eintritt«, »Jäger auf der Lauer«, »Einsame Blumen« und »Verrufene Stelle« aus *Waldszenen*, op. 82/Nr. 1–4; Ouvertüre zu *Szenen aus Goethes Faust*.

Für alle Beteiligten war das eine anstrengende Woche, die mehr als vier Stunden außergewöhnliche Einspielungen hervorbrachte. Nyiregyházi war mit seiner Arbeit zufrieden, doch die persönlichen Probleme, die er hervorgerufen hatte, verschlimmerten sich. Am 20. Januar traf er sich im St. Francis Hotel bei einigen Drinks mit Benko, um eine Versöhnung herbeizuführen. Wie Ricardo Hernandez sich in einem Brief am nächsten Tag erinnerte, sagte Benko: »Deine überirdischen Aufnahmen sind für den kommerziellen Markt ungeeignet.« Dieser Satz war der Versuch eines Kompliments und schlimmstenfalls die Erwähnung einer Tatsache, doch er versetzte Nyiregyházi in Wut. Das Misstrauen, das die lange Verzögerung des Desmar-Albums ausgelöst hatte, stieg wieder in ihm hoch, so dass er nun der Ansicht war, dass Benko zu verhindern versuchen wolle, dass seine Aufnahmen auf den Markt kamen, da sie nach seinem Tod mehr Geld einbringen könnten – obwohl jeder ihm erklärte, dass diese Unterstellung absurd sei. Er war überzeugt, dass Benko einen alten Mann um die späte Möglichkeit bringen wollte, Geld mit der Veröffentlichung seines Lebenswerks zu verdienen. »Ich fürchte, die Benko-Angelegenheit wird nie ein Ende finden«, schrieb Hernandez.

Nyiregyházi verlangte mindestens zwei Monate Pause vor der nächsten Aufnahme. In der Zwischenzeit fand das Desmar-Album große Verbreitung, und die Nachricht, dass es neue, noch nicht veröffentlichte Aufnahmen gebe, sprach sich schnell herum. Kapp organisierte eine private Vorführung der Bänder am 27. Januar in der Aula der Ford Foundation. Im Publikum saßen Führungskräfte der Plattenfirma, Pianisten und Kritiker. Harold C. Schonberg, der Chef-Musikkritiker der *New York Times*, hatte Vorbehalte gegenüber Nyiregyházis Technik und Interpretationen, erklärte aber dennoch, dass er »einen authentischen Pianisten des neunzehnten Jahrhunderts« gehört habe. Das Unternehmen CBS Records, das eines der weltweit ältesten, größten und berühmtesten Klassiklabels besaß, äußerte begeistertes Interesse an den Aufnahmen und nahm bald Verhandlungen über deren Veröffentlichung auf. Nyiregyházis Geschichte erreichte nun durch Artikel in *Christian Science Monitor*, *Billboard* und anderen Publikationen ein überregionales Publikum. Besonders großen Einfluss hatten Schonbergs Artikel, die am 13. Februar und 5. März in der *Times* erschienen, sowie ein kurzes Feature in den CBS *Morning News* am 14. Februar, Nyiregyházis erstes Fernsehinterview.

Am 21. Februar kehrte er triumphierend an den Ort seiner Niederlage zurück, als er auf Einladung von Jack Romann, dem Konzertbeauftragten der Klavierbaufirma Baldwin, nach New York flog. Romann war beunruhigt gewesen über den Zustand des Baldwin, auf dem Nyiregyházi bei den Aufnahmen gespielt hatte, und zeigte ihm neue Klaviere für seine nächsten Aufnahmen. Mit Kapp als seinem Betreuer verbrachte Nyiregyházi mehrere geschäftige Tage in New York. Er probiere im Baldwin-Ausstellungsraum Klaviere aus, besuchte die Ford Foundation und wurde in der Carnegie Hall, bei Steinway & Sons und der CBS fotografiert. Mit Schonberg und anderen aß er im Russian Tea Room zu Mittag und verbrachte einen Nachmittag mit Drinks, Gesprächen und Schach bei Schonberg zu Hause. Er war durchweg bester Laune und sprach sogar davon, wieder nach New York zu ziehen. Plötzlich war er ein begehrtes Konsumgut, und die Medien rissen sich um ihn. Während des Frühjahrs und Sommers erschienen immer wieder Artikel und Interviews mit ihm in großen Tageszeitungen und überregionalen Zeitschriften.

Obwohl er froh war, dass er die Anerkennung erhielt, die er zu verdienen glaubte, wollte Nyiregyházi dennoch seine Privatsphäre wahren und lebte weiterhin so, wie er es immer getan hatte. Eine Liste seiner Ausgaben aus dieser Zeit zeigt, dass er von wenig mehr als 500 Dollar pro Monat lebte und sich seine üblichen, bescheidenen Schwächen leistete: Drinks, Massagen, Filme, Zeitungen, Taxis, einige Abendessen mit erstklassigen Rippchen. Er lebte im Garland Hotel in San Franciscos Tenderloin in einem schmuddeligen, spärlich möblierten Zimmer, in dem schmutzige Gläser und rostige Rasierklingen verteilt waren. Außer einem alten Koffer, Kleidung zum Wechseln, einigen Partituren und Büchern aus der Bibliothek, den seltsamen Papierstücken, auf denen er seine Kompositionen entwarf, und zahllosen Whiskeyflaschen besaß er nur wenige persönliche Habseligkeiten.

Angesichts seiner zunehmenden Popularität und der Beteiligung eines großen Plattenlabels war nun jeder, der mit Nyiregyházi zu tun hatte, erpicht darauf, so viel wie möglich seines Spiels aufzunehmen und schnell zu veröffentlichen. Er war wie verjüngt und stimmte vier weiteren Aufnahmesitzungen im Scottish Rite Temple zu, die im März stattfinden sollten. In New York fand er ein »sympathisches« Baldwin-Klavier, das ordnungsgemäß nach San Francisco befördert wurde, damit es dort neben dem Steinway stehen konnte. Jack Romann und zwei Angestellte von CBS Records waren nun ebenfalls bei den Aufnahmen dabei, während Benko nach wie vor gezwungen war, diesen inkognito beizuwohnen. Auch ein Kamerateam unter der Leitung von Karen Lerner war anwesend und filmte für eine Fernsehdokumentation über Nyiregyházi, die im Nachrichtenmagazin *Weekend* (der NBC-Antwort auf *60 Minutes* im Programm der CBS) ausgestrahlt werden sollte. »Die Aufnahmen verliefen reibungslos – relativ gesehen natürlich«, schrieb Kapp. »Es gab die unvermeidlichen kleinen Details und das große Problem mit Nyiregyházis Launen und Stimmungen, doch insgesamt waren die März-Aufnahmen, die ich ›produzierte‹ (in Ermangelung eines besseren Begriffs) deutlich weniger traumatisch als die im Januar.« Das Ergebnis waren wiederum mehr als vier Stunden Aufnahmen. Nyiregyházi war in guter Verfassung, fühlte sich inspiriert und spielte einige seiner eigenen »Paraphrasen«: improvisierte Potpourris mit Themen aus Opern und Chorwerken.

19. März 1978
Liszt: *R. W. – Venezia*; *Am Grabe Richard Wagners*; *Unstern!*; *Festmarsch zur Säkularfeier von Goethes Geburtstag*; Nr. 11, »Tristis est anima mea« aus *Christus*; »Ehemals! – Jadis« aus *Weihnachtsbaum*.

Liszt: Paraphrase über *Die Legende der Heiligen Elisabeth*, basierend auf Auszügen (»Gebet«, »Traum und Gedanken an die Heimat« und »Chor der Armen, Taten der Nächstenliebe«) aus Nr. 5, »Elisabeth«, und das Orchesterzwischenspiel aus Nr. 6, »Feierliche Bestattung der Elisabeth«.

Grieg: *Lyrische Stücke*: »Gjaetergut« [»Schäferjunge«], op. 54/Nr. 1.*

Tschaikowsky: »Juillet: Chant de faucheur« aus *Les Saisons*, op. 37b; »Valse« in As-Dur, op. 40/Nr. 8; *Romance* in f-Moll, op. 5.*

Blanchet: »Au jardin du vieux Sérail (Adrianople)« [»Im Garten des alten Serail (Adrianopel)«] aus *Turquie: Trois morceaux de piano*, op. 18/Nr. 3.*

20. März 1978
Liszt: »Die drei Zigeuner«.
Bartók: »Este a székelyeknél« [»Abend in Transsylvanien«] aus *Zehn leichte Stücke*.
Dohnányi: Rhapsody in g-Moll, op. 11/Nr. 1.
Liszt: »Kyrie« aus der *Missa solennis zur Einweihung der Basilika in Gran*, als Abschluss die letzten Takte des Agnus Dei; *Tasso*.
Schönberg: *Klavierstück*, op. 11/Nr. 2.
Liszt: *Bülow-Marsch*.

21. März 1978
Verdi: Paraphrase über *Il trovatore*, basierend auf dem Männerchor und dem Duett von Leonora und dem Troubadour (Akt 4/Nr. 19, »D'amor, sull' ali rosee«).

Liszt: »La chapelle de Guillaume Tell« aus *Années de pèlerinage*, Première Année: Suisse.

Bortkiewicz: »In Polen«,* »Venedig (Gondellied)«* und »Spanien (Serenade)«* aus *Der kleine Wanderer*, op. 21/Nr. 6, 7 und 10.

Granados: »Coloquio en la reja« [Liebesduett] aus *Goyescas*.

Verdi: Paraphrase über Otello, basierend auf dem Ende von Akt 4 und dem Trinklied aus Akt 1 sowie Leoncavallos eingeschobenem Lied »Sérénade française«.

Wagner: Paraphrase über Rienzi (basierend auf dem »Chor der Friedensboten« aus Nr. 5 und der Einleitung zu Akt 2) und *Lohengrin* (basierend auf dem Brautzug und dem Chor am Anfang von Akt 2/Szene 4).

22. März 1978

Potpourri bekannter Melodien: die Eröffnung des ersten Aktes von Puccinis *La fanciulla del West* [*Das Mädchen aus dem goldenen Westen*], »Alexander's Ragtime Band« (mit Zitaten aus »Swanee«), »Smiles«, »Do It Again«, »Charlie My Boy«, »Lena«, »Dapper Dan/Pullman Porter«, »Alcoholic Blues«, »Smiles« (Reprise), »Rose of Washington Square«, »Jabberwocky Town (Newark, NJ)«, das Ende von »Apotheosis« (Osterhymnus) aus Gounods *Faust* und »When Buddha Smiles«.

Schubert: »Der Wanderer«; »Der Doppelgänger« aus *Schwanengesang*.

Tschaikowsky: »Otchevo?« [»Warum?«], op. 6/Nr. 5.*

Verdi: Paraphrase über *Un ballo in maschera*, basierend auf dem Vorspiel; »Volta la terrea fronte alle stelle« (Scena e Ballata) aus Akt 1; und »Ah! dessa è là« (Festa da ballo e Coro) aus dem Finale von Akt 3.

Leoncavallo: Paraphrase über *Pagliacci*, basierend auf »E allor perchè, di'« (Andante appassionato) aus dem Duett von Nedda und Silvio in Akt 1/Szene 3; und das Ende von »Vesti la giubba« aus Akt 1/Szene 4.

Liszt: *Von der Wiege bis zum Grabe*.

Nach den Aufnahmen im März kehrte Nyiregyházi für einige Tage nach New York zurück und fuhr zu Kapps Landhaus im nahe gelegenen Chappaqua. Dort sprach und spielte er vor der Kamera für *The Reluctant Prodigy*, eine weitere Fernsehdokumentation, bei der Les Rose für die kanadische Fernsehgesellschaft CTV Regie führte. Diese Sendung war am 23. April zu sehen und damit sogar noch früher als die NBC-Dokumentation *The Lost Genius*, die am 3. Juni ausgestrahlt wurde. CBS Records und die Ford Foundation stellten die neuen Aufnahmen wiederum im Voraus geladenen Gästen vor, und die erwartungsvolle Spannung stieg weiter.

Nyiregyházis Auseinandersetzungen mit Benko führten bald zu Feindseligkeiten zwischen Benko und Kapp, wodurch sich die Beziehungen zwischen dem IPA und der Ford Foundation verschlechterten. Wegen der Meinungsverschiedenheiten wurde das IPA – Eigentümer der neuen Nyiregyházi-Aufnahmen und ein Unterzeichner jedes Vertrags, der mit diesen zu tun hatte[9] – praktisch von den Verhandlungen zwischen CBS Records, der Stiftung und Nyiregyházi ausgeschlossen. Benko fühlte sich bei dem gesamten Projekt zunehmend an den Rand gedrängt und ärgerte sich, dass ihm ein Vertrag vorgelegt wurde, mit dem bereits vollendete Tatsachen geschaffen worden waren. Die Angelegenheit wurde Anfang April noch komplizierter, als es Benko gelang, wieder ein herzliches Verhältnis zu Nyiregyházi aufzubauen. Anschließend berichtete er, dass dieser ihm erlaubt habe, Teile des Plattenvertrags neu zu verhandeln. Nyiregyházi hatte einer Übereinkunft zugestimmt, bei der er 10.000 Dollar als Vorschuss erhalten sollte, während die Tantiemen im Verhältnis 75 zu 25 zwischen ihm und dem IPA aufgeteilt werden sollten. Benko stellte nun neue Forderungen auf, deren wichtigste eine nochmalige Überprüfung der Vorschüsse und Tantiemen war.

Die Führungskräfte von CBS waren verärgert. Laut Thomas A. Frost, dem Direktor des Bereichs Artists and Repertoire des Columbia Masterworks-Labels der CBS, hätten Benkos neue Forderungen den Anteil des IPA an den Tantiemen vergrößert und Nyiregyházis Vorschuss verringert. Die wachsenden Spannungen

---

[9] Im Sommer 1977 erwarb die University of Maryland, College Park, das IPA und benannte es in IPAM um. Allerdings blieb Benko der Vorsitzende des IPA (und ist es weiterhin), der gesonderten, gemeinnützigen Gesellschaft, welche die Rechte an Nyiregyházis Aufnahmen kontrolliert.

zwischen Benko und Kapp gipfelten in einem wütenden Telefonat am 4. April. Benko sagte, er nutze lediglich das Recht, in Nyiregyházis Sinne nachzuverhandeln, das dieser ihm eingeräumt habe. Kapp beschuldigte ihn jedoch, das Projekt zu gefährden und zu Nyiregyházis Nachteil zu handeln. Kurze Zeit später erzählte Nyiregyházi Kapp, dass er Benko lediglich bevollmächtigt habe, in Bezug auf das Desmar-Album zu verhandeln, für das er noch immer kein Geld erhalten habe.[10] Außerdem beschwerte er sich damals häufig darüber, dass es mit dem IPA keinen offiziellen Vertrag über ihre Geschäftsbeziehung gab, obgleich ein solcher Vertrag eine Bedingung für den ursprünglichen Zuschuss der Ford Foundation sein sollte. Nyiregyházi war bestürzt über Benkos neue Bedingungen und wurde wütend darüber, dass er – in seinen Augen – zu einer Spielfigur in einer persönlichen Auseinandersetzung gemacht wurde.

Benko nahm seine Forderungen bald zurück, doch es gab weitere Konflikte. Seine Abrechnung der Ausgaben für den Monat April zeigte, dass er bereits mehr als 42.000 Dollar investiert hatte, obwohl Nyiregyházi erst 4.000 Dollar seines 10.000 Dollar-Stipendiums erhalten hatte. Benko wies darauf hin, dass Kapp mündlich die Genehmigung erteilt hatte, mehr auszugeben als die ursprünglichen Schätzungen vorsahen. Tatsächlich sagte William J. del Valle (geborener Santaella), der damalige Vizepräsident des IPA (und einige Jahre lange Benkos Kompagnon), dass Kapp darauf *bestanden* hatte, dass sie mehr Geld ausgaben, und selbst ebenfalls nicht sparsam war. Dessen ungeachtet brachte Kapp, der sich bereits über die – seiner Ansicht nach – lose Unternehmensstruktur sowie die nachlässige und langsame Buchhaltung des IPA ärgerte, seine Empörung zum Ausdruck und schrieb von »der sehr

---

[10] Ein Sprecher von Desmar berichtete im Juni in *Billboard*, dass das Album »eine der heißesten Scheiben ist, die wir jemals hatten«. Das Unternehmen erklärte im November, dass rund 10.000 Exemplare verkauft worden seien. Dem Anwalt des IPA zufolge hatte Desmar dennoch kein Geld an das IPA gezahlt. Marcos Klorman meinte, das Album sei finanziell »ein Desaster«, da »ich ein Vermögen in die Produktion investiert habe«. Desmar verlor damit 20.000 Dollar und gab schließlich das Geschäft auf. Nyiregyházi behauptete, für das Album niemals Geld bekommen zu haben.

weit reichenden Identifikation der so genannten Leitung des IPA und der Lebenshaltungskosten von Benko und Santaella.« Die Vorstandsmitglieder der Stiftung waren entrüstet und nicht länger gewillt, dem IPA Geld zu geben. Doch im Mai gestatteten sie Nyiregyházi, sich um einen individuellen Zuschuss zu bewerben, um das noch ausstehende Geld des Stipendiums zu bekommen. Sie zahlten es schließlich in monatlichen Raten im Verlaufe des folgenden Jahres. Als Benko in jenem Monat die CBS-Verträge bekam, stellte er neue Forderungen – unter anderem, dass das IPA vor der Unterzeichnung des Vertrags eine Zahlung in Höhe von 5.000 Dollar erhalten sollte. Infolgedessen kam es zu einer lebhaften Korrespondenz zwischen den Vertragsparteien. Diese führte dazu, dass sich die Veröffentlichung der ersten Aufnahme verzögerte und Nyiregyházis Paranoia hinsichtlich Benkos Motiven wieder angeheizt wurde. Der Stillstand brachte ihn immer mehr in Rage, so dass er sogar in Erwägung zog, Benko darauf zu verklagen, die Masterbänder wiederherzustellen. Sein Zorn richtete sich auch gegen Kapp und sogar gegen den loyalen Ricardo Hernandez. Er beschuldigte jeden, gegen ihn zu sein und mit den anderen »unter einer Decke zu stecken«. Der Anwalt des IPA schrieb seinerseits, dass »mindestens ein Mitglied des Personals der Ford Foundation beharrlich und mehrfach unseren Klienten und seine Mitarbeiter verleumdet hat, indem es falsche und abwertende Aussagen verschiedener Art machte.« (Der Streit wurde in der Zeitschrift *Billboard* öffentlich gemacht.) Am 7. Juli genehmigte die Stiftung schließlich einen Zuschuss in Höhe von 7.500 Dollar, um die unbezahlten Rechnungen zu begleichen. Drei Tage später konnte die Abrechnung des ursprünglichen Zuschusses bei einem Treffen in New York erledigt werden, bei dem Benko der Stiftung Kopien des CBS-Vertrags und eine Generalquittung über alle Vorgänge vorlegte. Am 13. Juli erhielt Nyiregyházi von der CBS 10.000 Dollar als Vorschuss, und auch das IPA bekam einen Vorschuss in Höhe von 3.333,33 Dollar.

Niemand verhielt sich in dieser Angelegenheit einwandfrei. Nyiregyházis Popularität bot allen in seiner Umgebung verführerische Möglichkeiten, im eigenen Interesse zu handeln. Die aufrichtige Verbundenheit mit ihm entwickelte sich zu einer kleinlichen Rangelei um Geld und Einfluss. Verletzte Gefühle und Misstrauen machten aus unbedeutenden geschäftlichen Meinungsverschiedenheiten hässliche persönliche Auseinandersetzungen. Und mit dem unbeständigen Nyiregyházi im Mittelpunkt des Geschehens, der auf die anderen seine intensiven und bewegten Gefühle übertrug, sowie Menschen, die ihm von allen Seiten etwas einflüsterten, waren keine einfachen Lösungen möglich – jedes Problem wurde noch komplizierter. Auch die offizielle Auflösung der geschäftlichen Beziehungen konnte die Animositäten unter den Beteiligten nicht beenden. Sie konnten nicht mehr zusammenarbeiten, potentielle Aufnahmen waren verloren (vorläufig für Juli geplante Aufnahmetermine wurden abgesagt), und ein Gefühl der Verbitterung machte sich breit.

Gerade als der Krieg hinter den Kulissen Nyiregyházis Renaissance gefährdete, erreichte sein neuer Ruhm seinen Höhepunkt. Er genoss ihn in ausreichendem Maße, um trotz seiner Abneigung einige Male in der Öffentlichkeit aufzutreten und Alben in Geschäften der Bay Area zu signieren. Im Juni erschien er als Ehrengast bei der Neueröffnung eines Baldwin-Ladens in Palo Alto. Einige Dinge, die mit seiner Berühmtheit verbunden waren, verblüfften ihn; doch als ihm ein junges Mädchen in Palo Alto ihre Zeichnung einer Klavier spielenden Katze überreichte, nahm er das Geschenk höflich lächelnd an.

Die CBS-Platte erschien schließlich in der ersten Augustwoche 1978 bei dem Label Columbia Masterworks als *Nyiregyházi Plays Liszt* (M2 34598). Das ansprechend gestaltete Set mit zwei LPs umfasste die Aufnahmen der Januar-Sitzungen und präsentierte auf Nyiregyházis Drängen hin hauptsächlich die »transzendentalen« Werke. Es erhielt deutlich mehr Aufmerksamkeit als das Desmar-Album, da CBS Records auf dem Markt besser vertreten waren und die Verzögerung die Erwartungen gesteigert hatte. Innerhalb der ersten Woche verkaufte CBS 15.000 Exemplare der LPs. Im Oktober erschien das Album in der monatlich im *Billboard* abgedruckten Hitliste der vierzig besten klassischen

Nyiregyházis erstes Columbia Masterworks-Album, veröffentlicht 1978, mit einem Coverfoto von Don Hunstein.

Veröffentlichungen auf Platz 27 – und erreichte im Dezember hinter zwei Platten von Pavarotti sogar Platz 3, bevor die Verkaufszahlen allmählich wieder zurückgingen.[11] Insgesamt hielt es sich ganze zweiundzwanzig Wochen auf der Hitliste. Wie beim Desmar-Album waren auch in diesem Fall die Reaktionen der Kritiker größtenteils positiv und folgten einem ähnlichen Muster. James Goodfriend schrieb beispielsweise im *Stereo Review*: »Neben ihm klingt Horowitz, als spiele er auf einem Spielzeugklavier. In seinen Fortissimos steckt ein beeindruckender Sinn für Klangfülle.«

---

[11] Nyiregyházis letzter Frau zufolge stand *Nyiregyházi Plays Liszt* in jenem Herbst tatsächlich eine Woche auf Platz 1.

Diesmal war jedoch der Chor der Schwarzseher lauter, da der Medienrummel eine beachtliche Erwartungshaltung ausgelöst hatte. Nun gab es Gegner wie Samuel Lipman, der im *Times Literary Supplement* die »grobe Art und Weise, mit der Hr. Nyiregyházi als Musiker und Mensch vermarktet wird« beklagte. Mehrere Kritiker bemerkten auch den abgenutzten Zustand von Nyiregyházis Technik. »Wer nach all dem Tamtam feines Klavierspiel erwartet, wird entsetzt sein«, schrieb Dean Elder in *Clavier*. »Die Technik ist unglaublich schlampig, die Erinnerung schlecht, die leisen Stellen geraten aus dem musikalischen Fluss, während die lauten lächerlich dilettantisch klingen.« Mit Skepsis in Bezug auf die Behauptung, dass Nyiregyházi einen »verlorenen Stil« repräsentiere, fügte er hinzu: »Vorbildliche Pianisten haben niemals so schlecht gespielt wie dieser – unabhängig vom Jahrhundert.« Nun waren mehr Rezensenten bereit, Maßlosigkeit statt Romantik zu hören, Traurigkeit und Anmaßung statt »Herrlichkeit«. Lipman vernahm lediglich »eine beständige Abwärtsentwicklung vom scheinbar Erhabenen zum wirklich Lächerlichen«, »theatralische« Effekte mit Schockwert, doch ohne musikalische Logik und »eine Tendenz zur Oberflächlichkeit, zu störender Religiosität und süßlicher Sentimentalität«. Die letztgenannten Punkte zielten nicht nur auf Nyiregyházi ab. Viele klagten über seine Wahl unbekannter und (wie angemerkt wurde) drittklassiger Werke – diese Meinung über Liszt war noch immer weit verbreitet. Auch einige bekannte Pianisten äußerten sich negativ über das Album; zu ihnen zählten Abbey Simon (»Er klingt, als habe er fünfzig Jahre lang nicht geübt und hätte es tun sollen.«) und Earl Wild (»Das ist eine große Menge Unsinn.«). In einem Interview tat Vladimir Ashkenazy Nyiregyházi als aufgebauschte Sensation ab, bezeichnete ihn als einen »Amateur« und »Witz«. Das war genau die Art von Spott und Ablehnung, die er immer gefürchtet hatte.

Die Kontroverse hatte jedoch nur noch mehr öffentliche Aufmerksamkeit zur Folge, eröffnete ihm musikalische Möglichkeiten ... und erschuf tatsächlich eine ganze Heimindustrie. Er wurde für Konzertabende angefragt, sollte sogar in der Carnegie Hall auftreten; Kapp versuchte, ihn mit professionellen oder persönlichen Versprechen, Geld und Frauen in den Konzertsaal zu holen. Außerdem setzte er sich dafür ein, dass Konzerte mit Nyiregyházi aufgenommen wurden, und es gab tatsächlich einige Konzerte – von Bortkiewicz, Brahms, Busoni und Liszt –, die ihn verlockten. Kapp schlug vor, dass Nyiregyházi seine eigenen Kompositionen spielen sollte, und bot an, sie Verlegern zu zeigen. Außerdem regte er an, mit ihm zusammen an einem Buch zu arbeiten, das »deine Philosophie und Denkweise in Bezug auf musikalische Angelegenheiten und das Leben im Allgemeinen widerspiegeln« sollte. Joan Peyser, die Herausgeberin von *Musical Quarterly* und Autorin einer Biografie über Pierre Boulez, hatte die Rückendeckung eines New Yorker Verlegers für ein Nyiregyházi-Buch und verbrachte einen Tag im Juli damit, ihn in San Francisco zu interviewen. In jenem Monat schloss er jedoch einen Vertrag mit Martin Erlichman Productions in Culver City über ein Buch und einen Film über ihn; dafür erhielt er einen Vorschuss in Höhe von 5.000 Dollar. (Ehrlichman hatte bereits die Filme *For Pete's Sake* und *Coma* produziert. Außerdem war er – und ist noch immer – Barbra Streisands Manager.)

Sicher gab es viele Zuhörer und Kritiker, die Nyiregyházi »begriffen«, seine Intentionen verstanden, seine Werte teilten, das Bewundernswerte an seinem Spiel sahen und seine Bedeutung erkannten. Doch die überhitzte Rhetorik seiner Bewunderer war ihm nicht immer dienlich. Benko ordnete ihn »in dieselbe Kategorie ein wie Beethoven, Chopin, Liszt und die sehr wenigen auserwählten Musiker der Geschichte« und behauptete, dass »er nach Mozart, Saint-Saëns und Josef Hofmann das außergewöhnlichste Wunderkind der Geschichte war – diese vier waren einander etwa ebenbürtig.« Er fügte hinzu, dass »einige Menschen meinten, sie hätten gesehen, wie Lichtblitze aus seinen Händen kamen«, und glaubten, seine Kunst habe einen »okkulten« Aspekt. Kapp behauptete, beobachtet zu haben, dass Nyiregyházis Spiel dazu führte, dass Anzeigeinstrumente für die Aussteuerung von Audiopegeln sich entgegen den Gesetzen der Physik verhielten, obwohl der Toningenieur der Einspielungen von 1978, John Kilgore, das als »reinen Unfug« abtat. Die Tatsachen über Nyiregyházis

Leben, Talent und Persönlichkeit waren zwar schon merkwürdig genug, aber dennoch wurde er Gegenstand immer neuer Lügengeschichten. So behauptete man zum Beispiel, dass er zwanzig – beziehungsweise dreißig, vierzig oder fünfzig – Jahre lang noch nicht einmal ein Klavier angerührt habe, bevor er wiederentdeckt wurde.[12]

Ein britischer Rezensent äußerte sich höhnisch über »die amerikanischen Kritiker, die über sich selbst gestolpert sind, indem sie so hochtrabend und überschwänglich über ihn schrieben«. Ein Journalist, der über das Desmar-Album berichtete, nannte Nyiregyházi einen »Propheten des menschlichen Seins, dessen Klavierspiel – wie bei Liszt ein Jahrhundert zuvor – die Kraft hat, den Zuhörer zu beseelen«. Fans sprachen oft in ähnlicher Weise über ihn. Ein Englisch-Professor aus Berkeley schrieb Benko: »Lazarus ist aus dem Grab auferstanden, um uns von Dingen zu erzählen, die verborgen und verloren sind.« Und ein Bewunderer aus Montreal schrieb: »Was Sie der Menschheit bringen, ist nichts Geringeres als eine Erinnerung an die gewaltige Bedeutung des menschlichen Geistes.« Nach der Veröffentlichung des CBS-Sets spürten immer mehr Fans Nyiregyházi auf, die sich durch den Kontakt mit ihm geistige Nahrung erhofften.

Obgleich diese Reaktionen aufrichtig waren, nährten sie doch den Spott von Nyiregyházis Kritikern. Je öfter man ihn als Guru, als zweiten Mozart, als letzte Stimme einer verlorenen Kunst darstellte, desto häufiger wurde er auch als vergangene Größe, Scharlatan oder Jux bezeichnet. Seine Gegner ärgerten sich über die Unterstellung, dass jeder, der ihn kritisiere, nicht über genügend

---

[12] Jeder Aspekt seines Lebens wurde zum Mythos stilisiert. Harold Schonberg war Schachliebhaber und erinnerte sich, dass Nyiregyházis Fähigkeiten deutlich übertrieben dargestellt wurden. »Greg [Benko] sagte, ›Er ist ein großartiger Schachspieler, ein Großmeister.‹ Um Himmels willen, er war kein Großmeister; er war nicht stärker als *ich*, und ich war niemals ein Großmeister«, erzählte mir Schonberg 1997. Und über die Partie, die sie 1978 spielten, sagte er: »Wir einigten uns auf ein Unentschieden. Er wusste, dass meine Position besser war, doch ich sagte: ›Wie wär's mit einem Unentschieden?‹ Er warf mir einen merkwürdigen Blick zu und antwortete dann: ›Okay.‹«

Tiefgang verfüge, um seine »Botschaft« zu vernehmen. Nyiregyházi sog Schmeicheleien gierig auf und nahm die hochtrabendsten Lobreden als ihm zustehend an, war jedoch nicht so naiv nicht zu realisieren, dass seine Berühmtheit bei einem Großteil der Öffentlichkeit eher mit Sensationslüsternheit und der Anziehungskraft seiner Geschichte zu tun hatte als mit seinen künstlerischen Idealen. Deshalb misstraute er oft den Motiven jener, die seine Freundschaft suchten oder mit ihm zusammenarbeiten wollten. Letztendlich sabotierte der Medienrummel um seine Wiederentdeckung und Aufnahmen seine langfristigen Perspektiven. Es war sein Schicksal, zumindest für den größten Teil des Publikums eine vorübergehende Modeerscheinung zu sein.

22
Plus beau que la beauté

Der Nyiregyházi, der 1972 wieder aufgetaucht war, ging auf die Siebzig zu, hatte fünfzehn Jahre lang keine Konzerte gegeben und nichts dafür getan, seine pianistische Technik zu erhalten. In seinen späten Aufführungen waren viele falsche Töne zu hören, ungleichmäßiges Passagenspiel, unausgewogene Texturen, kleine Schwankungen und Schnitzer sowie andere Symptome des Alters und der Vernachlässigung. Seine Technik hatte sich so sehr verschlechtert, dass fast jede virtuose Anforderung – alle Fortissimos und Allegro-Bezeichnungen, jede Oktav- und Akkordfolge, alle Läufe und Arpeggios – eine potentielle Fehlerquelle darstellte. Manchmal war der Schaden unbedeutend, manchmal entscheidend. Gelegentlich tat er genau das, was seine Gegner ihm vorwarfen: Das Pedal bis zum Boden durchdrücken und genug Geklapper verursachen, um sich durch die Musik zu mogeln, die er nicht länger beherrschte. Zuhörer, die nicht gewillt waren, über die Fehler hinwegzuhören, vernahmen ein klägliches, beschämendes Spektakel, einen verzweifelten, gebrochenen, alten Mann, der – wie Vladimir Ashkenazy sagte – »das Instrument nicht spielen kann«.

Der ewige Idealist Nyiregyházi erzählte einem Interviewer: »Ich verwende keine übertriebene Aufmerksamkeit darauf, alle Töne richtig zu treffen, da das nicht das Herz der Angelegenheit ist.« Über seine Aufnahme der »Heiligen drei Könige« scherzte er: »Da habe ich also ein paar falsche Töne getroffen. Na und? Sie haben bei den Kreuzzügen ein paar Männer verloren, oder?« Ihm war die Genauigkeit des Gesamtkonzepts wichtiger als die Details. »Sie spielen die richtigen Noten auf die falsche Weise!«, sagte er über andere Pianisten. »Ich spiele die falschen Noten auf die richtige Weise!« Er hatte nicht ganz Unrecht: In einer fehlerfreien, aber banalen Aufführung mögen zwar alle Töne richtig sein, doch wen interessiert das? Natürlich gibt es für alles Grenzen. Seine späten Aufnahmen enthalten Passagen – insbesondere in den Bravourstücken für Klavier beziehungsweise bei Bearbeitungen grandioser Orchester- oder Vokalmusik (wie »Die heiligen drei Könige«) –, die so falsch sind, dass die grundlegenden musikalischen Ideen nur schwer zu erkennen sind; die Musik »spricht« kaum, und nur die groben Emotionen werden klar. In solchen Fällen wird »die Genauigkeit des Gesamtkonzepts« zu einem extrem hohen Preis erkauft.

Doch auch im hohen Alter war er noch ein furchtloser Pianist, der seine musikalischen Ideen selten aus Rücksicht auf seine alten Finger verriet – wie ein Athlet, der trotz Verletzungen und Schmerzen weitermacht. Er brachte sich selbst an seine technischen Grenzen und machte schwierige Stücke häufig noch schwieriger, indem er nach massiven »orchestralen« Strukturen suchte, Oktaven und Akkordtöne hinzufügte oder statische Begleitungen belebte und so für weitere falsche Noten sorgte. In der tiefen Lage waren falsche Noten besonders lästig, da sie zahlreiche Obertöne hervorriefen – ebenso viel Lärm wie Musik. (Manchmal war Lärm jedoch auch sein Ziel, zum Beispiel wenn er versuchte, Perkussionsinstrumente zu imitieren. So versah er vor allem Liszts Beckenschläge mit einer Menge emotionaler und sogar spiritueller Bedeutung.)

Wenn man jedoch über die (zugegebenermaßen gravierenden) technischen Unzulänglichkeiten der späten Aufnahmen hinweghört, wie man bei einem alten Meister hinter die Schmutzschichten blickt, stellt man fest, wie viel von Nyiregyházis Technik noch immer beeindruckend bleibt. Ansonsten hätte er wohl kaum so viele fachkundige Zuhörer mit der Kraft seiner musikalischen Persönlichkeit fesseln können. So beherrschte er beispielsweise noch immer die dynamischen Möglichkeiten des Klaviers wie kein anderer. Er war nach wie vor »der lauteste Pianist der Welt«, produzierte aber auch Pianissimo-Klänge von außerordentlicher Vielfalt und Resonanz. Was er größtenteils eingebüßt hatte, war lediglich die umfassende Beherrschung bestimmter Bewegungsabläufe der Finger. Trotz all seiner Schwachstellen war Nyiregyházi in seinen Siebzigern noch immer ein großer und einzigartiger Pianist.

Plus beau que la beauté

Nyiregyházis Fingertechnik war seltsam, geradezu unheimlich und »nicht bewusst oder beigebracht«, wie er sagte. »Meine Finger bewegen sich gemäß den Weisungen der Musik und meines Unterbewusstseins.« Seine langen, schlanken Finger verjüngten sich an den Spitzen ein wenig und waren zugleich fein und kräftig.[13] Aufgrund seiner ungewöhnlich langen Daumen und kleinen Finger hatte er eine gewaltige Spannweite. Seine Finger waren nie weit von den Tasten entfernt, über die sie oft zu gleiten schienen. Er führte keine großen Bewegungen mit den Armen oder Händen aus – selbst bei heimtückischen und äußerst stürmischen Passagen nicht.

Es scheint, als habe sein Ziel nicht darin bestanden, die Tasten anzuschlagen, sondern sie zu *drücken*. Bei geringer oder moderater Lautstärke hielt er seine Handgelenke weit unten (manchmal sogar unterhalb des Niveaus der Tasten) und die Finger diagonal im Verhältnis zu den Tasten, während die vordersten Fingerknöchel den höchsten Punkt markierten. (Das kann man sich so vorstellen, als mache man eine hohle Hand, um mit der Handfläche einen Golfball aufzuheben.) Diese Position ermöglichte es ihm, die gesamte Fläche der Fingerspitze auf die Taste zu drücken. Um die Lautstärke zu erhöhen, drückte er fester: Statt die Hand aus einer größeren Höhe auf die Tasten herunter zu bewegen, hob er das Handgelenk, den Ellenbogen und die Schulter an, um die Stärke des Drucks zu erhöhen, indem er aus dem Rücken und der Leiste Kraft holte, als wolle er aus dem Klavier mehr Klang herauspressen.[14] Es klingt absurd, doch das Ergebnis war eine beispiellose Lautstärke und Klangfülle.

---

[13] Die Hände und Finger des alternden Nyiregyházi zeigten keine Anzeichen der Alterung, wiesen keine Falten auf, blieben haarlos und rosa – »wie erwachsen gewordene Kinderhände«, so Richard Kapp. Offensichtlich wurde er nicht von Arthritis oder ähnlichen Leiden geplagt. Im April 1968 brach er sich einem seiner Briefe zufolge die rechte Hand; allerdings erwähnte er nie irgendwelche Spätfolgen dieser Verletzung.

[14] In einem Werkkommentar zu Liszts »Sursum corda« schrieb er über eine Passage: »Die linke Hand muss sich hier dem Klavier förmlich ›aufdrücken‹.«

Nyiregyházis merkwürdige Technik brachte einen breiten, tiefen und kräftigen Klang von unerreichter Intensität und Strahlkraft hervor sowie ungewöhnlich weiche Legato-Phrasierungen[15] und eine beeindruckende Energie – selbst in höheren Lagen und auf einem Klapperkasten wie dem alten Baldwin-Klavier. Ob beim »orchestralen« oder beim lyrischen Spiel – sein Klang war von einer melancholischen Schönheit und hatte eine manchmal überwältigend emotionale Wirkung. Er konnte sowohl die Tiefe als auch die Tragfähigkeit einer Orgel hervorbringen sowie eine emotionsgeladene, opernhafte Stimme. (Er beherrschte auch eine Vielzahl von Détaché- und Stakkato-Effekten, die er sparsam, aber mit großer Wirkung einsetzte.) Nyiregyházi neigte dazu, Melodien ungewöhnlich kraftvoll hervorzuheben; für ihn war eine mächtige, mitreißende Gefühlsbetontheit der wichtigste Träger seiner emotionalen Botschaft.

Seine Beherrschung des Haltepedals trug sehr zu seinem Ton und seiner Phrasierung bei, doch er setzte es auch aus anderen Gründen ein, nämlich um einen Klang zu »entwickeln«, nachdem die Saiten angeschlagen worden waren – er schaffte es, dass der Klang des Klaviers eher anzuschwellen als abzuklingen schien – und um bei emotional aufgeladenen Passagen Klangwände zu erschaffen. In seiner Jugend beklagten einige Kritiker den zu intensiven Einsatz des Haltepedals, und als er schon über siebzig war, wurde die durch das Pedal verschwommen wirkende Struktur seinem Alter zugeschrieben. Doch er kultivierte das dissonante Verschwimmen absichtlich zugunsten des Ausdrucks. »Aus harmonischer Sicht mag das Spiel nicht eindeutig sein«, sagte er über eine solche Passage. »Doch in emotionaler Hinsicht ist es richtig!« Der durchdringende Glanz der mit dem Pedaleinsatz erzielten Klangfülle in seinen Aufführungen hat oft die Wirkung eines gesungenen Vibratos, und Nyiregyházi hatte die bemerkenswerte Fähigkeit, eine Melodie durch einen Schleier begleitender Harmonien hindurch hervorzuheben. Wie Liszt suchte er außerdem eine besondere

---

[15] Ricardo Hernandez beobachtete, dass er zahlreiche »Orgelfingersätze« verwendete, also Finger auf gedrückten Tasten wechselte, um eine flüssigere Verbindung zwischen den aufeinanderfolgenden Noten zu erreichen.

gestische Qualität, für die Präzision und Klarheit nachteilig waren. Zu Beginn der h-Moll-Ballade von Liszt erschafft er ein formloses Donnern in der linken Hand, aus dem die Melodie emporsteigt, als sei sie von Posaunen gespielt.[16] Möglicherweise bezog Alan Walker sich auf Nyiregyházis Aufnahme, als er über die Eröffnung der »Funérailles« schrieb: »Der Spieler, der nicht den Mut hat, das Pedal unten zu halten, mag zwar einen ›reineren‹ Klang erzeugen, wird aber den Lärm und das Getöse der Sterbeglocken verlieren, die sich zu einem ohrenbetäubenden Dröhnen aufbauen. Wenn er das verliert, verliert er das ganze Stück.«

Nyiregyházis Spiel war der ultimative Ausdruck eines Klischees des romantischen Klavierspiels: Man sollte den »neutralen« Klang des Klaviers ausgleichen, indem man versuchte, andere Instrumente und menschliche Stimmen zu erzeugen. Er behauptete, keine besondere Vorliebe für das Klavier zu haben – es war einfach rein zufällig sein Instrument. »Eigentlich bin ich ein Dirigent und Sänger«, sagte er. Er beherrschte eine riesige Bandbreite an Klangfarben: Man hört Blech- und Holzbläser, Harfen, Glocken, Orgeln, Solostimmen, Chöre und Schlagwerk. Selbst die pianistischsten Stücke »orchestrierte« er. Einfache Oktaven, Sexten und Terzen konnte er klingen lassen, als würden sie von zwei verschiedenen Instrumenten gespielt. Für ihn war nichts einfach nur ein Intervall oder ein Akkord. Das Ergebnis war eine außergewöhnliche kontrapunktische Spannung. Glenn Gould definierte einst Kontrapunkt in seiner besten Form als eine »Explosion gleichzeitiger Ideen«, doch nicht einmal unter seinen Händen klang ein pianistischer Kontrapunkt jemals ebenso explosiv wie bei Nyiregyházi, dessen Spiel fundamental und leidenschaftlich »dreidimensional« war. Seine Strukturen steckten voller Leben; und um sie lebendig zu erhalten, hob er Mittelstimmen hervor (und fügte einige eigene hinzu), versetzte Intervalle, brach Akkorde und kultivierte außerdem eine rhythmische Verschiebung der Hände, wie es Pianisten im neunzehnten Jahrhundert getan hatten, um Kontrapunkte zu

---

[16] Seinem Schüler August Göllerich zufolge spielte Liszt selbst »diese Passage in der linken Hand sehr breit und donnernd, mit viel Klang und Pedal, nicht wie einen ›glanzvollen‹ Lauf, wie es gewöhnlich gemacht wird.«

unterstreichen und den Ausdruck zu intensivieren. (Der Effekt ahmt das *Portamento* eines Streichinstruments oder einer Stimme nach.) Töne einer Melodie verzögerte er gerne ein wenig, wie Sänger oder Instrumentalisten ausdrucksvoll ein wenig hinter der Begleitung herhinken. Mit solchen Kunstgriffen ging er so großzügig um, dass es seine Zeitgenossen stutzig machte und vielleicht selbst Paderewski hätte erröten lassen. Dennoch konnte seine leidenschaftliche Romantik zutiefst ergreifend sein.

In rhythmischer Hinsicht war sein Spiel flexibel und schwankend; häufig fehlte ein durchgehender Puls. Nyiregyházi beachtete die Taktangaben nicht, behandelte Taktstriche als reine Zweckdienlichkeit der Notation, spielte eher Phrasen und Abschnitte als Takte und Schläge. Er verfälschte rhythmische Details, um die Musik »atmen« und »sprechen« zu lassen. Das wiederum war auch Liszts Ansatz, der das Metronom hasste und – beeinflusst durch die Musik der Zigeuner – für die »freie Deklamation« eintrat. »Während er spielte, schien Liszt sich kaum darum zu kümmern, im Takt zu bleiben«, bemerkte sein Schüler Carl Lachmund. Liszt selbst sagte einmal: »Für mich kann niemand frei genug spielen.« Nyiregyházi war der Meinung, dass rhythmische Präzision sich den Ausdruckserfordernissen des Augenblicks unterordnen müsse; er pflegte eine Atmosphäre der Improvisation.

Seine Tempi waren meist langsam, manchmal nahezu schleppend. Einige Stücke sind bei seinen Aufnahmen tatsächlich doppelt so lang wie bei anderen Interpreten. Für den ersten Satz seines Konzerts in d-Moll schlug Brahms ein Tempo von 58 für die punktierte Halbe vor; das Tempo, mit dem Gould bei einem Konzert in New York 1962 einen Skandal auslöste, lag bei rund 40; Nyiregyházis Tempo war etwa 30, als er 1978 einen Auszug aus dem Stück im Fernsehen spielte. Der volle Klang, die üppigen Strukturen und die rhythmische Flexibilität, die er suchte, erforderten langsame Tempi: Um *größer* zu sein und dennoch zu »sprechen«, musste die Musik langsamer voranschreiten. Er dachte wie ein Sänger, der verlangsamen muss, wenn er einen Ton intensivieren möchte und schwingen lassen will. Nyiregyházi meinte, wenn man ein Crescendo macht, muss man langsamer spielen – nicht (wie die meisten Menschen) schneller. Dieser Rat kann nur von jemandem kommen, dem Masse wichtiger ist als Schwung.

Den Ausdruck zu verstärken, war offensichtlich Nyiregyházis Ziel. Er spielte jedes Stück als wäre es das bedeutendste der Welt. Er verweilte, genoss und betonte – immer auf der Suche nach der größten Tiefe der Emotion. Er war gegen den »guten Geschmack«, jenes kritische Klischee »bewundernswerter Zurückhaltung«, das er als Widerspruch in sich betrachtete. »Je überschwänglicher, desto besser«, war sein Motto. Er kultivierte am Klavier die Extreme beim Tempo, bei der Dynamik und in jeder anderen Hinsicht, schwankte (wie in seinen Kompositionen) zwischen Grübeln und Wildheit. Ob innige oder grandiose Musik: Sein Ton und seine Gesten waren kühn und heißblütig. Nyiregyházis Debussy war beispielsweise in sich gekehrt und äußerst ausdrucksstark, aber nie zurückhaltend oder farblos. (»Warum soll Debussy immer so entkräftet klingen?«, fragte er sich.) Als Interpret war er ein Maximalist, der – wie Wilde – glaubte, dass Mäßigung fatal ist und nichts so viel Erfolg verspricht wie das Übermaß.

Für manche Ohren war sein Stil mehr als ein wenig »zu viel«. Seine Gegner hörten Derbheit und Schwulst, groteske Übertreibung und ohnmächtige Sentimentalität. Doch seiner Meinung nach blieb er einfach nur seinem ungewöhnlich lebendigen und impulsiven Gefühlsleben treu. Er war der Ansicht, dass anderen die Einsicht oder der Mut fehlte, die Musik vollständig zu ergründen und alles zum Vorschein zu bringen, was in ihr steckte. »Den Pianisten heute fehlt es so sehr an Ausdrucksstärke, dass ich nicht viel fühle, wenn ich sie spielen höre«, sagte er 1978. Andere Interpreten können neben ihm blass klingen, zurückhaltend und gezähmt – oder er klingt im Vergleich zu ihnen überreizt: Das hängt von der jeweiligen Definition des »Zuviel« ab. Natürlich war er erpicht darauf, hinsichtlich der Ausdrucksstärke die Messlatte höher zu legen. Und zu seiner Verteidigung muss man sich fragen, was Blanchet wohl *meinte*, als er – beim Höhepunkt von »Im Garten des alten Serail« – *fff, tutta forza* und *Sontuoso* [üppig] vorschrieb, wenn nicht, dass der Interpret wirklich alles geben soll.

Obwohl seine Aufführungen und Kommentare erkennen lassen, dass er ein gutes Verständnis für die musikalische Konstruktion hatte, war seine Herangehensweise an die Interpretation eher intuitiv als intellektuell. Wie Melville in *Moby-Dick* über Kapitän Ahab schreibt: »Er denkt nie, er fühlt, fühlt, fühlt.« Für Nyiregyházi wie für Liszt ging es bei Musik in erster Linie um Gefühle – in der Regel erhabene, epische Gefühle. In der Musik, die er liebte, hörte er eine Menge, und wenn er sie spielte, setzte er sich mit Fragen von Leben und Tod auseinander. In seinem Werkkommentar zu Liszts »Sunt lacrymae rerum« – einer Totenklage, die dieser anlässlich der Niederlage der Ungarn bei der Revolution 1848/49 schrieb – bezog sich Nyiregyházi auf »einen nahezu unermesslichen Schmerz« und »ein tragisches Bewusstsein, das jedoch so rein, ernst und streng ist, als schlösse man das Licht aus, das von dem ausgeht, was man die weicheren menschlichen Emotionen nennen könnte«. Er beschrieb die Eröffnung als »gigantisch, heroisch – die Sorgen eines Übermenschen«; über eine spätere Passage schrieb er: »Finsternis hüllt die Welt in ein dunkles Leichentuch ein.« »In technischer Hinsicht ist das Werk leicht«, sagte er. »Doch spirituell ist es überhaupt nicht leicht.«

Nyiregyházi war nicht einfach nur sentimental. Emotional zahlte er teures Lehrgeld am Klavier. In seiner Aufnahme von »Tristis est anima mea« aus Liszts *Christus* – abwechselnd verzweifelt, schmerzvoll und resigniert – interpretierte er nicht nur Christi Worte im Garten Gethsemane (»Meine Seele ist betrübt bis an den Tod«), sondern arbeitete sich auch durch lebenslange Melancholie, Schmerz und Wut. Auch seine Libido prägte sein Spiel: »Dort kommen alle meine Fortissimos her«, sagte er. Er erwarb nie die Art musikalischen Über-Ichs, das den freien Gefühlsausdruck bändigt. Einmal schrieb er, dass er unabhängig von dem, was er spiele, »das Chaos meiner Seele auszudrücken versuche, ihre unendliche *Hingabe* beim Ausdruck von Triumph, Freude, Traurigkeit, Niederlage, bacchanalischen Neigungen, transzendentaler Mystik, Verzweiflung, der Suche nach dem Unbekannten und

Unwissbaren – all jenen anscheinend, aber vielleicht nicht wirklich heterogenen Elementen, welche die wesentliche Gesamtheit meiner Individualität bilden.« Das war es, was Aufführungen für ihn bedeuteten – sich selbst darzustellen. Kein Wunder, dass er das als quälend empfand. Und es überrascht auch nicht, dass seine Interpretationen länger dauerten, nie konventionell, respektvoll oder zurückhaltend waren. Bei einer Art privatem Meisterkurs über Liszts Sonate riet er Ricardo Hernandez, an einem Höhepunkt des Werks »deine Hände zu ruinieren« und an einem anderen »Blut auf den Tasten« zu hinterlassen.

Nyiregyházi war ein unverbesserlicher Romantiker, der »Objektivität« in der Interpretation ablehnte. Der Dirigent Arturo Toscanini, ein einflussreicher Verfechter solcher »Objektivität«, äußerte über den ersten Satz von Beethovens Sinfonie *Eroica* die berühmt gewordenen Worte: »Für manche ist es Napoleon, für manche Alexander der Große, für manche ein philosophischer Streit; für mich ist es *Allegro con brio*.« Liszt spottete im Gegensatz dazu über den Ansatz, sich ausschließlich den Noten zu widmen. Über den glanzvollen Mittelteil von Chopins Polonaise in As-Dur sagte er zu einem Schüler: »Kümmert es mich, wie schnell du deine Oktaven spielen kannst? Was ich hören möchte, ist der Galopp der Pferde der polnischen Kavallerie, bevor sie sich versammelt und den Feind vernichtet.« Auch für Nyiregyházi musste eine Aufführung (ebenso wie eine Komposition) eine »Geschichte« haben, etwas mit emotionalem Inhalt und einem dramatischen Verlauf.[17] (In Liszts Sonate hörte er an mehreren Stellen unter anderem »den Zorn Gottes«, »das letzte Stöhnen Don Juans«, »das Herzeleid eines Zigeuners«, »die Raserei eines Mörders«, »gregorianische Feierlichkeit«, »katholischen Weihrauch«, »sexuellen Idealismus«, »Blitze«, »Stürme« und die »Hölle«.) Zu seiner Vorbereitung auf eine Aufführung gehörten weniger musikalische Analysen oder

---

[17] Selbst als Kind hatte er ein »Bild« im Kopf, wenn er spielte – bei Chopins *Berceuse* war es beispielsweise »eine sehr schöne Frau mit einem madonnenhaften Gesicht«. Frederic Lamond zufolge hatte auch Liszt stets ein Bild im Kopf, wenn er spielte.

gar Üben am Klavier, sondern eher Versuche, sich in die richtige Stimmung zu versetzen.

Seiner Meinung nach sei der Interpret nicht zuallererst dem Komponisten, sondern seinem eigenen Leben und seiner Persönlichkeit, seinen Gedanken und Gefühlen verpflichtet. Oder wie er es formulierte: »Ich möchte, dass mein schmutziges, alkoholisiertes Herz sich am Klavier selbst *ausscheißt*.« (Deshalb kommen seine Aufführungen wie seine Kompositionen einem Tagebuch seines Lebens gleich.) Er gestand vergnügt, dass er in Werken Dinge hörte, die deren Komponisten nicht beabsichtigt haben können, und dass er sie spielte, als habe er sie selbst komponiert. An die Vorstellungen oder erklärten Absichten des Komponisten fühlte er sich nicht gebunden, wenn sie mit seiner eigenen »Geschichte« des Stücks nicht zusammenpassten. Als geborener Querdenker hörte er in einem Stück manchmal Resonanzen, die im Widerspruch zu dessen vordergründiger Bedeutung standen – Untertöne von Unzufriedenheit in friedlicher Musik beispielsweise. Das war nicht einfach nur Perversität oder ein Geltungsbedürfnis, sondern ein aufrichtiger Versuch, zum Ausdruck zu bringen, wie *er* die Musik empfand.[18] »Ich bin ein Lebenskünstler, und

---

[18] Aufschlussreich ist zum Beispiel seine erstaunlich monumentale Interpretation einiger Miniaturen von Grieg. Die *Lyrischen Stücke* sind »von ihrem Umfang her klein, aber sehr emotional und sogar tragisch«, sagte er. »In diesen kleinen Kompositionen steckt ein gewaltiges Drama.« Die *Lyrischen Stücke* mit ihrer nostalgischen Tendenz riefen seine bittern Gefühle in Bezug auf seine eigenen Kinder- und Jugendjahre wach. Über »Aus jungen Tagen« sagte er: »Je stürmischer die Musik zu werden scheint, je mehr sie sich an die ›Streiche‹ der Jugend erinnert, desto offensichtlicher ist die Tragödie, denn sie basiert auf der Erinnerung an Dinge aus der Vergangenheit, die unwiederbringlich verloren sind.« Seine Aufnahme dieses Stücks ist dementsprechend zutiefst melancholisch und kaum mehr *Allegro moderato*. Wenn er »Heimwärts« spielte, stellte er sich einen Jugendlichen vor, für den Sexualität im Vordergrund steht und der von der Schule nach Hause kommt, niedergeschlagen und unter den Beschränkungen seines Lebens leidend, emotional verwirrt und gegen eine Welt rebellierend, die ihn dazu zwingt, seine wahren Gefühle und seine Seele zu verbergen. »Grieg liefert mir einen Entwurf, mit dessen Hilfe ich meine Gefühle ausdrücke«, sagte er. Er war der Meinung, dass solche Musik großartig genug war, um seine Sichtweise vermitteln zu können.

ich drücke mich selbst am Klavier aus«, sagte er. »Ich habe Vertrauen in meine eigenen Instinkte und kümmere mich nicht um die Puristen.«

Nyiregyházi nahm sich bei Partituren, die er spielte, Freiheiten heraus, mit denen er bei vielen Zuhörern aneckte. Manche vermuteten, dass seine Freiheiten einfach Gedächtnisfehler waren, und gewiss gab es Fälle, in denen er spontan Musik spielte, an die er sich falsch erinnerte. Doch er nahm sich aus Prinzip Freiheiten heraus; selbst die Aufnahmen, die er mit den Noten vor seinen Augen machte, sind voll davon. Auch in dieser Hinsicht war er ein echter Romantiker. Und Aufführungen waren für ihn schon *immer* ein grundsätzlich schöpferischer Akt. Seine eigenen Erinnerungen, seine frühen Kritiken, seine erste Ampico-Klavierwalze sowie die paar Minuten, die er im Soundtrack von *The Lost Zeppelin* spielte, reichen aus um zu erkennen, dass er selbst in seiner Kindheit, Jugendzeit und in seinen Zwanzigern einen Hang dazu hatte, an Partituren herumzubasteln.

Er konnte bemerkenswert sorglos mit Noten oder Pausen umgehen und verkürzte oder verlängerte ihren Wert nach eigenem Gutdünken. Regelmäßig gab er notierte Verzierungen ungenau wieder, schrieb Abschnitte um, veränderte Begleitungen und sogar Melodien oder Harmonien. Nyiregyházi verdoppelte Melodien und Basslinien in der Oktave, reicherte dünne Texturen an und verschob gelegentlich eine ganze Passage um eine Oktave nach oben oder unten. Manchmal fertigte er eine Art fotografisches Negativ einer Partitur an: Oben wurde unten, laut wurde leise und schnell langsam. Seine Änderungen betrafen auch die Form. So konnte er hier und da Takte weglassen oder hinzufügen, manche Phrasen neu anordnen, eine Folge von Ereignissen zusammenschieben, einen ganzen Abschnitt auslassen und einen anderen wiederholen, der ihm besonders gut gefiel, oder ein neues Ende schreiben.

Ja, auch bei der Musik seines geliebten Liszt verhielt er sich so – tatsächlich bei Liszt sogar noch mehr als bei allen anderen

Komponisten.[19] Liszts eigene Vorgehensweise war seine beste Verteidigung, denn unter den Komponisten gab es keinen leidenschaftlicheren Verfechter der kreativen Interpretation. Die ausführenden Künstler betrachtete Liszt nicht als passive Nachbeter der Gedanken anderer. »Wir sind Piloten, keine Mechaniker«, sagte er. »Wir sind Steuerleute, keine Ruderer.« Er war ein unverbesserlicher, skrupelloser Bearbeiter der Musik anderer Leute und drückte ihr immer seinen eigenen Stempel auf.[20] (Nachdem Chopin Liszt eine seiner Nocturnes hatte spielen hören, fragte er trocken, wer dieses Stück komponiert habe.) Mit seiner eigenen Musik ging Liszt genauso frei um. Wie Alan Walker bemerkte, »missverstehe man Liszts Kunst«, wenn man von der endgültigen Form eines Werks spreche. Nyiregyházis Eingriffe waren manchmal ebenso radikal wie Liszts. Raymond Lewenthal erinnerte sich an ein Konzert in den 1940er Jahren, bei dem auch Skrjabins Sonate Nr. 5 auf dem Programm stand; »genau in der Mitte« fügte Nyiregyházi einen Teil von Skrjabins *Poème tragique* ein – »wahrscheinlich nur aus dem Grund, dass die Melodie ihm gefiel«.[21]

»Es ist keine Sünde, die Partitur zu verändern, doch man darf es nicht leichtfertig tun«, sagte Nyiregyházi. »Ein Künstler muss verantwortungsvoll mit der Musik umgehen. Er darf niemals die Überzeugung des Komponisten missachten. Das ist eine Frage der

---

[19] Nach seinen Maßstäben galten selbst Pianisten wie Lamond, Hofmann und Arrau – alle für moderne Ohren unverbesserliche Romantiker – als »akademische«, »sachliche« und unzureichend »extreme« Interpreten.

[20] Liszts Fähigkeit, Musik völlig werkgetreu zu spielen, wenn er wollte, ist ebenso bezeugt wie die Nyiregyházis. Doch für beide war das »unverfälschte« Spiel nur eine der zulässigen Möglichkeiten.

[21] Romantische Prinzipien der Interpretation wandte er auch bei deutlich älterer Musik an. So spielte er beispielsweise Bach in Arrangements des neunzehnten Jahrhunderts. »Die Art, wie ich Mozart spiele, wäre für Sie noch eine größere Offenbarung als die Art, wie ich Liszt spiele«, sagte er 1980 in einem Interview. Das kann man sich leicht vorstellen. Er war »unglaublich *ehrlich* in Bezug auf Mozart«, dessen Musik gehaltvoller, intensiver und dramatischer ist, als die meisten Leute glauben, wie er sagte. »Der *wahre* Mozart kommt Liszt sehr nahe«, meinte Nyiregyházi, und »*sollte* wie Liszt gespielt werden, wenn man es richtig machen will«. Er hinterließ keine Aufnahmen mit Musik von Mozart.

künstlerischen Ehre.« Seiner Meinung nach missbrauchte er die Partituren nicht, sondern hauchte ihrer Kernaussage Leben ein. »Ich bin tatsächlich in guter Gesellschaft«, sagte er. »Liszt schrieb selbst, dass das Wichtigste das ist, was *nicht* in der Partitur steht.« Er bestand darauf, dass es manchmal wichtig sei, der Notation des Komponisten nicht zu folgen, um seine eigentliche Botschaft richtig zu vermitteln. »Es wäre illusorisch zu glauben, dass man schwarz auf weiß alles niederschreiben kann, was einer Aufführung Charakter und Schönheit verleiht.« Das galt insbesondere für Liszt: »Was Liszt zu Papier gebracht hat, ist lediglich eine ungefähre Annäherung an seine innerste Absicht, die noch weniger als richtig angesehen werden kann als bei anderen Komponisten – nicht aufgrund einer Unfähigkeit, die Noten aufzuschreiben, sondern wegen der Stärke seiner Vision.«

In seiner Aufnahme von Liszts *Ungarischer Rhapsodie* Nr. 3 spielt er beispielsweise eine nicht vorgegebene Wiederholung des gesamten ersten Abschnitts, verdoppelt einige Noten mit ihrer Oktave, fügt seine eigenen Verzierungen und Ausgestaltungen hinzu, passt frei ein paar Begleitungen an, wiederholt einige Takt und lässt andere weg – ganz zu schweigen von der Freiheit, die er sich generell im Umgang mit dem Rhythmus, der Dynamik und der Struktur herausnimmt. Ein passender Geist zigeunerhafter Improvisation ist spürbar. In seiner Aufnahme von Bartóks »Abend in Transsylvanien« improvisiert er praktisch den gesamten Part der linken Hand (indem er Akkorde hinzufügt und weglässt, Akkord von unbetonten auf betonte Zählzeiten verschiebt oder umgekehrt), ändert einige Harmonien, schmückt die Melodie aus, erschafft aber auch eine passende Atmosphäre der Melancholie und Nostalgie sowie eine leuchtende Palette an Klangfarben. Gerade wegen dieser Eigenheiten, die von den damaligen und heutigen Standards deutlich abweichen, ist es eine großartige und bewegende Darbietung. Harold Schonberg schrieb, dass ein solches Spiel »eine Art Verrücktheit ist, aber eine göttliche Verrücktheit«.

Nyiregyházi sagte gern, dass er das Pech habe, im falschen Jahrhundert zu leben. Als man ihn in den 1970er Jahren zum ersten

Mal hörte, war das Gefühl so, als habe man zufällig ein Video von David Garrick auf der Bühne entdeckt: ein unerwarteter Blick in eine ferne Vergangenheit. Seine eigentümlichen, provokanten Aufnahmen stellten die fundamentalen Vorstellungen seiner Zeitgenossen über musikalische Interpretationen in Frage. Doch wenn man Quellen aus dem neunzehnten Jahrhundert über die Aufführungspraxis ernst nimmt – insbesondere Liszt –, hat man allen Grund zu der Annahme, dass Nyiregyházi nicht unter geistiger Verwirrung litt, sondern ein authentischer letzter Vertreter einer untergegangenen Musiktradition war und als solcher reale historische Bedeutung hat.

Doch die falschen Noten, die dilettantischen Läufe, die stolpernden Akkorde – sie sind nicht wegzudiskutieren und erschweren unsere Beurteilung. Deshalb muss an dieser Stelle erwähnt werden: Nyiregyházi war in seinen Siebzigern kein großer Pianist, sondern der *Überrest* eines großen Pianisten – eine Ruine im wahrsten Sinne des Wortes: etwas, das Zeit und Schicksal beschädigt und unvollständig übrig gelassen haben, doch auch eine Ruine im erhabenen Sinn. Eine Ruine ist schließlich nicht dasselbe wie ein Haufen Schutt; sie kann auf ihre eigene Art prachtvoll und ergreifend sein. Ruinenliebhaber sind der Ansicht, dass Ruinen bestimmte Gefühle intensiver heraufbeschwören als intakte Bauwerke: Geheimnis, Fantasie, Nostalgie, Schwermut, Melancholie, Bedauern. Außerdem rufen Ruinen den Unterschied zwischen dem Schönen und dem Erhabenen in Erinnerung, der für die romantische Ästhetik so wichtig ist. Was erhaben ist, ist nicht hübsch, fein oder ordentlich, sondern kraftvoll, massiv und monumental, übermenschlich, düster und schroff, vielleicht hässlich, aber auch kühn, möglicherweise wild oder brutal und emotional überwältigend, löst Erstaunen, Ehrfurcht und sogar Angst aus. In seiner *Kritik der Urteilskraft* definierte Kant das Erhabene als »das, was alles Andere vergleichsweise klein aussehen lässt«. Ein Schmetterling ist schön, ein Gebirge ist erhaben. Der gealterte Nyiregyházi war eine *erhabene* Ruine: groß, stolz, nobel, ernst, ekstatisch, in mancher Hinsicht abstoßend, in anderer fantastisch – *plus beau que la beauté* [schöner als die Schönheit].

Einer, der in Nyiregyházis Ruine Größe hörte, war Raymond Lewenthal, den die IPA-Aufnahmen zutiefst bewegten. »Ich lauschte über eine Stunde seinen traurigen Liedern, die er mit unvergleichlicher Erhabenheit sang«, schrieb Lewenthal. »Er war wie ein großer Barde, der in eine Leere hineinrief, wie Liszt selbst, als er diese späten, schwarzen Stücke schrieb, so traurig gewaltig und so gewaltig traurig. Nyiregyházi spielt wie ein Mann der vollständig der Welt abhanden gekommen ist, der sich kein bisschen darum schert, was die Leute von ihm denken, und der so spielt, wie er spielt, weil er es muss.«

Lewenthal erzählte über den letzten Auftritt der großen Sopranistin Giuditta Pasta eine historische Anekdote, die es verdient, wiederholt zu werden: Sie hatte sich überreden lassen, 1850 bei einem Benefizkonzert in London zu singen, obwohl sie bereits über fünfzig war, sich schon lange von der Bühne zurückgezogen und ihre Stimme vor Jahren nahezu eingebüßt hatte. »Der Zustand äußersten Verfalls an dem fraglichen Abend spottet jeder Beschreibung«, bemerkte der englische Kritiker Henry F. Chorley. »Ein schmerzvolleres und katastrophaleres Schauspiel ist kaum vorstellbar.« Einige der Anwesenden spotteten und stellten den Ruf der großen Sängerin in Frage. Doch eine ihrer berühmten, jüngeren Kolleginnen – die Mezzosopranistin Pauline Viardot, die Pasta zum ersten Mal sah – hörte immer noch *etwas*. »So trostlos der Anblick auch war, so gebrochen, heiser und zerstört die Stimme war, der große Stil der Sängerin sprach die [andere] große Sängerin an«, schrieb Chorley. Als das Konzert vorüber war, wandte sich Viardot mit Tränen in den Augen an einen Freund und rief aus: »Du hast Recht! Es ist wie das *Cenacolo* [das letzte Abendmahl] von da Vinci in Mailand: Die Ruine eines Gemäldes – doch das Bild ist trotzdem das großartigste Gemälde der Welt!«

23
Adored Baby

Nyiregyházi blieb auch mit über siebzig noch sexuell aktiv und brauchte mindestens drei- bis viermal pro Woche Sex. Er beschrieb sich selbst als einen »Vergnügungs-Charlie«, der Klavier spielte, »um Mädchen zu kriegen«. Prostituierte und Masseusen brachten ihm etwas Befriedigung. Außerdem wandte er sich an seine neuen Freunde und Kollegen mit der Bitte, ihm bei der Erfüllung seiner Bedürfnisse behilflich zu sein. Einer von ihnen erinnerte sich, dass er absurderweise von einer Bar zur anderen zog, um jemanden zu finden, der bereit war, es seinem Freund auf »Französisch« zu machen. Ronald Antonioli zufolge rief Nyiregyházi ihn einmal an, um ihn höflich zu fragen: »Meinst du, du kannst mir zu ein wenig käuflichem Sex verhelfen?«

Während er im Februar 1978 in New York war, begann er eine kurze Affäre mit einer Frau, die in der Ford Foundation arbeitete und eine Karriere als Sopranistin anstrebte. Sie hatte ihm voller Verehrung einen Brief geschrieben, nachdem seine Aufnahmen sie sehr bewegt hatten. Richard Kapp, der den alten Mann »wieder im Umlauf« sehen wollte, organisierte ein Treffen mit ihr. (Sie bestätigte seine Männlichkeit auch in diesem hohen Alter: »Alles funktionierte noch.«) Als Nyiregyházi wieder zurück in San Francisco war, schickte er leidenschaftliche Briefe an seinen »lieben, verehrten Engel«. Er schrieb, sie teilten die »zwei wunderbarsten Dinge des Lebens: die Leidenschaft für Sex und die Leidenschaft für Musik, beide untrennbar miteinander verflochten und organisch verbunden«. Außerdem lobte er ihre Schönheit, Sprache sowie »tadellosen Geschmack und Erziehung« – denn sie legte beim Essen ein Buttermesser bereit. Nyiregyházi schrieb: »Ich liebe Dich so wie ich spiele« und – weniger erhaben: »Hr. Schwanz verlangt nach Deiner wunderbaren, unvergleichlichen Berührung.« Er machte ihr einen Heiratsantrag und wollte nach New York ziehen, um bei ihr zu sein, doch sie wollte sich auf ihre Karriere konzentrieren und beendete bald die Beziehung mit ihm.

Wie immer brauchte er eine Ehefrau, um eine engere Partnerschaft zu haben und sein Alltagsleben zu bewältigen. Der Verlust von Elsie schmerzte nach wie vor. Eines Tages im Frühsommer 1978, als er sich besonders niedergeschlagen fühlte, erhielt er von einem Freund in seinem Hotel ein Detektivheft und suchte hinten nach Massageanzeigen. Stattdessen fand er eine ausführliche Kontaktanzeige, die eine Frau anonym unter der Überschrift »Freunde-Club« platziert hatte. Am 3. Juli antwortete er Miss X: »Ich habe Ihre Anzeige mit großem Erstaunen gelesen. Anscheinend teilen wir fast alles, was das Leben lebenswert und für mich wunderbar macht. Klassische Musik, *Gustav Mahler*, *Oper*, *Schach*, Genuss, Massage, Sozialismus usw.«

Miss X war unter dem Namen Doris Jean Holcomb 1935 als Kind einer wohlhabenden Familie in Miami geboren worden. Allerdings verzichtete sie schließlich auf die Privilegien ihrer Familie und widmete sich aktiv politischen und gesellschaftlichen Themen.[22] 1955 heiratete sie ihren Schatz aus Kindertagen, August Charles Churchill Junior. Zwei Jahre später ließen sie sich in Chicago nieder. Sie bekamen vier Kinder, ließen sich aber 1974 scheiden. Nyiregyházi und sie schrieben sich Briefe und telefonierten: Er schickte ihr Zeitungsausschnitte über seinen jüngsten Ruhm, und sie lobte seine Aufnahmen. Schon bald entwickelte sich eine ernste Beziehung.

Doris behauptete, übernatürliche Wahrnehmungen zu haben, und nahm die Astrologie sehr ernst. Ihrer Meinung nach hatten die beiden sich bereits in einem früheren Leben kennen gelernt. Außerdem erzählte sie, sie habe sich in seine Hände verliebt, als sie einen Film anschaute, in dem er auftrat. Obwohl Nyiregyházi nicht zu Aberglauben neigte, sagte er, 1930 habe er bereits eine »Vision« ihres Gesichts gehabt, die »ein intensives Gefühl der

---

[22] Als ich einen ihrer Terminkalender aus dem Jahr 1981 las, fiel eine kleine hellrote Karte aus der Lasche des hinteren Einbands: ihre Mitgliedskarte der Socialist Labor Party of America [Sozialistische Arbeiterpartei Amerikas], für die sie einst für ein politisches Amt kandidierte.

Zärtlichkeit« bei ihm ausgelöst habe. Am 5. September erklärte er: »Ich bin ein Herz und eine Seele mit Dir. Ich liebe Dich sehr.« Am 9. September machte er Doris am Telefon einen Heiratsantrag, und am 23. September heirateten sie in Las Vegas. An diesem Tag sahen sie sich zum ersten Mal.

Sie beschlossen, in Los Angeles zu leben. Doris war damals dreiundvierzig und zog mit ihm zusammen, nachdem sie ihre Angelegenheiten in Chicago geregelt hatte. Anfangs arbeitete sie in der Bank von America's Word Processing Center, später bei der Post. Wie Nyiregyházi es immer getan hatte, lebten sie in billigen Hotels. Für das Jahr 1978 gab er ein zu versteuerndes Einkommen von etwas mehr als 25.000 Dollar an. Allerdings brauchten die Hochzeit und der Umzug den Großteil des Restgeldes auf, das von den Plattentantiemen übrig war. Neben Vivians Pension und der Sozialhilfe hatte er wenig regelmäßiges Einkommen. Durch den Verkauf von Elsies Besitz hatte er einige Ersparnisse, mit denen er vorsichtig umging: Im November 1975 zahlte er fast 18.000 Dollar bei der Bank ein. Obwohl er noch immer gerne prahlte, er habe kein Geld für seine alltäglichen Bedürfnisse, sondern nur für Luxusgüter, erzählte Doris einem Reporter: »Ich finde Ervin recht genügsam. Seine einzige Verschwendung besteht normalerweise in einem Gläschen Wodka am Tag und einer Flasche Wein oder Ähnliches für mich, wenn ich möchte, sowie manchmal Essen in teuren Restaurants. Er möchte noch nicht einmal dafür zahlen, seinen zweiten Anzug reinigen zu lassen, und absolut keinen Cent für Kleidung oder auch nur eine Zeitung ausgeben.« Sie versuchte noch immer, ihre Kinder in Chicago finanziell zu unterstützen, und er gab ihr so viel Geld, wie er konnte.

Doris war sensibel, hatte eine leise Stimme, viel Empathie und Mitgefühl, war aber auch eine starke, entschlossene und zielorientierte Frau, der die Schwächen ihres Mannes durchaus bewusst waren. Sie stellte sich schützend vor Nyiregyházi und wurde Ehefrau, Mutter, Betreuerin und Muse für ihn. Seinen alltäglichen Bedürfnissen schenkte sie ebenso viel Aufmerksamkeit wie seinen künstlerischen, intellektuellen und spirituellen Ambitionen. In einem Brief an ihre Tochter Mary schrieb sie 1979:

Er ist total unsicher, und einige der einfachsten Dinge lösen große Verwirrung bei ihm aus ... Ervin ist SEHR überspannt. Langsame Bedienung, langsame Aufzüge und Ähnliches regen ihn auf. Nach seinem Empfinden zeugen diese Dinge von mangelnder Würde und beleidigen ihn. Er denkt, die Leute mögen ihn nicht, denn sonst würden sie ihn rasch bedienen »wie Präsident Carter«. Er schüttet mir sein Herz über diesen Ärger und diese Sorgen aus, von denen er sogar Albträume bekommt. Wenn ich ihm rate, er solle sich entspannen, wird er nur noch wütender und denkt, ich sei gefühllos, also höre ich mir seine Verärgerung an ... Ervin ist eine Kombination aus einer der erhabensten intelligenten Seelen und einem nahezu beschränkten Kleingeist ... Ich muss einen sehr empfindlichen Mann beschützen, einen Mann, der sehr verletzlich und verwirrt ist.

Doris mochte klassische Musik, sang und spielte Klavier. Als Nyiregyházi und sie einander mit Briefen umwarben, schickte sie ihm eine Liste ihrer Lieblingsmusik, die viele Übereinstimmungen mit seinem eigenen Geschmack aufwies: fast ausschließlich Werke aus dem neunzehnten Jahrhundert, zahlreiche Opern und alles von Chopin, Liszt und Mahler (ihrem Lieblingskomponisten). Um eine bessere Partnerin zu sein, las sie während ihrer Ehe Bücher über Musik, Schach und andere Themen, ging oft in die Bibliothek, nahm an Fernkursen teil, hörte Radio, trat Buch- und Plattenclubs bei. Nyiregyházi hielt sie nicht für musikalisch erfahren, doch sie erfasste, was ihn als Pianisten und Komponisten auszeichnete.

Als sie nach Los Angeles zog, brachte sie ihren jüngsten Sohn Robert mit, der knapp sechzehn war. Er bekam im Hotel sein eigenes Zimmer. »Ich sehe ihn nie«, sagte Nyiregyházi. »Ich komme mit ihm aus.« (Robert zog nach etwa einem Jahr auf eigene Faust aus.) Doris merkte, dass ihr Mann mit seinen Händen nicht sehr geschickt war, aber nicht um Hilfe bitten mochte; so fand sie Wege, das Ankleiden, Rasieren und andere Aufgaben für ihn einfacher zu gestalten. Fremde machten ihn nervös und beunruhigten ihn. Deshalb ging er aus oder versteckte sich, wenn das Zimmermädchen erwartet wurde oder der Nachtportier Eis heraufbringen sollte. Doris forderte die Leute auf, eher bei der Arbeit als zu Hause Kontakt mit ihr aufzunehmen, da er schüchtern und fast panisch reagierte, wenn er ans Telefon gehen oder mit Fremden sprechen sollte. Außerdem wollte sie nicht riskieren, ihn zu verärgern, wenn sie in seiner Gegenwart mit ihrer Familie oder anderen Menschen sprach.

Meistens blieben sie für sich. Sie sagte, er sei »fast wie ein Einsiedler«, und sie wollte ihn nicht alleine lassen. Manchmal musste sie raus, damit ihr die Decke nicht auf den Kopf fiel, und dann beschwerte er sich, dass er »verlassen« werde. Er beklagte sich auch, dass sie zu viel arbeite, vor allem abends und nachts, wenn er Angst hatte, auszugehen. Sie musste alle Alltagsprobleme lösen: schlechte Rohre, Streiks der Angestellten, Diebstähle, unzureichender Zimmerservice. Die Mahlzeiten waren immer kompliziert, denn es war nicht einfach, Restaurants mit akzeptablen Preisen, gutem Service und ohne Berieselungsmusik zu finden. Nyiregyházi ging lieber hungrig wieder nach Hause, als von seinen Standards abzuweichen. Er wurde wütend, wenn eine Kellnerin zu dienstbeflissen das Tagesgericht empfahl oder wenn Doris mehr Bratensoße bekam als er. Einmal erzählte er einem Freund, dass Doris ihn »hungern« lasse, da sie zur Arbeit ging, obwohl sie wusste, dass er sich weigerte, ins Café zu gehen und mit einer Kellnerin zu sprechen, die ihm »spinnefeind« war.

Sie waren noch nicht lang verheiratet, als Doris – wie zuvor Vivian – ausgezehrt war von der Anstrengung, eine Vollzeitarbeit mit den Ansprüchen ihres hilfsbedürftigen und schwierigen Ehemanns zu vereinbaren. Sie berichtete über gesundheitliche Probleme – Erschöpfung, Depression, Bluthochdruck, Schwindelanfälle, geschwollene Drüsen, Schwierigkeiten mit den Augen, der Schilddrüse und dem Magen –, meldete sich häufig krank und ließ sich von zahlreichen Ärzten untersuchen. Doch meistens behielt sie ihre Probleme für sich. Sie hatte viel Geduld mit ihm, denn seine Schwächen belasteten sie zwar, rührten sie aber auch. Ihrer Tochter Mary zufolge erklärte er nach der Hochzeit: »Ich habe ein Verbrechen begangen: Ich bin Jude.« Da fühlte Doris sich furchtbar, weil er so viel Angst gehabt hatte, das zuzugeben. (Sie war im

Übrigen eine fromme Christin.) Manchmal weinte sie, wenn sie nur über ihn sprach: So stark waren ihre Gefühle für ihn.

Nyiregyházi erwiderte ihre Liebe und Zuneigung, doch die Ehe war alles andere als idyllisch. Dass sie weiterhin Kontakt zu ihrer Familie in Chicago hatte, schürte seine Paranoia. Doris hatte praktisch drei ihrer Kinder für ihn verlassen (ihre Tochter Mary war eine Zeitlang obdachlos); und obwohl sie ihnen aus der Ferne soviel Unterstützung wie möglich gab, brachte die Trennung auf beiden Seiten viel Schmerz und Not mit sich. Sie versuchte, Nyiregyházi aus ihrem anderen Leben herauszuhalten, doch das war nicht immer möglich – beispielsweise, wenn sie einmal pro

Ervin und Doris Nyiregyházi auf einem Foto, das zusammen mit einem Artikel am 9. Januar 1979 im *San Francisco Examiner* erschien. Später in jenem Jahr ließ Doris eine Vergrößerung dieses Fotos als Geschenk für ihren Mann anfertigen und beschriftete es mit den Worten: »Geschätzter Ervin, ich empfinde die tiefste Liebe *für den wunderbarsten Mann – für DICH*. Alles Gute zum ersten Hochzeitstag von Deiner Doris.« *(Fotografie von Rob Brown. Herald Examiner Collection, Los Angeles Public Library.)*

Jahr zwei Wochen Urlaub in Chicago verbrachte. Außerdem war ihr Ex-Mann Charles psychisch krank und manchmal gefährlich. Anfang 1979 reiste er mit dem erklärten Ziel nach Los Angeles, Doris, Robert und vielleicht auch Nyiregyházi umzubringen; nur eine religiöse Bekehrung unterwegs hielt ihn davon ab. In Los Angeles begann er, Robert regelmäßig zu treffen, und seine Anwesenheit in der Stadt beunruhigte Nyiregyházi zutiefst. In einem Brief, den er kurz vor seinem Heiratsantrag an Doris geschrieben hatte, erklärte er, dass er »*riesige* Angst« davor habe, dass ein eifersüchtiger Ex ihm »körperliches Leid« zufügen könne; sie musste ihm versichern, dass »keine Gewalt von einem ›zurückgelassenen‹ Mann ausgehen« werde.

Einen Monat vor ihrer Hochzeit schrieb Doris ihm:

Geschätzter Ervin,
mit diesem kurzen Brief möchte ich mich einfach nur bei Dir für die wertvolle Liebe bedanken, die Du mir gibst. Es war so wunderschön, in diesen letzten Wochen Deine teure Liebe zu haben, Deine Tiefe, Zärtlichkeit und Zuneigung. Wie wundervoll, dass Du beim letzten Mal und heute für mich so schöne, liebevolle Musik spieltest und dass Du mir Deine Liebe schenkst, wie Du es getan hast und jeden Tag unseres Lebens tun wirst. Ich danke Dir für Deine wertvolle Liebe. Gott ist sehr gut zu mir, dass er mir Dich gibt, den ich liebe und verehre und zu dem ich in meinem tiefsten Inneren gehöre. Dir gehört meine ganze Liebe.
Dein Dich liebendes Eigentum,
Deine Dich verehrende Ehefrau,
Doris

Dennoch brachte er es fertig, andere Menschen zu fragen: »Glaubst du *wirklich*, dass sie mich liebt?« 1980 erzählte er einem Freund, dass Doris ihm »alle fünf Minuten« sage »Ich liebe Dich« und dass er es immer weniger glaube, je öfter sie es sage. Doch sie hatte keine Chance: Wenn sie ihn nicht beharrlich genug verehrt hätte, wäre ihm das ebenfalls verdächtig vorgekommen. Außerdem war er eifersüchtig und überzeugt, dass Doris ihn verlassen und zu Charles zurückkehren werde. Doch entgegen seinem eigenen

Treueschwur während ihrer Brieffreundschaft war er gegen den Charme anderer Frauen nicht immun.

Nyiregyházi trank noch immer sehr viel. Freunde berichteten, dass sie gesehen hatten, wie er an einem Abend ein Dutzend, sechzehn oder sogar noch mehr – doppelte – Drinks zu sich nahm. Harold Schonberg wurde einmal Zeuge, als er eine Dreiviertelflasche Bourbon an einem einzigen Nachmittag herunterkippte, ohne dass man es ihm anmerkte. Gelegentlich fiel er betrunken um. Doris beharrte jedoch darauf, dass er nun weniger trank als in den vierziger, fünfziger und sechziger Jahren: »Er ist kein Alkoholiker, muss aber einiges trinken, bevor er seine Schüchternheit ausreichend überwinden kann – selbst um mit mir zu sprechen.« Ihrer Aussage zufolge trank er nur dann viel, wenn er beunruhigt, aufgeregt oder verärgert war; ansonsten reichte ihm eine Flasche Schnaps zwei oder drei Tage. Doch auch sie war in Bezug auf seinen Alkoholkonsum nicht immer nachsichtig. Im Januar 1979 berichtete Gregor Benko, dass »Terry McNeill ihn vor sechs Wochen gesehen hat: Seine neue Frau hatte ihm eine Whiskeyflasche über den Kopf gezogen, er hatte ein blaues Auge und eine Wunde an der Stirn.« (Über diesen Vorfall wurde sogar in der Presse berichtet.) Wenn der Alkohol seine Dämonen entfesselte, konnte er grausam sein und Doris bewusst verletzen: Er verspottete ihre Kinder, ihre »Gesindel«-Gewohnheiten (sie brachte ihn in Verlegenheit, indem sie Beutel mit Essensresten aus dem Restaurant mitnahm), ihre »ungrammatikalische« Sprache und ihre äußere Erscheinung. (Sie machte sich Sorgen wegen ihres Gewichts, das sie in ihrer Kontaktanzeige mit 118 Kilo angegeben hatte; ihr stressiges Leben machte es schwierig, eine Diät einzuhalten.) Bei einem besonders üblen Streit sagte er ihr einmal, dass er sie nicht liebe, und drohte mit Scheidung – eine Drohung, die sie ernst nehmen musste.

Zu guter Letzt waren beide in der Lage, solche Vorkommnisse zu vergessen. Wenn er bei klarem Verstand war, wusste Nyiregyházi sehr wohl zu schätzen, wie sehr Doris sein Leben bereicherte. Er nannte sie seine Lieblingsehefrau und hatte beim zehnten Mal Glück. Obwohl bei dieser Ehe der Altersunterschied am größten war (zweiunddreißig Jahre), fühlte er sich bei Doris ebenso so sicher und gut versorgt wie immer. Er bezeugte seine Achtung durch Kompositionen mit Titeln wie *Adored Baby, Doris' Hands, From the Other World I'll Call You ... Doris, Prayer for Doris's Protection* und *Prayer of Gratitude for Meeting Doris*.

Sie war ihrerseits überzeugt, dass er ein großer Künstler war, und setzte sich beharrlich für ihn ein. Wenn sie wahrnahm, dass jemand schlecht über ihn redete, ihn nicht ernst nahm oder betrog, geriet sie schnell in Wut. »Ich glaube, dass eine höhere Macht mich dazu bestimmt hat, in dieser Phase seines Lebens bei Ervin zu sein, ihn zu lieben, zu beschützen und zu verteidigen«, schrieb sie. Doris fühlte sich geehrt, dass ein solch bedeutender Mann sie liebte, und notierte voller Stolz seine Koseworte, die ebenso überschwänglich waren wie seine Beleidigungen boshaft. (»Nyiregyházi verehrt seine Frau. Er betet sie an. Ihm fehlen die Worte, um seine Verehrung auszudrücken. 6. Mai 1984.«) Als er 1980 von einem Bekannten gefragt wurde, ob er glücklich sei, antwortete er: »Ich bin *mäßig* glücklich.« Für einen alten, verbitterten, melancholischen Mann, der in seinem Leben mehr Enttäuschungen als Freude erlebt hatte und sein »ganzes Leben lang von Damen herumgeschubst« worden ist, war das schon eine ganze Menge.

24
Diminuendo

Nyiregyházis Ruhm hielt auch 1979 an und verbreitete sich – dank des internationalen Vertriebs von CBS Records – auch in Übersee, insbesondere in Europa und Japan. In Deutschland, wo das Desmar-Album von Telefunken vertrieben wurde, gab es zwei Fernsehsendungen über ihn. Ein Journalist schrieb im *Spiegel*, dass Horowitz, der 1978 den fünfzigsten Jahrestag seines Amerikadebüts gefeiert hatte, mehrfach »der Pianist der Stunde« gewesen war, doch dass Nyiregyházi der »Pianist des Jahres« sei. Die seit langem erwartete zweite Platte von Columbia Masterworks erschien im März 1979: eine LP mit dem Titel *Nyiregyházi* (M 35125) und Musik von Grieg, Tschaikowsky, Blanchet und Bortkiewicz. Dieses Mal erhielt er jedoch weniger Aufmerksamkeit von der Presse, und die Verkaufszahlen des neuen Albums waren bescheidener. Bis zum 30. Juni 1979 waren nach Angaben von CBS rund 22.500 Exemplare des Liszt-Sets in den Vereinigten Staaten verkauft worden, doch nur halb so viele der zweiten Platte, die auch nicht in die Klassik-Hitliste von *Billboard* aufstieg. (In Übersee waren die Verkaufszahlen niedrig.) 1979 erhielt Nyiregyházi zwei Tantiemenzahlungen in Höhe von insgesamt 17.600 Dollar; danach sah er jedoch nur noch Auszüge mit einem negativen Kontostand. Die Rücksendungen überstiegen den Verkauf derartig, dass er Ende 1982 der CBS sogar rund 3.600 Dollar schuldete. Wenn man diese Schulden mit einrechnet, beliefen sich die Einnahmen für seine Schallplatten schließlich auf wenig mehr als Doris' Jahresgehalt. »Wenn ein idealistischer Mensch nicht vor Hunger stirbt, grenzt das an ein Wunder«, beschwerte er sich.

Ursprünglich hatte CBS Records versprochen, auf der Grundlage der Aufnahmen von 1978 vier Alben zu veröffentlichen, wobei das vierte wahrscheinlich Bearbeitungen von Opern und sinfonischen Werken enthalten sollte. Die CBS hatte außerdem wegen Optionen verhandelt, Mitschnitte vergangener und zukünftiger

Konzerte sowie etwaige spätere Studioaufnahmen zu veröffentlichen – jeder setzte im Frühling 1978 große Hoffnungen in den Pianisten. Doch ein Jahr später wurde klar, dass aus kommerzieller Sicht der Nyiregyházi-Hype bereits vorüber war. Deshalb wurde kein viertes Album produziert, und Nyiregyházi ärgerte sich über das, was er als plötzliche Gleichgültigkeit seitens des Unternehmens wahrnahm. Im Frühling 1980 versuchte er, ihr Übereinkommen zu kündigen, doch CBS wollte die Lizenz für die IPA-Aufnahmen ohne finanziellen Ausgleich nicht abtreten.

Da Nyiregyházi verletzt und verärgert war, gewann seine Paranoia wieder überhand – und seine Unsicherheit in Bezug auf die künstlerischen, wirtschaftlichen und rechtlichen Rahmenbedingungen tat ein Übriges.[23] Er gelangte zu der Überzeugung, dass die CBS – und Gregor Benko – seine Interpretationen »missbilligten«; er vermutete eine Verschwörung materialistisch eingestellter Menschen, die versuchten, der Öffentlichkeit seine spirituelle Botschaft vorzuenthalten. Schließlich drohte er sogar mit rechtlichen Schritten wegen »emotionalen Leides und entgangenen Einkommens aufgrund des Widerwillens der CBS, den aufnehmenden Künstler fair zu behandeln«. Offenbar war er nicht in der Lage zu akzeptieren, dass die Zeitschrift *People*, NBC und der Großteil der Öffentlichkeit sich nicht wirklich mit seiner Kunst verbunden gefühlt hatten, sondern nur kurzzeitig und oberflächlich an dem »verwahrlosten Pianisten«, dem »Landstreicher-Pianisten«, »dem Franz Liszt des Tenderloin« und dem »Pianisten, der aus der Kälte kam« interessiert gewesen waren, wie er genannt wurde. Und so glaubte er, dass CBS und Benko seine Aufnahmen aus egoistischen und niederträchtigen Gründen zurückhielten. (In Briefen an die CBS ging er sogar so weit, über Benkos psychologische Motive zu spekulieren.) Den Rest seines Lebens zerbrach er sich über diese Angelegenheit den Kopf und beklagte sich, dass die CBS ihn »fallen gelassen« und behandelt hatte »wie einen Hund«.

---

[23] Er war so naiv zu glauben, dass CBS Records ein beliebtes »Jazz Album« aus den zwanzig Minuten Improvisationen über alte Lieder zusammenstellen könnte, die er 1978 aufgenommen hatte.

Nyiregyházi war der Meinung, dass die CBS seine Aufnahmen schneller hätte veröffentlichen müssen – obwohl die rasche Sättigung des Marktes Teil des Problems war. Wäre seine Wiederentdeckung allmählich und mit weniger Rummel vonstatten gegangen, hätte sein Comeback eventuell länger angehalten und wäre ruhiger ausgefallen. Stattdessen folgte ein rascher Fall, wie so oft nach übermäßigem Medienrummel. Das muss man teilweise seinen Fürsprechern anlasten, auch wenn Nyiregyházi überhaupt nicht mit dieser Seite der Berühmtheit umgehen konnte. Sowohl die CBS als auch die Ford Foundation machten sich Sorgen wegen seines Beharrens darauf, nur düstere und esoterische Stücke aufzunehmen. Während der Streitigkeiten um die Finanzen im Frühling 1978 gelangten einige Führungskräfte der Stiftung zu der Überzeugung, dass es wenig Sinn hatte, weitere Aufnahmen zu bezuschussen, wenn er lieber »unbekanntes Repertoire und Bearbeitungen« als »die große Klavierliteratur« spielte. Doch er hatte sich hartnäckig in den Kopf gesetzt, »das Verständnis und die Wertschätzung für Liszts Musik« zu fördern, und wollte alle seine Sinfonien, sinfonischen Dichtungen, Oratorien und Messen einspielen. »Als ich die Sache in Angriff nahm, wollte ich Liszts Ruhm verbreiten und nicht zur Bereicherung von Geschäftsleuten beitragen«, schrieb er. »Ihr einziges Ziel besteht darin, Geld zu machen. Sie scheren sich einen Dreck um Liszt.«

Die Heimindustrie brach zusammen. Im August 1979 löste er seinen Vertrag mit Martin Erlichman, der das Interesse an ihm verloren hatte, und gewährte die exklusiven Rechte an seiner Geschichte einem anderen Produzenten: Jacob Zilberg. 1981 gelang es Zilberg, einen bekannten Autor für die Nyiregyházi-Biografie zu gewinnen: William Hoffer. Dieser hatte kurz zuvor mit *Midnight Express* und *Saved!: The Story of the Andrea Doria, the Greatest Sea Rescue in History* Erfolg gehabt. Hoffer interviewte den Pianisten und erstellte einen Entwurf, doch es kamen weder ein Buch noch ein Film auf den Markt, da es für diese Geschichte kein Publikum mehr gab. So schrieb Nyiregyházi 1983 naiv und bedauernswert an Joan Peyser, in der Hoffnung, dass sie noch immer ein Buch über seine »musikalischen Konzepte« schreiben wollte, wie einst besprochen: »Wenn Sie, Frau Peyser, 1978 dachten, dass ich ein lohnenswertes Thema für eine seriöse Abhandlung wäre – könnte ich dann nicht auch heute noch ein lohnenswertes Thema für eine seriöse Abhandlung sein?«

Seine eigene Persönlichkeit untergrub seine Wiederentdeckung. Er wollte das, was der Ruhm bot – Aufmerksamkeit, Lob, Beistand, Selbstdarstellung, Geld, Gesellschaft, Sex –, fand aber den Preis dafür (seine Angst) zu hoch. Er hatte zu lang gelebt und zu viel gelitten, um nun Kompromisse zu machen, wie er sagte. Und er war zu idealistisch, beharrte zu stur auf seiner Unabhängigkeit und war zu sehr an seine Privatsphäre gewöhnt, um das Spiel der Prominenten richtig zu spielen oder seinen neuen Ruhm und seine späten Retter wirklich genießen zu können. Darüber hinaus war er viel zu eigen, wenn es darum ging, wo, wann und unter welchen Umständen er spielen wollte, um auch nur eine Studiokarriere aufrechtzuerhalten – ganz zu schweigen von einer Konzertkarriere, die ihm angeboten wurde. Er lehnte 15.000 Dollar für einen Auftritt in der Carnegie Hall ab, da er sich nicht wie »auf dem Prüfstand« fühlen wollte vor »diesen heimtückischen Falken, Pedanten, die in ihren Partituren mitlesen, darauf erpicht, meinen Schweiß zu sehen, mit einer Art sadistischem Vergnügen an meinem Leid«. Seine Nerven konnten schließlich all das nicht aushalten, und er erklärte: »Da würde ich wirklich lieber in meinem Hotel bleiben.«

Nyiregyházi schien generell alle Menschen und Institutionen zurückzustoßen, die ihm helfen wollten, und jede Möglichkeit zu sabotieren oder kompliziert zu gestalten. Durch sein Verhalten wurde häufig klar, dass er zu jener Zeit gegen jede Art von Druck rebellierte, die mit seiner Berühmtheit zusammenhing. Er konnte in gesellschaftlichen Situationen, die er als unangenehm empfand, launisch und beleidigend sein – insbesondere wenn er spürte, dass man etwas Bestimmtes von ihm erwartete. In Stuttgart weigerte er sich bei einem Abendessen im Hause eines Freundes von Ricardo Hernandez kindischerweise zu essen, anscheinend gerade *weil* die Gastgeberin extra für ihn Gulasch vorbereitet hatte. Allerdings trank er sehr viel und verkündete plötzlich düster und offenbar auf einen Jugendlichen bezogen, der sich unter den Gästen befand: »Jemand in diesem Raum ist mein *Feind* ...« Kurz nach der letzten IPA-Sitzung organisierte er aus einer Laune heraus einige neue Aufnahmen in Richard Wahlbergs Studio in San Francisco. Nyiregyházi kam spät und betrunken dort an. »Er war buchstäblich in einem sehr aufgewühlten Zustand«, erinnerte sich Wahlberg, »denn man hatte ihn gerade aus dem Fenster gehalten, weil er eine farbige Hure nicht für ihre Dienste bezahlt hatte.« (Das erzählte Nyiregyházi bei seiner Ankunft.) Innerhalb der nächsten paar Stunden trank er eine Flasche Whiskey fast leer, nahm mehrere große Werke von Liszt (nicht gut) auf und wurde zunehmend streitlustig und ausfällig.

Nyiregyházis Freunde wurden in Schwindel erregendem Tempo zu seinen Feinden und umgekehrt. Im letzten Jahrzehnt seines Lebens nahmen zudem seine Besessenheit und seine Paranoia noch weiter zu.[24] Bei Benko beklagte er sich über die CBS, bei der CBS über Benko und bei Dritten über beide. In den wenigen Jahren nach 1978 wetterte er weiterhin über Benko, weigerte sich, ihn persönlich zu treffen, beschwerte sich über seine »Feindseligkeit« und beharrte darauf, dass dieser seine Aufnahmen nicht veröffentlicht sehen wollte, weil er »mein Spiel hasst«. Zur selben Zeit wandte er sich in einer ganz anderen Stimmung direkt an Benko: »Ich möchte, dass Du weißt, dass ich davon *überzeugt* bin, dass Du ebenso an meinen Idealismus glaubst, wie ich es tue«, schrieb er und sprach von ihm und Benko als zwei verwandten Seelen, die gemeinsam dem Kommerz und dem Materialismus trotzten. Er hatte nie Probleme damit, die Widersprüche auszuhalten, die sich aus seinen emotionalen Launen ergaben.

---

[24] Er konnte dem Kritiker Martin Bernheimer ein oder zwei wenig schmeichelhafte Kommentare über Liszt niemals verzeihen. Sein Brief an den Herausgeber der *Los Angeles Times* im Februar 1981 sagt viel über seine Denkweise in jenen letzten Lebensjahren aus: »Ihr Musikkritiker Bernheimer sollte gefeuert werden, denn er mag Liszt nicht, da dieser kein Jude ist und Bernheimer Rassenvorurteile gegenüber Nicht-Juden hat. Ich hoffe, Sie werden diesen nutzlosen Scharlatan entlassen. Ich glaube an die Größe der jüdischen Rasse, doch Bernheimer steht im Widerspruch zu dieser Größe.« Im folgenden Jahr gewann Bernheimer den Pulitzer-Preis für Kritiker.

Es war eindeutig anstrengend und frustrierend, sich für Nyiregyházi einzusetzen. Für die Menschen in seinem näheren Umfeld war seine Wiederentdeckung ein emotional belastendes Ereignis, das letzten Endes viel Enttäuschung und Verbitterung hinterließ und persönliche Zerwürfnisse mit sich brachte, die teilweise noch immer andauern. Einige der Personen, die mit ihm zu tun hatten, erlitten Nervenzusammenbrüche, wurden krank, bekamen finanzielle Probleme, und es gab auch eine Scheidung, woran die Angelegenheiten rund um Nyiregyházi zumindest mitschuldig waren. Sie waren auch der Hauptgrund dafür, dass Kapp die Ford Foundation Anfang Juli 1978 verließ; und sein Verhältnis zu ihm kühlte sich in jenem Sommer merklich ab. Auch andere Freundschaften wurden dadurch belastet. Im Juli 1980 schrieb Nyiregyházi an Ricardo Hernandez und beschwerte sich, dass er seit seiner Hochzeit mit Doris und seinem Umzug nach Los Angeles nichts mehr von ihm gehört hatte. Er fügte hinzu, dass Kapp »ebenfalls den Kontakt zu mir eingestellt hat, seit ich nicht mehr im Rampenlicht stehe«. Nyiregyházi beteuerte, dass er Kapp noch immer schätze, schimpfte aber bald, dass Kapp ein »niederträchtiger Hund« sei, der »sich einen Dreck um mich schert« und »beschlossen hat, mich wie Dreck zu behandeln«. Der jähe Untergang seines Sterns löste für den Rest seines Lebens solche und ähnliche Äußerungen aus.

Die zahlreichen unveröffentlichten IPA-Einspielungen wurden zum Stein des Anstoßes, denn er hatte sie unter »großer emotionaler Anspannung« aufgenommen und zählte einige davon zu den »größten musikalischen Leistungen der Musikgeschichte«. So suchte er dringend nach einem Weg, sie auf den Markt zu bringen, und bat Freunde um Hilfe. Er drohte sogar damit, ungeachtet der Lizenz der CBS seine eigenen Exemplare der Bänder zu verwenden und selbst herauszubringen. Doch das war eine leere Drohung, da er kein Geld hatte. Trotz seines Ärgers über die unveröffentlichten Aufnahmen hatte er nichts dagegen, unter den richtigen Bedingungen neue einzuspielen. Unter seinen Papieren befinden sich mehrere Listen von Werken (insgesamt fast zweihundert), die er Ende der siebziger und Anfang der achtziger Jahre aufnehmen wollte. Die Listen klingen sehr reizvoll, doch man fragt sich, wie viel dieser Musik zu spielen er technisch noch in der Lage war, zumal er ja auf die achtzig zuging.[25]

Mit Neil Levenson ergab sich eine neue Möglichkeit. Er war Ton- und Elektrotechniker, hatte mehrere Artikel über Nyiregyházi für die Zeitschrift *Fanfare* geschrieben und war kurz zuvor nach Los Angeles gezogen. Im April 1980 nahm er im Auftrag zweier kleiner, unabhängiger Plattenfirmen mit Nyiregyházi Kontakt auf, da diese daran interessiert waren, neue Soloaufnahmen zu produzieren. Er gründete eine begrenzt haftende Teilhaberschaft und holte Robert Fulton – einen eigenbrötlerischen Toningenieur aus Minneapolis – nach Los Angeles. Sie wollten in jenem Sommer im Hause eines pensionierten Chirurgen in Bel Air aufnehmen, dessen großes Wohnzimmer zwei Klaviere und eine gute Akustik bot. Nyiregyházi machte deutlich, dass er weder den Hauseigentümer noch eins seiner verschiedenen Haustiere während der Aufnahme in der Nähe haben wollte. Doch als er zu dem Aufnahmetermin erschien, war der Chirurg nicht nur anwesend, sondern machte sich – Levenson zufolge – durch sein barsches und arrogantes Verhalten auch noch »komplett zum Narren«. Außerdem waren überall Katzen und Hunde, und eine Katze saß sogar auf dem Klavier. Nyiregyházi war entnervt, die Atmosphäre vergiftet, und ohne einen einzigen Ton gespielt zu haben, bat er ruhig darum, nach Hause gebracht zu werden. Fulton kehrte nach Minnesota zurück, und Levensons Investoren verloren ihr Geld.

Währenddessen plante Benko – dem nichts ferner lag, als Nyiregyházis Aufnahmen verhindern zu wollen – ein Set mit sieben

---

[25] Diese Listen umfassen Unmengen von Liszt-Kompositionen, viele Werke von Brahms, Chopin, Debussy, Grieg, Rachmaninow, Schubert, Skrjabin und Tschaikowsky, außerdem romantische Neuheiten (insbesondere von Russen, Franzosen und Spaniern, aber auch Werke von Dohnányi, Godowsky, MacDowell und anderen), ein wenig Bach, Mozart und Beethoven, Orchesterwerke (Berlioz' *Symphonie fantastique*, Bruckners Neunte, Rachmaninows sinfonische Dichtung *Die Toteninsel*), Soloversionen von Konzerten (Rachmaninow, Brahms, Bortkiewicz) sowie eine große Auswahl an Opern des neunzehnten Jahrhunderts.

oder acht Platten: *The Ervin Nyiregyházi Story* mit einem Konzert, einem Film und Studioaufnahmen sowie Klavierwalzen, vielleicht einigen von Nyiregyházis Kompositionen und einem Begleitbuch, das er selbst schreiben wollte. Leider verfügten weder er noch das IPA über die finanziellen Mittel für solch ein Projekt. Tatsächlich hatte das Nyiregyházi-Abenteuer das IPA an den Rand des Ruins gebracht.

Im April 1980 berichtete Michael Kellman, der Marketingchef des Labels Telarc, dass das Unternehmen über ein neues Projekt mit digitalen Aufnahmen von Nyiregyházi nachdachte. Allerdings wurde es nicht realisiert. Einige andere große Labels hatten ebenfalls Pläne für neue Aufnahmen – unter der Bedingung, dass er sich bereit erklärte, ein bekannteres Repertoire zu spielen, also beispielsweise Mozart oder die Sonate von Liszt; doch er lehnte ab. Benko suchte auch nach privaten, wohlhabenden Sponsoren, um neue Aufnahmen oder Veröffentlichungen der IPA-Bänder finanzieren zu können. Mitte der achtziger Jahre versuchte er, Nyiregyházis Einspielungen über eine Bildungsorganisation zugänglich zu machen, die an die University of Maryland angeschlossen war. Keines dieser Projekte wurde in die Tat umgesetzt. Typischerweise beschuldigte Nyiregyházi Benko, seine Versprechen nicht zu halten – als schlügen sich die Plattenfirmen noch immer um ihn. Benkos Geduld ließ schließlich nach, und der Ton seiner Briefe wurde frostiger, obwohl er (bis 2005) weiterhin Anstrengungen unternahm, Nyiregyházis Aufnahmen zu veröffentlichen.

Der Pianist war zwar verbittert, schon wieder sein Publikum zu verlieren, aber auch erleichtert. Das Komponieren betrachtete er sowieso als seine eigentliche Berufung. Als er im Frühling 1979 einen Abschlussbericht an die Ford Foundation schrieb, betonte er, dass ihre Zuschüsse ihm als Komponisten sehr geholfen hätten, denn »das faktische *Niederschreiben* von Musik erfordert ein hohes Maß an Seelenfrieden«. Der mit der ursprünglich gewährten finanziellen Unterstützung verbundene Auftrag hatte darin bestanden, »ein Erbe zu sichern und zu versuchen, ein Genie lebendig zu erhalten« – und in diesem Sinne war das Projekt ein Erfolg. Obgleich Nyiregyházis Wiederentdeckung Schwierigkeiten und

Kontroversen mit sich brachte und nur von kurzer Dauer war, sind die daraus entstandenen Aufnahmen und Kompositionen dennoch erhalten geblieben ... als seine Fußspur im Sand.

Gegenüberliegende Seite:
Der neunundsiebzigjährige Nyiregyházi während seines Konzerts
im Dai-ichi Seimei Saal in Tokio am 21. Januar 1982.
(Fotografie von Yoshimasa Hatano.)

TEIL FÜNF

EIN BEDEUTSAMER GEGENPOL

1980–1987

25
Lehrer, Vater

1980 hatte es tatsächlich den Anschein, als sei Nyiregyházis Karriere beendet. Als er 1978 gefragt wurde, ob er jemals wieder Konzerte geben werde, hatte er geantwortet: »Das ist höchst unwahrscheinlich, wenn nicht ein Wunder passiert, was ich sehr bezweifle.« Doch das Wunder passierte, und noch dazu an einem unwahrscheinlichen Ort: in Japan.

Seine Geschichte, sein Klavierspiel und seine Ideen beeindruckten einen zweiunddreißig Jahre alten Musiker namens Tetsuji Koike. Er war Vizepräsident der neu gegründeten Musikhochschule in Takasaki – einer Stadt in der Präfektur Gunma, etwa hundert Kilometer nordwestlich von Tokio, in der heute rund 250.000 Menschen leben. Die Musikhochschule hatte sich einem »neuen Konzept der Musikerziehung« verpflichtet, das auch den Unterricht in traditioneller, japanischer Musik mit einschloss. Anfang der 1980er Jahre hatte Koike ein kleines Budget erhalten, um eine Veranstaltung zur Feier der Gründung der Schule zu organisieren. Da beschloss er zusammen mit seinem vierundzwanzigjährigen Freund und Musikerkollegen Masahiro Sekikawa, Nyiregyházi für eine Aufführung nach Takasaki zu holen. Damit wollten sie nicht nur die Musikhochschule ins Gespräch bringen, sondern sie erhofften sich auch eine eventuell befreiende Wirkung auf die japanische Musikkultur. Für sie verkörperte Nyiregyházi eine emotionale und spirituelle im Gegensatz zu einer kommerziellen und materialistischen Kunstauffassung; der subjektive Ansatz bei seinen Interpretationen kontrastierte mit dem – in ihren Augen – mechanischen, buchstabengetreuen Stil, der unter japanischen Interpreten westlicher Musik vorherrschte.

Und so kam es, dass Koike und Sekikawa im März nach Los Angeles flogen. Entsprechend dem Tipp eines Freundes aus Hawaii suchten sie in den schäbigen Gegenden der Stadt, bis sie Nyiregyházi im Clark Hotel in der South Hill Street aufspüren konnten.

In ihrer traditionellen Kleidung, mit den Hüten und Strohschuhen buddhistischer Zen-Bettelmönche der Fuke-Sekte und ihrem gebrochenen Englisch gaben die beiden im Stadtzentrum von Los Angeles ein seltsames Bild ab. Der Hotelangestellte weigerte sich zunächst, ihnen Nyiregyházis Zimmernummer zu nennen, bis sie ihn bestachen. Sie klopften an Nyiregyházis Tür und teilten ihm mit, dass sie aus Japan gekommen seien, um ihn zu sehen. Doch da er alleine zu Hause war, antwortete er ihnen nur mit ängstlicher Stimme durch die geschlossene Tür. Er rief in der Empfangshalle an, um sich zu beschweren, und die Besucher wurden wieder die Treppe hinunter genötigt. Als sie ihr Vorhaben erläutert hatten, gestattete der Hotelangestellte ihnen, Nyiregyházi anzurufen. Dieser erklärte sich schließlich bereit, sie eine Stunde später in der Empfangshalle zu treffen. Als er erschien, lächelte er und dankte den beiden, dass sie von so weit her gekommen waren, um ihn zu besuchen. Sofort luden sie ihn ein, in Japan aufzutreten. Und obgleich er die Carnegie Hall verschmäht hatte und das Konzertieren normalerweise als »brutal, als würde mich jemand würgen« beschrieb, sah er seinen Besuchern in die Augen ... und sagte zu. Tatsächlich antwortete er sogar: »Ich habe auf Sie gewartet.« Seit seiner Kindheit hatte er sich geistig mit Japan verbunden gefühlt – wir erinnern uns: Seine erste Komposition war von *Madame Butterfly* inspiriert gewesen. So schien er es für sein Schicksal zu halten, in dieses Land zu reisen.

Nun zogen Koike und Sekikawa in das Clark Hotel und trafen Nyiregyházi täglich. Sie machten sich Sorgen darüber, wie gut er noch Klavier spielen konnte, da sie bemerkt hatten, dass seine Hände so stark zitterten, dass er kaum Zucker in seinen Kaffee löffeln konnte. Deshalb fragten sie ihn, ob er für sie spielen könne. Als er ablehnte, boten sie ihm an, in ihrem Hotelzimmer für *ihn* zu spielen: Koike auf der *shakuhachi* (einer am Ende angeblasenen Bambusflöte) und Sekikawa auf der *biwa* (einer birnenförmigen, gezupften Laute). Nach einem Dutzend abendlicher Darbietungen war Nyiregyházi ausreichend geködert, so dass er einwilligte, am nächsten Tag für seine Besucher zu spielen. Die beiden lagen vor lauter Erwartung die ganze Nacht wach. Am Morgen fanden die drei Männer in einer nahe gelegenen Kirche ein Klavier. Obgleich sie es mit einem alten, ramponierten, verstimmten Instrument zu tun hatten, bei dem ein paar Töne fehlten, spielte Nyiregyházi einige Stücke kraftvoll und wie verwandelt; seine Hände zitterten nicht mehr. Koike und Sekikawa waren zu Tränen gerührt.

Nyiregyházi sagte zu, Ende Mai nach Japan zu reisen, um dort zwei Konzerte zu geben. Koike und Sekikawa mussten schnell arbeiten, um alles Erforderliche zu organisieren. Koike steckte einen großen Teil seiner eigenen Ersparnisse in dieses Projekt. Am 19. Mai schrieb Doris Nyiregyházi ohne Wissen ihres Mannes einen sechsundzwanzigseitigen Brief an seine japanischen Gastgeber, um sie über seine Bedürfnisse und Ängste, seine Unsicherheit und Schwächen in Kenntnis zu setzen:

> Ervin genießt es sehr, wenn er entgegenkommend sein kann und die Dinge reibungslos laufen. Er möchte nicht unkooperativ sein.
> Wenn Ervin – wie manche Leute sagen würden – negativ reagiert, ist das in der Regel die Folge seiner großen Schüchternheit, seiner Unsicherheit und seiner Angst davor, in eine Situation zu geraten, die er als beschämend empfinden könnte. Dann verhält er sich entweder barsch oder ergreift die Flucht. Das kann auch die Folge verletzter Gefühle sein, wenn er spürt, dass Menschen ihn nicht mögen, ihn für »einen Dreckskerl« oder für minderwertig halten.
> Mehrfach pro Woche beklagt sich Ervin beispielsweise bei mir über die langsame Bedienung einer Kellnerin oder darüber, dass sie nicht gleich Eiswürfel mitgebracht hat, und so weiter – und das, ohne dass er mit der betreffenden Person über die jeweilige Situation gesprochen hätte. »Warum tut sie das nicht für mich? Was stimmt mit mir nicht? Für Präsident Carter oder für Horowitz würde sie es gleich bringen, doch sie denkt, dass ich ›ein Dreckskerl‹ bin, und deshalb tut sie es nicht für mich. Warum hasst sie mich? Sehe ich ihr nicht männlich genug aus? Sie lächelt mir nie zu, aber sie lächelt Männer an, die wie derbe LKW-Fahrer aussehen. Warum hasst sie mich? Was habe ich falsch gemacht?« und so weiter. Manchmal berechnet eine Kellnerin Ervin zu viel. Er ist zu schüchtern, um sie darauf anzusprechen, aber fragt mich dann, ob er so dumm aussieht, dass sie denkt, sie könne ihn übers Ohr hauen.

Er prüft auch noch den letzten Cent und steckt das Wechselgeld in eine leere Tasche, damit er es zu Hause in seinem Zimmer nachzählen kann, als wolle er die Kellnerin nicht beleidigen ...
Das wichtigste Thema in Ervins Leben ist – vielleicht sogar noch vor der Musik – das Bedürfnis, sich respektiert zu fühlen. Er braucht das noch stärker als das Gefühl, geliebt zu werden. Alles, was ihm widerfährt, wird nicht so sehr danach beurteilt, ob er gemocht, geliebt oder geschätzt wird, sondern danach, ob er respektiert wird.

Sie machte die beiden Japaner darauf aufmerksam, dass er beim Gehen Hilfe brauche, im Umgang mit Tastentelefonen, Meeresfrüchten und Essstäbchen ungeschickt sei und dass er von der japanischen Sitte befreit werden sollte, seine Schuhe auszuziehen. Er habe Angst vor Menschenmengen und fürchte sich davor, ausgeraubt zu werden, sollte also in einem Auto gefahren und nicht in einen Zug gesetzt werden. Japanische Mädchen sollten in seiner Anwesenheit nicht kichern, da er Angst davor habe, ausgelacht zu werden. Kinder und Tiere sollten sich nicht in seiner Nähe aufhalten. Man sollte ihn zweimal, aber *niemals dreimal* fragen, ob er einen Drink haben möchte. Außerdem sollte immer Schnaps verfügbar sein, da er zu schüchtern sei, danach zu fragen. Ervin sollte nicht gebeten werden, Privatkonzerte zu geben, und nicht zu Aufführungen anderer Pianisten mitgenommen werden. Wenn man in seiner Gegenwart positiv über andere Pianisten spreche, fühle er sich wie »auf dem Prüfstand«. Und so weiter. Die Reaktion auf Ratschläge wie die folgenden kann man sich nur vorstellen:

> Er nimmt drei Unterhosen mit. Es ist ihm sehr peinlich, wenn jemand seine Unterwäsche sieht, also sollte man ihn nicht fragen, ob er wolle, dass man für ihn wäscht. Selbst vor mir hält er sie versteckt, wenn sie schmutzig ist, steckt sie in eine Tasche, bringt sie zu einer Wäscherei und lässt mich versprechen, sie nicht anzusehen, da es ihm peinlich wäre. Möglicherweise lässt er Sie seine Unterwäsche zur Wäscherei bringen – aber nur, wenn Sie ihm eine Papiertüte geben und später wiederkommen, um sie abzuholen. Bestehen Sie nicht darauf.

Doris machte sich zu Recht Sorgen, denn Koike und Sekikawa waren ohne es zu ahnen kurz davor gewesen, ihren Plan schon früh zu unterminieren:

> Im Augenblick hat er vor, zu reisen, doch er sagt auch, dass er noch nicht sicher ist. Warum? Er fühlte sich gedrängt, als Sie darauf bestanden, dass er Ihnen privat vorspielen solle – insbesondere, als Sie um die »Mondscheinsonate« baten. Er hat große Angst davor, ein Stück zu spielen, dass die Zuhörer gut kennen ... Als Sie ihm sagten, dass ihn einige Menschen musikalisch ablehnen, haben Sie ihn wirklich erschreckt. Er ist wegen dieser Reise sehr aufgeregt ...
> Er fragt sich, wie lange er bleiben soll, und fürchtet vor allem, dass ein langer Aufenthalt »Vorspiele« mit sich bringen werde, dass er wie ein ängstlicher Gefangener zum Spielen gezwungen werden könnte ...
> Ervin hat zugestimmt, nach Japan zu reisen, da die Bitte geäußert wurde, bevor Sie darauf bestanden haben, dass er privat für Sie spielt, und bevor Sie von einem Vorspiel für einen Manager in Japan sprachen, der nicht viel von Ervin hält. Danach wollte er aus Angst vor Erniedrigung tatsächlich einen Rückzieher machen.
> Sein ganzes Leben lang hat er Japan bewundert, aber das alte kaiserliche Japan der äußersten Höflichkeit, in dem die Menschen seiner Vorstellung nach sehr leise sprechen, zurückhaltend und nicht aufdringlich sind. Nun fürchtet er sich vor dem neuen Japan, das er mit fehlender Zurückhaltung und eventueller Aufdringlichkeit gleichsetzt, in dem man ihn zu etwas drängen könnte, was er nicht tun möchte.

Doris war sich allerdings sicher, dass Ervin, wenn er erst einmal in Japan war, auch auftreten werde, wenn nicht etwas ganz Gravierendes passierte. Nyiregyházi nahm die Angelegenheit ernst und erstellte lange, umfangreiche – ja, sogar gewagte – Listen mit möglichem Repertoire, die viel über seinen Einsatz für diese Konzerte aussagten.

Am 28. Mai kam er in Tokio an – alleine. Doris war ebenfalls eingeladen worden, fuhr jedoch nicht mit. Später erzählte Nyiregyházi einem Freund, ein Grund dafür sei gewesen, dass er unsicher war, wie er spielen werde, sie nicht enttäuschen wollte und sogar fürchtete, sie könne ihn nicht mehr lieben, wenn er schlecht spielte. Im März waren seine Besucher von seiner alten, schäbigen Erscheinung überrascht gewesen, doch der Mann, der nun aus dem Flugzeug stieg, strahlte »Würde und Erhabenheit« aus, wie Koike sich erinnerte. Die Konzerte am 31. Mai und 1. Juni im kleinen Konzertsaal der Musikhochschule lockten Menschen aus ganz Japan an. Nyiregyházi gab das Programm zuvor nicht bekannt, sondern folgte der Inspiration des Augenblicks. Er spielte (aus dem Gedächtnis) Werke, die für ihn eine besondere Bedeutung hatten. (Schließlich präsentierte er vor allem Stücke, die er in den siebziger Jahren aufgeführt und eingespielt hatte.) Seine Zuhörer behandelten ihn respektvoll, saßen still und oftmals mit geschlossenen Augen da. Natürlich lachte niemand (wie er gefürchtet hatte), als Koike ihn ans Klavier führte. Obwohl Doris empfohlen hatte, dass man ihm Alkohol anbot, um seine »erdrückenden Hemmungen« zu überwinden, bestand er darauf, nüchtern zu spielen. Ausnahmsweise einmal fühlte er sich wohl genug, um ohne seine üblichen Hilfsmittel spielen zu können. Bei gesellschaftlichen Veranstaltungen wurde er geehrt, mit Geschenken überhäuft und von seinen Gastgebern, der Öffentlichkeit und der Presse königlich behandelt. Im Gegenzug war er untypischerweise gesellig und blieb nach seinen Konzerten noch zwei Wochen in Japan, bevor er wieder nach Hause reiste.

Die Konzerte brachten Geld ein, und Nyiregyházi war mit ihnen zufrieden. Er hatte sich inspiriert gefühlt, wie er sagte, und war deutlich weniger nervös gewesen als bei den Aufnahmen für das IPA. Die Verwandlung des alten Mannes in eine musikalische Gewalt am Klavier bewegte viele Zuhörer. Zugegebenermaßen war seine Technik nun in einem noch schlechteren Zustand als 1978, doch er verfügte noch immer über große emotionale und klangliche Möglichkeiten. Sein Spiel war extremer geworden, seine Interpretationen noch freier, ausgedehnter und klarer geplant. Das Publikum war von seinen äußerst originellen und sehr persönlichen Interpretationen beeindruckt. Bei düsteren, besinnlichen und lyrischen Werken – Intermezzo in es-Moll von Brahms, Chopins Mazurka in a-Moll (KK IIb/Nr. 5), Debussys »Pagodes« – und bei Chor- beziehungsweise Opernmusik von Liszt, Verdi und Wagner konnte er noch immer in tiefe, dunkle Gefühle eintauchen. Und in einfachen, kleinen Liedern wie Schuberts »Heidenröslein« konnte er herzzerreißende Schönheit und Schwermut entdecken.

Einige japanische Zuhörer – insbesondere junge Menschen – bewunderten seinen kompromisslosen Idealismus sowie seine gegen das Establishment gerichtete Haltung und hörten in seinem Spiel Erhabenheit und Tiefe. Wie Koike und Sekikawa gehofft hatten, sahen einige in ihm den gealterten Meister, eine spirituelle oder religiöse Figur, sogar einen Heiligen – einen Künstler mit einer wichtigen Botschaft, dessen Geringschätzung gegenüber weltlichen Dingen ein Beweis für seine Weisheit und Integrität war. Doch sogar in Japan wurden die sensationellen Einzelheiten seines Lebens diskutiert und gelegentlich eigennützig übertrieben: Eine Veröffentlichung der Musikhochschule sprach von »seinem ersten öffentlichen Auftritt nach über 50 Jahren« (genau genommen waren es jedoch kaum sieben Jahre). Außerdem gestanden Koike und Sekikawa ein, dass die positive Presseresonanz teilweise manipuliert war: Die Medien willigten ein, aus Rücksicht auf die ästhetischen Absichten von Koike und Sekikawa negative Punkte zu verschweigen. In der Tat stieß sein Spiel jedoch aus den üblichen musikalischen Gründen auch auf Ablehnung. Ein Zuhörer des ersten Konzerts berichtete, dass er aufgrund Nyiregyházis technischer Schwierigkeiten Unbehagen im Publikum gespürt hatte; und viele professionelle Musiker und Akademiker lehnten ihn vollständig ab. Doch für die Presse war Nationalstolz ein wichtiger Faktor. Die Japaner konnten sich damit brüsten, dass Nyiregyházi nur in *ihrem* Land die verdiente Anerkennung als Künstler finden konnte.

Nyiregyházi war gerührt von dem Respekt, mit dem er in Japan behandelt und empfangen wurde. Die gelassene Reaktion vieler Japaner passte hervorragend zu seinem eigenen Selbstbild. Er hatte das japanische Volk schon immer für seine Würde und

Aufrichtigkeit, für seinen Ernst im Umgang mit Musik und sein Streben nach etwas Höherem als nach der amerikanischen »Hot-Dog-Kultur« bewundert, wie er sagte. Andernfalls hätte er wohl niemals das für ihn allergrößte Zugeständnis gemacht, Konzerte zu geben, oder sich später an diese Reise als an die »Erfüllung eines Kindheitstraums« erinnert.

Koike und Sekikawa spürten eine starke spirituelle Verbindung mit Nyiregyházi und behandelten ihn mit größter Hochachtung. Nach seiner Abreise hielten sie einen herzlichen Kontakt mit ihm aufrecht. Zu Koike entwickelte sich eine besonders enge, väterliche Verbindung; Koike sprach von ihm als »mein Lehrer« und »mein Vater«, von sich selbst als »Ihr Schüler« oder »Ihr Sohn« und betrachtete ihn als einen Meister, der mit Beethoven und Liszt auf derselben Stufe stand. Rund um Nyiregyházi entstand nun eine neue Heimindustrie. Dankbar stimmte er der Gründung eines »Nippon Nyiregyházi Kyokai« zu, das sein erstes Treffen am 7. Dezember in Tokio abhielt. (Auf Englisch wurde es als »The Ervin Nyiregyházi Institute in Japan« bezeichnet.) In dessen Gründungsurkunde wurde er in den höchsten Tönen gelobt: »Er hat uns einen neuen Zugang zur Musik eröffnet, der es uns ermöglicht, einen Blick auf die universelle und harmonische Welt der Musik zu werfen, und uns auf eine Erweiterung des Kosmos hoffen lässt. Man kann mit Sicherheit sagen, dass das Wesen seiner Musik voller Liebe und Frieden das große Universum selbst ist. Die Musik von Sir [sic] Ervin Nyiregyházi wird unsere Seele auch weiterhin reinigen wie ein ›Brunnen der Ewigkeit‹.«

Das Institut hatte ehrgeizige Ziele: Aufnahmen, Dokumentarfilme, Veröffentlichung von Kompositionen, regelmäßige Bekanntmachungen mit Schriften von und über Nyiregyházi (die erste erschien im Juni 1981), regelmäßige Treffen, um über seine Aufführungen zu diskutieren, Konzerte und Vorlesungen sowie andere Veranstaltungen, die durch ihn inspiriert waren. Außerdem sollte er finanziell unterstützt werden. Er war nicht aus finanziellen Gründen in Japan aufgetreten und hatte sogar voller Stolz

Koikes Angebot abgelehnt, ihm einige neue Anzüge zu kaufen.[1] Mit seinen Gastgebern sprach Nyiregyházi nie über Geld, und es gab auch keinen Vertrag zwischen ihnen, doch sie versuchten trotzdem, seine Kosten zu decken. Als er in Japan war, gab Koike ihm mehrere Millionen Yen (einige Tausend Dollar), die er ohne sie anzusehen in seine Tasche steckte. Eine Zeitlang schickte das Institut ihm regelmäßig Geld.

Schon im Juli 1981 wollte das Institut ihn für Konzerte anlässlich der offiziellen Eröffnung der Musikhochschule in Takasaki wieder zurückholen. Diese Pläne scheiterten zwar, doch die Japaner umwarben ihn weiterhin. In jenem Sommer reiste Koike nach Los Angeles, und nach mehreren Tagen konnte er Nyiregyházi überreden, im Januar 1982 wieder nach Japan zu fahren, um dort zwei Konzerte zur Feier des einjährigen Jubiläums der Hochschule zu spielen. Außerdem brachte Koike ihn dazu, einen Konzertabend mit seiner eigenen Musik zu geben – das hatte er seit 1937 nicht mehr getan.[2] Koike schlug sogar vor, dass er nach Japan umziehen und als Professor an der Musikhochschule lehren könne; tatsächlich schien Nyiregyházi dieser Idee nicht abgeneigt zu sein.

Im Herbst 1981 erschien auf dem japanischen Markt bei dem Label Toshiba-EMI ein Set mit zwei Alben (LRS-770/71) unter dem Titel *The Messengers of Peace, Part 1: Revelation of Music by Nyiregyházi*. Es enthielt elf Aufnahmen der Konzerte aus dem Jahr

---

[1] 1984 komponierte er ein Stück, zu dem er durch die alten Schuhe inspiriert worden war, die er unbedingt bei seinen Konzerten in Japan tragen wollte, um seine Verachtung für jene auszudrücken, die »sich wie Affen kleiden und Scheiße spielen«; er zog es vor, sich schäbig anzuziehen und elegant zu spielen. Der Titel seiner Komposition lautet: *Like Me, Like My Dog. Like Me, Like My Shoes*.

[2] 1980 baten Koike und Sekikawa ihn um die Erlaubnis, seine Kompositionen veröffentlichen zu dürfen, doch er wollte nicht, dass sie herausgebracht wurden, solange er lebte. Wie er sagte, wollte er keine Kritik an seinen Stücken vernehmen, und darüber hinaus könne nur er selbst sie richtig spielen. In den 1980er Jahren spendete er der Musikhochschule jedoch mehrere Bündel Manuskripte.

1980,³ ein Begleitheft mit Einzelheiten zu Nyiregyházis Besuch, Fotos, seinen eigenen Covertext sowie einen Essay von Harold Schonberg. Die erste Auflage des Sets war schnell ausverkauft, so dass eine zweite produziert werden musste, um die Nachfrage zu befriedigen, da in Japan das öffentliche Interesse an Nyiregyházi nach wie vor groß war.

Die Konzerte des Jahres 1980 hatten zwar ziemlich viel Aufmerksamkeit seitens der Medien erfahren, waren aber klein und in Eile organisiert gewesen. Nyiregyházis zweiter Besuch in Japan war eine größere Angelegenheit. Koikes Hochschulkollegen, die 1980 zu Nyiregyházis Gegnern gezählt hatten, wollten die Konzertreise nicht finanziell unterstützen, da sie der Meinung waren, dass er als Musiker ein »Schwindler« und nicht geeignet sei, die Hochschule zu repräsentieren. So waren Koike und Sekikawa gezwungen, die Lehranstalt unter Druck zu setzen: Sie gaben die Neuigkeit, dass Nyiregyházi wieder nach Japan komme, an die Presse, so dass die Hochschule sich nicht mehr zurückziehen konnte, ohne das Gesicht zu verlieren. Dennoch weigerte sie sich, die finanzielle Verantwortung zu tragen, die schließlich Koike und Sekikawa persönlich übernahmen. Die beiden schafften es, als Sponsoren das japanische Außenministerium, die International Communication Foundation, den Sender NHK, die Zeitungen *Yomiuri Shimbun* und *Jomo Shimbun* sowie einflussreiche Privatpersonen zu gewinnen, die das Institut in den Bereichen Politik, Literatur, Journalismus, Film, Musik, Rundfunk sowie in der akademischen Welt gefunden hatte. Bunta Sugawara, ein bekannter

---

³ Sie umfassten vier Werke von Liszt (»Sunt lacrymae rerum«, »Les jeux d'eau à la Villa d'Este«, den »Marsch der Kreuzritter« aus *Die Legende der heiligen Elisabeth* sowie »Die Hirten an der Krippe« aus *Christus*), Tschaikowskys *Romance* in f-Moll sowie eine Paraphrase über Lenskys Arie aus dem zweiten Akt von *Eugen Onegin*, Blanchets »Im Garten des alten Serail«, Debussys »Pagodes«, Griegs »Aus jungen Tagen« (eines der *Lyrischen Stücke*), Schuberts Lied »Heidenröslein« und eine Paraphrase über zwei Nummern von Wagner (der »Chor der Friedensboten« aus dem zweiten Akt von *Rienzi* sowie der Brautzug und der Chor aus dem zweiten Akt von *Lohengrin*).

Star der Yakuza-Filme, war ein großer Fan von Nyiregyházi und rührte in einer im Fernsehen übertragenen Musikshow eifrig die Werbetrommel; außerdem konnten mit seiner Hilfe Unterstützung durch die Regierung und die Medien gewonnen und einige Widerstände gebrochen werden.

Bei seiner Ankunft in Tokio am 4. Januar 1982 wurde Nyiregyházi ein stürmischer Empfang bereitet. Nach zwei Tagen in Tokio fuhr er weiter nach Maebashi, der Hauptstadt der Gunma-Präfektur, nicht weit von Takasaki entfernt. In den Tagen vor den Konzerten gewann er die Zuneigung der Einheimischen durch schmeichelhafte Bemerkungen wie: »Ich möchte nirgendwo anders spielen als in Japan« oder »Das japanische Publikum ist fantastisch. Ich kann mich in Japan geistig erholen.« Mit Bewunderung nahm man wahr, dass er seine freie Zeit mit Kontemplation statt mit Klavierüben verbrachte.

Am 10. Januar präsentierte er im Gunma Music Centre in Takasaki die – wie seine Gastgeber es (fälschlicherweise) beschrieben – »Historische Welturaufführung« seiner eigenen Musik. Sein Programm umfasste sieben Werke, die er in den 1930er und 1940er Jahren komponiert hatte; zwei der Stücke, die in den Kriegsjahren entstanden waren, wiesen eine Verbindung zu Japan auf. Der zweitausend Zuhörer fassende Saal war deutlich überfüllt. (Auf Nyiregyházis Bitte hin waren auch auf die Bühne Stühle gestellt worden, damit er sich dem Publikum näher fühlen konnte.) Wiederum zog er Menschen aus ganz Japan an. Doch es gab erneut einen Unterschied zwischen der »offiziellen« Reaktion und den tatsächlichen Gefühlen der Anwesenden. Trotz einer kulturbedingten Empfänglichkeit für ernste und meditative Musik waren einige Zuhörer verwirrt und gelangweilt durch die unerbittlich langsamen, bedrückenden Kompositionen. (Da er Angst vor den Reaktionen hatte, hätte Nyiregyházi beinahe das Konzert abgesagt, wie Sekikawa sich erinnerte.) Die Tatsache, dass er die Tasten mit Blut befleckte, überzeugte jedoch viele Zuhörer von seiner Hingabe an die Musik.

Erneut wurde er bei gesellschaftlichen Veranstaltungen gefeiert und erschien uncharakteristisch entspannt. Am 11. Januar spielte bei einem dieser Anlässe ein dreizehnjähriges Mädchen ein Stück auf dem Klavier, das es – inspiriert von seinem Leben – selbst komponiert hatte; als er es liebevoll lobte, schluchzte es unkontrolliert. Am 19. Januar wurde sein neunundsiebzigster Geburtstag im New Otani Hotel in Tokio gefeiert. Dazu hatten sich rund siebzig Personen, einschließlich einiger japanischer Prominenter, versammelt. Zwei Tage später gab er sein zweites Konzert, diesmal im Dai-ichi Seimei-Saal in Tokio. (Die siebenhundert Plätze waren lang im Voraus ausverkauft, doch in letzter Minute wurden noch Stehplatzkarten verkauft und Stühle auf die Bühne gestellt.) Diesmal kehrte er zu einem typischen Konzertprogramm mit Werken von Liszt zurück, das jedoch auch den langsamen Satz von Rachmaninows Klavierkonzert Nr. 2 umfasste. Später bestand er darauf, dass das Konzert in Tokio das beste seines Lebens gewesen sei, und erklärte, dass er niemals wieder öffentlich auftreten werde. Und so kam es auch.

Nyiregyházi war nun in Japan ein nationales Phänomen, Thema Dutzender Berichte in Zeitungen und Magazinen sowie von Pressemeldungen in Rundfunk und Fernsehen. Außerdem wurde eine NHK-Dokumentation über ihn gesendet. Wiederum war die Berichterstattung größtenteils schmeichelhaft. Er beschrieb sein eigenes Werk als »einen Schlag gegen die Blindheit der modernen Musikwelt«. In Japan wurde er von vielen Menschen bewundert, weil er eine Kultur für sich und mit dem modernen Leben nicht unter einen Hut zu bringen war. Der Musikkritiker Masami Warashina berichtete nach dem Konzert vom 10. Januar, dass Nyiregyházi ihm vorgekommen war wie durch einen »Zeitsprung« aus dem neunzehnten Jahrhundert in die heutige Zeit versetzt: »Möglicherweise ist er der letzte Interpret, der seine eigene Welt erschafft, ohne sich für das Publikum zu prostituieren. Er hat etwas, das andere moderne Künstler nicht haben. Er ist ein bedeutsamer Gegenpol zum zwanzigsten Jahrhundert.« Da die Medien teilweise seinen Besuch gesponsert hatten, waren natürlich manche der Berichterstattungen eigennützig. Auch in diesem Fall gab es einige nichtöffentliche sowie einige publizierte Meinungsverschiedenheiten. So teilte beispielsweise der Komponist

Toru Takemitsu Sekikawa mit, dass Nyiregyházi seiner Meinung nach »geistesgestört« sei.

Unter den Andersdenkenden war auch Harold Schonberg, den man zu Vorlesungen während Nyiregyházis Aufenthalt eingeladen hatte. Er verlieh den Veranstaltungen Prestige. Im *Yomiuri Shimbun* wurde er mit freundlichen Anmerkungen über das Konzert vom 10. Januar zitiert, doch privat hegte er nun große Zweifel an Nyiregyházis Spiel und seiner Wiederentdeckung.[4] In einem Interview tat er 1997 das Interesse seiner Gastgeber an Nyiregyházi als »Ahnenkult« ab und sprach vernichtend über das Konzert vom 21. Januar: »Damals konnte er überhaupt nicht mehr spielen, um ehrlich zu sein. Doch er setzte sich hin und stolperte über die Tasten, und jeder brach in ›Ahs‹ und ›Ohs‹ aus. Ich war so schockiert, dass ich mich irgendwie zurückzog.« Der Rachmaninow sei »unglaublich schlecht« gewesen, meinte er. In der Pause verließ er mit seiner Frau den Konzertsaal. »Und sie haben mir niemals verziehen, dass ich weggegangen bin. Das war ein furchtbarer Verstoß gegen die Etikette.«

Lange aufgestaute Enttäuschung kann eventuell Schonbergs Reaktion erklären, denn der Mitschnitt des Klavierkonzerts von Rachmaninow ist eines der bewegendsten Dokumente von Nyiregyházis Kunst. Es ist weniger eine Aufführung als eine Meditation über die Partitur, bei der die Orchesterstimmen und das Klavier zu einer einzigen Darstellung verwoben sind. Das Tempo

---

[4] Im April 1979 besuchte Nyiregyházi ein Festival in Tucson (Arizona), bei dem Schonberg einen Vortrag über romantisches Klavierspiel hielt. Er war verletzt, dass Schonberg keine Beispiele seines Spiels nutzte: »Ich schöpfte Verdacht! Er hatte nicht den Mut, meine Aufnahmen vorzuspielen.« Im Herbst 1981 fühlte er sich durch einen Essay beleidigt, den Schonberg für die Toshiba-EMI-Veröffentlichung geschrieben hatte. Obgleich er »vollste Bewunderung für diese einzigartige Persönlichkeit« vorgab, sprach Schonberg nicht nur von den Vorzügen, sondern auch von den Fehlern in Nyiregyházis Spiel und betrachtete ihn als eine Art Fossil, das eher als historisches Dokument dient denn als Vorbild. (Er überarbeitete den Essay, als ihm von Nyiregyházis Reaktion darauf berichtet wurde.) Als die zweite Auflage von Schonbergs beliebtem Buch *The Great Pianists* im Jahr 1987 – Nyiregyházis Todesjahr – veröffentlicht wurde, enthielt es keinen Hinweis auf ihn.

ist erstaunlich langsam, der Klang der Melodie gewaltig wie der einer großen Opernstimme, und das expressive Potential jeder Geste wird rückhaltlos ausgekostet. Die Aufführung ähnelt keiner anderen dieser bekannten Musik; nach allen konventionellen Standards ist sie wunderlich und seltsam anziehend durch ihre ganz eigenen Werte: Die großen Klavierakkorde der letzten Seiten erinnern unter Nyiregyházis Händen beispielsweise an das langsame, traurige Läuten großer Glocken. Wäre Schonberg nicht nach der Pause gegangen, hätte er noch äußerst lyrische Versionen von Liedern der Komponisten Schubert und Grieg zu hören bekommen, eine klanglich verführerische und ungewöhnlich zarte Interpretation von Liszts »Au lac de Wallenstadt« sowie eine Darbietung der *Ungarischen Rhapsodie* Nr. 13. Letztere bietet – trotz einigem verzweifelten Stolpern auf den virtuosen letzten Seiten – eine Lektion in der Improvisationskunst im Zigeunerstil. Obwohl Nyiregyházi bei diesem Konzert schon auf die achtzig zuging, konnte er am Klavier trotzdem noch eine einzigartige und äußerst emotionale Anziehungskraft ausüben.

Nyiregyházi geht nach seinem Konzert im Dai-ichi Seimei Saal in Tokio am 21. Januar 1982 gestützt von Tetsuji Koike zwischen den jubelnden Zuschauern hindurch von der Bühne.

Eine Woche später kehrte er nach Los Angeles zurück. Kurz vor seiner Abreise verabschiedete er sich in seinem Hotel offiziell vom japanischen Volk mit einer kleinen Ansprache, die veröffentlicht wurde: »Ich bin der japanischen Nation sehr dankbar für das Wohlwollen und das Verständnis, das sie meinen künstlerischen und geistigen Ideen entgegengebracht hat, die ich in meinen Aufführungen zum Ausdruck gebracht habe. Aus diesem Grund gehören meine beiden Konzerte in Takasaki und Tokio zu meinen herausragendsten spirituellen Erfahrungen. Japan steht für die Hoffnung auf Idealismus und dessen Verwirklichung.« Und so meinte er es auch.

Allerdings war seine Popularität selbst in Japan nur von kurzer Dauer, da es nicht genügend aufrichtige Wertschätzung für seine Kunst gab, um die Aufmerksamkeit auch dann noch zu halten, nachdem der Reiz des Neuen verflogen war. Auch das Institut konnte seine ehrgeizigen Pläne nicht verwirklichen und überlebte Nyiregyházis Besuch im Jahr 1982 praktisch nur auf dem Papier. Jene, die mit der Organisation des Instituts zu tun hatten, waren erschöpft; und da die Aktivitäten teuer gewesen waren, blieben Schulden zurück, die lange abbezahlt werden mussten. (Koike hatte die Konzerte und andere Veranstaltungen filmen lassen, wodurch hohe Kosten entstanden waren.) Auch die Plattenfirmen zeigten kein Interesse mehr an ihm: Teil 2 von *The Messengers of Peace* wurde nicht produziert; und Koike hatte nicht die Mittel, um die Aufnahmen selbst auf den Markt zu bringen. Nyiregyházi wünschte sich insbesondere eine Veröffentlichung des Konzerts in Tokio und war verletzt, als er feststellen musste, dass er auch in Japan nur eine Modeerscheinung war. Typischerweise gab er manchmal seinem größten Förderer, Koike, die Schuld daran, dass sein Ruhm in Japan nicht anhielt. Trotzdem reiste Koike im Februar 1982 nach Los Angeles, blieb Nyiregyházis Bewunderer und Fürsprecher und hatte weiterhin eine starke, emotionale Verbindung zu ihm. (»Seine Energie hat mein Leben verändert«, erzählte er 2004.) Nyiregyházi war zwar verbittert durch das neuerliche flüchtige Comeback, doch er erinnerte sich für den Rest seines Lebens gern und dankbar an seine Besuche in Japan.

26
Die Sonne geht unter

Doris Nyiregyházi kümmerte sich während seiner letzten Lebensjahre weiterhin mit anscheinend grenzenloser Geduld um ihren Mann. 1984 vermerkte sie ihre Vorsätze für das neue Jahr in ihrem Terminkalender: »Das Wichtigste: eine gute Ehefrau sein.« Und 1985 erschien in einer örtlichen Tageszeitung am Valentinstag die folgende Botschaft: »Ich verehre Ervin Nyiregyházi, den süßesten, besten Ehemann der Welt. *Doris*.« Ihr Lebensstil war unverändert. 1983 belief sich das Einkommen aus ihrer Arbeit bei der Post auf 24.000 Dollar. Da seine Einkünfte aus den Aufnahmen versiegt waren, steuerte er wenig mehr als ein paar Tausend Dollar pro Jahr aus den Altersbezügen bei – kaum genug, um die 300 Dollar Miete pro Monat zu bezahlen. (Tetsuji Koike schickte ihm in den achtziger Jahren regelmäßig ein paar Hundert Dollar.) 1981 musste Doris die Geldsendungen an ihre Tochter einstellen. Sie war häufig erschöpft, krank und sozial isoliert. Am 15. März 1985 schrieb sie in ihren Kalender: »Niemand schickt mir eine Karte, nicht einmal an meinem 50. Geburtstag.«

Auch Nyiregyházi hatte nur wenige Freunde. Ricardo Hernandez lebte zwar in San Francisco, hielt aber Kontakt durch Briefe, Anrufe und gelegentliche Besuche. Doch selbst auf die Entfernung war Nyiregyházi pflegeaufwändig. Da er seiner Meinung nach von vielen Menschen fallen gelassen und betrogen worden war, als er nicht mehr im Rampenlicht stand, brauchte er von seinen Freunden immer mehr Aufmerksamkeit und tadelte selbst ergebene Fürsprecher wegen der geringsten Fehltritte und Versäumnisse. Koike schickte viele Briefe, Geburtstagsgrüße, Geschenke und Geld; doch wenn es in ihrer Korrespondenz zu irgendeiner Unstimmigkeit kam, war Nyiregyházi schnell verärgert – trotz Koikes Entschuldigungen von einem »schlechten Schüler« und »bösen Sohn«.

Er dachte noch immer über Auftritte nach und war sogar offen für den 1982 in Japan erwähnten Vorschlag, eine Konzertreise durch China zu unternehmen. Im Herbst 1983 setzte er sich in den Kopf, des größten Sohnes seiner Heimat mit einem Liszt-Konzertabend in Ungarn zu gedenken, und unterbreitete sein Projekt dem Kultusministerium. Der internationale Konzertveranstalter Interkoncert in Budapest lud ihn ein, dort im Oktober des nächsten Jahres aufzutreten. Obwohl er nicht mehr Unterstützung als ein bescheidenes Honorar und eine Unterkunft vor Ort angeboten bekam, nahm er dankend an. So plante er mit Doris eine zweiwöchige Reise mit Aufenthalten in Barcelona, Palma de Mallorca, Paris und Wien, da er sich nach diesen altbekannten Orten sehnte und sich darauf freute, sie seiner Frau zu zeigen. Außerdem begann er, über das Programm für das Konzert nachzudenken. Schließlich sagte Interkoncert jedoch ab – offenbar aufgrund von Terminproblemen. Alles, was von diesem Plan blieb, war ein Werk, das Nyiregyházi nach der Absage komponierte; es basierte auf einem patriotischen Gedicht, mit dem er sich als Kind beschäftigt hatte, und trug den ergreifenden Titel *Cherished Place of My Birth Will I Ever See You Again?*.

Seine pianistischen Fähigkeiten hatte er nicht vollständig eingebüßt. Eines stürmischen Tages im Jahr 1984 hatte er während eines Besuchs bei Hernandez in San Francisco das Bedürfnis, zwei Werke von Liszt zu spielen, und erlaubte seinem Gastgeber, sie auf Band aufzunehmen: »Aux cyprès de la Villa d'Este« Nr. 2 und »Die Hirten an der Krippe« aus *Christus*. Es sind äußerst meditative, nachdenkliche Interpretationen mit einem vollen, orchestralen Klang, wenn auch mit wenig Technik gespielt. Diese beiden Stücke sind die letzten erhaltenen Aufnahmen seines Klavierspiels. Und es ist vielleicht nicht unpassend, dass seine Karriere im Alter von einundachtzig Jahren mit jenen ätherischen A-Dur-Akkorden am Ende des Hirtenlieds enden sollte, die er auf einem verstimmten Klavier für einen einzigen Zuhörer spielte.

Inzwischen war das Interesse an ihm fast vollständig erloschen. Seine Aufnahmen verkauften sich – trotz der Bemühungen von Koike, Gregor Benko, Neil Levenson und anderen – weiterhin schleppend. Benko trug sich noch immer mit dem Gedanken, eine Biografie zu schreiben, und konnte schließlich Marc Goodman für die Idee gewinnen. Dieser war ein Klavier- und Klavierwalzen-Liebhaber sowie Leiter der Abteilung für audiovisuelle Medien an der Case Western Reserve University in Cleveland (wo er heute als Antiquitätenhändler arbeitet). Er schloss mit Nyiregyházi per Brief und Telefon Freundschaft und besuchte ihn mehrfach. Die beiden wurden enge Freunde; Goodman zog sogar für zwei Jahre nach Kalifornien, um in seiner Nähe zu sein. Er kannte Benko seit den späten sechziger Jahren und erhielt von ihm Fragen, die er dem Pianisten stellte. Goodman nahm im August 1980 drei Interviews mit Nyiregyházi auf Band auf, doch die Idee, eine Biografie zu schreiben, wurde bald darauf aufgegeben. In seinen letzten Lebensjahren gab es noch eine andere Person, die eine Biografie über ihn verfassen wollte: Paul Hartman, einen in Kanada geborenen Arzt und Pianisten mit weit reichenden intellektuellen und kulturellen Interessen. Im März 1985 hatte der damals Sechsundzwanzigjährige einen Einjahresvertrag in der Neurochirurgie der University of Toronto, interviewte Nyiregyházi und baute eine freundschaftliche Beziehung zu ihm und Doris auf. Später folgten Telefonate, Briefe und weitere Interviews im August und September 1986, als Hartman nach Australien umgezogen war.

Auch Doris dachte darüber nach, die Biografie ihres Mannes zu schreiben.[5] Zum Teil wurde sie durch ihre Empörung über den »lächerlichen Quatsch« und die »Lügen und Entstellungen« in so vielen Artikeln über ihn motiviert, wie sie schrieb. Ab Februar 1981 nahm sie Gespräche mit ihrem Ehemann auf Band auf. Teilweise sind sie mehrere Stunden lang, und sie betreffen alle Aspekte seines Lebens und seiner Arbeit. Außerdem machte sie sich detaillierte Notizen und recherchierte zusätzlich, um seine Erinnerungen ausgestalten zu können. »Die Geschichte von Ervins Erfahrungen im Leben und seinen Gefühlen, die ich eines

---

[5] In den späten 1960er Jahren hatte Nyiregyházis achte Frau, Margaret, in Erwägung gezogen, seine Biografie zu schreiben. Sie interviewte ihn über sein Leben und begann, sich Notizen zu machen. Doch anscheinend ist nichts von diesen Unterlagen erhalten.

Tages zu schreiben beabsichtige, wird eine der ergreifendsten Darstellungen eines Menschen und Künstlers sein, die jemals erzählt wurde«, schrieb sie.

Nyiregyházi komponierte weiterhin; und Doris, die ihn für einen »ganz großen« Komponisten hielt, war für ihn eine echte Muse. Mit ihrer Ermutigung und Unterstützung war er in seinen letzten Lebensjahren ungewöhnlich produktiv, schuf zahlreiche neue Werke und schrieb viele alte Stücke nieder. Während ihrer Ehe komponierte er mehr als in irgendeiner anderen Phase seines Lebens – fast schon manisch, vielleicht weil er den Druck der Sterblichkeit auf seinem Geist lasten spürte, der noch immer voll war von angestauten Gefühlen und Erinnerungen, die nach einem künstlerischen Ausdruck verlangten. Ende 1985 notierte Doris sich, dass er pro Woche durchschnittlich fünfzehn neue Werke schrieb. Manche entwarf er nur, andere vervollständigte er – gelegentlich vier, fünf, sechs oder sogar noch mehr Stücke an einem einzigen Tag. Häufig arbeitete er in den frühen Morgenstunden oder stand vor Tagesanbruch auf, um zu komponieren, wie damals in seiner Kindheit. Doris half ihm dabei, die vollendeten Werke zu ordnen und auf Mikrofilm zu sichern. In ihren Gesprächen mit ihm entlockte sie ihm sowohl seine Gedanken über das Komponieren als auch Details über Hunderte einzelner Stücke.[6]

Die meisten seiner späten Kompositionen sind kurz und nicht entwickelt – emotionale Momentaufnahmen. Nyiregyházi ließ sich nach wie vor von vielen verschiedenen Dingen inspirieren. Mit zunehmendem Alter wurden seine Gedanken jedoch immer pessimistischer. Ein Großteil seines Spätwerks wirkt in einem Maße traurig, hoffnungslos und mystisch, das selbst für ihn ungewöhnlich ist. Aufführungshinweise wie »langsam«, »schwer« und »düster« tauchen häufig in den Noten auf. Die Titel vieler dieser Stücke beschwören Verzweiflung, Misserfolg oder Symbole des Todes und Abschieds herauf – zum Beispiel *Facing the Bleak Future*,

---

[6] Wie eine zugegebenermaßen nicht ganz eindeutige Notiz von ihr besagt, hat sie ihn möglicherweise aufgenommen, als er einige seiner Werke spielte. Allerdings fand ich in ihrem Nachlass keine solchen Aufnahmen.

Ill Forebodings, The Last Farewell, My Life's Work in Vain, The Sinister Shroud, Utter Resignation, Vanishing Hope. Die seltenen Ausnahmen sind größtenteils Werke, mit denen er Doris huldigte.

Nyiregyházi erfreute sich während seines Lebens – trotz seiner Armut – meist einer guten Gesundheit. In seinen letzten Lebensjahren wurde er im Allgemeinen für jünger gehalten, als er war. Sein Gesicht wurde nicht runzelig, und er hatte auch im Alter noch volles Haar. Außer einer Prostataoperation im Januar 1973 gab es kaum gesundheitliche Probleme. Doch als er auf die achtzig zuging, litt er immer stärker unter körperlichen Gebrechen, musste Ärzte aufsuchen und brauchte Medikamente. Er hatte häufiger eine Magenverstimmung und wenig Appetit. Man verschrieb ihm eine salzarme Diät, Vitamin- und Mineralpräparate sowie Mittel gegen seinen Folsäuremangel. Spätestens ab 1981 bekam er Medikamente, um seinen hohen Blutdruck und den Harnsäurespiegel sowie seine Ängste zu kontrollieren. Sofern erforderlich, nahm er auch Schmerzmittel ein. Im April 1981 berichtete Doris von einigen neurologischen und anderen Tests, auf deren Grundlage eine Art von Anomalie des Kleinhirns vermutet wurde – doch es finden sich in diesem Zusammenhang keine weiteren Hinweise. Ein zur selben Zeit erstelltes EKG wies darauf hin, dass er irgendwann im vorangegangenen Jahr anscheinend einen leichten Herzinfarkt gehabt hatte, ohne es zu bemerken. Seitdem hatte er meist Nitroglycerin bei sich.[7]

Als stolzer Mann, der in Bezug auf seinen Körper schüchtern war, empfand er die Verschlechterung seines Gesundheitszustands als äußerst unangenehm. Wann immer es möglich war, vermied er Demütigungen wie medizinische Untersuchungen. In seinen letzten Lebensjahren benutzte er ein Vergrößerungsglas als Lesehilfe,

---

[7] Die schiefen Lippen, die auf einigen Fotos aus seinen späteren Lebensjahren auffallen, haben dazu geführt, dass manche Menschen vermuteten, er habe eventuell in seinen späten sechziger oder frühen siebziger Jahren einen kleinen Schlaganfall erlitten. Ich fand jedoch keinen Hinweis darauf, dass dies den Tatsachen entsprach. Vielleicht bestand die Ursache vielmehr darin, dass ihm einige Zähne fehlten.

da er sich weigerte, eine Brille zu tragen. Spazierengehen war immer eines seiner größten Vergnügen gewesen, doch ab etwa 1984 konnte er ohne Gehhilfe nicht mehr alleine laufen – und das »bringt mich in echte Verlegenheit«, wie er schrieb. Deshalb ging er nicht mehr gerne aus dem Haus, und in Briefen warnte er zukünftige Besucher vor Unannehmlichkeiten, wenn sie mit ihm spazieren gehen wollten. Manchmal fühlte er sich körperlich schwach oder stürzte. Seine Hände zitterten immer stärker. Doris schrieb nun häufiger Briefe für ihn, und seine Unterschrift sowie Notenmanuskripte strengten ihn an.

Irgendwann Anfang 1985 nahm er Probleme mit seinem Darm wahr. (Doris bemerkte, dass er wenige Ballaststoffe zu sich nahm, sondern lieber Rindfleisch aß.) Er war jedoch zu schüchtern, um zum Arzt zu gehen, bis er trotz Abführmitteln und Einläufen seinen Darm nicht mehr entleeren konnte. Am 15. April musste er sich einer Operation unterziehen, um – wie Doris es in ihrem Tagebuch beschrieb – »eine Verstopfung 15 bis 23 Zentimeter oberhalb des Afters« zu entfernen. Darüber hinaus wurde ihm vorübergehend ein künstlicher Darmausgang gelegt. Zwei Wochen später wurde bei Nyiregyházi Dickdarmkrebs diagnostiziert (Adenokarzinom). Man sagte ihm, dass er ohne eine zweite Operation sterben werde – möglicherweise selbst mit dieser. Am 3. Mai wurden ihm der Mastdarm und der Dickdarm entfernt (abdominal-perineale Resektion) und ein zweiter, dauerhafter Darmausgang gelegt. Seine Ärzte waren zuversichtlich, alle Krebsgeschwüre entfernt zu haben. Wäre es ihm nicht so unangenehm gewesen, über seine Darmprobleme zu sprechen und die erforderlichen Untersuchungen vornehmen zu lassen, wäre der Krebs möglicherweise früher erkannt worden, und seine Behandlung und Genesung wären weniger traumatisch verlaufen.

Am 31. Mai entließ man ihn aus dem Krankenhaus. Er war schwach und bekam Medikamente gegen Schmerzen, Übelkeit und Schlaflosigkeit. Obwohl seine Krankheit sie zutiefst verunsicherte, tat Doris alles für seine Erholung. Sie machte sich detaillierte Notizen über seine Behandlung. Nyiregyházi war kein freundlicher Patient, zumal sein Zustand ihn erbitterte und empfindlich machte. Er geriet beispielsweise in Wut, wenn Doris versuchte, ihn dazu zu bewegen, ein Buch über künstliche Darmausgänge zu lesen: Sein ganzes Leben lang waren Badezimmer und Körperfunktionen für ihn eine Angelegenheit größter Peinlichkeit und Angst gewesen. Doris hatte damals an die Japaner geschrieben: »Er fürchtet, wenn ihn jemand auf der Toilette höre, werde er auf ihn herabblicken. Wenn möglich, sollte er eine eigene Toilette in seinem Zimmer haben, so dass er den Raum nicht verlassen muss, um auf die Toilette zu gehen. Es wäre ihm peinlich, nach der Toilette zu fragen oder eine auf dem Gang zu benutzen.« Dass er nun an Darmkrebs litt, war eine Ironie des Schicksals, und die damit verbundenen Unannehmlichkeiten quälten ihn sehr. Von Zeit zu Zeit riss oder kleckerte der Beutel seines künstlichen Darmausgangs – manchmal auch wenn Doris bei der Arbeit war –, und er konnte sich bei solchen Dingen nicht selbst helfen. Seine Krankheit und die Behandlung hatten allerhand Begleiterscheinungen: Schmerzen, ein trockener Mund, Husten, Schluckbeschwerden, Übelkeit, Appetitlosigkeit, Unwohlsein, Schwäche in Armen und Beinen, eingeschränktes Bewegungsvermögen und Verfärbung der Fingernägel. Manche Nebenwirkungen empfand er als besonders beschämend: Blutungen, übel riechende Absonderungen im Darmbereich, Blähungen, Aufstoßen, Schluckauf sowie Benommenheit.

Seine Gesundheit wurde für beide eine große Belastung – sowohl körperlich, als auch emotional und finanziell. In seinen letzten beiden Lebensjahren musste er viele Untersuchungen und Behandlungen, Transporte im Krankenwagen und Klinikaufenthalte über sich ergehen lassen. Obwohl die staatliche Gesundheitsversorgung für alte Menschen und eine Zusatzversicherung den Großteil der Kosten trugen, mussten trotzdem noch Rechnungen bezahlt und zusätzliche Hilfsmittel besorgt werden. Doris machte Überstunden, um mehr Geld zu verdienen, musste sich aber auch frei nehmen, um ihren Mann versorgen zu können. Sie sah sich Pflegeheime an, doch davon wollte er nichts wissen – Regeln, Einschränkungen –, und sie waren sowieso zu teuer. In Briefen aus dieser Zeit erzählte er, dass er finanziell »am Rande des Abgrunds« stehe. In einem Schreiben bat er Paul Hartman, »eine Art Club oder Gesellschaft zu gründen, die meine finanzielle Belastung erleichtert«, eine Gruppe, welche die »musikalischen Leistungen meines Lebens kennt und Ihre Überzeugung teilt, dass die letzten paar Wochen oder Tage im Leben dieses Verteidigers der Freiheit, Integrität und musikalischen Aufrichtigkeit, Ervin Nyiregyházi, nicht durch materielle Not strapaziert werden sollten, sondern durch die herrliche Befriedigung gekennzeichnet sein sollten, regelmäßig zu essen und – Gott möge mir verzeihen – einige Feinschmeckerspeisen zu genießen.« Die Krankheit hatte sein Ego und sein Anspruchsdenken nicht beeinträchtigt; seine Bedürfnisse und Wünsche lagen im Verantwortungsbereich von jemand anderem. Er zögerte nicht, bei anderen Menschen Schuldgefühle auszulösen: »Wenn Sie allerdings entgegen meinen demütigen Erwartungen entweder nicht in der Lage oder nicht gewillt sein sollten, dies für den sterbenden Nyiregyházi zu tun, möchte ich, dass Sie wissen, dass ich Ihnen das selbstverständlich nicht übel nehmen werde.«

1985 und 1986 verschlechterte sich sein Gesundheitszustand. Seine Symptome wurden chronisch und ernster, er nahm immer mehr Medikamente und musste häufig zu Untersuchungen oder Notfallbehandlungen ins Krankenhaus. 1986 war er nur noch 55 Kilo schwer. (Bei einer Größe von 1,80 Meter hatte er in besseren Zeiten etwa 77 Kilo gewogen.) Da er nicht richtig aß, war er häufig wie ausgetrocknet. Nyiregyházi konnte nicht mehr laufen und war auf einen Rollstuhl angewiesen – eine weitere Demütigung. Er war nicht mehr in der Lage, Klavier zu spielen, »außer pianissimo«. Und das turbulente Sexualleben, das ihn so lange beherrscht hatte, war nun endgültig vorbei. Nachdem er zwei Wochen lang Husten, Blähungen sowie Magen-, Brust- und Rückenschmerzen ertragen hatte, wurde er am 12. August 1986 ins Krankenhaus gebracht. Dort wurde festgestellt, dass sein linker Lungenflügel kollabiert war. Fast viereinhalb Liter Flüssigkeit und – einige Tage später – blutige Absonderungen wurden aus seiner Lunge entfernt. Außerdem eröffnete man ihm, dass der Krebs nicht nur erneut den Darmbereich befallen hatte, sondern auch

Metastasen gebildet und in die Brusthöhle gestreut hatte. Nun machten seine Ärzte ihm wenig Hoffnung auf Genesung. Ab Ende August erhielt er eine Chemotherapie, die jedoch nicht half und nach zwei Monaten abgebrochen wurde. So blieb ihm zumindest die Demütigung erspart, seine Haare zu verlieren.

Sein Geist und sein Erinnerungsvermögen funktionierten weiterhin gut und waren lediglich durch Krankheit und Medikamente etwas abgestumpft. Bis zwei Monate vor seinem Tod komponierte er noch. Mit Freunden wie Hartman und Hernandez hielt er Kontakt, doch sein Verfall und seine körperlichen Gebrechen machten ihn auch streitlustig. An seinem dreiundachtzigsten Geburtstag provozierte er einen Streit mit Doris, weil sie erst spät nach Hause kam; voller Wut zerriss er ihre Geburtstagskarte. Im Herbst sorgte ein einfacher Buchungsfehler dafür, dass er ihr gegenüber in die Luft ging. (Er »beschimpfte mich mit Ausdrücken, die mich verletzten«, bemerkte sie.) In seinem Interview mit Hartman sprach er 1986 leidenschaftslos und ohne Selbstmitleid über seinen Krebs und sogar darüber, wie wenig Zeit ihm noch blieb. Er war fast vierundachtzig, wie er sagte, und wenn es nicht Krebs wäre, dann wäre es etwas anderes. Seine charakteristische Melancholie schien nun noch stärker ausgeprägt zu sein. Als er im Sommer nach seinen Operationen wieder zu komponieren begann, spiegelten die Titel zahlreicher Werke seine Schwermut wider: *The Grim Reaper Approaches*, *The Lid Closes*, *The Light Goes Out*, *Solemn Introduction to the Hereafter*, *The Sun Sets*, *Time is Running Out* und *With Slow Footsteps Death Approaches*.[8] Doris zitierte ihn mit den Worten: »Du liebst mich und möchtest, dass ich weiter leide. Wenn ich lebe, leide ich.« Möglicherweise dachte er – zumindest theoretisch – über Selbstmord nach.

In seinen letzten Monaten litt er zwar keine extremen Schmerzen, doch es ging ihm körperlich sehr schlecht, so dass er sich

---

[8] Es sei hinzugefügt, dass er im Oktober 1985 *A New Beginning* komponierte; dieser Titel war möglicherweise ironisch zu verstehen. Sein letztes erhaltenes Werk ist auf den 7. Februar 1987 datiert und scheint von nichts Gewichtigerem oder Dringlicherem inspiriert gewesen zu sein als den Nachrichten: *In Memoriam Liberace*.

in jeder Position unwohl fühlte. Außerdem verbrachte er immer wieder Zeit im Krankenhaus. Sein außerordentliches Gedächtnis begann gelegentlich, ihn im Stich zu lassen. In den zwei Wochen vor seinem Tod »schien Ervins Geist hin und wieder woanders zu sein«, schrieb Doris später. »Wir fuhren nie mit dem Taxi, außer zum Arzt. Einmal sagte er: ›Beeil dich, du musst ein Taxi rufen.‹ An diesem Tag hatte er keinen Arzttermin, also fragte ich ihn, warum. ›Ich muss zur Carnegie Hall und dort spielen.‹« Bei einer anderen Gelegenheit »dachte er, wir hätten die fünfziger Jahre, kurz nachdem Vivian, seine Bibliothekarin-Frau, gestorben war. Er machte sich Sorgen, dass ihm ihr Besitz weggenommen werden könnte.« Am 31. März 1987 wurde er hustend und kurzatmig ins Krankenhaus gebracht. Man stellte fest, dass es aufgrund des Lungenkrebses zu Komplikationen gekommen war. Er erhielt eine Pleurapunktion (mit einer Nadel wurde Flüssigkeit aus dem Brustkorb abgesaugt) und wurde am 4. April mit Sauerstoff und Morphium nach Hause geschickt. Am 8. April um etwa 9 Uhr morgens wurde Nyiregyházi nach einer Nacht, die Doris als »Horror« beschrieb, wieder in die Klinik eingeliefert. Doris brachte ihn in die Notfallaufnahme und ging in die Cafeteria, um ihm etwas Eiswasser zu holen. Als sie zurückkam, sagte man ihr, dass er kurz nach der Ankunft gestorben sei. Sie war erleichtert. In den vorangegangenen Wochen »hatte er nur Qualen durchlitten«, wie sie schrieb, und auch sie selbst war durch seine Krankheit körperlich und emotional erschöpft. (Während seiner letzten Tage hatte sie nur wenige Stunden geschlafen.) Auf dem Totenschein wurde die Todesursache mit »Dickdarmkrebs im fortgeschrittenen Stadium« angegeben.

Die Sonne geht unter

Das Manuskript eines typischen Spätwerks von Nyiregyházi, komponiert weniger als vier Monate vor seinem Tod. Der Titel und die unsichere Handschrift weisen auf seinen schlechten Gesundheitszustand hin. Viele stilistische Merkmale der Musik – die Kürze des Stücks, die Trostlosigkeit, die Zielstrebigkeit, das auffallende Fehlen einer Melodie und pianistischer Klasse, die eigenartig dissonanten Akkorde zu Beginn, die geheimnisvollen Tremolos, das düstere »Rezitativ« im tiefen Bass und die übermäßigen Dreiklänge am Schluss – zeigen, dass Liszts späte Werke Nyiregyházi auch am Ende seines Lebens noch inspirierten. *(International Ervin Nyiregyházi Foundation.)*

Gegenüberliegende Seite:
Nyiregyházi in Japan, Januar 1982. *(Fotografie von Yoshimasa Hatano.)*

NACHSPIEL

NYIREGYHÁZIS VERMÄCHTNIS

> Welch armer Handel ist dies Menschenleben,
> auf wie gemeinem Markt verkauft man uns!
> Wenn wir geboren werden, weint die Mutter,
> doch niemand weint um unsern Tod. Nein, niemand.
>
> OSCAR WILDE, *Eine florentinische Tragödie*

Nyiregyházi liebte dieses Zitat. Und als er starb, weinte zwar nicht *niemand* um ihn, aber es waren in der Tat nur wenige Menschen. Doris, Neil Levenson und Tetsuji Koike waren die einzigen, die seine Leiche in der Totenhalle besuchten. Koike beteiligte sich auch großzügig an den Bestattungskosten. Am 17. April 1987 fand eine nichtkonfessionelle Totenfeier in der Little Church of the Flowers im Forest Lawn Memorial-Park in Glendale nördlich von Los Angeles statt, wo er auch beerdigt ist. Levenson hielt eine ergreifende Grabrede und sprach von Nyiregyházis Integrität, seinem Mut und seinem Idealismus. Er erinnerte sich auch, dass die Trauergemeinde »rührend klein« war: Doris, Koike, zwei Töchter und ein Schwiegersohn von Nyiregyházis Cousin Henry Fried sowie einige wenige andere.

Nyiregyházis Besitz wurde auf wenig mehr als 2.000 Dollar geschätzt. (Zwei Jahre später gab man Horowitz' Vermögen mit 6 bis 8 Millionen Dollar an.) Doris war die Alleinerbin und überzeugt, dass sein musikalisches Erbe sowohl künstlerisch als auch finanziell einen hohen Wert habe, obwohl er tatsächlich keine besondere Reputation mehr hatte. (In einigen größeren Zeitungen erschienen jedoch immerhin Nachrufe.) Doris hoffte trotz ihrer finanziell prekären Lage noch immer, sein Werk und seine Geschichte veröffentlichen zu können, und sah es sogar als ihre Pflicht und ihre Bestimmung an, dies zu tun. »Ich habe Tausende von Stunden Gespräche mit Ervin auf Band, die ich verwenden werde, um seine Biografie zu schreiben«, erklärte sie im Juni ihrem Anwalt. »Die Bänder sind sicher verwahrt, doch erst wenn ich das Erbe bekommen habe, habe ich genug Geld, um sie abzuholen.« Mittlerweile musste sie bereits eine Säumnisgebühr an Forest Lawn zahlen.

Ihr Exmann Charles Churchill, zu dem sie den Kontakt aufrechterhalten hatte, trat nun wieder in ihr Leben. »Ich habe ihn im Laufe der Jahre immer wieder gesehen, und es ging ihm nicht gut ohne mich«, schrieb sie an Paul Hartman. »Er besuchte mich Ende Herbst 1988 und war so lieb zu mir, dass ich infolgedessen das Gefühl hatte, es sei meine Pflicht als Christin, ihn wieder zu heiraten.« 1989 ließen sie sich erneut trauen, und Doris zog mit ihm zusammen nach Chicago. Doch ihre Ehe war schwierig. Charles hatte ihr versichert, dass er nichts gegen ihren Plan habe, Nyiregyházis Biografie zu schreiben, doch er änderte bald seine Meinung. »Er hasst Ervin«, schrieb sie an Hartman. »Er will nicht nur, dass ich nicht über ihn schreibe, sondern auch, dass ich mich mit nichts beschäftige, das mit Ervin zu tun hat, und so weiter. Meine Ehe mit Ervin hält er für Ehebruch.« Er wurde so paranoid und impulsiv, dass sie Angst davor hatte, mit Leuten zu telefonieren oder Briefe zu schreiben – insbesondere über Nyiregyházi. So fühlte sie sich in ihrer eigenen Wohnung gefangen. (Sie arbeitete nicht mehr.) »Mein Mann ist extrem eifersüchtig auf Ervin, und ich fürchte, dass mein Leben in Gefahr sein könnte«, schrieb sie 1991 an Marc Goodman. »Mein Mann ist körperlich krank, deprimiert und regt sich über viele Dinge auf.« Durch ihr Pflichtbewusstsein beiden Männern gegenüber fühlte sie sich hin- und hergerissen. Doch schließlich konnte sie ihr neues Leben nicht länger ertragen. 1993 trennte sie sich von Charles (der 1999 starb) und nahm die Arbeit an Nyiregyházis Vermächtnis wieder auf.

Eine Zeitlang recherchierte Hartman weiter für eine Biografie. 1992 zog er in die Vereinigten Staaten um. Er hatte sich inzwischen auf Kinder- und Jugendpsychiatrie spezialisiert und beschäftigte sich hauptsächlich mit Wunderkindern. Sein Projekt kollidierte jedoch mit Doris' unnachgiebiger Ergebenheit gegenüber dem Andenken ihres verstorbenen Mannes. Auf einer Postkarte, die er Nyiregyházi kurz vor dessen Tod geschickt hatte, hatte Hartman sich leichthin erkundigt, ob er noch »unter den Lebenden« sei, und hatte damit einen Satz zitiert, den er in Nyiregyházis Gegenwart bei einer ihrer gutmütigen Plänkeleien geäußert hatte. Als Doris nach seinem Tod diese Karte in die Hände fiel, fühlte sie sich zutiefst gekränkt und war verärgert, denn sie rief ihr Nyiregyházis Behauptung ins Gedächtnis, dass einige Menschen nur darauf warteten, das er sterbe, um von seinem Vermächtnis profitieren zu können. Nun vertraute sie »dem Doktor« – wie sie ihn nannte – nicht mehr. Da sie ihre Kooperation verweigerte und sich gleichzeitig seine medizinische Karriere gut entwickelte, musste Hartman seine Recherche einstellen.

Mittlerweile war Koike Präsident der Musikhochschule geworden, die sich inzwischen zum Takasaki Art Center College weiterentwickelt hatte. Er fühlte sich Nyiregyházi nach wie vor verpflichtet. Anfang und Mitte der 1990er Jahre stellte er einen in China geborenen Geschäftsmann namens David S. Kung ein, der die Hochschule bei der Entwicklung von mit Nyiregyházi verbundenen Projekten vertreten sollte. Kung widmete sich künstlerischen und kulturellen Unternehmungen und hatte viele internationale Kontakte. Er reiste durch Nordamerika und Europa, traf Nyiregyházis Familie, Freunde und Kollegen, sammelte Informationen und Dokumente. Im Februar 1994 fuhr Koike nach Sacramento, um bei Henry Fried, Nyiregyházis Cousin, Manuskripte, Mikrofilme und anderes Material abzuholen; dieser hatte alles in Doris' Namen verwahrt. Das Archiv in Takasaki wurde bald durch andere Dinge erweitert – unter anderem im Oktober, als ein Gedenkkonzert für Nyiregyházi veranstaltet wurde. Die Hochschule benannte außerdem eine Reihe von Musik- und Kunstwettbewerben für Hochschulstudenten in Takasaki nach ihm. (Der erste fand 1993 statt, der siebte und bisher letzte 2001.) Im Herbst 1994 kam es zu einer Übereinkunft zwischen Doris und Koikes Nyiregyházi-Institut: Sie bot ihre Unterstützung an für die »Organisation, Katalogisierung, Bearbeitung und Klassifizierung der Materialien des Instituts«. Darüber hinaus versprach sie, die auf Band aufgenommenen Interviews zur »Vorbereitung einer Biografie« zu transkribieren. Das Institut sagte zu, ihr einen Büroraum sowie einen Computer zur Verfügung zu stellen und sie auch anderweitig zu unterstützen. Außerdem sollte sie pro Monat 700 Dollar erhalten. Doch sie machte nur geringe Fortschritte bei dieser zugegebenermaßen beängstigend umfangreichen Aufgabe, so dass Koike ihre Vereinbarung im Juni des folgenden Jahres für beendet erklärte.

Solche Erfahrungen lösten bei Doris Verbitterung aus, machten sie verletzbarer und noch eigensinniger im Umgang mit Nyiregyházis Vermächtnis, von dem sie fürchtete, es könnte verloren gehen. Nachdem die Arbeitsbeziehung mit Koike geendet hatte, stimmte sie der Gründung der International Ervin Nyiregyházi Foundation in Holland zu, um die posthumen Angelegenheiten ihres Mannes zu regeln. Die Stiftung hatte ihren Sitz in Krommenie, einer Stadt nördlich von Amsterdam, und wurde von Mattheus Smits ins Leben gerufen. Dieser war Pianist und Lehrer und in Doris' Namen von Kung angesprochen worden. (Smits hat seit vielen Jahren Kontakt zur Klaviermanufaktur Bechstein in Berlin und ist Vorsitzender der Stiftung Bechstein Piano Educatie Nederland.) Die Stiftung wurde offiziell im März 1996 gegründet; Smits wurde Präsident und Doris Ehrenvorsitzende. Zu Beginn gab es Pläne für gemeinsame Projekte mit Koikes Institut – eine Biografie, veröffentlichte Kompositionen, CDs, Filme –, doch es stellte sich heraus, dass diese nicht finanzierbar waren.

Eine der posthumen Anstrengungen trug allerdings Früchte. 1992 veröffentlichte Video Arts International in New Jersey eine CD bei seinem Label VAI Audio: *Nyiregyházi at the Opera* (VAI/IPA 1003). Sie umfasste die Opernparaphrasen aus den 1978 eingespielten IPA-Aufnahmen und von einem der Konzertabende in Japan. Ursprünglich plante VAI, weitere Nyiregyházi-Aufnahmen auf den Markt zu bringen, doch dem Unternehmensleiter Ernie Gilbert zufolge verkaufte sich die CD lediglich »langsam, aber stetig«. Deshalb folgten keine weiteren CDs. Allerdings wurde die IPA-Aufnahme der *Ungarischen Rhapsodie* Nr. 3 in die 1994 von VAI Audio veröffentlichte Anthologie *Liszt: The 19 Hungarian Rhapsodies Played by 19 Great Pianists* aufgenommen, und ausnahmsweise einmal konnte Nyiregyházi einen Platz unter den bedeutendsten Pianisten einnehmen.

Es entstand auch der viel versprechende Plan, einen Spielfilm über Nyiregyházis Leben zu drehen – eine unbestreitbar filmreife Geschichte. 1996 warb Merchant Ivory Productions in Kooperation mit Sony den amerikanischen Dramatiker William Hauptman an, der ein Drehbuch des Regisseurs Michael Fields überarbeiten sollte. Fields' Drehbuch mit dem Titel *Tenderloin Rhapsody* orientierte sich lediglich frei an den Fakten und erzählte von der Wiederentdeckung des gealterten Nyiregyházi in San Francisco durch eine Frau, die ebenfalls eine heruntergekommene Pianistin ist.»Es war ein hervorragendes Drehbuch, und eine Szene – das ›Wiederentdeckungskonzert‹ selbst – habe ich fast genau so übernommen«, erinnert sich Hauptman.»Meine Idee bestand darin, *Boudou – Aus den Wassern gerettet* von Jean Renoir neu zu verfilmen: die Geschichte eines Genies, das sich über die Meinung der Kritiker hinweggesetzt hatte und zum Bohemien geworden war; ein Künstler, dessen Wiederentdeckung Chaos in das Leben jedes Betroffenen brachte; ein Künstler, der am Ende wieder in die unbeschwerte Vergessenheit entschwindet.« Hauptman erinnerte sich, dass die »verklingenden Echos des romantischen Klavierspiels« in Nyiregyházis Aufnahmen ihn »umgehauen« hatten. Doch das Projekt wurde auf Eis gelegt, nachdem *Shine* – die Geschichte von David Helfgott – im Herbst 1996 in die Kinos kam. Die Produzenten bezweifelten, dass es einen Markt gäbe für zwei Filme über exzentrische Pianisten, die aus der Vergessenheit wieder auftauchten.

Doris musste schließlich aufgrund ihrer sich verschlechternden Gesundheit ihre Pläne aufgeben, ein Buch über Nyiregyházi zu schreiben: Sie litt unter den Auswirkungen von Bluthochdruck, einem Herzleiden, Diabetes sowie Arthritis und kämpfte nach wie vor mit ihrem Gewicht. Letzten Endes verstaute sie ihr Nyiregyházi-Material in einem Wandschrank. Wie ihr verstorbener Mann hatte sie nun das Gefühl, von vielen Menschen schlecht behandelt oder im Stich gelassen worden zu sein, und war misstrauisch, wenn jemand Interesse an ihm zeigte.[1] Sie starb im Juli 2001. In ihrem Testament hatte sie trotz ihrer Enttäuschung den

---

[1] Smits gegenüber stellte sie zunächst meine eigenen Motive in Frage und dachte, ich könnte irgendwie mit »dem Doktor« in Verbindung stehen, da ich – wie Hartman – Kanadier bin.

Japanern alles vermacht, was mit Nyiregyházi verbunden war; und so flog Koike nach Chicago, um die Materialien abzuholen.

Im Laufe der Jahre wurden immer wieder Menschen von Nyiregyházis Klavierspiel mitgerissen, doch das Interesse an ihm reichte über das Kultische nie hinaus. Bis heute zählen die Covertexte des Desmar-Albums zu den bedeutendsten Schriften über ihn seit Révész' Buch.[2] In letzter Zeit spielen manche Pianisten seine Kompositionen in Konzerten – allerdings keine der größten Interpreten. Inzwischen sind einige Internetseiten über Nyiregyházi entstanden. Doch trotz vereinzelter Pläne im Laufe der Jahre sind bis zur ersten Auflage dieses Buches in Kanada (im Februar 2007) keine größeren Publikationen oder Aufnahme-Projekte zustande gekommen.

Zu Nyiregyházis hundertstem Geburtstag wurde deutlich, wie es um seine Reputation bestellt ist. Das Jahr 1903 war von Klavierliebhabern lange Zeit als annus mirabilis bejubelt worden, da Claudio Arrau, Vladimir Horowitz und Rudolf Serkin in diesem Jahr geboren worden waren; 2003 wurden die hundertsten Geburtstage dieser drei Pianisten gebührend gefeiert. Über den vierten großen Pianisten, der 1903 das Licht der Welt erblickt hatte, wurde jedoch kaum ein Wort verloren.

Das Leben des Ervin Nyiregyházi ist vieles: selbstverständlich eine großartige Geschichte, ein ebenso erstaunlicher wie trauriger Schelmenroman über den Aufstieg und Fall und Aufstieg und Fall eines wahren Superstars und von der Gesellschaft verstoßenen Musikers. Es ist auch eine warnende Erzählung über die psychologischen Risiken eines großen Talents, die Zerbrechlichkeit eines begabten Kindes, das Schicksal des Idealismus in einer materialistischen Welt und den hohen Preis, den ein Außenseiter zu zahlen hat. Doch wenn die Geschichte überhaupt Aufmerksamkeit erregt,

---

[2] 1999 veröffentlichte der amerikanische Schriftsteller David Leavitt seine durch Nyiregyházi inspirierte Kurzgeschichte »Heaped Earth«. Sie handelt von einem großartigen, aber heruntergekommenen und zügellosen osteuropäischen Pianisten, der Anfang der 1960er Jahre bei einer Party in Hollywood spielt.

wird sie häufig als Bericht über einen Misserfolg gelesen – Scheitern bei der Einlösung des Versprechens, das die Talente eines Wunderkinds darstellen; Scheitern bei der Beherrschung persönlicher Dämonen, um sich als Künstler entfalten zu können; Scheitern beim Versuch, aus Gelegenheiten Kapital zu schlagen.

Die Literatur ist nicht nur in der Welt der Musik voll von Wunderkindern, die klein gehalten und ausgebeutet wurden, die sich von hohen Erwartungen unerträglich unter Druck gesetzt fühlten, die als Erwachsene Unabhängigkeit suchten, indem sie gegen ihre Talente rebellierten und genau den Bereich ablehnten, für den sie so begabt waren. Manche Menschen glauben, dass Nyiregyházi (bewusst oder unbewusst) scheitern *wollte*, um sich an seiner Mutter und ihren Werten zu rächen, und dass er der klassische Fall eines jungen Mannes war, der alles hatte und alles wegwarf – in Wildes Worten: der Verschwender seines eigenen Genies.

Wenn man die Sache etwas nachsichtiger betrachtet und eher das beurteilt, was er tat, als das, was er hätte tun sollen oder womit er gescheitert ist, eröffnet sich jedoch auch noch eine andere Perspektive. Immerhin hat sich Nyiregyházi niemals gegen seine Talente gewehrt oder sein Fachgebiet abgelehnt; er war einfach aus psychologischer Sicht für eine konventionelle Musikerkarriere nicht geeignet. Er weigerte sich, Erfolg mit *öffentlichem* Erfolg gleichzusetzen. Als Erwachsener war er weit davon entfernt, sich von der Musik abzuwenden, sondern schirmte sorgfältig den Bereich ab – Kontemplation, private Aufführungen, Komposition – , in dem er seine musikalischen Ideen ohne Zugeständnisse pflegen und weiterentwickeln konnte. Das ist natürlich ein geringer Trost für eine Öffentlichkeit, die ihm eine lange, fruchtbare Konzert- und Aufnahmekarriere gewünscht hätte. Doch es gibt keinen Grund, das, was er – auch als Pianist – erreicht hat, herabzumindern. Als Kind wurde er von Puccini und Lehár, Dohnányi und Lamond, Nikisch und Monteux gelobt; ein Jahrzehnt nachdem sein Stern angeblich gesunken war, lobte ihn Schönberg; selbst im hohen Alter, als seine Technik dahin war, lobte man ihn noch als leistungsfähigen und originellen musikalischen Kommunikator: War dieser Künstler tatsächlich nichts als ein Misserfolg?

Der spektakulär begabte, aber psychologisch gestrafte Künstler, der seine Kunst nur widerwillig auszuüben scheint, ist ein ungewöhnlicher, aber nicht unbekannter Typus. Solche Künstler haben – aufgrund unerreichbar hoher Standards und unerbittlicher Dämonen – eine Abneigung gegenüber den kommerziellen Realitäten in ihrem Bereich, fürchten den Ruhm und steigen schließlich aus, aus welchem Grund oder welcher Kombination von Gründen auch immer; sie arbeiten alleine, begrenzen ihre Produktion strikt, geraten in Vergessenheit oder in den Ruin und meiden die vorgegebenen Karrierepfade. Sie sind frustrierende Künstler, deren besonderes Talent und Originalität untrennbar mit jenen Neurosen verbunden sind, die ihre Karriere einengen oder sogar sabotieren. Wir müssen sie nehmen, wie sie sind. Sie könnten nur produktiver oder weniger neurotisch sein, wenn sie ihre Kunst einschränkten. Wenn man diese Maßstäbe zugrunde legt, war Nyiregyházi nur insofern ein Misserfolg, als er wenig von sich selbst zurückließ und einen tiefen Graben zwischen seinem Talent und seiner Reputation schuf. Dennoch sind genügend Belege erhalten, die vermuten lassen, dass es lohnenswert wäre, sein Werk und seine Ideen zu rekonstruieren und ihm einen Platz im Pantheon der großen Pianisten zu sichern, selbst wenn seine Persönlichkeit und seine Geschichte nicht so exzentrisch und skurril wären.

Selbstverständlich hielt sich Nyiregyházi selbst niemals für einen Versager. Wenn es um sein Privatleben und seine Karriere ging, zuckte er zugegebenermaßen nur mit den Schultern und sagte, dass er getan habe, was er konnte. Tatsächlich hatte er schon frühzeitig schlechte Karten. Doch wenn es um seine Kunst ging, sprach er mit großem Stolz davon, einen mutigen, einsamen Kampf gegen die Kunstbanausen zu führen und trotz Anfeindungen und Einbußen zu seinen Idealen zu stehen. Der Nyiregyházi, der komponierend mit einem Glas Whiskey in der Hand in einem billigen Hotel saß, verwirklichte musikalische Ambitionen, die er seit seinem fünften Lebensjahr hatte. »Immer aufwärts streben« – das war Liszts Selbstbeschreibung und könnte auch Nyiregyházis gewesen sein. Allerdings wurde er von inneren und äußeren Kräften stets nach unten gezogen – oder wie er selbst sagte »abgelenkt« und »entgleist«. Dennoch beharrte er, dass lediglich sein »Prestige« leide, niemals sein »innerer Wert«. Er war der klassische Wilde-Held, der in der Gosse liegt, aber die Sterne betrachtet. Nyiregyházi konnte im Elend und anonym im Armenviertel leben, sich aber trotzdem für einen Aristokraten und Titanen halten, einen großen Künstler, einen großen Geist, einen großen Mann. »Der besiegte Mensch triumphiert!«, hörte man ihn sagen. Man kann jedoch weder behaupten, dass er wirklich triumphiert hat, noch dass er wahrhaftig besiegt wurde. Und vielleicht haben wir das Ende dieser Geschichte noch nicht erreicht.

Gegenüberliegende Seite:
Die zerfledderte letzte Seite – die als einzige erhalten blieb –
eines leidenschaftlichen Briefs von Nyiregyházi an eine der Frauen
in seinem Leben (wahrscheinlich an Elsie Swan in späteren Jahren).
Seine Anspielung auf »diesen Planeten voller Kummer und Sorgen«
ist typisch. Seine Behauptung, dass nur »schändliche Feigheit«
ihn von einem Selbstmord abhalte, überrascht allerdings sehr – wenn
man sie für bare Münze nimmt. Diese Seite ist charakteristisch
für viele Quellen, die unter Nyiregyházis Unterlagen noch erhalten sind:
zerbrechlich, lückenhaft, aber höchst aufschlussreich.
(International Ervin Nyiregyházi Foundation.)

ANMERKUNGEN ZU DEN QUELLEN UND DANKSAGUNG

> and adoration is imaginable.
> But there is another aspect to it. One against which we are all powerless. I feel, Darling, that <u>one of us</u> will soon depart from this planet of grief and sorrow. <u>Please</u> believe me Darling, that I wish to God that I were the first one to go — and it is only damnable cowardice that prevents me from committing suicide to that end. But no matter <u>who</u> goes first, I <s>want to be near you</s> when that happens. Near to you in <u>Life</u>, but always with an eye on the inevitable final act — my Darling, Adored, Only Baby!!
> I want you to be <u>accessible</u> — <u>within reach</u>. If it took my last penny, I would try to make that possible. But I don't want a <u>fatal</u> surprise to countermand my dream and <u>inmost</u> desire to be near, <u>very near</u>, you in Life and <u>when</u> the Night descends.
>
> CE

Die Unterlagen von Ervin Nyiregyházi und Doris Nyiregyházi Churchill

Im Herbst 1996 begann ich, mich mit Nyiregyházi zu beschäftigen. Meine Recherchen bestanden hauptsächlich aus langwieriger Detektivarbeit: der langsamen Ansammlung kleiner Informationen aus verstreuten Quellen. Es gab jedoch eine große Ausnahme: die Hinterlassenschaften von Nyiregyházi und seiner letzten Frau. Nachdem Doris gestorben war, nahm ich Kontakt zu ihrer Tochter und Nachlassverwalterin, Mary Shapiro, auf. Daitetsu (Tetsuji) Koike und sie vereinbarten, dass ich diese Materialien nutzen dürfe, bevor sie nach Takasaki gebracht wurden. Das tat ich während eines mehrwöchigen Besuchs in Chicago im Mai und Juni 2002.

Diese Fundgrube bestand aus fünfzehn Kisten mit Unterlagen, drei Kisten mit Kompositionen, einer Kiste mit Schallplatten und Bändern aus den 1970er und 1980er Jahren, einer Kiste mit Sammlerstücken (seltsame Stücke Papier mit Notizen von Nyiregyházi, Zeitungsausschnitte, Fanpost, Programme, Kataloge, Speisekarten, Rechnungen und so weiter sowie verschiedene Gegenstände: eine Krawatte, eine Armbanduhr, ein Füller, Hotelschlüssel, eine Ampico-Klavierwalze), einer Kiste mit Geschenken von japanischen Bewunderern, einem Karteikasten voller Notizen über Nyiregyházis Kompositionen, einer Leinentasche voller Partituren, neun von Doris' Terminkalendern (1981, 1984–87), Fotografien und 279 Audiokassetten mit Gesprächen des Paars aus den Jahren 1982 und 1983. Letztere erwiesen sich leider als nutzlos: Doris' Fragen waren deutlich zu verstehen, aber Nyiregyházis Antworten klangen zu dumpf, von einigen leidenschaftlichen Ausbrüchen abgesehen (die meist von dem Klirren von Eiswürfeln in einem Glas begleitet waren). Doris hatte sich jedoch zumindest bei einigen – wenn nicht bei allen – dieser Gespräche sowie bei anderen Unterhaltungen, die nicht aufgenommen wurden, detaillierte Notizen gemacht.

Nyiregyházi behauptete, Bücher wie dieses zu hassen. Er schimpfte über Liszt-Biografien, die sich auf »Klatsch« konzentrierten wie seine Konzertkarriere oder seine Liebesgeschichten. »Ich mag keine journalistischen Bücher über Liszt!«, polterte er. »Ich will eine äußerst profunde philosophische Untersuchung über Liszt.« Indem er Doris gestattete, ihn eingehend zu interviewen, ermöglichte er eine umfangreiche Biografie über sich selbst. Natürlich wollte er, dass seine Geschichte erzählt wurde; selbstverständlich war er der Ansicht, dass sie erzählt zu werden verdiente. Ebenso wie der gealterte Liszt einem Fotografen untersagte, Makel aus seinem Gesicht zu retuschieren, so sorgte Nyiregyházi bewusst dafür, dass die Nachwelt ihn mit all seinen Fehlern sehen kann.

»Das Gedächtnis ist das Tagebuch, das wir alle immer bei uns haben«, schrieb Wilde. In Nyiregyházis Fall war das Tagebuch ungewöhnlich umfangreich und genau, da es fast jeden Tag abrufbereit hielt. Er konnte sich nicht nur an Personen und Orte erinnern, die er getroffen beziehungsweise kennen gelernt hatte, sondern auch an Zitate (samt Seitenzahlen) aus Büchern, die er gelesen hatte, und Folgen von Zügen aus Schachpartien, die er als Junge gespielt hatte. Zu fast jedem Konzert, das er jemals gegeben hatte, konnte er das Datum, den Wochentag, das Programm, den Saal, das Orchester, den Dirigenten und das Honorar nennen; meist war er auch in der Lage, aus Kritiken zu zitieren (oder diese zumindest ungefähr wiederzugeben) sowie die Namen der Rezensenten und Zeitungen anzugeben. An nahezu jedes Musikstück, das er irgendwann einmal gespielt, komponiert oder studiert hatte, konnte er sich erinnern.

Géza Révész merkte an, dass Nyiregyházi als Kind »von Natur aus ehrlich und freimütig war; er sagte immer offen, was er meinte«; tatsächlich war er der Meinung: »Unter allen Daten, die ich aus verschiedenen Quellen erhielt, kamen jene, die von Ervin selbst stammten, der Wahrheit am nächsten.« Neunzig Jahre später fand ich heraus, dass dies für seine Gespräche mit Doris ebenfalls galt. Während er in öffentlichen Interviews oder bei Bekannten zurückhaltend war und versuchte, sich selbst zu schützen, sprach er mit Doris sehr detailliert, offen und unvoreingenommen über sein ganzes Leben; auch schwierige Themen (Judentum, Homosexualität) klammerte er nicht aus, obwohl er sich in anderen Situationen weigerte, über sie zu sprechen, oder log. Wann immer es mir möglich war, meine eigenen Recherchen mit seinen Erinnerungen zu vergleichen, stellte sich heraus, dass diese fast immer zutrafen – häufig ganz exakt, ansonsten in der Regel zumindest im Wesentlichen. (Er erinnerte sich beispielsweise, dass er 1929 für seine Mitarbeit bei dem Film *Fashions in Love* 165 Dollar Honorar bekommen hatte, und ich notierte pflichtbewusst diese Zahl. Jahre später sah ich eine Gehaltsabrechnung von Paramount, in der sein Honorar mit ... 165 Dollar angegeben war. Während meiner Recherchen kamen vergleichbare Situationen immer wieder vor.) Manchmal irrte er sich geringfügig, etwa im Datum, oder war unsicher bei bestimmten Punkten – vor allem, wenn es um seine frühen Jahre ging –, aber nicht oft. Und er erdichtete keine biografischen Details. Wenn eine bestimmte Erinnerung nicht nachgewiesen werden konnte, erwies sie sich normalerweise durch damit verbundene Fakten als wahrscheinlich oder zumindest plausibel. Auch der Ton seiner Erinnerungen stimmte: So übertrieb er weder den Erfolg noch das Scheitern. (Kritiken bestätigten immer seinen Bericht darüber, wie eines seiner Konzerte beim Publikum angekommen war.) Es gab keinen Hinweis, dass er bewusst die Fakten seines Lebens in seinen Gesprächen mit Doris falsch dargestellt hätte. Wenn für ein erwähntes Ereignis partout keine Dokumente auftauchen wollten – wie zum Beispiel bei dem Busoni-Konzert, vom dem er behauptete, er habe es 1919 gespielt –, tendierte ich dazu, seinem Gedächtnis zu trauen. Doch ich möchte betonen, dass die Zuverlässigkeit seiner Aussagen als Quelle für mich nie unantastbar war; sie wurde im Laufe meiner Arbeit immer wieder überprüft.

Auch Doris' Interviewnotizen erwiesen sich als exakte, wortgetreue Wiedergaben der Gespräche mit Nyiregyházi. Sie hatte weder das Bedürfnis, noch den Wunsch, Informationen über sein Leben zu verfälschen; und nach der Menge unschmeichelhaften Materials über ihn zu urteilen, das sich in ihrem Besitz befand, tat sie es auch wirklich nicht. (Ihrem Sohn Robert zufolge wollte sie, dass jede Nyiregyházi-Biografie die ganze Wahrheit darstellen sollte.) In Briefen und Terminkalendern war ihre Handschrift lesbar, doch in vielen ihrer Aufzeichnungen war sie sehr schwer zu entziffern, was die Vermutung nahelegt, dass sie in Eile mitschrieb, während Nyiregyházi sprach. Außerdem ließ sie ihn Daten und Schreibweisen sowie andere Details erläutern und historische, musikalische, literarische und sonstige Themen erklären, die aufkamen, wenn er sich zurückerinnerte. Ihre Mitschriften waren aus diesem Grund umso verlässlicher und umfassender; und sie enthielten keine offenkundige Lücke in Nyiregyházis Lebensgeschichte.

Mark Twain sagte, eine Biografie über Shakespeare zu schreiben wäre, als versuche man einen Brontosaurus aus »neun Knochen und sechshundert Fässern mit Gips« zu rekonstruieren. Eine Biografie über Nyiregyházi zu schreiben, wäre ähnlich gewesen, wenn ich keinen Zugang zu seinen und Doris' Unterlagen gehabt hätte, welche für dieses Buch die wichtigste Quelle für Informationen über ihn und Zitaten von ihm waren. Und so gilt mein größter Dank Nyiregyházi selbst und seiner letzten Frau. Ich bedaure, dass ich aufgrund ihres Gesundheitszustands nur ein einziges Mal – 1997 – Briefe mit Doris wechseln konnte. Doch es freute mich, von Mattheus Smits, dem Vorsitzenden der International Ervin Nyiregyházi Foundation, zu hören, dass sie mein Projekt für gut befand. Außerdem möchte ich mich bei Mary Shapiro und Daitetsu (Tetsuji) Koike bedanken, dass sie mir gestattet haben, Nyiregyházis und Doris' Nachlass in Augenschein zu nehmen. Mary und ihr Mann Ken Shapiro kümmerten sich nach Doris' Tod verantwortungsvoll um die Materialien und waren freundliche Gastgeber während meines Aufenthalts in Chicago, der unglaublich arbeitsintensiv, aber (trotz einer Hitzewelle) auch angenehm war. Mary half mir überdies bei der eintönigen Arbeit, während und nach meinem Besuch Papiere zu fotokopieren. Außerdem danke ich ihr, dass sie mir erlaubt hat, aus Doris' Unterlagen zu zitieren. Von Anfang an hatte sie die großzügige Einstellung, dass sie – indem sie mich unterstützte – bei der Realisierung des Traums ihrer Mutter half, Nyiregyházis Geschichte zu veröffentlichen. Ihre Hilfe war für meine Arbeit ganz entscheidend.

Auswahl anderer konsultierter Quellen

Zehn Jahre lang sammelte ich Informationen und Materialien aus zahlreichen verschiedenen Quellen und profitierte von der Großzügigkeit vieler Einzelpersonen und Institutionen überall auf der Welt. Auf den folgenden Seiten möchte ich meine Verbundenheit mit diesen Helfern zum Ausdruck bringen, dem Leser aber die ständige Wiederholung der Worte »danke«, »danken« und »Dankbarkeit« ersparen. Dennoch versichere ich allen hier aufgeführten Personen meine tief empfundene Wertschätzung. Dieses Buch hätte ohne sie nicht geschrieben werden können oder wäre ohne ihre Beiträge zumindest nicht so umfangreich geworden. Bei all jenen, deren Namen eigentlich auf diesen Seiten auftauchen sollten, aber nicht erwähnt sind, möchte ich mich untertänigst entschuldigen; machen Sie bitte einen Aussetzer meines Gehirns oder einen Fehler in meinen Unterlagen dafür verantwortlich, nicht einen Mangel an Dankbarkeit.

Vorspiel: Der seltsame Fall des Ervin Nyiregyházi

Über das Mr. X-Konzert: Joy und Irwin Parnes, *Irwin Parnes Takes the »Bull by the Horns«* (1988); Samuel Will Parnes. Frederick Marvin ließ mich per Telefon an seinen Erinnerungen an dieses Konzert und an Treffen mit Nyiregyházi teilhaben, die bis ins Jahr 1936 zurückreichten. Raymond Lewenthals unveröffentlichten Essay »Remembrance of Nyiregyházi Past« (1978) stellte mir Gregor Benko zur Verfügung.

Schönbergs zweiseitigen Brief an Klemperer (© Arnold Schönberg Center, Wien) lieferte Therese Muxeneder, die mir außerdem gestattete, ihn zu veröffentlichen.

Teil 1: Ein musikalisches Wunderkind

1. Die Anfänge in Budapest
Über Nyiregyházis familiären Hintergrund: Imre Szabó, »Zsidó fejek: Nyiregyházi Ervin« [jüdische Porträts], veröffentlicht in der Januar-Ausgabe des Jahres 1918 einer unbekannten ungarischen Publikation und bei Nyiregyházis Unterlagen entdeckt; die inzwischen verstorbenen Henry und Leah Fried, Aaron Gross, Zoltan Repassy und Mattheus Smits.

Über Ungarn und Budapest: *Budapest: A History from Its Beginnings to 1998*, herausgegeben von András Gerö und Janós Poór (1997); László Kontler, *A History of Hungary: Millennium in Central Europe* (1999, 2002); Paul Lendvai, *The Hungarians: A Thousand Years of Victory in Defeat* (englische Ausgabe 2003); John Lukacs, *Budapest 1900: A Historical Portrait of a City and Its Culture* (1988); Miklós Molnár, *A Concise History of Hungary*, Cambridge Concise Histories (englische Ausgabe 2001); *A History of Hungary*, herausgegeben von Peter F. Sugar, Péter Hanák und Tibor Frank (1990).

Über ungarische Juden: William O. McCagg Junior, *A History of Habsburg Jews, 1670–1918* (1989) und *Jewish Nobles and Geniuses in Modern Hungary* (1972); Raphael Patai, *Apprentice in Budapest: Memories of a World That Is No More* (1988) und *The Jews of Hungary: History, Culture, Psychology* (1996).

Über das Musikleben in Ungarn und Budapest: Judit Frigyesi, *Béla Bartók and Turn-of-the-Century Budapest* (1998); Claude Kenneson, *Székely and Bartók: The Story of a Friendship* (1994).

Über Nyiregyházis Vater und Großvater, die Königliche Oper sowie Lehár und Puccini in Budapest: Nóra Wellmann (Archiv, Opernhaus, Budapest).

Über István Thomán: »About István Thomán« (1927) in *Béla Bartók Essays*, ausgewählt und herausgegeben von Benjamin Suchoff (1976), 489–91. (Außerdem habe ich auf Bartóks Essays über Liszt und das Musikleben in Budapest im Jahr 1920 zurückgegriffen.)

Máté Mesterházi, ein Musikwissenschaftler an der heutigen Ferenc Liszt Musikakademie, kopierte und übersetzte Seiten aus den Jahrbüchern der Akademie von 1908/09 bis einschließlich 1913/14.

Jurriaan Dijkman, ein junger, holländischer Pianist, lieferte während des Studienjahres 2005/06, das er an der Leó Weiner Musikhochschule in Budapest verbrachte, Informationen, Zeitungsausschnitte und Fotografien.

2. Unter dem Mikroskop

Géza Révész, *Erwin Nyiregyházi: psychologische Analyse eines musikalisch hervorragenden Kindes* (Leipzig: Veit & Company, 1916), 148 Seiten; *The Psychology of a Musical Prodigy* (Übersetzer nicht genannt), International Library of Psychology, Philosophy and Scientific Method (London: Kegan Paul, Trench, Trubner & Co., Ltd., und New York: Harcourt, Brace & Company, 1925), 180 Seiten. Die englische Ausgabe war im Laufe der Jahre immer in Neuauflagen bei verschiedenen amerikanischen und britischen Verlagen erhältlich – zum Beispiel bei der Reprint Services Corporation (Temecula, California), die mir ein Freiexemplar zur Verfügung gestellt hat. Um Nyiregyházi geht es auch in Révész' Hauptwerk, *Introduction to the Psychology of Music*, erstmals veröffentlicht 1944 (englische Ausgabe 1953, nun erhältlich in einer Dover-Neuauflage, 150–6).

Über Wunderkinder: Brendan G. Carroll, *The Last Prodigy: A Biography of Erich Wolfgang Korngold* (1997); David Henry Feldman mit Lynn T. Goldsmith, *Nature's Gambit: Child Prodigies and the Development of Human Potential* (1986); Renee B. Fisher, *Musical Prodigies: Masters at an Early Age* (1973); Joan Freeman, *Gifted Children: Their Identification and Development in a Social Context* (1979); Joseph Horowitz, *Conversations with Arrau* (1982); Michael J. A. Howe, *The Origins of Exceptional Abilities* (1990); C. G. Jung, »The Gifted Child« (Vortrag aus dem Jahr 1942), auf Englisch in *The Collected Works of C. G. Jung*, herausgegeben von Sir Herbert Read et. al., Bd. 17: *The Development of Personality* (1954), 135–45; Claude Kenneson, *Musical Prodigies: Perilous Journeys, Remarkable Lives* (1998); Joan Peyser, »An Idiosyncratic Balance: Parents and Genius Children« (Vortrag aus dem Jahr 1984), in *The Music of My*

Time (1995), 399–407; Ruth Slenczynska und Louis Biancolli, *Forbidden Childhood* (1958); Maynard Solomon, *Mozart: A Life* (1995); Norbert Wiener, *Ex-prodigy: My Childhood and Youth* (1953); Ellen Winner, *Gifted Children: Myths and Realities* (1996).

3. Die Entwicklung des Wunderkindes
Compositions d'Ervin Nyiregyházi, op. 1–3: Katalin Szerzö (Musiksammlung, Nationale Széchényi-Bibliothek, Budapest).

Der Eintrag aus dem Tagebuch des Prinzen von Wales (RA EVIII/ Diary/1911: 2 June) wurde von Douglas Sulley (Royal Archives, Windsor Castle) transkribiert und wird mit Genehmigung Ihrer Majestät, Königin Elisabeth II., zitiert.

4. Nach Berlin, zu Liszt – und zurück
Die Informationen über das Privatkonzert in Berlin, das im Börsen-Courier besprochen wurde, sind einem nicht unterschriebenen Artikel aus einer ungarischen Zeitung entnommen, der per Hand auf den 13. November 1913 datiert ist und sich bei Nyiregyházis Unterlagen befand.

Über Ernö Dohnányi: Harriette Brower, »Erno von Dohnanyi«, in *Modern Masters of the Keyboard* (1926), 104–12; Ilona von Dohnányi, *Ernest von Dohnányi: A Song of Life*, herausgegeben von James A. Grymes (2002); Elza Galafrés, »Galafrés and Dohnányi«, in *Lives ... Loves ... Losses* (1973), 91–409; Boris Goldovsky, »With Dohnányi in Budapest«, in *My Road to Opera* (1979), 74–128; *Perspectives on Ernst von Dohnányi*, herausgegeben von James A. Grymes (2005); Deborah Kiszely-Papp (Ernö Dohnányi Archiv, Musikwissenschaftliches Institut der Ungarischen Akademie der Wissenschaften, Budapest).

Über Nyiregyházis Konzerte in Berlin, 1915–18: Lim M. Lai, »Lilli Lehmann«, *The Record Collector*, Februar 1981, 152–90 (zur Verfügung gestellt von Larry Lustig); Jutta March (Archiv, Berliner Philharmoniker).

Über Frederic Lamond: Harriette Brower, »Frederic Lamond«, in *Modern Masters of the Keyboard* (1926), 94–103; Frederic Lamond, *Beethoven: Notes on the Sonatas* (1944) und *The Memoirs*

of Frederic Lamond (1949); Alan Vicat, »Frederic Lamond: A Great Scot«, *International Piano Quarterly*, Frühling 1998, 54–69.
Kritiken von Nyiregyházis Konzerten in Budapest, 1916–17: Jurriaan Dijkman.

5. Das Wunderkind auf Tournee

Programme, Zeitungsausschnitte und andere Materialien, die mit Nyiregyházis Konzerten in Dänemark, Norwegen und Schweden 1918–20 zu tun haben: Jan Amberg, Inger Johanne Christiansen (Norwegische Nationalbibliothek, Oslo), Lars Karlsson (Stockholm Concert Hall Foundation, Royal Stockholm Philharmonic Orchestra), Karin Borgkvist Ljung (Auskunftsdienst, Nationalarchiv, Stockholm), Hans Riben, Andreas Sopart (Archiv, Breitkopf und Härtel), Musse Magnussen Svare (Musikhistorisches Museum und Carl Claudius Sammlung, Kopenhagen) sowie Kaisa Vitri (Statistics Sweden). Jörgen Lundmark zog in meinem Namen Erkundigungen ein, leitete die Recherche in den schwedischen Bibliotheken, Archiven und Museen, stellte Kopien von Programmen und Rezensionen zur Verfügung und übersetzte schwedische und norwegische Artikel.

István P. Korody lieferte Seiten über Nyiregyházi aus seinem unveröffentlichten Buch *Ormándy-Széll-Reiner ... zenéről és emigráns muzsikussorsról* [über Musik und ungarische Emigrantenmusiker] (1993), inklusive einer Kritik über den Konzertabend in Szeged 1918.

Über Nyiregyházis Konzerte in den Niederlanden, 1919: A. de Wal, *De Pianistenwereld: Beroemde Pianisten van Voorheen en Thans* (1927).

Drei Briefe von Nyiregyházi (1919) und einen von seiner Mutter (1926) an den norwegischen Komponisten Gerhard Schjelderup sowie zwei Briefe von Nyiregyházi an Halfdan Cleve (1924 und 1929) stellte Sigbjørn Grindheim (Abteilung Handschriften, Norwegische Nationalbibliothek, Oslo) zur Verfügung. Der norwegische Pianist Jørn Fossheim, der diese Briefe entdeckte, half mir bei der Übersetzung und steuerte einige seiner eigenen Rechercheergebnisse über Cleve and Schjelderup bei.

Nyiregyházis veröffentlichte Kompositionen, 1919–20: Donald Manildi (International Piano Archives in Maryland (IPAM), College Park), der Photoduplication Service der Library of Congress und Mattheus Smits.

Teil 2: Ein junger Liszt am Klavier

6. Ein König in New York
Passagierlisten und andere Angaben zu Nyiregyházis Ankunft auf Ellis Island, 1920, 1923 und 1924: www.ellisislandrecords.org.

Über das Musikleben in Amerika und New York in den 1920er Jahren: Joseph Horowitz, *Classical Music in America: A History of Its Rise and Fall* (2005) und *Understanding Toscanini* (1987); Norman Lebrecht, *When the Music Stops ...: Managers, Maestros and the Corporate Murder of Classical Music* (1996); R. Allen Lott, *From Paris to Peoria: How European Piano Virtuosos Brought Classical Music to the American Heartland* (2003).

Zeitungsausschnitte über Nyiregyházis Aktivitäten in Amerika: Donald Manildi (IPAM), Musikabteilung der New York Public Library, sowie Michael A. Kukral, der mir eine Datei mit Materialien auslieh, die der verstorbene Emmett M. Ford gesammelt hatte.

7. Unter neuer Führung
Über R. E. Johnston: *The Accompanist ... and Friends: An Autobiography of André Benoist*, herausgegeben von John Anthony Maltese (1978); Arthur Rubinstein, *My Many Years* (1980); Charles L. Wagner, *Seeing Stars* (1940).

Programme und Rezensionen, 1921–23: Bridget Carr (Boston Symphony Orchestra Archives) und Marilou Carlin (Public Relations, Detroit Symphony Orchestra).

Über Nyiregyházis Konzerte in Los Angeles, 1923: Merle Armitage, *Accent on America* (1944), 347–8.

8. Reproduktionen
Über Ampico: Q. David Bowers, *Encyclopedia of Automatic Musical Instruments* (1972); Larry Givens, *Re-Enacting the Artist: ... a story*

of the Ampico Reproducing Piano (1970); *The Ampico Reproducing Piano*, herausgegeben von Richard J. Howe (1987); Arthur Loesser, »An Instrument that goethe with a whele withoute playinge uppon«, in *Men, Women and Pianos: A Social History* (1954), 577–86; Elaine Obenchain, *The Complete Catalog of Ampico Reproducing Piano Rolls* (1977); Arthur W. J. G. Ord-Hume, *Pianola: The History of the Self-Playing Piano* (1984); Larry Sitsky, *The Classical Reproducing Piano Roll: A Catalogue-Index*, Bd. 2: *Pianists* (1990). Außerdem habe ich verschiedene Ampico-Kataloge und Zeitschriften sowie Ausgaben von *The AMICA Bulletin* zu Rate gezogen.

Über Nyiregyházis Klavierwalzen: Kenneth C. Caswell, Matthew Caulfield, John Farmer, Richard Groman (Keystone Music Roll Company, Bethlehem, Pennsylvania), Denis Hall, Bill Knorp, Michael A. Kukral (Redakteur und Herausgeber von *The AMICA Bulletin*), Jeffrey Morgan, Robin Pratt, Richard D. Reutlinger und Mark Starr.

9. Niedergang und Fall
Zeitungsausschnitte über Nyiregyházis Konzerte in Kristiania, 1923: Inger Johanne Christiansen (Norwegische Nationalbibliothek, Oslo).

Rezensionen über Nyiregyházis Konzerte in Montreal, 1923–24: John Kalbfleisch.

Rudolph Valentino and His 88 American Beauties, ein Kurzfilm des jungen David O. Selznick über den Schönheitswettbewerb 1923 in New York. (Nyiregyházi ist darin nicht zu sehen.)

Akten im Fall *Erwin Nyiregyhazi vs. R. E. Johnston* (New York County Clerk Index Nr. 38068/1924): Bruce Abrams und Joseph Van Nostrand (Abteilung für alte Datensätze, Landesbeamter und Beamter des Obersten Gerichtshofs, New York County Court House).

Annals of the Metropolitan Opera: The Complete Chronicle of Performances and Artists, 2 Bd., herausgegeben von Gerald Fitzgerald (1989).

10. Liebe und Heirat

Über Theodore Dreiser und Helen Richardson: Helen Dreiser, *My Life with Dreiser* (1951); Vera Dreiser und Brett Howard, *My Uncle Theodore* (1976); Richard Lingeman, *Theodore Dreiser*, Bd. 2: *An American Journey, 1908–1945* (1990); Jerome Loving, *The Last Titan: A Life of Theodore Dreiser* (2005).

Fünf Briefe von Nyiregyházi (1927, 1929, 1932, 1946 und ein undatiertes Fragment) unter Theodore Dreisers Papieren wurden zur Verfügung gestellt von Nancy M. Shawcross (Rare Book and Manuscript Library, University of Pennsylvania, Philadelphia) und werden mit ihrer Genehmigung zitiert.

Der Prozess, den Nyiregyházis erste Frau wegen Trennungsunterhalt am Obersten Gerichtshof von New York anstrengte, wurde im Oktober 1927 aufgenommen, 1928 verhandelt und 1929 unterbrochen. Laut Bruce Abrams (Abteilung für alte Datensätze, Landesbeamter und Beamter des Obersten Gerichtshofs, New York County Court House) sind die Akten des Falls *Mary Nyiregyhazi vs. Erwin Nyiregyhazi* noch erhalten (New York County Clerk Index Nr. 37138/1927); da der Fall sich allerdings auf eine Trennung bezieht, sind sie gesetzlich bis 2027 unter Verschluss und können bis zu diesem Zeitpunkt nur durch einen Gerichtsbeschluss eingesehen werden.

Teil 3: Ein Glücksritter

11. Ganz unten – in Los Angeles und anderswo

Programme, Pressemitteilungen und Zeitungsausschnitte über Nyiregyházis Konzerte in Los Angeles 1923–57 sowie Informationen über das kulturelle Leben in der Stadt in dieser Zeit: Lance Bowling, D. Norman Dupill (Art, Music, and Recreation Department, Los Angeles Public Library), Victor Ledin, Dace Taube (Regional History Collection, Specialized Libraries and Archival Collections, University of Southern California, Los Angeles) sowie Philip Weyland. Darüber hinaus habe ich auf drei Bände zurückgegriffen, die in Hollywood vom Bureau of Musical Research veröffentlicht wurden: *Who's Who in Music and Dance in Southern*

California (1933), *Music and Dance in California* (1940) sowie *Music and Dance in California and the West* (1948).

Über frühe Tonfilme, Hugo Riesenfeld und Nyiregyházis Arbeit beim Film: Gillian B. Anderson, *Music for Silent Films, 1894–1929: A Guide* (1988); Ronald Bergan, *The United Artists Story* (1986); Donald Crafton, *The Talkies: American Cinema's Transition to Sound, 1926–1931* (1997); Clifford McCarty, *Film Composers in America: A Filmography, 1911–1970*, 2. Auflage (2000). Clifford McCarty lieferte Informationen über die Partitur von Coquette. Lance Bowling stellte Paramount-Dokumente über *Fashions in Love* zur Verfügung. Die Recherche am U.C.L.A. und an der Academy of Motion Picture Arts and Sciences' Margaret Herrick Library in Beverly Hills leitete in meinem Namen Charles Barber.

Über Marie Pergain: Siehe die oben aufgeführten Dreiser-Biografien von Lingeman und Loving.

Eine Abschrift seines unveröffentlichten Interviews mit dem inzwischen verstorbenen György Sándor (New York, Juni 2002) stellte Gregor Benko zur Verfügung. István P. Korodys oben genanntes Buch enthält eine Rezension über Nyiregyházis Konzertabend mit seinen eigenen Werken, den er 1934 in Budapest gab.

Einstweilige Verfügung und endgültiges Scheidungsurteil im Rechtsstreit *Xandra Lucille Nyiregyházi vs. Ervin Nyiregyházi* (Fallnr. D141110), eingereicht am 14. Mai 1936 beziehungsweise am 15. Mai 1937: Sachbearbeiter des gehobenen Dienstes/Beamter des Obersten Gerichtshofs, Staat Kalifornien, Landkreis Los Angeles.

Zeitungsausschnitte über Nyiregyházis Ehefrauen Xandra, Genevieve und Olga: Carolyn Kozo Cole (Photograph Collection, Los Angeles Public Library) sowie Dace Taube (Regional History Collection, University of Southern California, Los Angeles).

12. Pianist zu mieten

Über das Federal Music Project: Cornelius Baird Canon, *The Federal Music Project of the Works Progress Administration: Music in a Democracy* (Dissertation, University of Minnesota, 1963); Jannelle

Jedd Warren Findley, *Of Tears and Need: The Federal Music Project, 1935–1943* (Dissertation, The George Washington University, 1973); Martin R. Kalfatovic, *The New Deal Fine Arts Projects: A Bibliography, 1933–1992* (1994).

Über die F.M.P.-Aufnahmen und Gerüchte über Nyiregyházi-Einspielungen: Gregor Benko, Nathan Brown, Victor Ledin, Aurora Perez (Archive of Recorded Sound, Stanford University) und Mark Renovitch (Franklin D. Roosevelt Library, Hyde Park, New York).

Den Auszug aus einer von Nyiregyházis Kritiken für *B'nai B'rith Messenger* (Juni 1937) stellte Charles Timbrell zur Verfügung.

13. Bela und Gloria

2003 fand ich zufällig Willy Pogánys 28 x 33 cm großes Kohleporträt von Nyiregyházi bei einer eBay-Auktion. Der Verkäufer erzählte mir, dass das Porträt aus dem Verkauf eines Hauses in San Marino (Kalifornien) stammte, und der Käufer, Mark Nicholls, lieferte mir eine gescannte Version davon.

Über Bela Lugosi: Richard Bojarski, *The Films of Bela Lugosi* (1980) – das Buch enthält ein Foto, von dem fälschlicherweise behauptet wird, es zeige Nyiregyházi; Robert Cremer, *Lugosi: The Man Behind the Cape* (1976); Arthur Lennig, *The Immortal Count: The Life and Films of Bela Lugosi* (2003, überarbeitete Neuausgabe von *The Count*, 1974). Ich führte außerdem per Telefon ein Interview mit Bela G. Lugosi.

Über Gloria Swanson: *Swanson on Swanson: An Autobiography* (1980). Elf Briefe von Nyiregyházi (1936–38) sowie Programme und andere Dinge, die sich bei Gloria Swansons Unterlagen befanden, und Abschriften verschiedener Notizen aus ihrem Besitz lieferte Steve Wilson (Film Collections, Harry Ransom Humanities Research Center, University of Texas in Austin); sie werden mit Genehmigung zitiert. (Wilson forschte auch nach der Liszt-Aufnahme, die Nyiregyházi in Swansons Haus machte.) Mary Piznar (William Doyle Gallery, New York) lieferte Informationen über Doyles Versteigerung von Gegenständen aus Swansons Besitz 1983.

14. Rastlos
Zeitungsausschnitte über Nyiregyházis Konzerte in Oslo, 1938: Inger Johanne Christiansen (Norwegische Nationalbibliothek, Oslo). Nicht namentlich gekennzeichnete englische Übersetzungen von verschiedenen Rezensionen fanden sich bei Gloria Swansons Unterlagen.

Das Produktionsprotokoll und Zeitungsausschnitte über Nyiregyházis Konzertabend für den norwegischen Rundfunk stellte Elisabeth Bredeg (Radioarchiv, Norwegian Broadcasting Corporation, Oslo) zur Verfügung.

15. Diese seltsame Romanze
Elizabeth Carr, *Shura Cherkassky: The Piano's Last Czar* (2006), 106.

16. Schwanengesang
Zeitungsausschnitte über Nyiregyházis Tour durch Nevada, 1942: Gregor Benko.

Raymond Lewenthals Kommentare stammen aus dem oben genannten, unveröffentlichten Essay und aus einem aufgenommenen Interview (21. September 1978) mit Donald Manildi, der eine Kopie des passenden Ausschnitts lieferte.

Zwei Briefe von Nyiregyházi an Ayn Rand (1944) stellte Jeff Britting (Ayn Rand Archives, Marina Del Rey, Kalifornien) zur Verfügung.

17. Ein kompromissloser Rebell
Ich sah mir alle bekannten, noch erhaltenen, veröffentlichten Kompositionen an (jene aus dem Révész-Buch und die anderen hier genannten) sowie alle unveröffentlichten Kompositionen aus Doris Nyiregyházi Churchills Nachlass (Hunderte Seiten Musik als Fotokopien von Nyiregyházis Manuskripten, die meisten aus der Zeit ihrer Ehe, aber auch ein repräsentativer Querschnitt seiner gesamten Werke), neun Skizzenbücher aus den 1950er, 1960er und 1970er Jahren und viele Entwürfe auf losen Zetteln. (Ich konnte nicht nach Takasaki reisen und bekam von den dort auf-

bewahrten, unveröffentlichten Kompositionen auf Papier oder Mikrofilm keine Fotokopien zur Verfügung gestellt.) Außerdem konsultierte ich mehrere lange Listen mit Kompositionen, die sich in Doris' Nachlass befanden und teils von Nyiregyházi selbst, teils von einem japanischen Archivar verfasst worden sind. Doris' Karteikasten und anderen Notizen konnte ich Nyiregyházis Kommentare über Hunderte seiner Kompositionen entnehmen.

18. Wein, Weib und Gesang
Nyiregyházis veröffentlichte Kompositionen, 1950–51: Donald Manildi (IPAM).
Akten der Fälle *Mara Nyiregyhazi vs. Ervin Nyiregyhazi* (Fallnr. D514330, Klage auf Trennungsunterhalt, eingereicht am 10. Januar 1957) und *Ervin Nyiregyhazi vs. Mara Nyiregyhazi* (Fallnr. D520409, Klage auf Annullierung/Scheidung, eingereicht am 15. Mai 1957): Sachbearbeiter des gehobenen Dienstes/Beamter des Obersten Gerichtshofs, Staat Kalifornien, Landkreis Los Angeles. Weitere Recherchen und Zeitungsausschnitte über Mara: Carolyn Kozo Cole (Photograph Collection, Los Angeles Public Library) und Kelly Haigh (Department of Special Collections, Charles E. Young Research Library, University of California in Los Angeles).

19. (Noch immer) ruhelos
Akten im Fall *Elsie Swan Nyiregyhazi vs. Harry F. Holmes, Peter M. Hood, Does I through X, Inclusive* (Fallnr. C48608, eingereicht am 29. Januar 1973): Sachbearbeiter des gehobenen Dienstes/Beamter des Obersten Gerichtshofs, Staat Kalifornien, Landkreis Los Angeles.

Teil 4: Der Pianist, der aus der Kälte kam

20. Crescendo
Über die Wiederentdeckung Nyiregyházis in den 1970er Jahren führte ich Telefoninterviews mit Ronald Antonioli, William J. del Valle (geborener Santaella), Ernie Gilbert, Marc Goodman, dem inzwischen verstorbenen Richard Kapp, John Kilgore, Mar-

cos Klorman, Bill Knorp, Neil Levenson, Garrick Ohlsson, dem inzwischen verstorbenen Harold C. Schonberg, Wayne Stahnke, Mark Starr sowie Richard Wahlberg. In vielen Fällen stand ich im Anschluss daran noch im Briefwechsel und erhielt Kopien von Dokumenten, Aufnahmen und anderen Materialien. Ich hatte einige lange Unterhaltungen mit Ricardo Hernandez, der mich mehrfach besuchte und mir Kopien sowie Abschriften aus Notizbüchern und lose Zettel mit Protokollen von Gesprächen mit Nyiregyházi zur Verfügung stellte, die er von Ende 1976 bis Frühjahr 1978 in San Francisco und Stuttgart geführt hatte. Ronald Antonioli lieh mir seine Nyiregyházi-Unterlagen, die veröffentlichte Artikel, Briefe, Konzertprogramme und Fotografien umfassten. Außerdem bekam ich Informationen und Materialien von Gregor Benko, Bill Boles und Richard Pennington (*Boston Globe* Library), Christiana Duranczyk (Library Express, San Francisco Public Library), Richard Dyer, Daniel Greenhouse, Foster Grimm, Paul Hartman, Steven Heliotes, Lois Jermyn (*San Francisco Chronicle* Library), Michael Kellman, James Kreger, Michael A. Kukral, Karen Lerner, Larry Lobel, Donald Manildi (IPAM), Terry McNeill sowie Andrew Thayer.

21. Eine problematische Renaissance
Der inzwischen verstorbene Richard Kapp lieh mir seine umfangreichen Unterlagen mit Korrespondenz, Aktennotizen, Aufnahmedaten und anderen Dokumenten, die mit Nyiregyházi zusammenhingen, sowie vier Kassetten mit Gesprächen mit Nyiregyházi (New York, 21./23./24. Februar 1978).

Die Nyiregyházi-Unterlagen der Ford Foundation lieferte Idelle Nissila-Stone aus dem Stiftungsarchiv, und die Genehmigung zum Zitieren erteilte Alan S. Divack aus dem Forschungsdienst der Stiftung.

Eine Kopie von Nyiregyházis Auftritt in den *CBS Morning News* am 14. Februar 1978 erhielt ich von Robert Tomlin (CBS News Archives, New York).

Carl Loeffelhardt, der damals Baldwin-Klaviere in der Bay Area verkaufte, stellte mir aufgezeichnete Erinnerungen an einen Tag

Auswahl anderer konsultierter Quellen

zur Verfügung, den er im Juni 1978 mit Nyiregyházi in San Francisco verbracht hatte.

Mark Starr lieferte Kopien von »The Art of Ervin Nyiregyházi«, zwei einstündigen Programmen mit Interviews und Klavierwalzen, die in seiner wöchentlichen Reihe *Speaking of Music* ausgestrahlt worden waren (KQED, San Francisco, Mitte 1978).

Über Nyiregyházis Renaissance – veröffentlichte Artikel auf der Grundlage von Original-Interviews mit Nyiregyházi (in chronologischer Reihenfolge): Gregor Benko, Covertexte für *Nyiregyházi Plays Liszt* (Desmar IPA 111, 1977); Michael Walsh, »Recluse piano genius emerges in The City«, *San Francisco Examiner*, 9. Januar 1978, 1, 8; Michael Walsh, »2 passions of genius«, *San Francisco Examiner*, 10. Januar 1978, 15, 21; Michael Walsh, »Return of the eccentric«, *San Francisco Sunday Examiner and Chronicle*, 29. Januar 1978, Scene, 6; Harold C. Schonberg, »After 50 Years (and 9 Wives), Erwin Nyiregyházi Is Back at the Piano«, *New York Times*, 13. Februar 1978, C20; Harold C. Schonberg, »The Case of The Vanishing Pianist«, *New York Times*, 5. März 1978, D15–16; nicht namentlich gekennzeichnet, »For pianist Nyiregyházi, fame, unjustly, is nine wives and ten photographed fingers«, *People Weekly*, 13. März 1978, 71–72, 74; Donna Perlmutter, »The pianist who came in from the cold«, *Los Angeles Herald Examiner*, 21. März 1978, B1, 5; Dave Smith, »Tribute to Ervin Nyiregyházi: A Genius in Seclusion«, *Los Angeles Times*, 2. April 1978, Calendar, 50; Mary Ann Hogan, »The Prodigy Who Wanted a Good Time«, *Washington Post*, 22. April 1978, C1–2; Annalyn Swan, »Nine Wives and 700 Works Later: Nyiregyházi returns from out of the past«, *Time*, 29. Mai 1978, 43–44; Michael Walsh, »Ervin Nyiregyházi«, *Stereo Review*, Juli 1978, 58–63; »Recording with Ervin Nyiregyházi: A Chronicle by Richard Kapp« sowie Covertexte von Michael Walsh, beide in *Nyiregyházi Plays Liszt* (Columbia M2 34598, 1978); Warren Hinckle, »The Franz Liszt of the Tenderloin«, *San Francisco Chronicle*, 10. August 1978, 4; Michael Walsh, »A late brush with fame«, *San Francisco Examiner*, 9. Januar 1979, 15, 18; »Nyiregyhazi's rise, fall, rise«, von Kenneth LaFave, *The Arizona Daily Star*, etwa April 1979; Bill Zakariasen, »Curmudgeon of the Keyboard«,

Sunday News Magazine [New York], 22. April 1979, 26–27, 34, 39–40; Neil G. Levenson, »One Sunday in Southern California« [Interview], *Fanfare*, März/April 1980, 12–13, 221; Robert J. Silverman, »A Candid Talk with Erwin Nyiregyházi«, *The Piano Quarterly*, Frühjahr 1982, 18, 20–21.

Über die Nyiregyházis-Renaissance – weitere veröffentlichte Artikel (in chronologischer Reihenfolge): Robert Jones, »In Key: Horowitz? Forget him«, *Sunday News* [New York], 13. Juni 1976, 14; Brad Knickerbocker, »›Rediscovery‹ of an elusive pianist prodigy«, *Christian Science Monitor*, 7. Februar 1978, 1, 30; nicht namentlich gekennzeichnet, »A ›lost‹ prodigy is rediscovered: Marin man [Ronald Antonioli] recalls friendship with piano genius«, *Independent-Journal* [Marin County], 17. Februar 1978; *Billboard*, mehrere kurze Artikel vom 4. März bis zum 22. Juli 1978; Robert Commanday, »The Surfacing of an Instant Cult Figure«, *San Francisco Sunday Examiner and Chronicle*, 12. März 1978, 48–49; Blaik Kirby, »A forgotten genius comes out of hiding«, *Globe and Mail* [Toronto], 22. April 1978, 17; Irving Kolodin, »The reappearance of a powerful pianist«, *Newsday*, 28. Mai 1978; Frank Cooper, »Play it again«, *Inquiry*, 24. Juli 1978, 29–30; Samuel Lipman, »The prodigy in old age«, *The Times Literary Supplement*, 22. September 1978, 1052 (Nachdruck in seinem Buch *Music After Modernism*, 214–17); Richard Dyer, »A Bizarre Story Updated«, *Boston Globe*, Oktober 1978; nicht namentlich gekennzeichnet, »Gewitter in der Kirche«, *Der Spiegel*, 9. Oktober 1978, 236, 238; R. T. Kahn, »The Triumphant Return of a ›Lost‹ Pianist, 75«, *50plus*, Dezember 1978, 44–45; Carol Mont Parker, »Nyiregyházi: A Puzzling Phenomenon«, *Clavier*, Januar 1979, 32–34; Carsten Stroud, »Divine Madness«, *Fugue*, Januar 1979, 20–21, 23; Alan Sanders, »Here and There: Ervin Nyiregyházi«, *Gramophone*, Juli 1979, 175–6.

Rezensionen über die Alben von Desmar und Columbia Masterworks (in chronologischer Reihenfolge): Richard Dyer, »Nyiregyházi: Like nothing you've heard«, *Boston Globe*, 28. August 1977, A9; Neil G. Levenson, »Nyiregyházi«, *Fanfare*, November-Dezember 1977, 33–34; Levering Bronston, *The New Records*, Dezember 1977, 11–12; Keith Fagan, »The Incredible Nyiregyházi«, Schreibmaschinenmanuskript, Ende 1977; Richard Freed, »The Boy Who Was Obsessed with Liszt«, *Stereo Review*, Januar 1978, 104; Harris Goldsmith, »Gems and Curios from the International Piano Archives«, *High Fidelity Magazine*, Februar 1978, 82–83; Rafael Kammerer, »A Feast for Pianophiles«, *American Record Guide*, Februar 1978, 8; Neil G. Levenson, »The Synoptic Vision of Ervin Nyiregyházi«, *Fanfare*, Mai-Juni 1978, 4–5, 128; Frank Cooper, *Journal of the American Liszt Society*, Juni 1978, 30–32; Derrick Henry, »Nyiregyházi's Liszt«, *Record Review Magazine*, August 1978, 40–41; Michael Walsh, »Nyiregyházi's album«, *San Francisco Examiner*, 8. August 1978, 18; James Goodfriend, »The Return of Nyiregyházi«, *Stereo Review*, Oktober 1978, 156; Dean Elder, »Recent Records«, *Clavier*, Januar 1979, 14–15; Margaret Daugherty, »Nyiregyházi Revisited«, *Record Review Magazine*, Februar 1979, 42–43; Charlotte Greenspan, »Nyiregyházi's Liszt«, *19th Century Music*, Juli 1979, 72–75; James Methuen-Campbell, *Records and Recording*, Juli 1979, 96; L. S. [Lionel Salter], *Gramophone*, Juli 1979, 230; F. E. Kirby, »Quarterly Review of Recordings«, *The Piano Quarterly*, Frühjahr 1982, 17.

22. *Plus beau que la beauté*
Über die Aufführungspraxis der Musik von Liszt: *Remembering Franz Liszt* (1986), beinhaltet *Life and Liszt: The Recollections of a Concert Pianist* von Arthur Friedheim sowie *My Memories of Liszt* von Alexander Siloti; *The Cambridge Companion to Liszt*, herausgegeben von Kenneth Hamilton (2005); *The Piano Master Classes of Franz Liszt, 1884–1886: Diary Notes of August Göllerich*, herausgegeben von Wilhelm Jerger, übersetzt und herausgegeben von Richard Louis Zimdars (1996); Richard Hudson, *Stolen Time: The History of Tempo Rubato* (1994); Charles Rosen, »Liszt: On Creation in Performance«, in *The Romantic Generation* (1995), 472–541; Harold C. Schonbergs Kapitel über Liszt in *The Great Conductors* (1967), 156–62, und *The Great Pianists* (1963, 1987), 161–82; Alan Walker, *Franz Liszt*, 3 Bd. (1983, 1988, 1996; überarbeitete Neuauflage 1987, 1993, 1997); Adrian Williams, *Portrait of Liszt: By Himself and His Contemporaries* (1990).

Zwei Quellen boten eine Art »Meisterklasse« zu Liszts Sonate: ein Interview auf Band mit Paul Hartman (März 1985), in dem Nyiregyházi die Sonate Takt für Takt spielte und seine interpretativen Ideen erörterte; und eine Partitur, in der Ricardo Hernandez (etwa 1974/75) Nyiregyházis Interpretationshinweise vermerkt hatte.

Über Ruinen: Rose Macauley, *Pleasure of Ruins* (1953, 1984); Christopher Woodward, *In Ruins* (2001).

Henry F. Chorley, »Madame Pasta«, *Thirty Years' Musical Recollections*, herausgegeben von Ernest Newman (1926), 92–93.

23. Adored Baby
Ich führte per Telefon und persönlich Interviews mit Mary Shapiro sowie Telefoninterviews mit Robert Churchill und Virginia Brobyn, die außerdem drei Briefe von Nyiregyházi zur Verfügung stellten (1978).

24. Diminuendo
Zwei deutsche Fernsehprogramme sendeten Interviews und in Los Angeles gefilmte Aufführungen: »Wenn die Andern feiern«, ein Beitrag in der Serie *Kultur*, ausgestrahlt am 24. Dezember 1978 im ZDF (Zweites Deutsches Fernsehen), München; und ein Beitrag in der Musikshow *Notenschlüssel*, produziert von Christoph Winter und gesendet im September 1981 vom SWR (Südwestrundfunk), Baden-Baden.

Marc Goodman stellte Kopien seiner drei Interviews mit Nyiregyházi zur Verfügung (Los Angeles, 16., 18. und 20. August 1980).

Teil 5: Ein bedeutsamer Gegenpol

25. Lehrer, Vater
Meine wichtigste Informationsquelle zu Nyiregyházi und Japan war Tomoyuki Sawado. In meinem Namen besuchte er 2004 und 2005 die University of Creation: Art, Music, and Social Work (die ehemalige Takasaki Musikhochschule und das spätere Takasaki

Art Center College), wo er Zeitungsausschnitte, Fotografien sowie Aufnahmen kopierte und Daitetsu (Tetsuji) Koike und Kakuyu (Masahiro) Sekikawa interviewte. Später diente er mir als Verbindung zu den Japanern, übersetzte zahlreiche Quellen und lieferte mir auch ansonsten viele Informationen und Ratschläge. Diesen Teil des Buches hätte ich ohne seine außerordentlichen Bemühungen nicht schreiben können.

In Takasaki möchte ich mich auch bei Satoru Kambe für die Zusendung des Hochschul-Büchleins über Nyiregyházi aus dem Jahr 1996 und die *Messengers of Peace*-Alben bedanken. Sadako Nguyen nahm auf einer Reise nach Japan im Jahr 2000 in meinem Namen Kontakt zur Hochschule auf, übersetzte Dokumente und half mir auch ansonsten bei Angelegenheiten, die mit Japan zu tun hatten.

Erinnerungen an Nyiregyházi in Japan: Christopher Yohmei Blasdel, Janos Cegledy, Riley Lee und der inzwischen verstorbene Harold C. Schonberg, den ich 1997 telefonisch interviewt habe.

Das Büchlein, das Bestandteil des Albums *The Messengers of Peace* ist, enthält zwei Beiträge auf Englisch: »The Letter from Ervin Nyiregyházi« (sein eigener Werkkommentar zu den Aufnahmen) und Schonbergs Artikel »Lofty Pianist Nyiregyházi«.

26. Die Sonne geht unter
Paul Hartman lieh mir acht Kassettenmitschnitte seiner Gespräche mit Nyiregyházi (März 1985 und September 1986). Zufälligerweise arbeitet er heute als Kinder- und Jugendpsychiater am Kaiser Permanente Los Angeles Medical Center (ehemals Kaiser Foundation Hospital) – dem Krankenhaus, in dem Nyiregyházi medizinisch versorgt wurde. In meinem Namen analysierte er Nyiregyházis einzige Krankenakte, die noch im Krankenhaus erhalten ist und sich auf seinen Aufenthalt dort vom 1. bis 4. April 1987 – direkt vor seinem Tod – bezieht. Hartman gab mir überdies zahlreiche Einblicke in Nyiregyházis Psyche. (Er wies als Diagnose auf eine mögliche Borderline-Persönlichkeitsstörung hin.)

Nachspiel: Nyiregyházis Vermächtnis

Über Nyiregyházis posthumes »Leben«: Gregor Benko, C. H. Freeman, die inzwischen verstorbenen Henry und Leah Fried, Ernie Gilbert, Aaron Gross, William Hauptman, Peter Jermyn, David S. Kung, Neil Levenson, Ward Marston, Mark Mitchell, Gordon Rumson und Mattheus Smits.

Nyiregyházi gewidmete Internetseiten: www.nyiregyhazi.org, gepflegt von Aaron Gross, Schwiegersohn von Nyiregyházis inzwischen verstorbenem Cousin Henry Fried; »The Ervin Nyiregyházi Appreciation Page« (www.marymaclane.com/nyiregyhazi), mit Partituren und MIDI-Versionen einiger seiner Kindheitskompositionen aus dem Révész-Buch; www.michaelsayers.com/ervinnyiregyhazi.html; Tomoyuki Sawados persönliche Internetseite, die einen Bereich über Nyiregyházi auf Japanisch und Englisch bietet (www.fugue.us/ervin); sowie die offizielle Seite der International Ervin Nyiregyházi Foundation (www.ervinnyiregyhazi.net). Die letztgenannten beiden Internetseiten befanden sich bei Redaktionsschluss noch im Aufbau und werden voraussichtlich biografische Daten, Aufnahmen, Partituren, Fotos, Faksimiles und anderes Material enthalten, das dieses Buch deutlich erweitern und aktualisieren wird.

Audio- und Videoaufnahmen

Ich habe sämtliche mir bekannten Audio- und Videoaufnahmen von Nyiregyházis Klavierspiel studiert, mit folgenden Ausnahmen: der Film *Lummox* (er ist anscheinend nicht erhalten, obwohl ein Set aus fünf Vitaphone Soundtrack-Schallplatten im Film and Television Archives der University of California in Los Angeles verwahrt wird); Ausschnitte aus der NBC-Dokumentation von 1978; die deutsche Sendung »Wenn die Andern feiern«; seine private Aufführung für Koike und Sekikawa in der Temple Church in Los Angeles (März 1980); einige Stücke aus dem Konzert in Takasaki vom 1. Juni 1980; die kurze Testaufnahme von Liszt, die er für Wayne Stahnke auf dem Bösendorfer 290SE machte (Mai 1981), Stahnkes damals neuer, computerunterstützter Version des automatischen Klaviers.

Nur eine von Nyiregyházis Klavierwalzen – »Mazeppa« – wurde jemals als kommerzielle Aufnahme auf den Markt gebracht. Sie erschien 1966 auf der LP *The Golden Age of Piano Virtuosi: Ampico Piano Rolls – Record III* des britischen Labels Argo (DA 43) sowie 1986 auf CD in *The Performing Piano* des amerikanischen Labels Newport Classic (NC 6002). Die VAI Audio-CD *Nyiregyházi at the Opera* ist noch immer erhältlich. Gebrauchte Exemplare der Desmar- und Columbia Masterworks-Alben sind ab und zu unter anderem bei eBay zu finden. Das aus zwei CDs bestehende Set *Ervin Nyiregyházi in Performance: Live Recordings, 1972–1982* des amerikanischen Labels Music & Arts (CD-1202), das im Sommer 2007 auf den Markt gekommen ist, enthält Ausschnitte aus öffentlichen und privaten Konzertabenden in San Francisco, Novato, Takasaki und Tokio sowie aus der Macpherson-Aufnahme im Rahmen des Federal Music Projects aus dem Jahr 1936. Die Filme *The Lost Zeppelin, The Soul of a Monster, A Song to Remember, Song of Love* sowie *The Beast with Five Fingers* können alle käuflich erworben werden. Nyiregyházis Szenen in den ersten beiden Filmen sind außerdem auf verschiedenen Internetseiten abrufbar. Eine 16-Millimeter-

Version von *Fashions in Love* gibt es in der David S. Bradley Film Collection der Indiana University in Bloomington, und eine DVD davon ist für Nutzer der Universität bei den Kent Cooper Room Services der Herman B. Wells Library erhältlich.

Für die Lieferung von Exemplaren und Informationen über Audio- und Video-Aufnahmen danke ich Albert Frantz, Marc Goodman, Daniel Greenhouse, Christine Hahn (Zuschauerservice, Bayerischer Rundfunk, München), Martha Harsanyi, Steven Heliotes, Ricardo Hernandez, Ron Hutchinson (The Vitaphone Project), Satoru Kambe (Takasaki Art Center College), dem inzwischen verstorbenen Richard Kapp, Marco Lenssen und Silke Rönspies (Mitschnittdienst, SWR Media, Baden-Baden), Donald Manildi (IPAM), Tomoyuki Sawado, Kakuyu (Masahiro) Sekikawa, Mattheus Smits, Wayne Stahnke, Mark Starr, Rob Stone (Film and Television Archives, UCLA), Monique Threatt (Kent Cooper Room Services, Herman B. Wells Library, Indiana University, Bloomington) sowie Nathaniel Yangco. Außerdem bedanke ich mich bei Kenneth C. Caswell und John Farmer, die speziell für mich Aufnahmen von Nyiregyházi-Walzen aus ihrer Sammlung machten; Terry Smythe, der mir MIDI-Dateien von Computerscans von sechs Walzen erstellte; sowie Gordon Rumson und Michael Sayers, die private Aufnahmen von sich selbst mit Klavierwerken von Nyiregyházi machten.

Fotografien und Faksimiles

Für Fotos und Faksimiles, Informationen darüber oder die Erlaubnis, sie abzudrucken, bedanke ich mich bei folgenden Privatpersonen und Institutionen: Ronald Antonioli; Gordon Bazzana; Bill Blair (Musik- und Medien-Archivar, McPherson Library, University of Victoria); Jarod Clark; Carolyn Kozo Cole (Photograph Collection, Los Angeles Public Library); Gary Fong (Photo Sales, *San Francisco Chronicle*); Jørn Fossheim; Yoshimasa Hatano; Ricardo Hernandez; Bill Knorp; Junichi Miyazawa; Joel Moran; Mark Nicholls; Nicole M. Pace (*Musical America*, New York); Joy Parnes und Samuel Will Parnes; John Pollack und Nancy M. Shawcross (Rare Book and Manuscript Library, University of Pennsylvania, Philadelphia); Tomoyuki Sawado; Michael Sayers; Mattheus Smits (International Ervin Nyiregyházi Foundation); Sven Oluf Auguste Cleve Sørensen; Katalin Szerző (Musiksammlung, Nationale Széchényi-Bibliothek, Budapest); Dace Taube (Regional History Collection, Specialized Libraries and Archival Collections, University of Southern California, Los Angeles); Nóra Wellmann (Archiv, Opernhaus Budapest); World University Press (Benson, Arizona).

Die Reproduktionen auf dem Buchumschlag und der Titelseite sowie auf den Seiten 87, 212, 241, 271, 275 (links), 279, 337, 351, 365, 377, 379 und 389 stammen von Bildern, die im Nachlass von Nyiregyházi und seiner Frau Doris gefunden wurden.

Danksagung

Meine Recherche wurde 1998 und 2003 großzügig durch Stipendien des Programms Grants for Professional Writers des Canada Council for the Arts unterstützt.

Zusätzlich zu all den oben erwähnten Personen bedanke ich mich für Unterstützung verschiedenster Art bei Lloyd Arriola, Leon Bahn, Jonathan Bellman, Michael Brown, János Kárpáti, Gregor Klenz, Andras Nagy, Jeremy Nicholas, Ray Osnato, Melvin Rosenberg, Mária Biro Watts und dem *New York Review of Books*, der im Oktober 2002 eine Anfrage von mir abdruckte. Mein Dank gilt überdies der McPherson Library der University of Victoria und insbesondere deren Abteilungen Fernleihe, Mikrobildspeicher sowie Musik, Audio und Medien Services. Für die Übersetzung ungarischer Quellen bedanke ich mich bei Anett Barkóczi, Jurriaan Dijkman, Dorottya Fabian, Laszlo Gombos und Fred Maroth.

Mattheus Smits lieferte Informationen, kopierte Aufnahmen, Partituren und Artikel, fand Rechercheassistenten, unterstützte meine Fahrt nach Chicago finanziell und half mir im Laufe der Jahre in vielerlei Hinsicht. Als Vorsitzender der International Ervin Nyiregyházi Foundation, die berechtigt ist, Nyiregyházis Nachlass zu verwalten, gab er mir die Erlaubnis, Archivmaterialien zu kopieren, aus unveröffentlichten Schriften zu zitieren sowie Fotos und Faksimiles zu veröffentlichen, und bot mir an, seine Internetseite zu nutzen, um dieses Buch zu bewerben und zu ergänzen. Seine wesentliche Unterstützung meiner Arbeit habe ich sehr geschätzt.

Viele der oben erwähnten Personen – insbesondere jene, die Nyiregyházi persönlich kannten – lasen Teile des Manuskripts (oder sogar das ganze) im Entwurfstadium und machten hilfreiche Anmerkungen. Dasselbe taten auch meine Freunde Polly Holliday, Marguerite Mousseau, Janet Munsil, Neil Reimer, Jayne Stephenson und Les Stephenson.

McClelland & Stewart in Toronto interessierten sich früh für dieses Buch und unterstützten es bis zur Veröffentlichung mit einem Enthusiasmus, für den ich sehr dankbar bin. Für ihre harte Arbeit, Professionalität und gute Laune stehe ich vor allem bei meinen Redakteuren Jenny Bradshaw und Alex Schultz in der Schuld sowie bei Heather Sangster (Lektorin), Susan Renouf (stellvertretende Leiterin Sachbuch) und Marilyn Biderman (Direktorin, Rechte und Verträge). Für die hier vorliegende deutsche Fassung danke ich der Übersetzerin Birgit Irgang für die schnelle und trotzdem sorgfältige Übersetzung sowie dem Programmleiter von Schott Music, Dr. Stefan Pegatzky, und seinen Kollegen in Berlin.

Außerdem möchte ich mich beim Saturday Breakfast Club bedanken und bei all den anderen Freunden, die mich in meiner Arbeit unterstützt haben, sowie bei den örtlichen Cafés, die solch angenehme Ersatzbüros abgaben.

Mein tiefster Dank gilt meiner Partnerin Sharon Bristow – mein eigenes »adored Baby« –, die mich während meiner Arbeit an diesem Buch emotional und praktisch sehr unterstützte und verständnisvoll meinen Text kommentierte. Zum zweiten Mal widme ich ihr und den treuen Freunden zu Hause ein Buch. Das geht einfach nicht anders.

Brentwood Bay, B. C.
10. Dezember 2006/24. April 2007

REGISTER

Albéniz, Isaac 226
d'Albert, Eugen 52, 70
Albert, Prinz von Monaco 137
Aldrich, Richard 101
Altschuler, Modest 191
Antonioli, Pamela 287
Antonioli, Ronald 285ff, 287, 332
Armitage, Merle (Manager) 122f, 170, 175, 189
Arrau, Claudio 72, 82, 328, 385
Arthur, Prinz, Herzog von Connaught and Strathearn 59, 61, 68
Ashkenazy, Vladimir 313, 317
Asquith, Anthony 59
Asquith, H. H. 59

Bábolnay, József 195
Bach, Johann Sebastian 30f, 36, 40, 42, 46, 59, 69, 74, 78, 89, 100, 131, 213, 226, 233, 253, 328, 347
Backhaus, Wilhelm 70
Bartók, Béla 29, 38, 40, 81, 89, 226, 306, 329
Beethoven, Ludwig van 13, 18, 30f, 36ff, 40f, 46, 50, 52, 70f, 74, 78f, 81, 89f, 119, 154, 187, 211, 214, 224, 227, 244, 253, 314, 325, 347, 359
Benedict, Margaret (achte Ehefrau) 234, 268ff, 276, 369
Benko, Gregor 284ff, 289, 291, 293ff, 297ff, 305, 308ff, 314f, 339, 342, 345, 347f, 368f
Benoist, André 135f
Berlioz, Hector 73, 179, 226, 249, 347
Bernheimer, Martin 345
Binet, Alfred 36
Bizet, Georges 41
Blanchet, Émile-Robert 127, 306, 323, 341, 361

Blau, Jenö → Ormandy, Eugene
Bolet, Jorge 300
Bonaparte, Napoleon → Napoleon
Borodin, Alexander Porfirjewitsch 110
Borsodi, Berta (Großtante) 83, 178
Borsodi, György (Cousin) 83
Borsodi, Mária (Mutter) → Nyiregyházi, Mária
Borsodi, Márton (Onkel) 25
Borsodi, Szidónia (Großmutter) 25, 49, 63, 68, 88, 93, 133, 137, 229
Bortkiewicz, Sergei Eduardowitsch 67, 307, 314, 341, 347
Bowers, Harold (Manager) 281, 286
Brahms, Johannes 18, 50, 70, 78f, 89, 126, 136, 178, 206, 226, 232, 247, 281, 314, 322, 347, 358
Brower, Harriette 98f
Bruckner, Anton 73, 226, 248f, 347
Bülow, Hans von 69, 78
Busoni, Ferruccio 37, 69f, 73, 88f, 100, 122, 188, 285, 300, 314
Bysshe, Ernie 234

Caplin, Xandra Lucille (zweite Ehefrau) 183ff, 185, 201, 205, 215, 245
Capone, Al 142
Capra, Frank 199, 201
Carroll, Adam 125
Carter, Jimmy 64, 246, 335, 354
Chaplin, Charles 194
Cherkassky, Shura 221, 223, 404
Chopin, Fryderyk Franciszek (Frédéric François) 18, 30, 38, 52, 54, 59, 81f, 89, 100, 105, 142f, 149, 154, 173, 184, 232, 234, 247, 253, 269, 281, 314, 325, 328, 335, 347, 358

Chorley, Henry F. 331
Churchill, August Charles, Jr. 333, 381
Churchill, Doris (zehnte Ehefrau) 333ff, *337*, 346, 354, 356f, 367ff, 375f, 380ff
Churchill, Mary → Shapiro, Mary
Churchill, Robert 335, 338
Cleve, Astrid (Freundin) 92, 137, 145f, 205ff, 272
Cleve, Halfdan 89, 92, 126, 129, 137, 145f, 176, 205, 247
Cleve, Signy (Freundin) 92, 137, 145f, *147*, 205f, 272
Cliburn, Van 232
Cohn, Harry 230
Conan Doyle, Sir Arthur 67
Cremer, Robert 198f
Cross, Mildred (Schwägerin, Freundin) 209
Crown, John 16f
Cukor, George 199
Czerny, Carl 46, 74, 105

Daniell, Henry 232f
Dante 33, 79, 89, 136, 258
Dawes, Charles G. 141
Davies, Robertson 232
Debussy, Claude 13, 40, 73, 89, 226, 249, 281, 302, 323, 347, 358, 361
De Luca, Giuseppe 119
del Valle, William → Santaella, William
Dempsey, Jack 143, 200
Dickens, Charles 34
Dietrich, Marlene 200
Dillinger, John 142
Diskay, József 195
Dohnányi, Ernö (Ernst von) (Klavierlehrer) 68f, 73f, *77*, 78ff, 95, 144, 306, 347, 386

Dostojewski, Fjodor 33, 77, 155, 194, 246
Downes, Olin 120
Dreiser, Helen → Richardson, Helen
Dreiser, Theodore 155ff, *158*, 162, 177, 179f, 182, 194, 242, 246, 260
Dreiser, Vera 156
Dussek, Johann Ludwig 74
Dvořák, Antonín 144
Dyer, Richard 291

Eddy, Nelson 199
Edward, Prinz von Wales (Edward VIII.) 59, 61
Einstein, Albert 70
Eisenhower, Dwight David 257
Elman, Mischa 140, 269
Enwall, Helmer 89
Erlichman, Martin 314, 343

Fairbanks, Douglas, Jr. 203
Farrar, Geraldine 119
Fiedler, Max (Theorielehrer) 67, 70f, 73, 76
Fields, Michael 384
Finck, H. T. 102
Fischer, Bobby 259
Fitziu, Anna 118f
Freud, Sigmund 179
Fried, Alexander 283
Fried, Arnold (geb. Nyiregyházi) (Onkel) 24
Fried, Henry (Cousin) 24, 26, 380, 382
Friedman, Ignaz 70
Frost, Thomas A. 308
Furtwängler, Wilhelm 103

Garden, Mary 188
Gellert, Emery 195
Gibran, Kahlil 200

Gigli, Benjamino 119
Gilbert, Ernie 383
Glasunow, Alexander Konstantinowitsch 126, 129
Gluck, Christoph Willibald 89
Godowsky, Leopold 70, 153, 226, 347
Goethe, Johann Wolfgang von 33, 67, 85, 246, 303, 306
Goetz, Bernard 258
Goldmark, Karl 52
Goldwyn, Samuel 172
Goldziher, Ignácz 53f
Goldziher, Karolyi 53f
Göllerich, August 86, 321
Goodman, Marc 369, 381
Görgey, Artúr 54
Gould, Glenn 321f
Gounod, Charles 307
Grainger, Percy 119, 126
Granados, Enrique 40, 126, 130, 307
Greiner, Alexander (Sascha) 154
Grey, Ethel Vivian (sechste Ehefrau) 208, 210ff, *212*, 262, 267, 274, 281f, 334, 336, 376
Grieg, Edvard 30f, 40, 52, 73, 76, 86, 89, 100, 127, 173, 226, 234, 249, 296f, 303, 306, 326, 341, 347, 361, 365
Grieg, Nina 86

Hall, Manly B. 199
Hartman, Paul 369, 374f, 381f, 384
Haugen, Genevieve (dritte Ehefrau) 184ff, *186*, 190, 201f, 215, 245
Hauptman, William 384
Hausegger, Siegmund von 71
Haydn, Franz Joseph 30, 36, 52
Hegel, Georg Wilhelm Friedrich 193
Heine, Heinrich 33, 246
Heinz, Mara (siebte Ehefrau) 263ff

Helfgott, David 16, 384
Henderson, William James 103
Henselt, Adolph von 285
Hernandez, Ricardo 280ff, 284, *287*, 289f, 292f, *296*, 299, 303, 310, 320, 325, 344, 346, 367f, 375
Hilton, James 199
Hindenburg, Paul von 70
Hoffer, William 343
Hoffmann, Rolf 16ff
Hofmann, Josef 10, 118, 281, 285, 314, 328
Holcomb, Doris → Churchill, Doris
Holmes, Harry F. 274ff
Hood, Peter M. 275f
Hopper, Hedda 199
Horowitz, Vladimir 10, 125, 181f, 217, 269, 285, 300, 312, 341, 354, 380, 385
Houdini, Harry 141
Hubay, Jenö 182
Hughes, Howard 172
Hugo, Victor 246
Hummel, Johann Nepomuk 74
Humperdinck, Engelbert 67
Huneker, James Gibbons 18
Hurok, Sol 224
Hurst, Fannie 172f
Hutton, Barbara 209

Ilynsky, Alexander 170, 226
Iturbi, José 232

Johnston, R. E. 115ff, 123, 125, 132f, 135ff, 143ff
Jones, Isabel Morse 14, 191, 203

Kant, Immanuel 193, 214, 246, 330
Kapp, Richard 291ff, 295f, 300ff, 304f, 307ff, 313f, 319, 332, 346
Karolyi, Olga (fünfte Ehefrau) 208ff, 215, 219, 233

Kelen, Mary Margaret (erste Ehefrau) 152ff, *152*, 155ff, 160ff, 183, 263
Kellman, Michael 348
Kennedy, John Fitzgerald 259
Kenyon, Doris 200
Kepes, Eva (Freundin) 178, 205
Kerékjártó, Duci de 187, 199
Kilgore, John 314
Király, Maria Adele (Freundin) 145f, 150
Klemperer, Otto 17ff, 184
Klorman, Marcos 288f, 291, 293, 309
Knorp, Bill 281, *282*, 287
Kodály, Zoltán 38, 52
Koike, Tetsuji 352ff, 356ff, *365*, 366
Kovács, Géza 54f, 58, 62ff, 73, 177f, 229, 245
Kovács, Jozsa 54f, 57f, 62f, 73, 84, 177ff, 229, 245
Kowalski, Henri 126
Krehbiel, Henry E. 101
Kun, Béla 88, 94
Kung, David S. 382f

Lachmund, Carl 322
Lamond, Frederic (Klavierlehrer) 77, 78f, 325, 328, 386
Landowska, Wanda 119
Lani, Mátyás 195, 224, 261
Laurenz, Carl von 98, 106ff, 137
Leavitt, David 385
Lehár, Franz 52f, 386
Lehmann, Lilli 70
Leoncavallo, Ruggero 249, 307
Lerner, Karen 305
Leschetizky, Theodor 89, 100, 126
Leslie, Lady Léonie 59
Levenson, Neil 347, 368, 380
Levitzki, Mischa 68

Lewenthal, Raymond 14, 227, 256, 328, 331
Lhévinne, Joseph 70, 284
Liszt, Franz 10, 12f, 17f, 29f, 54, 66f, 71ff, 81f, 85ff, 98ff, 103, 107, 113, 116f, 120ff, 126f, 130f, 133f, 140, 144, 149, 154f, 166, 168, 170, 172f, 175, 178, 188, 190ff, 202, 207, 221, 224, 226, 231f, 234f, 240, 246ff, 253f, 258f, 263, 268, 274, 277, 280f, 283ff, 291, 294, 296f, 300, 302f, 306f, 311ff, 318ff, 324f, 327ff, 335, 341ff, 345, 347f, 358f, 361, 363, 365, 368, 377, 383, 387
Lloyd, Harold 123, *128*, 201
Lubitsch, Ernst 175, 201
Lugosi, Bela 153, 195ff, 224, 261
Lugosi, Bela G. 198
Lukacs, John 19, 32, 251
Lutosławski, Witold 40

MacDonald, Jeanette 199
MacDowell, Edward 226, 347
Macpherson, Cameron O'Day 190
Mahler, Gustav 70, 73, 194, 253, 333, 335
Mandl, Rabbi (Urgroßvater) 24f
Mandl, Lenke (Oma Lenke, Urgroßmutter) 25, 63, 66, 68, 83
March, Frederick 199
Marion, Frances (Freundin) 199f
Marshall, Herbert 200, 204
Marvin, Frederick 14, 191
Mary, Königin von England 59, 61, 177f
McNeill, Terry 284f, 293, 300, 339
Meir ben Baruch 24
Mendelssohn Bartholdy, Felix 30, 52, 70, 76, 173
Mengelberg, Willem 103
Menjou, Adolphe 173

Mensdorff-Pouilly-Dietrichstein, Graf Albert 58f
Menuhin, Yehudi 181
Mihalovich, Ödön 250
Mondale, Walter 246
Monteux, Pierre 120, 139, 386
Mozart, Wolfgang Amadeus 30, 36, 40ff, 46, 49, 52, 59, 69, 89, 133, 241, 314f, 328, 347f
Mussorgsky, Modest 226

Napoleon 38, 85, 325
Ney, Elly 176f
Nikisch, Arthur 59, 67f, 70, 86, 139, 386
Nixon, Pat 246
Nyiregyházi, Alfred (Bruder) 34, 55, 68, 84, 88, 93, 133, 229
Nyiregyházi, Arnold (Onkel)
→ Fried, Arnold
Nyiregyházi Churchill, Doris (zehnte Ehefrau) → Churchill, Doris
Nyiregyházi, Ella (vierte Ehefrau)
→ Petersen, Ella
Nyiregyházi, Elsie (neunte Ehefrau)
→ Swan, Elsie
Nyiregyházi, Esther (Großmutter)
→ Rottenberg, Esther
Nyiregyházi, Genevieve (dritte Ehefrau) → Haugen, Genevieve
Nyiregyházi, Ignácz (Vater) 24f, 28f, 32ff, *33*, 38, 43, 45f, 48ff, 52ff, 57f, *60*, 61, 64, 66ff, 72, 77, 83f, 160, 245
Nyiregyházi, Mara (siebte Ehefrau)
→ Heinz, Mara
Nyiregyházi, Margaret (achte Ehefrau) → Benedict, Margaret
Nyiregyházi, Mária (Mutter) 10, 24f, 28, 31, 33f, 42, 44ff, 55ff, 61, 63f, 66ff, 71f, 76, 80ff, 88, 90ff, 95, 107, 110, 112, 122, 125, 133, 136f, 145, 148, 151, 153, 155, 167, 229f, 235, 245, 264, 275, 299f, 386
Nyiregyházi, Mary (erste Ehefrau)
→ Kelen, Mary Margaret
Nyiregyházi, Olga (fünfte Ehefrau)
→ Karolyi, Olga
Nyiregyházi, Vilmos (Großvater) 26, 28, 32, *33*, 68
Nyiregyházi, Vivian (sechste Ehefrau) → Grey, Ethel Vivian
Nyiregyházi, Xandra (zweite Ehefrau) → Caplin, Xandra Lucille

Ochs, Siegfried (Theorielehrer) 67, 70
Ohlsson, Garrick 286
Oma Lenke (Urgroßmutter)
→ Mandl, Lenke
Ormandy, Eugene 45, 182
Ortega, Daniel 246

Pachmann, Vladimir de 105
Paderewski, Ignacy Jan 93, 100, 116, 121f, 175, 188, 300, 322
Parnes, Irwin (Manager) 10ff, 89, *234*
Parsons, Louella 181
Pasta, Giuditta 331
Patai, Raphael 26
Penderecki, Krzysztof 40
Pergain, Marie (Freundin) 175ff, 179ff
Petersen, Ella (vierte Ehefrau) 206ff, 215
Petrie, James V. (Manager) 200f
Peyser, Joan 314, 343f
Pickford, Mary 172
Poe, Edgar Allan 105, 243, 246
Pogány, Willy 195f
Ponselle, Rosa 119, 144
Powell, William 199

Puccini, Giacomo 29, 40, 46, 53, 73, 149, 249

Rachmaninow, Sergei 13, 40, 59, 86f, 89, 92, 100, 112, 118, 191, 226, 253, 295f, 300, 347, 363f
Rados, Edit (Cousine) 271
Rand, Ayn 227ff
Rasko (Manager) 141
Reagan, Nancy 246
Reagan, Ronald 257
Reger, Max 70, 76, 247
Respighi, Ottorino 226
Révész, Géza 19, 22, 31, 35ff, 45, 48, 55, 71, 73, 80, 133, 179, 238, 243, 248, 385
Reznicek, Emil Nikolaus von (Theorielehrer) 70
Richardson, Helen (Freundin) 156ff, 158, 159, 176f, 180, 182, 241, 243
Riesenfeld, Hugo 171f., 175
Robeson, Paul 180f
Robinson, Edward G. 199
Rodzinski, Arthur 175
Romann, Jack 304f
Roosevelt, Franklin Delano 189f, 246, 257
Rosenberg, Ethel und Julius 246
Rosenthal, Moriz 70f, 130, 140
Rottenberg, Esther (Großmutter) 24
Rózsa, Miklós 224
Rubinstein, Anton 71, 78, 89, 110, 116, 122, 226, 259, 285
Rubinstein, Arthur 111, 115, 118, 120, 135f, 232
Ruffo, Titta 118ff
Rummel, Walter 89
Rutland, Herzogin von 59

Saint-Saëns, Camille 89, 104, 226, 239, 314

Samoiloff, Lazar S. 224, 227
Sándor, György 178
Santaella, William 309f
Sauer, Emil von 71
Scarlatti, Domenico 89
Schenck, Joseph M. 172
Schiller, Friedrich 33
Schirmer, Gustave 202f
Schjelderup, Gerhard 89, 93
Schnabel, Artur 10, 70, 76, 78
Schönberg, Arnold 13, 16ff, 40, 184, 195, 223, 226, 306, 386
Schonberg, Harold C. 231, 304, 315, 329, 339, 361, 364f
Schostakowitsch, Dmitri 13
Schubert, Franz 69, 89, 100, 248, 283, 307, 347, 358, 361, 365
Schultheiss, Gertrude (Freundin) 146f, 151, 166
Schumann, Clara 67, 232
Schumann, Robert 13, 30f, 37, 41, 52, 70, 73, 78, 81f, 84, 89, 171, 226, 232, 234, 303
Sekikawa, Masahiro 352ff, 364
Serkin, Rudolf 385
Shakespeare, William 33, 67, 246
Shapiro, Mary 334, 336f, 367
Shelley, Percy Bysshe 33
Sibelius, Jean 89
Siklós, Albert (Theorielehrer) 31, 47, 72
Simon, Abbey 313
Sinclair, Upton 199
Sinding, Christian 89, 126, 129f
Skrjabin, Alexander 18, 73, 78, 89, 100, 109, 134, 136, 179, 226, 284, 328, 347
Smits, Mattheus 383f
Sokoloff, Nikolai 190
Stern, Isaac 144
Strauß, Johann (Sohn) 153

Strauss, Richard 40, 59, 67, 70, 73, 110, 249
Strindberg, August 246
Sugawara, Bunta 361
Swan, Elsie (neunte Ehefrau) 174f, 179ff, 183, 234, 262, 267ff, 272ff, 275, 281ff, 286ff, 292, 295, 333f, 388
Swanson, Gloria 200ff, 207
Székely, Arnold (Klavierlehrer) 30
Szopory, Imre 112

Takemitsu, Toru 364
Thibaud, Jacques 119
Thomán, István (Klavierlehrer) 29f, 52, 68, 72
Thomas, John Charles 122
Ticharich, Zdenka (Freundin) 85
Toscanini, Arturo 325
Tóth, Aladár 182
Truman, Harry S. 246
Tschaikowsky, Peter Iljitsch 18, 31, 62, 70, 76, 78, 87, 89f, 105, 126, 128f, 136, 178, 190f, 226, 249, 306f, 341, 347, 361

Valentino, Rudolph 134, 171
Vasadi, Mrs. 57
Vecsey, Ferenc 73
Verdi, Giuseppe 40, 69, 73, 213, 249, 306f, 358

Verne, Jules 33, 246
Viardot, Pauline 331

Wagner, Richard 34, 41, 69, 78, 103, 172, 247, 250, 306f, 358, 361
Wahlberg, Richard 345
Walker, Alan 249f, 321, 328
Walsh, Michael 300f
Warashina, Masami 363
Watts, André 300
Weber, Carl Maria von 89
Weiner, Leó (Theorielehrer) 31, 37, 42, 47, 80
Weingartner, Felix 70
Weisz, Manfréd 54f, 62, 68, 73, 88, 245
Werolin, Alf E. 280, *282*
Werolin, Marjorie *282*
Wild, Earl 313
Wilde, Oscar 34, 113, 115, 149, 155, 193f, 225, 229, 246f, 258f, 274, 323, 386, 388
Wiley, Roland H. 225
Wolff, Hermann (Manager) 80
Wright, Frank Lloyd 123

Zam, Maurice 16f
Ziegfeld, Florenz 166
Zilberg, Jacob 343
Zola, Émile 246